云南省哲学社会科学规划重大项目成果

中美关系论

ON SINO-US RELATIONS

王天玺 著

云南出版集团公司
云南人民出版社

图书在版编目（CIP）数据

中美关系论 / 王天玺著. -- 昆明 : 云南人民出版社, 2013. 6
ISBN 978-7-222-10839-4

Ⅰ. ①中… Ⅱ. ①王… Ⅲ. ①中美关系－研究 Ⅳ. ①D822.371.2

中国版本图书馆 CIP 数据核字（2013）第 086022 号

出 品 人 李 维 刘大伟
特邀编辑 程志方
责任编辑 苏映华
创意设计 云南非鸟文化传播有限公司
责任校对 陈春梅
责任印制 陆卫华

中美关系论

作　　者 王天玺
出　　版 云南出版集团公司　云南人民出版社
发　　行 云南人民出版社
社　　址 昆明市环城西路 609 号
邮　　编 650034
网　　址 www.ynpph.com.cn
E-mail rmszbs@public.km.yn.cn
开　　本 787×1092 1/16
印　　张 32
字　　数 410 千
版　　次 2013 年 6 月第 1 版第 1 次印刷
印　　刷 昆明卓林包装印刷有限公司
书　　号 ISBN 978-7-222-10839-4
定　　价 50.00 元

序　言

XU YAN

有人说，对世界上的政治家和媒体人来说，最重要的智力考试是如何定位和表述中美关系。路透社曾把中美两国比喻为“孪生兄弟”，韩国有媒体视中美为两个太阳。法国《世界报》则说，中美时常争吵对抗，但在关键问题上往往心照不宣，他们表面上是对手，同时又是一种“基于利益的事实盟友关系”。

人类历史发展到21世纪，中国和美国的关系，其意义已超出两国范围，它塑造着世界格局，影响到人类祸福，甚至关系到所有民族和所有个人。因此，正确定位中美关系，不是无谓的智力考试，而是为了更好地把握世界的生存之道。换句话说，到了21世纪，无论是中国人，美国人，还是世界其他国家的人，都不能不高度关注中美关系。

《中美关系论》完稿之际，正好碰上中美关系中一个历史性的大事件：习近平主席和奥巴马总统在美国加州举行“庄园会晤”。

这次别开生面的元首会晤，远离首都，不要繁文缛节，集中时间探讨并形成一个伟大的战略共识：中美两国将构建一种合作而非对抗的新型大国关系。

中美两国的差异和矛盾多如安纳伯格庄园的沙粒，还有一些势力等着看中美之间的零和游戏。在这种情况下，构建新型大国关系的战略共识靠得住吗？我们的回答是：形势比人强，而且事在人为。当今时代，世界上推动合作、维护和平的力量空前强大，守成大国和新兴大国如果陷入史上常见的零和游戏，无异于自我毁灭和相互毁灭。

未来的史册将会这样记载：习近平和奥巴马“庄园会晤”形成的战略共识是同浩浩荡荡的天下大势完全吻合的。

“路漫漫其修远兮，吾将上下而求索。”旨在探求中美两大国平等共生之道的这本《中美关系论》，对中美两国历史上的恩怨情仇作了透彻的梳理，对中美两国现实中关系之复杂、国力之消长作了全面的剖析，对中美两国在人类发展大格局中的特殊贡献作了科学的研判。最后得出这样的结论：中美两国的关系固然是现实的大国关系，更是宏大的东方文明和西方文明的历史关系。从1980年代到2020年代的两个世纪交替时期，虽然中美两国在同行之路上多有摩擦和碰撞，但双方对大局的管控过去不算太差，今后或许会更好。中华民族和美利坚民族都是伟大的民族，他们有足够的胸怀、智慧和创造力，将会携手世界各国人民，共同构建互利合作的国际关系，创造平等和谐的人类文明。

目录

CONTENTS

第一章
惊天有二日

在人类历史长河中，中国是最大的东方文明之国，美国是最大的西方文明之国。这里所说的两个太阳，实际是指东西方两大文明，中国代表东方文明的太阳，美国代表西方文明的太阳。

古人言：天无二日。

令人惊奇的是现在世界上流传一种说法：天有二日。

“天有二日”的说法是韩国人发明的。2009年8月22日，韩国《金融消息》发表一篇文章，题目很显眼：“世界经济的另一个太阳——中国。”

文章写道：

如果天上有两个太阳，世界将变成什么样？这是我们小时候可能有过的疑问。突然提出这个话题，是因为现实世界中尤其是国际经济界中有迹象表明，两个太阳正同时升起。美国曾是全球经济界的太阳。但去年开始，全球经济陷入不景气，美国地位被削弱，此时另一个太阳升起来了，这就是中国。

太阳最重要的作用就是自己发光，将热传向四方。去年9月后，中国在全球经济界的作用日益接近太阳。中国政府的扶持政策刺激了消费，对华出口多和出口少的国家开始出现分化。通过各类指标，我们可以发现，与中国贸易规模大的国家，其经济恢复速度相对要快。今年第二季度经济增长率，对华出口额大的亚洲国家表现出色，韩日分别为2.3%和0.9%，而美国和欧盟是－0.3%。

一名韩国央行负责人也表示，美国一家独大时，只需将美国经济走势与韩国情况相结合即可，今后如果继续这样，将很可能招致失败。想象中的两个太阳如今成了现实。现在的情况确实变了，金融危机后，越来越多的人意识到不能再跟一个太阳走了。

经济是基础，从经济基础看，当今世界有两个太阳，已成为全球经济界的某种共识。不仅韩国人这样说，世界其他地方很多人也有类似的说法。

英国《泰晤士报》说，两百年后，东方又成经济重心。

马丁·索尔雷发表在《泰晤士报》的文章写道，许多西方人嘲笑说，中国只能生产廉价的仿制品。他们认为，高级品牌和优质的创新服务仍将只属于西方。10年前可能是这样，现在当然不是了，经济力量正确定无疑地转向东方。

原因很简单，中国人有远大的抱负，对经济持务实态度。如果要给他们挑错的话，那就是他们乐于倾听和好学。任何人希望在中国获得成功，都必须向中国学习并理解中国的历史、规模、多样性和文化。

这一切并不是新鲜事，1825年，中国和印度在世界经济中所占的份额为40%，与高盛公司预测的2025年两国在世界经济所占的份额相同。

18世纪，中国的瓷器曾在世界市场占首位。后来，一些欧洲工厂生产出了质量相同但更便宜的产品，严重损害了中国的瓷器行业。这与今天欧洲和美国的制造业经历的过程刚好相反。这200年的剧变是势不可挡的。[①]

①英国《泰晤士报》2010年2月15日文章：《为何我们必须分享200年后东方再成重心》。

美国国家情报委员会2012年12月10日发布题为《全球趋势2030：可能的世界》的报告，承认美国作为全球最大经济体的地位将被中国超越，超级大国一家独大将成过眼云烟，预测到2030年美国霸权将会终结。

该报告称，在美国情报委员会与各国专家讨论未来趋势时，“中国是一个关键主题”，“许多人都同意报告中提出的美中关系可能是塑造未来的最重要的双边关系”。

美国国家情报委员会的这份报告受到国际上广泛关注。澳大利亚广播网说，美国情报机构描绘了一幅中国崛起的场景，中国将在本世纪20年代超过美国成为最大经济体。中国对世界经济增长的贡献现在是美国的1.5倍，而到2025年中国将贡献全球经济增长的约三分之一，远超其他经济体。

美国《华尔街日报》的评论甚至以悲观的情调说，面临糟糕处境的是整个西方文明：西方两个世纪以来在全球范围内的主导地位将被颠覆，美国和欧洲国家将不再享有霸权地位，而可能在一个多极化的世界中与充满活力的新兴经济体分享这种地位。

国际货币基金组织公布的研究报告说，2010年时，按购买力平价计算，美国GDP为14.6万亿美元，中国为10.15万亿美元，相差不到5万亿美元。其他研究机构也发表过类似的报告。实际上，像中美这样的两个大国，GDP相差5万亿美元，不必看得很重，因为它只有暂时的意义。

第一，它只能近似地反映两国的经济差距，不能真实表现双方经济实力的对比。例如，在中国的GDP中，以制造业为核心的实体经济占70%，服务业占30%；美国则反过来，以金融为核心的服务业占70%以上，实体经济甚至不到30%。虚拟经济再大，也离不开一个“虚”字，以股票、债券来表现的庞大财富，一夜之间就可能蒸发掉，百万富翁变成无产者是常有的事。个人如此，国家也一样。例如，最近10多年间，美国曾发生两次股市崩盘，股民损失惨重。2000年互联网泡沫破灭，美国家庭财富损失则超过75亿美元。

第二，统计和测算，都是主观对客观的反映，由于主观手段不同，结果也会有很大的差别。例如，同样运用购买力平价法，美国彼得森国际研究所以佩恩表为根据，得出如下计算结果：2010年美国GDP为14.6万亿美元，中国为14.8万亿美元，中国超越美国。2011年初，《华盛顿邮报》和《印度时报》等媒体，都对此作了报道，“中国成为世界头号经济体”的轰动新闻不胫而走。

第三，最重要的不是现在的数据，而是发展的速度和趋势。2005年，按现行汇率计算，日本的GDP还是中国的3倍，但仅仅过了6年，中国GDP就轻松超过了日本。中国经济发展速度比美国快得多，2001年到2010年，中国经济增长了316%，美国只增长了43%。2010年初，美国《外交政策》杂志发表一份研究报告，认为以中国经济发展趋势推算，到2040年，中国经济规模会达到123万亿美元，远远超过美国。

展现在世人面前的中美关系的重要性，不仅只表现在经济方面，而是表现在当今人类生活的一切方面。

中国是最古老的世界大国，美国则是最年轻的世界大国；

中国是蓬勃崛起的东方大国，美国是颓势尽显的西方大国；

中国是最大的发展中国家，美国是最大的发达国家；

中国是最大的社会主义国家，美国是最大的资本主义国家；

中国是最大的世俗国家，美国是最大的基督教国家；

中国是最大的和平国家，美国是最大的霸权国家；

中国是东半球最大的国家，美国是西半球最大的国家。

……

诸如此类的许多重要比较，可以归结为一个比较：中国是最大的东方文明之国，美国是最大的西方文明之国。

我们开篇所说的两个太阳，实际上指的是两大文明，中国代表东方文明的太阳，美国代表西方文明的太阳。

全世界的人们不能不思索这样一个问题：为什么在众多东方国家和西方国家中，会形成两个势均力敌的“最大者”？为什么在21世纪初期，会出现两个太阳同时辉耀天庭的奇观呢？

这种奇观不是中国的玉皇大帝创造的，也不是西方的上帝创造的，是历史辩证法创造的。

历史辩证法说到底就是一句话，阴阳的对立统一。

如果我们把东方文明当做阳，西方文明当做阴，那么整个世界历史无非是东方文明和西方文明的阴阳平衡过程。

早在公元前，中国已是最大的东方文明之国，此后的两千多年间，中国一直是最大的东方文明之国。企图与之抗衡的西方文明之国根基不牢，在历史长河中总是缥缈不定，容易幻灭。工业革命后兴起的英国、法国、德国、意大利、西班牙都曾强盛异常，但领土和人口有限，规模不大。从长远来看，它们难以同中国这样的东方文明大国相抗衡。只有美国的出现，西方世界才有了一个能够与中国相抗衡的世界大国。

在历史辩证法的推动下，人类历史上出现了两大奇迹，一个是中国奇迹，一个是美国奇迹。正是中国奇迹和美国奇迹创造了两个太阳辉耀天庭的奇妙景象。

第一节 美国奇迹

历史辩证法需要一个超越欧洲诸强的西方文明大国，并为之创造了一切必要的条件。

符合历史辩证法需要的这个国家就是美国。这个国家是在 18 世纪后期才诞生的，仅仅过了 100 多年，就爆发式地成为一个世界大国，这真是一个奇迹！

17 世纪初以后，一直到 18 世纪中叶，在英国和其他欧洲国家受排挤的基督教新教群众纷纷来到“新大陆”，在北美大西洋沿岸建立起 13 个殖民地。

13 个殖民地的主体居民是英国人，受英国政府管辖，因而属于英国的殖民地。

北美殖民地的社会管理是双轨制，既有英国派出的总督，又有殖民地居民选出的议会。一般情况下，总督是殖民地的行政首脑，议会所通过的法律由他执行。但在有些殖民地中，议会权力凌驾于总督之上，总督要听命于议会的决定。

北美殖民地的建立，同奴隶制度是分不开的。当地实行的奴隶制度有两种，一种是白人契约奴隶制度，另一种是黑人奴隶制度。

因欠债无力偿还的白人，会被法庭判为契约奴隶；想到北美谋生而缺乏路费的英国穷人，会卖身为奴；被拐骗的乞丐、儿童会成为奴隶；英国的罪犯也愿到北美为奴，他们为主人服役五年或七年，就可以获得自由。

比白人契约奴隶人数更多，生活更苦的是黑人奴隶，他们是奴隶商人从非洲贩运到北美为奴的。

北美殖民者不但残酷地压迫白人契约奴隶和黑人奴隶，而且野蛮地屠杀印第安人。殖民者闯进新大陆，对原住当地的印第安人采取两个办法，一个办法是把他们驱赶到西部山区的不毛之地，另一个方法是把赶不走的印第安人屠杀掉，强占他们的全部财产和土地。

殖民地和宗主国的矛盾是不可调和的，到 18 世纪 60 年代，北美殖民地和英国的矛盾突然尖锐起来。一方面，英法两国争霸欧洲的长期战争在 1763 年结束，为了弥补战争造成的巨大损耗，英国政府加重了对殖民地的剥削和掠夺，使其不堪忍受；另一方面，乘英法战争之机，北美殖民地的经济迅速发展起来，独立自主的倾向日益强化。

在北美殖民地争取独立的大潮中，杰弗逊和富兰克林这些杰出思想家起了推波助澜的巨大作用。

杰弗逊深受法国启蒙运动的影响，发挥了“人民主权”的思想。他强调，政府的一切权利都是人民委托给他的，如果政府实行暴政，并且引起人民的强烈不满，人民就有权用革命的手段推翻旧政府，建立新政府。为了推翻以暴政压迫人民的政府，人民起义是不可避免的。1787年，杰弗逊曾在一封信中写道："正好像在自然世界中雷电是不可缺少一样，在政治世界中，起义也是必要的。"杰弗逊的这些思想，成为北美人民反对英国殖民统治的有力武器。

富兰克林不但是一位发明了避雷针的科学家，而且是一位推动社会进步的思想家。富兰克林曾提出这样一个问题：社会的贫困是怎样造成的？他回答说：主要是因为"爱好劳动的人们必须把自己劳动的第一批果实分给寄生的懒惰的人们。而劳动者这样做是迫不得已的"。显然，这是对剥削制度的强烈控诉。

杰弗逊和富兰克林都坚持各族人民平等的思想。他们都反对当时盛行的奴隶制度，主张废除这个黑暗而罪恶的制度。杰弗逊同情印第安人的遭遇，他严厉谴责白人"剿灭"印第安人的罪行。富兰克林非常痛恨种族歧视，他主张黑人、印第安人应该享受和白人同等的权利。为了驳斥一些贬低印第安人的白人殖民者，富兰克林特别推崇印第安人的文化，认为印第安人拥有水平很高的独特文化，拥有合理的社会制度，拥有高尚的品格。

北美殖民地人民就是带着这些先进的思想理念走上争取独立和创立国家的道路的。

北美独立战争的引爆点是"印花税法"。1765年，英国政府颁布的"印花税法"规定：凡殖民地的商业契约、广告、历书、新闻纸以及一切证明文件，都必须贴上印花。这种印花税很重，单是一张大学毕业证书就需要缴纳两英镑的印花税，英国政府估计这项印花税每年将带来6万英镑的收入。

同年10月，北美殖民地举行代表会议，并通过会议宣言。"宣言"指出，不得人民的同意，或者不经过人民代表的同意，就不能向人民征税，这是天经地义的原则。在英国国会里，并没有北美人民的代表，所以英国国会向他们征税是不合理的。

北美人民不但发表宣言否定英国征税的权利，而且成立名为“自由之子”和“自由之女”的群众组织，用实际行动反对征税。他们在波士顿、纽波特和纽约等城市捣毁印花税征税机关，驱逐税吏，抗议运动的声势日益浩大。

1775 年 4 月 18 日，英国总督盖治将军派兵夺取民众武器，激起民众愤怒。在莱克星顿发生的武装冲突中，英军死伤 300 人，民兵死伤 99 人。

莱克星顿的枪声传到各地，人民运动的浪潮顷刻间就淹没了英国在北美的全部殖民地，群众到处进攻和夺取英军的堡垒、兵营和仓库。在人民起义大潮的推动下，北美 13 块殖民地一个接一个宣布独立。

1776 年 7 月 4 日，由各殖民地代表组成的大陆会议通过了美国《独立宣言》。宣言的起草者是著名的思想家和革命家托马斯·杰弗逊、约翰·亚当斯和本杰明·富兰克林。

宣言分两个部分，第一部分发挥了人民主权的思想，从理论上阐明美国人民举行起义和宣布独立是完全正当的。宣言说：“我们相信这是不言自明的真理：所有的人生下来本来都是平等的，他们被创世主赋予某些不可割让的权利，其中包括有生命、自由和追求幸福的权利；为了保障这些权利，才在人民当中设立政府，而政府的正当权利是来自被统治者的同意；如果任何形式的政府破坏这个目的，那么，人民便有权改变它或废除它，而建立新政府。把新政府建立在最能保障人民的安全与幸福的原则之上，并用符合于这种原则的形式组织它的权力……”

宣言的第二部分列举英国国王对于北美殖民地人民施行的种种暴政，最后宣布：“这些联合殖民地从此成为，而且名正言顺地应当成为自由独立的合众国；它们解除对于英王的一切从属关系，而它们与大不列颠王国之间的一切政治联系就应从此完全废止”。

《独立宣言》的发表，极大地鼓舞了北美人民的革命斗志，他们热情洋溢地走上战场，为争取美国的独立而战。

北美人民是在力量悬殊的情况下发动反英起义的，当时英国是世界头号强国，拥有雄厚的经济资源，还有强大的海军和武器精良的陆军，北美人民面临着同英国侵略军的生死战斗。

1787 年，费城制宪会议制定了一部美国联邦宪法。这是世界近代史上第一部成文宪法，它促进了美国的统一，确立了共和制。当时世界上普遍实行君主制，唯独美国建立了共和制，这是一个伟大创举，是对人类文明的重大贡献。

北美独立战争真正伟大的意义，是通过人民战争打出了一个崭新的国家——美利坚合众国。但是，北美社会发展中一些深层次问题，独立战争并没有解决。例如，野蛮黑暗的奴隶制度仍然存在着，千千万万黑人奴隶还在水深火热之中挣扎；半封建的租佃制及大土地所有制仍然存在着，实际耕作的农民未获得土地。

杰弗逊等人倡导的“人民主权”的思想只是停留在宣言上面。穷人被剥夺选举权，享有选举权的只是有产阶级。

萨拉托加战役失利后，英国远征军进攻重点转向南部地区。英军虽然取得一些胜利，占领了一些地方，但完全陷入了人民战争的汪洋大海之中被动挨打。1781 年 8 月，华盛顿率军从北方南下，和南方起义军会合，在约克镇地区包围了康纳利斯指挥的英军主力，迫使其投降。至此，北美大陆上的英国侵略军已经完全瓦解。

1783 年 9 月 3 日，美、英两国在巴黎签订条约，英国承认美国独立，并且把阿巴拉契亚山以西、密西西比河以东的土地割让给美国。

北美独立战争是一个伟大的历史事件，它使被压迫的北美人民从英国的殖民统治下解放出来，走上了独立建国的道路。正如列宁所说："现代的文明的美国的历史，是由一次伟大的、真正解放的、真正革命的战争开始的。"[①]

①《列宁选集》第3卷，第586页。

大陆会议不仅发表了《独立宣言》，而且任命华盛顿为起义军总司令。

华盛顿曾是一个土地测量员。英法争夺殖民地战争期间，华盛顿成为民兵指挥员，不但积累了军事经验，也获得了财产，成为拥有广大田庄和大量奴隶的大富豪。

当时的起义军都是自发组成的散漫队伍，流动性大，随兴参军，任意离队，多半不守纪律，不服从上级指挥。华盛顿针对这些弱点对起义军进行整编，逐渐组成一支战斗力很强的革命军队。华盛顿作为统帅，遇敌不慌，能沉着指挥作战，为美军克敌制胜发挥了重大作用。

美国独立战争的转折点是萨拉托加战役。1777年10月，柏高英将军率领的英国远征军在萨拉托加被起义军所围攻，弹尽粮绝的7000多英军最后俯首请降。

独立战争胜利后，在新生的美国社会中，实际上存在着两种相互联系又彼此对立的劳动制度，在北方工商业发达地区，资本主义的自由劳动制占着主导地位；在南方农业地区，存在着以黑人奴隶劳动为基础的种植场经济。两种制度的矛盾渗透在社会生活的一切方面，特别是在扩张到西部的大片领土上，究竟实行自由的工商业制度还是实行奴隶种植制度，南北方的矛盾发展到水火不容、兵戎相见的程度。

1860年11月，代表北部工商业者利益的亚伯拉罕·林肯当选总统，南方奴隶主们深感危机，先后有11个州参与分裂国家的叛乱，于1861年初组成“美利坚诸州联盟”，悍然对北方发动武装进攻，一场决定美国前途命运的南北战争就此爆发。

战争初期，在要不要废除奴隶制度问题上，林肯总统犹豫不决，引起南北方人民普遍不满，再加上政治和军事上举措失当，北方军节节败退，南方军连获胜绩，一路北上，甚至直接威胁首都华盛顿。

危急关头，林肯痛切地感到：为了赢得战争，必须解放奴隶。

1862年9月24日，林肯发表《解放宣言》，宣布从1863年1月1日起，南方各州的奴隶全部获得自由，并且决定武装黑人。

马克思高度评价林肯的这个举动，称《解放宣言》是在“联邦成立以来的美国史上最重要的文件”。同时指出，由于发表了《解放宣言》，“在美国历史和人类历史上，林肯必将与华盛顿齐名”。[①]

①马克思：《北部事件》，《马克思恩格斯全集》第15卷，人民出版社，第586页。

马克思的评价非常准确。《宣言》一发表，大批黑人奴隶就投奔了北方军队，使北方军的战斗力突然增强。据著名学者杜波伊斯研究，有30万黑人在北方军中浴血奋战，有30多万黑人从事军事后勤劳动，有3.8万黑人战士献出了自己的生命。解放了的黑人奴隶为战争胜利所作出的巨大贡献是任何人都无法否认的，林肯就说，“倘若没有黑人的支持，北方将无法取得胜利”。

1863年7月，北方军因取得盖提斯堡大捷而一举扭转战局。此后以两路大军分进合击，把南方军主力逼到叛乱“首都”里士满一带。

1865年4月9日，南方军总司令罗伯特·李率队投降，历时4年的南北战争结束，实行奴隶制、进行武装叛乱和分裂国家的反动势力遭到彻底的失败。

19世纪60年代的美国内战，是一场伟大的资产阶级民主革命，包括黑人在内的人民大众积极参加了革命，不断把革命推向前进，消灭了奴隶制，为资本主义的大发展扫清了道路，也深刻地推动了社会的民主进程。列宁评价说，美国内战“具有极伟大的、世界历史性的、进步的和革命的意义”。[①]

①列宁：《给美国工人的信》，《列宁全集》第35卷，1984年第2版，第57页。

内战结束之后，美国人民并未停下前进的脚步。奴隶制度废除了，建设一个全新的资本主义社会的条件齐备了，美国人民开始了他们非凡的创新历程，主要做了这样几件大事：

第一，建立了完善的资本主义经济制度。

资本主义的生产生活方式是在欧洲诞生的。从17世纪到19世纪，欧洲出现了许多资本主义国家，形成了多种多样的资本运作方式和相应的经济理论。革命后的美国人对这些方式和理论兼收并蓄，并根据当时的历史条件进行创新，形成了资本和产业相结合、垄断经营和自由竞争并行存在的美国式资本主义。从此，美国超越欧洲国家，成为引导资本主义经济发展潮流的国家。

第二，完善了资本主义政治制度。

欧洲国家的政治制度是多种多样的，有的国家还保持有封建主义的残余，众多的历史残余对经济发展和社会进步起着阻碍作用。美国是一个完全没有历史负担的新国家，他们从欧洲政治体制中引进了一切先进的东西，创造了比较完善的资本主义政治制度，为人类政治文明发展作出了重要贡献。

第三，发展了资本主义文化。

从发表《独立宣言》以来，人民主权的理想，自由、平等的观念，在美国广泛传播。同时，靠个人奋斗去争取成就和幸福的“美国梦”为人向往。以市场法则去发展文化产业大行其道。美国把资本主义文化发展到登峰造极的程度。

第四，善于运用科技革命的契机。

19世纪最后30年，是近代科技革命开花结果的重要时期。

经过改进的内燃机使用液体燃料，因优于蒸汽机得到广泛运用。

电能的运用，电动机的发明，远距离输电技术的发明，可以把工作机安装在远离能源的地方，为广大地域的经济腾飞创造了条件。

从80年代起，人们从煤炭中提炼氨、苯、人造染料等化学产品，塑料、绝缘物质、人造纤维开始投入生产，诺贝尔发明了炸药，改良了制造无烟火药的技术，化学工业迅速发展起来。

电器工业的兴起，改造了旧的产业，开发了新的产业，新的炼钢技术得到推广，钢铁产量爆发式增长，机器制造实现了电气化。

火车、轮船得到改造，汽车开始到处跑，飞机即将腾空，无线电发明了，“传电脉冲方法”获得了专利，各大洲之间建立了电报网，交通运输大为改观。

新兴的美国对科技革命成果的运用比当时任何国家都成功，他们完成了一系列重大的发明和技术革新。仅在1860年至1890年间，美国政府颁发的专利证就达44万份之多。

第五，抓住了19世纪和20世纪之交的重大机遇期。

两个世纪交替的时候，往往潜藏着巨大的发展机遇。19世纪和20世纪交替时期，就存在着巨大的发展机遇。我们从前面论述中可以感觉到，从独立战争以来的各方面的发展，都为美国人抓住这个历史机遇期创造了主观的和客观的条件。

在两个世纪交替时期，英国作为头号资本主义强国正在走向衰落，与之形成鲜明对照，美国开始了突飞猛进的发展。

1870年到1913年间，美国工业跳跃式地增长了8.1倍，而英国却只增长了1.3倍。早在1894年，美国工业就超过英国，跃居世界首位。到1914年，美国工业生产总值超过240亿美元，占全世界的三分之一以上。在主要的重工业产品中，美国生铁产量由1860年的84万吨增加到1915年的3300万吨；钢产量从1.2万吨增加到3200万吨；石油产量从50万桶增加到2096万桶；发电量和汽车生产更是独步天下，其他国家望尘莫及。曾经称霸天下的大英帝国对咄咄逼人的美国感到威胁，又完全手足无措。罗斯伯里勋爵只好很无奈地说道，大不列颠很怕和美国搞经济竞争，因为“美国拥有的工业生产能力无与伦比，生产力量无穷无尽”。

美国从此一路顺风，势不可挡。两次世界大战重创了许多资本主义强国，但美国受损可控，不但赢得了战争，而且不可动摇地成为西方资本主义世界的龙头老大。

1776年才诞生的美国，仅仅过了一百多年，就成为世界上最强大的国家，这是一个真正的奇迹。美国人民创造了以最短的时间建设起世界上最强大国家的奇迹。所有的人都会由衷地赞叹：美国人民是伟大的人民！

第二节　中国奇迹

如果说美国奇迹表现为近代才出现的不可思议的爆发性，那么中国奇迹则表现为几千年传承不断的无与伦比的持久性。

世界历史教科书是资本主义兴起并且形成世界市场以后才出现的，最初是西方学者按欧洲中心的定式进行编写的。中国被安放的位置是“远东”，长时间被边缘化了。因此，世人不能真正了解中国是唯一绵延几千年的伟大的文明古国。

中国作为文明古国的出现，比既有的世界历史教科书告诉人们的要早得多。汉文史料和彝文史料都奉黄帝为中华人文始祖，这是有充分根据的。农业的出现是人类文明形成的重要经济基础，而农业离不开天文历法。人们可以列出多项人类进入文明社会的显著标志，天文历法的发

①刘尧汉、卢央：《文明中国的彝族十月太阳历》，云南人民出版社1984年版。

明无疑是最重要的一项标志。根据彝文文献记载，5000年前的黄帝时期，中华民族已经创制了一种先进的历法——太阳历。

太阳历非常简明，一年10个月，一个月36天，共360天，另有5天为“过年日”。如遇闰年，“过年日”为6天。[①]

黄帝时代的发展中心是在黄河和长江上游的西部地区，后来中心转移到中原地区。地理和气象条件都变了，为了适应中原地区农业生产发展的需要，创立了12个月和24节气的阴历。但在《夏小正》等重要文献中，还可以看到10月太阳历的影子。

生命来自太阳，能量来自太阳，文明也来自太阳。中华文明就源自黄帝时代的太阳历。

中华文化最根本最精致的表现是阴阳平衡的太极图，太极图就来自太阳历。由于地球和太阳的相对运动，上半年的5个月是从寒到热，这是阳；下半年的5个月则是从热到寒，这是阴。一天之内，也是这样变化。太阳和地球的这种相对运动影响一切、规定一切、渗透一切。这是宇宙之大法，是自然之大道。中华民族的祖先在5000年前就能够领悟和把握阴阳平衡之道，这不是很高的智慧、很高的文明吗？

黄帝时期还发明了一种特别的“干支纪年法”，天干和地支相配，正好形成60年的一个“甲子周期”。如此循环递进，以至无穷。这个奇妙的“天干”和“地支”，也是源自太阳历。一年10个月，对应天上的十大星宿，称为“十天干”。每个月36天分上中下三旬，每旬12天，对应地上的十二种动物，称为“十二地支”。

黄帝时期的社会文明程度已经相当高了。

古文献《礼记·礼运篇》这样记述当时的社会情况：

大道之行也，天下为公，选贤与能，讲信修睦。故人不独亲其亲，不独子其子。使老有所终，壮有所用，幼有所长，鳏寡孤独废疾者皆有所养。男有分，女有归。货恶其弃於地也，不必藏于己。力恶其不出于身也，不必为己。是故谋闭而不兴，盗窃乱贼而不作，故外户而不闭，是为大同。

《礼记》不是黄帝时期的作品，但《礼记》在这里记载的是原始共产主义社会的历史传说，这是可以肯定的。那个时候，社会的本质是“天下为公”，人们各尽所能，不欺诈不盗窃，不争不抢，只是彼此关心，和睦相处。这不是野蛮混乱的社会，而是有秩序的文明社会。

文明中国兴起于5000年前的黄帝时期，不仅表现在历史传说和文献史料中，而且为最近几十年的考古成就所证明。考古学家们很兴奋地说，距今6000年左右，是一个“满天星斗”的非凡时期。中华大地的文明火花如同满天星斗一样璀璨。

2001年4月，在河南贾湖遗址，出土一支二孔骨笛。骨质呈棕黄色，两端刻有规则的菱形花纹，花纹细如发丝。经碳14测定，是9000年前的乐器。

河南二里头，发现了一座5000年前的宫殿遗址。在600万平方米的遗址上，保留着多处宫殿遗迹。仅一号宫殿遗址就有1万平方米，上面有宫殿、门厅和回廊，中间是一个大庭院。围绕宫殿有道路和围墙。宫城之外，发现一处面积达1万平方米的铜器作坊遗址。贵族墓中出土的青铜器有鼎、爵、盉、铃等乐器，有戈、钺、戚、镞等兵器，有锛、凿、钻、锥、刀和鱼钩等工具。其中陶器和骨器上有刻画文字。令人惊叹的是在一座大墓中还发现一龙形物，由2000多片绿松石和玉质组件拼装而成，工艺相当精巧，是中华龙文化的重要象征。

像二里头这样5000年前的城市遗址，已经发现多处，最著名的有山西陶寺遗址、山东大汶口遗址、辽宁牛梁河遗址、江苏良诸遗址、湖北石家河遗址以及四川金沙遗址等。

牛梁河遗址中有一座“女神庙”，内有彩绘壁画，有女人塑像。这些塑像残块复原起来，宛如真人，有的则比真人大两倍。

金沙遗址中出土一件“太阳神鸟”，为四鸟绕日飞行的金制美丽图案，应是与太阳历对应的一种神器。现代科学家想进行复制，但困难重重，遭遇了一次又一次的失败，不由得引起人们对中华古文明的深深敬仰。

在汉语中，“国”字的含义是城。在金文或青铜器铭文中，国字的原始字形作“戈”加“口”，戈是声符，有执戈守城之意，口表示城邑。从字形上看，一个国家是以都城为中心，加上周围的领土构成的。“中国”原意是“中央之城”。

大量的考古材料、众多的文献史料和历史传说可以证明，早在5000年前，“中国”就在世界的东方出现了。当时的中国有发达的农业和手工业，有先进的天文历法，有阴阳平衡的思想体系，有和谐大同的社会组织形式。

5000年前，当欧美大陆的许多地方还是蛮荒一片的时候，广大的黄河流域已是洒满文明之花的璀璨之地。这，就是中国奇迹！

在近代以前的世界历史上，出现过许多很有名的文明古国，如巴比伦、埃及、亚述、印度、罗马、波斯、奥斯曼等等。它们都曾经声名显赫，疆域广大，兵强马壮，但全都缺乏深厚的根基和稳定的核心，只是历史长河中的几朵浪花，没有一个古国活到现在。

世界历史上的文明古国，生命力能延续几千年，直到现在还坚强活着的唯有中国。这，就是中国奇迹！

这样的中国奇迹是怎样创造出来的呢？探索这个问题的思路可能是无限多样的。有的看经济结构，如古代中国形成了以黄河长江两大流域为核心的农业手工业经济区，并通过商业纽带吸附边缘畜牧业区，此种经济结构非常稳定，数千年很少变化。有的看民族结构，与结构核心区相互适应的是擅长农业和手工业的汉族人数十分庞大，自然居于国家人口的主体地位，众多的少数民族则同汉族存在着非常紧密的联系，这种民族结构也比较稳定，数千年很少变化。有的看政治结构，中国自古就形成了天下统一的理念和制度，虽然历史上出现过像春秋战国、古代十国那样分裂战乱的情况，但任何人都认为那是不正常的，必须复归到大一统的政治体制中，这种追求统一的政治理念能凝聚无比巨大的力量，往往能使国家分而复统，衰而再振，这种政治结构有利于稳定，几千年很少变化。

以上这些观察和分析都很有道理，但都是侧重于某个方面，不能揭示创造奇迹的总根源。

创造中国奇迹的总根源是中国人民，是中国文化。

什么是文化？“人类认识世界、改造世界的能力，人类发挥这种能力创造出来的物质和精神的东西，反映了人的本质，这就是文化，这是广义的文化。”[①]这里说的“文化”，与“文明”是同等的概念。中国人民创造了中国文化，中国文化反映了中国人民的本质，中国奇迹就是这种本质的体现。

城市可以毁灭，黄帝、尧舜禹以及秦皇汉武、唐宗宋祖、成吉思汗都死亡了，但中国人民永生，中华文化永生。

文化通过文化力表现出巨大的能动性和创造性。

文化力的作用是无边的、无形的、无限的、永恒的。人们可以藐视一切，但是不敢藐视文化力。

人类从野蛮的荒野进入文明的胜景，从奴隶社会进入封建社会、资本主义社会和社会主义社会，是文化力推进的。

地球上从古至今的一切奇迹，从中国万里长城、埃及金字塔、希腊迷宫，到飞船、卫星和现代化大城市，都是文化力创造的。

在无坚不摧的文化力面前，高山要让路，大海会献宝，一切黑暗的王国都会烟消云散。

①王天玺：《文化经济学》，云南人民出版社2010年版，第4页。

在激动人心的文化力面前，枷锁可以打烂，梦想能变成现实，人类可以创造崭新的国家和美好的社会。[①]

①王天玺:《文化经济学》，云南人民出版社2010年版，第33页。

创造中国奇迹的中国文化力是无形的、无边的、无限的、永恒的，虽然似乎看不见，摸不着，但它无时不有、无处不在。它存在于中国人民创造的一切物质和精神的东西里，存在于中国人的思维定式和生活习惯中，甚至存在于中国人的一闪念和一举手一投足之间。

19世纪后期到20世纪前期，就在美国猛然跃上世界第一强国的时期,包括印度在内的许多东方国家都被帝国主义列强灭亡了，成了失去国格的殖民地。中国也是国势一落千丈，成为穷国弱国，任人侵略欺辱，但毕竟没有亡国，因为有中国人民在，有中华文化在。

中国近代一度面临亡国的危险，人民饱受了百年的辛酸和苦难，但从历史辩证法看，这个苦难也并非没有价值。在与资本主义强国的激烈碰撞中，在刻骨铭心的无数失败中，先进的中国人警醒了，看到在千年旧制中因循守旧是多么危险，只有创新和革命才有民族的生路。

中国共产党举起了创新和革命的大旗，中华民族的先锋战士冲在创新和革命的最前列。国家重建的规模和文化创新的程度都是人类历史上罕见的。这是百炼成钢的过程,这是凤凰涅槃的契机。伟大的中国已经浴火重生，伟大的中华文化已经焕然一新。当中国共产党和中国人民用几千年的中华文明去吸纳世界上一切文明成果的时候，真正的奇迹便发生了。新中国只用了一个甲子年，就重新站到世界舞台的中心，并大踏步地走向人类进步潮流的最前列，这是世界历史上无与伦比的奇迹。

第三节　共创奇迹

21 世纪的天空，容得下两个太阳吗？

中美两国能否共创奇迹？这是一个大问题，是一个关乎中美两国人民和世界人民祸福的大问题。

现在看来，中美关系的未来发展，可能出现以下三种情况：

第一种情况，中美两国友好相处，互助共赢，努力造福于两国人民，合力推动人类社会的文明进步。

第二种情况，中美两大国像惯常的大国关系那样，多种矛盾聚集，利益冲突激化，直至爆发大规模战争。由于双方的武力都是前所未有的强大，战端一开，就会超出任何人的控制能力，足以陷世界于灭顶之灾。

第三种情况，矛盾和冲突不断发生，但双方都能顾及大局，适可而止，并在世界其他力量的作用下，达成相互可以接受的妥协。共同利益的领域不断扩大，相互合作的机制日益牢固，承认差别，尊重特点，以世界和平为重，共创新型的大国关系。

由于中美两国禀赋的文明不同，社会制度不同，双方的矛盾点无限的多，出现第一种情况只是善良人们的期望，实际上是不可能的。

当今世界上两个国家之间发生战争的可能性始终是存在的，中美两国也不例外。但因为中美两大国都拥有摧毁对方的强大力量，特别是中美两国人民和世界人民珍视和平，反对战争，因此，发生第二种情况的可能性非常小。

最可能发生的，应该是第三种情况。果然如此，中美两国也就能共创奇迹了。

从任何角度上看，中美两国都是可以分庭抗礼的。虽然美国在一些方面现在还占有优势，但这种优势只是相对的。

值得人们认真观察的，是中美两国正处于不同方向的发展态势之中。

宇宙间的一切事物都有发生、发展和消亡的过程。资本主义社会也逃不脱这个规律。资本主义社会在地球上出现已经300多年了。从自由资本主义到垄断资本主义，再到金融资本主义，已陷入发展的困境。任何头脑健全的人都会看到，如今传染世界的金融之病、债务危机正是资本主义社会重病缠身的表象。

美国是最大的资本主义国家，在资本主义固有矛盾普遍爆发的大背景下，美国并不能独善其身，只能很不情愿地走进新的战略收缩期。

美国作为一个帝国，一直处在战略扩张和战略收缩的循环之中。

二次大战之后，美国作为最大的战胜国和最大的经济体，实施了大规模的战略扩张，在世界几十个国家和地区建立军事基地，驻扎大批军队，发动了侵略朝鲜的战争和侵略越南的战争。

到上世纪70年代初，由于深陷越战泥潭，美国被迫进行战略收缩。1969年11月，尼克松发表关于越南问题的演说。1970年2月，尼克松向国会提交外交政策报告，正式推出所谓“尼克松主义”。尼克松表示，美国将遵守“条约义务”，但美国不可能承担所有“自由国家”的全部防务责任。也就是说，美国必须减少在全球承担的义务，实行战略收缩。

这次战略收缩使美国逐渐从“越南战争综合症”中恢复过来，国力上升势头明显。到上世纪80年代初，里根政府又开始新的战略扩张，他们实行与苏联的全面对抗，尤其是发起了“星球大战计划”，实施军备竞赛，直到拖垮苏联，赢得冷战的胜利。老布什、克林顿和小布什三任总统打着“重振国威”的旗号，继续加强军事同盟，推动北约东扩，发动海湾战争，轰炸南斯拉夫，入侵伊拉克和阿富汗，挟其一超独霸的威势走向“帝国的过度扩张”。

这种“帝国的过度扩张”后果极其严重。实行“星球大战计划”以来，经过几场高强度、长时间、大消耗的战争，国家财富消耗殆尽，从世界最大的债权国变为最大的债务国，美国政府已成资不抵债的空壳机构。因为醉心于军事扩张和“金融创新”，实体经济日渐衰弱，除了军事工业畸形发展之外，真正创造财富的其他产业越来越缺乏竞争力。看起来无比雄伟的美利坚帝国大厦，根基已然松动，脆弱得不堪重负。不仅如此，由于不顾国际社会的强烈反对，以推进民主和维护人权为幌子，把残酷的战争强加给一个又一个弱小国家，杀害了数以十万计的民众，给这些国家人民造成巨大的灾难。陷进伊拉克和阿富汗战争泥潭的美国，现在遇到的难题，已经不是怎样脱身的问题，而是曾经傲视天下的美式政治经济制度的光辉形象怎样不使它从天上掉到地下的问题。

面对如此形势，美国现在的当政者在战略扩张和战略收缩之间犹豫不决，陷入收缩不甘心、扩张无能力的两难境地。一会儿按扩张的惯性行事，一会儿则不得不收缩。美国人民寄厚望于奥巴马，但奥巴马不是超人，他上台几年，挣扎了几年，得到的结果是美国人民很不满意。在其任期内举行的中期选举中，奥巴马代表的民主党遭到了惨败。2012 年总统大选，完全提不起民众的热情，因为争取执政的两个党对改变美国经济和社会发展颓势都显得一筹莫展。不可抗拒的困难局面正迫使美国延长战略收缩期。

马克思在 150 多年前就预言，美国的资本主义制度将陷入停顿并开始腐朽，由于疯狂投机，底特律汽车城有可能不再生产汽车。马克思的预言正在成为美国的现实。

中国则有完全不同的发展趋势。

从人类社会发展的大规律看，社会主义社会必然代替资本主义社会。中国是最大的社会主义国家，中国的前进方向是符合人类社会发展的进步潮流的。正是在这一点上，中国相比美国，占有明显的优势。

中国共产党人和中国人民经过几十年的艰苦奋斗，走出了中国特色社会主义道路，创造了一个崭新的发展模式，形成了“一、二、三、四、五”

的中国模式图。

"'一'是一条道路，即中国社会主义的科学发展之路；'二'是两大目标，即实现中华民族伟大振兴和社会主义胜利前进；'三'是坚持党的领导、依法治国和人民当家做主三者有机统一，实现先进生产力、先进文化和人民利益三者有机统一，注重改革、发展、稳定三者有机统一；'四'是实行四大制度，即人民代表大会制、共产党领导的多党合作制和政治协商制、民族区域自治和基层民主自治；'五'是建设五大文明，即建设经济文明、政治文明、精神文明、社会文明和生态文明。按照一即是多、多即是一的道理，五大文明又总归为社会主义文明，从而回到中国模式的本质。"①

全世界已经见证，中国模式的生命力是无限的，中国发展的速度、广度和稳定性都是超乎人们想象的。一方面，美国进入战略收缩期；另一方面，中国进入稳定发展期。这种情况决定了在21世纪第二个10年的开端，中美关系发展到一个影响深远的转折点：在此之前，中美两国是不平等的，总的态势是：美国强，中国弱；美国进攻，中国防守；美国压，中国顶。如今，这样的态势走到了终点，一种新的格局出现了，这便是中美两国在世界上"平起平坐"。

2011年初，一场全球直播的隆重仪式宣告了这个转折点的到来，这就是中国国家主席胡锦涛对美国的国事访问。

《印度时报》说："这个星球的每一个首都在关注这场为期4天的访问，关注中美元首的一言一行、他们每一个象征性姿态以及这对世界及其未来意味着什么。因为此次访问发生在极为关键的历史时刻：美国经济衰退已经是广泛共识，而中国正在冉冉升起。"

英国《卫报》1月18日报道干脆写道："当胡锦涛走进华盛顿，

① 王天玺：《中国模式论》，红旗出版社2012年10月版，第9页。

中美终于平起平坐。”这种“平起平坐”，不仅体现在美国以最高规格迎接中国国家元首的到访，更重要的是体现在《中美联合公报》确定的共识中。

中美整体关系的共识是双方确定成为相互尊重、互利共赢的合作伙伴。

中美之间的整体关系有三个关键词：“尊重”、“共赢”、“伙伴”。

“尊重”，意味着双方要尊重彼此的核心利益，尊重彼此的发展道路，尊重彼此的发展模式。

“共赢”，意味着双方不应是你输我赢，你兴我衰，而是互利互惠、共同受益。

“伙伴”，意味着双方在地区乃至全球问题上不应是敌对者，而是战胜困难的合作者、跨越挑战的同行者。

中美政治关系的共识是求同存异、平等互信。

中美两国历史文化、社会制度、发展水平不同，双方在政治上存在分歧和摩擦是正常的。但是，只要能够做到求同存异，客观理性地看待对方，尊重对方领土、主权完整等核心利益，两国关系就不会偏离正常轨道。

实际上，中美两国真有“大同”。比如，两国都致力于维护世界和平稳定、推动国际体系改革；两国都致力于推动亚太地区发展，促进亚太地区繁荣；两国都致力于加强双边各领域合作、造福两国人民。

站在这些“大同”的基础上，双方就不难克服“威胁论”、“遏制论”的干扰，就能建立起两大国的战略互信。中国领导人已经表示中国“欢迎美国作为一个亚太国家为本地区和平、稳定与繁荣作出努力”，美国领导人也高度评价中国取得的巨大成就，表示美国欢迎中国崛起，中国和平发展有利于美国，有利于世界。这样的战略互信将确保中美关系沿着正确的航道前进。

中美经济上的共识是全面合作，互利双赢。

中美之间新经济关系也有三个关键词："全面"、"互利"、"合作"。

"全面"，就是包括两国宏观经济政策、汇率政策、开放贸易和投资、知识产权、政府采购、中国市场经济地位、协商对话机制以及金融监管等等。

"互利"是中美经济关系的突出特点，两国的经济利益已经交织在一起，而且是相互依存的。

"合作"，就是为了两国的共同繁荣，要长期相互配合，实现互补。

东风好作阳和使，逢草逢花报发生。站在全球最高的观察点，人们一定会发现，在当代历史的重要节点上，中美关系的每一次演进，都向全世界传递着新春的信息。

20 世纪 70 年代，中美领导人在北京的历史性握手，建立起跨越大洋的战略联系，种下了打破冷战寒冬、催暖全球的种子。

30 年前中国领导人首次访问美国，拉开了中国改革开放的历史大幕，催生了世界和平、发展与合作的世纪春风。

21 世纪第二个 10 年的开端，中美领导人在华盛顿历史性的握手，强化跨越大洋的战略联系，共同迎接和谐世界的春天。

2011 年的《中美共同声明》向全世界宣告，中美合作的时代已经来临，它将造福于中国人民和美国人民，也将有利于世界人民。韩国《中央日报》评论称，这次中美峰会标志着"美中同舟"时代开幕，"即使把此次美中首脑会谈称作中国正式成为 G2 的加冕仪式也不为过"。两国缔结的《共同声明》无异于同乘一条船的两个船长共同勾画出来的 21 世纪第二个 10 年的航海图。

不难看出，人们对中美关系的发展有很高的期待，但实际情况要复杂和严峻得多。确定建设相互尊重、互利共赢合作关系的中美《共同声明》刚刚签字，美国就大张旗鼓地开始实施"重返亚太"战略。总统奥巴马、国务卿希拉里和国防部长帕内塔一起上阵，在中国周边强化军事联盟，扩建军事基地，大搞军事演习，挑动南海和钓鱼岛争端，遏制中国的企图昭然若揭，还有一些冷战骑士提出了各种与中国对抗的战略方案。

这种遏制中国的做法在美国也不得人心。美国维基战略网站首席分析师托马斯·巴尼特对新保守主义者对抗中国的战略很反感，他直截了当地说："新保守主义派的甜言蜜语为我们国家划定了一条糟糕的航线，因为他们强迫我们去对抗的那股力量恰恰是决定美国复苏的那股力量——那就是中国。"[①]

中国人民观察世界自有定力。我们深知，无论在美国还是其他西方国家，都有一批死硬的反华人士，他们很难改变自己的立场和观点。中国脆弱，他们蔑视；中国强大，他们仇视。他们一直在思考、讨论和策划打倒社会主义中国的战略战术。随着中西关系大局的演变，他们或者得势，或者失势，但他们不会失声。

美国也好，其他西方国家也好，都是多元社会，有各种各样的政治派别。对这些死硬的反华派，一定要警惕，要戳穿他们的阴谋，但也不要以为他们就代表了美国，代表了西方。有时候，可以把他们的言论当做狗的吠声，让他们吠去吧，路人照样前行。

习近平在2012年初访美时指出，宽广的太平洋有足够空间容纳中美两个大国。这不是外交辞令，而是说明一个基本事实，表达中国人的一个战略构想。

中国和美国都是太平洋地区的大国，这是上天的安排。改变这种状态就意味着违反天道，谁有这个胆量，谁有这个力量！

实事求是地说，中国完全没有"容不下美国"的野心和狂想。中美两个大国肯定存在着竞争关系，但大多数中国人希望这是一种良性的竞争关系。

问题出在美国。美国有不少人容不下中国，他们害怕中国的

①美国《世界政治评论》杂志2012年2月20日。

崛起动了美国霸权的奶酪。

美国人有这种担忧心情，是自然的。如果美国经济继续萎缩，中国不断强势崛起，这种担忧心情只会更加严重。中国人理解美国人的感受，但我们不能为了照顾任何人的感受而停下实现中华民族伟大复兴的脚步。

实际上，只要美国人把“领导世界”的野心去掉一点，把霸权心态改一改，就会看到太平洋实在太广大了，就会看到向他迎面走来的中国不是邪恶的挑战者，而是宝贵的合作者。

第二章
查历史恩怨

在帝国主义列强抢夺中国领土、大肆分裂中国的时候，有一个强国却表现得与众不同，它没有抢占中国领土，而且公开表示维护中国的统一。这个国家就是美国。

要把握中美关系的现状和未来，必须认清中美关系的来龙去脉，需要探查中美两国的历史恩怨。我们这里说的“历史”，其实并不很古老，主要指的是第二次世界大战爆发之前的一两百年。由于美国立国时间很晚，历史上与中国交往并不多。作为后起的帝国主义国家，作为西方资本主义文明的旗手，美国对文明中国的侵略，很注重文化包装，不像英国、日本和沙皇俄国那样野蛮贪暴。多害相较美为轻，中美两国的历史仇怨并不很深。

二次大战前的中美交往，因为美国是强国，中国是弱国，中国无力加害美国。观察中美之间的历史仇怨，主要看美国加害于中国的程度和范围。就此而言，中美之间可以说是“历史少仇”。

第一节 美国加盟“八国联军”

1784 年 2 月，“中国皇后号”木制帆船从纽约港起航，满载着棉花、西洋参、毛皮和其他货物，乘风破浪穿过大西洋，绕过好望角，驶向中国广州。正是这艘以“中国皇后”命名的 360 吨帆船，揭开了中美两大国关系的序幕。

“中国皇后号”开辟的中美交往，最初还是一种平等的贸易关系。仅过了半个世纪，到1844年美国强迫清政府签订《望厦条约》，中美关系就发生严重的倾斜。美国追随英国对中国实行侵略，并加紧对中国进行政治、文化的渗透，美国扮演了把中国推向半殖民地半封建社会的重要角色。

美国是一个移民为主的国家，但很长时间内对中国移民实行歧视政策。1895年，美国强迫清政府签订《限制华工条约》，以10年为期，绝对禁止华工赴美，并在国内掀起排华浪潮，使在美华人受尽了屈辱。

中日发生甲午战争的时候，美国驻华代办田夏礼宣称：“唯有使用武力，才能使中国和世界融洽相处。只要清王朝不致受到威胁，中国的战败倒是一件有益的事情。”[①]如此赤裸裸地助长日本的侵略气焰，表明美国统治集团是日本侵华的帮凶。

20世纪开端之年，美国派兵参加“八国联军”，用大炮轰开中国首都北京城，强迫清政府签订《辛丑条约》，向八国赔款4.5亿两白银，分39年付清，本息共计9.82亿两。美国分得白银赔款3293万两，约合2400多万美元，并和其他列强国家一起，取得北京到山海关的驻兵权。

1903年，美国同清政府签订《中美续议通商行船条约》，强迫中国内地通商口岸向美国完全开放。

1899年，美国国务卿海约翰提出“门户开放”政策，要求中国政府在承认各国“势力范围”的前提下，将中国市场向全世界开放，凡是其他帝国主义国家在中国享有的权利，美国也要享有，实行所谓“利益均沾”原则。海约翰的“门户开放”政策，就是美国运用“巧实力”侵略中国的政策。

①丁楠:《帝国主义侵华史》第一卷，第293页。

第二节 美国没有侵占中国领土

德国政治家俾斯麦曾开玩笑说："上帝眷顾傻瓜、酒鬼和美国人。"

傻瓜和酒鬼怎样得到上帝的眷顾，我们不得而知，但美国确实登上了世界强国的巅峰。

1889 年，美国历史学家赫尔曼·冯·奥尔斯特很兴奋地写道，我们无可匹敌的发展速度和我们无限的资源可以让我们做任何想做的事。美国向西扩展已经到达太平洋，美国人创造了世界最大的经济体。就是在 1889 年，美西战争拉开了美国世纪的序幕。当时，有资格争当世界超级大国的至少有六个国家，包括美国、德国、俄罗斯、英国、法国和日本。但一场战争使美国脱颖而出，这就是美西战争。美国摧毁了享有海上霸权的西班牙王国，获得了大国争霸的战略优势。

美国利用这种战略优势疯狂向外扩张，扩张领土，扩张影响力，扩张势力范围。

美国当时已经很强大，但它是后起的帝国主义大国，当它走进瓜分世界的宴席时，地球上尚未被瓜分的土地已经所剩无几了。要想取得殖民地，就必须和其他列强国家兵戎相见。由于可以夺取的殖民地都远在大西洋的另一边，建立强大的海军就成当务之急。美国"海军之父"马汉及时地提出了"海上实力论"。在《海上权力对历史的影响》一书中，马汉大肆鼓吹建立海上霸权的重要性，并且为之勾画了一幅依靠海军夺取制海权，重新瓜分殖民地，直至建立世界霸权的侵略蓝图。

美国开始扩张时，首先是侵占了墨西哥的大片国土，然后就依靠强大的海军去抢夺殖民地。

1893 年，美国先是策动夏威夷政变，后是海军进占整个群岛。到 1898 年，一举吞并夏威夷，使之成为美国的海军基地。

吞并夏威夷的同一年，美国制造借口向西班牙宣战，强迫西班牙签订《巴黎条约》，将古巴和菲律宾这两大殖民地奉送给美国。

值得注意的是，虽然美国在二次大战之前到处抢夺殖民地，但没有对贫弱不堪的中国下手，没有侵占中国的领土。

第三节　美国尊重中国统一

两百年前，中国是世界上国土面积最大的国家，但在中国政府腐败无能的时期，帝国主义列强不仅不尊重中国的统一，而且掀起了分裂中国的一波又一波狂潮，把中国大片的国土分裂出去了。

沙皇俄国19世纪下半叶就先后割占中国领土150多万平方公里，使中俄两个原本相隔千山万水的国家成为邻国，共有了漫长的边界线。

俗话说，人心不足蛇吞象。日本军国主义是一条小蛇，但它一心想吞下中国这头大象。虽然它在1945年被迫宣布无条件投降，但曾经割占台湾及其附属岛屿50年，至今还企图强占钓鱼岛。

英国政府强迫清政府在《南京条约》第一条写上："中国割让香港。"英国人麦克马洪用笔轻轻一画，就令中国失去了对9万平方公里国土的实际控制。

……

在帝国主义列强们抢夺中国领土、大肆分裂中国的时候，有一个列强国家却表现得与众不同，它没有抢占中国领土，而且公开表示维护中国的统一。这个国家就是美国。

让我们从美国的西藏政策说起。

美国对中国西藏的政策，虽然先后有变化，但基本原则是承认西藏是中国的一部分。

1893 年，曾经游历藏区的美国学者矛克义在其调查报告中说：“西藏构成中华帝国整体的一部分。”我们应当记住这个矛克义，正是他，第一次公开表达了美国人对西藏问题的观点。而且他后来曾担任助理国务卿，协助国务卿海约翰在 1899 年制定了著名的对华“门户开放”政策。1905—1909 年，矛克义担任美国驻华公使，曾多次同前来内地的达赖十三世见面，用流利的藏语对达赖说，达赖喇嘛是清朝的臣子。矛克义是著名的学者外交家，他对西藏文化有很深的研究，他对西藏问题的认识，对美国政府政策制定者有长期而深远的影响。

美国的西藏政策同英国是有明显区别的。以印度为殖民地的大英帝国，一直企图吞并西藏，美国对此并不赞成。

1890 年，英国派兵侵略西藏，当时的美国国务卿海约翰指示驻英国大使约瑟夫·乔特要提醒英国政府，美国政府认为西藏是中国的一部分，十分关注中国的领土完整。并指出，英国政府通过与中国政府谈判涉及西藏的问题并签署条约，曾经在事实上承认中国对西藏的主权，而“中国从未放弃过他们的主权”，美国政府不能同意英国方面所谓中国对于西藏的主权只不过是“法律上的虚构”和“政治上的矫饰”的说法。在华盛顿，海约翰国务卿还约见英国驻美大使莫蒂默·杜兰德，要求澄清英国政府对于西藏的立场。在当时的中国清朝政府非常虚弱的时候，美国政府能站出来支持中国维护领土完整，这一点是可贵的。

辛亥革命后，中华民国派兵入藏，以恢复中央政府对西藏地方的统属关系，英国又跳出来阻挠。英国驻华公使朱尔典拿出一份备忘录，以中英藏三方谈判西藏问题作为英国承认中华民国的条件。美国驻华公使馆则立即声明这样做不妥，明确表示，根据条约，没有理由认为中国军队不能进入西藏。

1913年3月，美国驻华公使馆建议国务院率先承认辛亥革命后建立的中华民国，并且指出：在承认中华民国问题上如果与其他列强保持一致，任凭他们提出不公正的条件，那就是在纵容其他国家的侵略企图，将会损害美国的利益。一个多月后，美国总统威尔逊致电中华民国临时大总统，承认中华民国，“欢迎新中国加入万国一家内”。在这件事情上，美国又一次明确宣示：西藏是中国领土的一部分。

美国著名学者拉铁摩尔曾经将美国的这一立场表述如下：“美国的原则是中国的完整……美国关于中国完整的观念是：西藏、蒙古和新疆都是中国的一部分。”

无论在任何情况下，对于美国在历史上尊重中国统一的立场，我们都应当作出高度的评价。

第四节　美国的文化侵略

与其他帝国主义国家派兵侵略中国，强占中国领土不同，美国最重视的是强化美国文化对中国的影响。

1901年，美国由于参加“八国联军”，入伙侵略中国，从中国赔款中分得3293万两白银，合2400多万美元。对于这笔从中国人民的血汗中抢来的罪恶之钱，美国人推出一项“善举”把它洗干净了。

1908年，美国驻华公使柔克义通知清政府，美国国会核准中国庚子赔款给美国的款数减至1365万美元，将此数与原应赔给美国之数的差额1000万美元“退还”中国，用以帮助中国发展教育。

美国此举打着“笃念邦交，义行独倡”的旗号，但美国统治者的真实目的是通过这些“善举”，培植中国人对美国的崇拜、热爱之心，为日后控制中国打下精神基础。对于这一点，当时的美国人自己说得很清楚。

美国伊利诺斯大学校长詹姆斯给当时的美国总统老罗斯福一份备忘录，其中写道：“如果美国在三十年前已经做到把中国学生的潮流引向这个国家来，并能使这个潮流继续扩大，那么，我们现在一定能够使用最圆满和最巧妙的方式控制中国的发展。这就是说，使用那种从知识和精神上支配中国领袖的方式。”“为了扩张精神上的影响而花一些钱，即使从物质意义上说，也能够比用别的办法收获更多。商业追随精神上的支配，是比追随军舰更为可靠的。”①

美国传教士狄考文把这种图谋讲得更清楚：“不论在哪一个社会，受高等教育的人们，都是有势力的人们，他们控制社会的情感和意见。作为传教士来说，如果我们彻底地训练好一个人，使他在他的一生中，能发生一个受高等教育的人之巨大影响，就会胜过训练半打以上没有受过教育的人们。一个受过高等教育的人是一支燃着的烛，别的人就要跟着他的光走。这就中国来说，比其他异端的国家更真实。”

青年时代的毛泽东就对美国的文化侵略看得很清楚。他在1923年发表的一篇文章中说，论经济影响力，美国不如英国和日本，但文化影响力特别大。“美国传教业尤为猛进，以青年会为中坚，兼及教育事业及慈善事业。美国人在湘因商业上无势力，专从宗教、教育及医院等慈善事业用力。留美学生从而知之，造成一股浓厚的亲美空气。”②

美国人运用自己强大的国力，通过传教、行医、办学等方式，

①李长久、施鲁佳主编：《中美关系二百年》，新华出版社1984年版，第66—67页。

②毛泽东：《省宪之下的湖南》，《前锋》第1卷第1期，1923年7月1日。

强化美国对中国的文化影响，以图从精神上控制中国人，不遗余力地在中国培植为美国侵略服务的汉奸买办分子，这毫无疑问是一种文化侵略。但任何事情都会有多方面的意义，美国文化影响的扩大既是消极的，也是积极的。

上个世纪初期，为了探求救亡图存的真理，先进的中国人就从美国文化中吸取了许多营养。

青年毛泽东曾怀着极大的兴趣去研究美国富强的经验。他曾视美国哲学家杜威为老师，高度评价杜威的实用主义哲学。1920 年 5 月，杜威到上海讲学，由黄炎培主持，毛泽东是热心的听众。同年 6 月 7 日，他在写给黎锦熙的信中说："我近来功课，英文、哲学、报，只这三种。哲学从'现代三大哲学家'起，渐次进于各家。"毛泽东此处所说的"现代三大哲学家"，是指柏格森、罗素和杜威。

杜威的哲学所以能对青年毛泽东发生深刻影响，是因为在那个时代，社会上普遍认为美国的实用主义是一种最有希望的新思潮。实用主义把自己标榜成是一种追求真理的哲学，它强调真理的价值性。这种哲学宣扬说，任何可供我们运用的思想，从工具的角度说，都可以视为真理。它使哲学变成仆人而不是主人，是工具而不是目的。它强调人可以指挥精神，可以平等地捕捉到自己的真理。实用主义还把自己标榜为主体性的哲学。它给每一个人都安排一个主角，让他们在实现自己认为有效的活动中作出努力并承担责任。人不能从上帝和大自然中得到安慰，一个人的成败取决于自己的奋斗。在马克思主义传入中国之前，美国实用主义哲学在中国的传播，有利于克服僵化、保守和脱离实际的旧思潮的消极作用。

毛泽东对杜威哲学感兴趣，是因为他想从美国的历史和精神中寻求改造中国的出路。实际上，不仅是实用主义哲学，他对美国的许多东西都充满了浓厚的兴趣。1936 年，毛泽东在延安的窑洞中告诉埃德加·斯诺，他研究过美国的制度，了解美国的独立战争和南北战争。他关心美国的革命。还开玩笑说，美国将是最后实现共产主义的国家。

如果说青年毛泽东都从美国文化中吸取营养，那么更有一代又一代的学者从美国学习了科学、技术和其他许多先进的东西。许多人学习很有成绩，而且学习后更加热爱自己的祖国。像钱学森那样，取美国知识之火，炼中国科技之星。这是一个古老民族向一个现代民族的学习，是古老的东方文明向现代西方文明的学习。这种学习的开始阶段只是追赶，但必然走到这样一天，那就是超越。这当然不是一般的超越，是东方文明对西方文明的超越。这种情况，可能是当初推行美国文化侵略的人和反对美国文化侵略的人都没有想到的。

历史，总会出乎人的意料。

第三章
重二战友情

在世界反法西斯侵略的大战中，中美两大国结成联盟，两国军民在共同战斗中建立友谊，最后共同取得胜利，这是人类历史上的一件大事，一段佳话，值得后世珍惜。

中美两国共有一份宝贵的精神财富，这就是在反法西斯战争中两国军民用生命和鲜血凝结而成的战友之情。

中美同盟的缔结，是为了粉碎日本军国主义的侵略。虽然那个时代中国还是穷国弱国，当时的中国政府也腐败无能，但即使在那样的情况下，中美两国携手合作形成的力量也是非常巨大的，足以掐死日本军国主义，把亚洲人民从日本法西斯的魔爪下解放出来。中美两国曾为盟友的历史不应当忘记，中美两国军民曾经结成的战友之情，值得永远珍视。

第一节　中美同盟与二战胜利

第二次世界大战是人类历史上光明和黑暗、文明和野蛮两种势力之间最大规模的决战。一切善良的人们都非常庆幸光明战胜了黑暗，文明战胜了野蛮，非常庆幸世界人民把希特勒、墨索里尼和东条英机为代表的法西斯主义永远钉在历史的耻辱柱上。

研究二战历史，人们更多地关注欧洲战场和太平洋战场，更多地颂扬苏联和美国的功绩，这是很自然的。在欧洲战场上，战争的规模最大、最惨烈，苏联当然是抵抗和战胜德国法西斯的中坚力量。太平洋战场上展开了大规模的海军和空军大战，是当时历史条件下的高科技战争，美国强大的空军和海军力量毁掉了日本军国主义发动侵略战争的本钱。苏联人值得自豪，美国人值得自豪，世界人民也应当为苏美两国对战胜法西斯作出的巨大贡献给予高度的评价。在这些方面，二战史学家们是做得很到位的。

然而，许多研究二战历史的学者，却没有充分估计中国战场的关键作用，这是令人遗憾的。

真实的历史是这样的：中国人民最早投入反法西斯侵略的战场，最后消灭法西斯侵略军。中国战场连接着欧洲战场和太平洋战场，是战斗时间最长，对最后战胜法西斯主义起着关键作用的战场。

第二次世界大战爆发于何时？现在的许多世界史著作都认为，第二次世界大战爆发于 1939 年，标志性事件是当年 9 月，德国大举进攻波兰。

这个问题，应当重新研究，并作出新的结论。

第二次世界大战，本质上是法西斯主义发动侵略和世界人民反对法西斯侵略的战争。因此，确定大战爆发的时间，最客观的标志是法西斯侵略集团已经形成，并在世界范围内开始发动侵略战争。

以这样的客观情势衡量，第二次世界大战爆发的时间应确定为 1937 年。根据有以下三条：

第一，1937 年，德、日、意三国签署《反共产国际协定》，臭名昭著的法西斯“轴心国”同盟正式形成。

《反共产国际协定》宣称，共产国际干涉各国内政，威胁世界和平，因此，“缔约国相约对于共产国际的活动相互通报，并协议关于必要的防止措施，且紧密合作，以完成上述措施”；“缔约国对于因共产国际的破坏工作而国内安宁受到威胁的第三国，应根据本协定的旨趣，采取防止措施，或共同邀请其加入本协定”；“遇缔约国一方无故遭受苏联进攻或进攻威胁时，不采取任何有利于苏联的行动。在协定有效期内，两缔约国约定未经双方同意不得与苏联缔结违背本协定精神的任何政治条约”。

“轴心国”把打击目标对准共产国际和社会主义苏联，是它们的真心表露，更是释放出一个大烟幕弹。法西斯主义，实质上是最反动的垄断资产阶级集团，它们对于致力于用社会主义代替资本主义的共产国际和社会主义苏联具有先天的仇恨，必欲置之死地，它们签署的“协定”就是这种真心的表露。同时，这个“协定”又是一个大烟幕弹，用以欺骗民主国家和世界人民。它们打出反共旗号，是为了迷惑民主国家，让这些国家放松警惕，以掩盖法西斯主义的突然袭击。希特勒就此对他的亲信说：“我必须……利用布尔什维克主义的幽灵来遏制凡尔赛诸国，要使他们相信，德国是反对赤祸的决定性堡垒。这是我们渡过危机，摆脱凡尔寨和约和重新武装的唯一方法。”①

①《世界通史》现代卷，第524页，人民出版社出版。

第二，1937年，德日意法西斯已经在亚洲、非洲和欧洲发动侵略战争。

早在1935年10月，意大利侵略军就对非洲国家埃塞俄比亚不宣而战，分三路发动大规模进攻，埃塞俄比亚军在海尔·塞拉西一世领导下奋起抵抗。

从1936年到1939年，德意法西斯调动20多万军队入侵西班牙，镇压西班牙人民阵线政府，支持弗朗哥对西班牙实施法西斯统治。

1936年9月18日，日本侵略军发动侵略中国的战争。到1937年，已把侵略战火从东北烧到华北。

第三，1937年7月7日，日本对中国发动全面进攻，中国奋起反击，由此形成第二次世界大战中起关键作用的中国战场。1937年7月7日发生的“七七事变”即成为第二次世界大战爆发的标志点。

中国是主要的反法西斯国家之一，日本是主要的法西斯国家之一，这两个国家在1937年已经爆发全面战争。中国军民最早投入了反法西斯的战场。美国总统罗斯福对此表示过由衷的感佩。他在1942年的一次演说中说："在本次大战中，我们将永远记住是中国人民第一个站出来和侵略者作斗争的。"[①]

①《环球飞行》2005年特刊，《二战时期美国援华空军》，第80页。

中国战场不仅是最早的反法西斯战场，而且是夺取反法西斯战争胜利起了关键作用的重要战场。

中国战场是如此之广大，中国军民的反抗是如此之激烈，日本侵略者想几个月占领中国，然后抽出主力同德意法西斯东西合击，一举打垮苏联和美国的梦想完全破灭了。

在正面战场上，得到美国大力支持的国民党军节节抵抗，使战线过长的日本侵略军锋芒渐折，中国政府还能保有大半国土，以坚持长期抗战。在敌后战场上，共产党领导的抗日武装神出鬼没，无处不在，使日本占领军陷进人民战争的汪洋大海中。

中国战场的战略意义是显而易见的。因为日本侵略军的主力被钉死在中国战场上，才有可能使苏联在欧洲战场上取得战略优势，使美国在太平洋战场上取得战略优势。

世人一定记得，德国法西斯军队的"闪电战"征服了欧洲西部之后，即大举进攻苏联，苏军抵挡不住，后退到莫斯科和斯大林格勒一线，形势非常危急。在生死存亡关头，斯大林看到中国军民捆住了日军的手脚，使其无力配合希特勒夹击苏联，即下决心把防备日本关东军的苏联远东地区精锐兵团调到斯大林格勒前线。由于来自远东生力军的加入，苏军战斗力大增，取得斯大林格勒保卫战的胜利，由此扭转了欧洲战场的格局，德意法西斯由此从进攻转为败退，直到彻底覆灭。

世人也一定记得，1941年11月26日，日本侵略军对美国发动突然袭击，在珍珠港炸沉美国大型军舰10艘，炸死炸伤美国军民4500多人。随后，日军又进攻美国殖民地菲律宾，迫使近10万美菲军队投降，美军在太平洋战场上陷入困境。1942年，日本和美国为了争夺太平洋战场的主动权，双方在瓜达尔卡纳尔岛展开了殊死的争夺战，美军投入6万人，日军主力因为在中国战场上被钉住动弹不得，只能投入3.6万人，经过半年的争夺，日军败退，美军战胜。

瓜岛之战后，在太平洋战场上，日本由进攻转为退守，美国由退守转为进攻，战略主动权已完全掌握在美国手中。

中国战场能够在第二次世界大战中发挥如此关键作用，根本上有赖于中国军民表现出无与伦比的反侵略斗争精神，同时也有赖于中美两国结成了坚强的反法西斯同盟。

1941年12月太平洋战争爆发后，美国等国家正式参战，反法西斯阵线迅速扩大。罗斯福和丘吉尔与苏联、中国等国领袖商量，起草了一份反法西斯国家的联合宣言草案。1942年1月1日，美、英、苏、中等26国代表在华盛顿签署了《联合国家宣言》，向世界宣告：各签字国家政府保证使用全部的军事和经济资源，反对同他们处于战争状态的德意日三国及其仆从国；每个国家的政府保证互相合作，不与敌人单独缔结停战协定或和约。

中美同盟就是在世界反法西斯联盟建立过程中形成和发展起来的，它使中国战场上反法西斯力量更加强大，对第二次世界大战的胜利作出了重大贡献。

第二节　驼峰航线

1942 年 5 月，日军占领缅甸，切断了中国与外界联系的战略通道——滇缅公路，给中国战场的生存造成很大危机，也直接影响到欧洲战场和太平洋战场的力量对比。

为了维护中国战场与外界的战略通道，已经结为同盟的中美两国实施了两大战略举措，一是开辟了穿越喜马拉雅山的“驼峰航线”，二是发动“缅北之战”，组织中美联军把日军从缅甸北部清除出去。

中国战场上主战的双方是中国和日本。在当时的历史条件下，日本工业发达，国力强大，但日本国小人少，又是侵略者，失道寡助。其侵华战略必须速战速决，趁中国和国际力量涣散时打垮中国，占领中国，才能争霸世界。

中国经济落后，国力很弱，但土地广大，人口众多，又是被侵略者。战略上必须选择持久抗战，内聚战力，外联友军，最后打败侵略者，赢得国家的独立和民族的解放。

在这样的战略格局中，中国能否坚持抗战取决于两个条件，内在条件是抗日民族统一战线的建立，外在条件是维护国际战略通道，争取世界反法西斯力量的援助。由于西安事变和平解决，蒋介石的国民党同意与共产党合作抗日，中华抗日民族统一战线遂告成立。由于滇缅公路提前开通，国际战略通道也建立起来了。

日本为了“困死中国”，于 1941 年 1 月发动缅甸战役，组成以其最尖锐的第 56 师团为核心的远征军团进攻缅甸。当时缅甸是英国殖民地，驻缅英军不堪一击，仓促应战的中国远征军也败下阵来，缅甸被日军完全占领，中国对外联通的“生命线”——滇缅公路被切断了。这就出现了一个重大的危机局面：如果没有外援，蒋介石统帅的国民党军队就失

①《环球飞行》2005年特刊，《二战时期美国援华空军》，第98页。

去了赖以作战和生存的物资，昆明和重庆可能受到日军直接攻击。一旦中国腹地失陷，中国战线崩溃，在中国战场上日军的百万主力即可抽调出来，对亚太战场上的美英军队形成压倒性的优势。

在此危急时刻，中美两国政府进行了紧急商谈。

1942年5月，美国总统罗斯福根据中国政府的紧急要求，宣布“不计任何困难，必须打通到中国的路线”。[①]由于地面通道被切断，罗斯福的要求只能靠航空来实现。

当时的中国外交部长宋子文建议开辟一条从印度到中国的空中航线。而在此前，中国航空公司已经开辟了印度汀江到中国昆明的航线。所以，宋子文的建议是切实可行的。经过双方紧密配合，中美两大盟友的航空战略通道很快就建立起来了。

这是一条非常艰险的航空线。由于受到以缅北密支那为基地的日军战机的攻击，航线必须穿越喜马拉雅山。喜马拉雅山是世界最高的山，不仅平均海拔达6000米，而且构造复杂，褶皱很多。由于飞机只能在状如驼峰的山峰之间穿绕而行，因此被称为“驼峰航线”。

“驼峰航线”全面体现了中美两国军民的合作精神。最初，参加“驼峰空运”的是美国陆军航空兵第10航空队的空运部队和中国航空公司。由于美国航空兵缺乏航空运营经验，航运效果不如中国航空公司。在1943年9月，美国陆军航空兵每架飞机运了23吨物资，中国航空公司每架飞机则运了49吨物资。

为了提高空运效率，中国战区参谋长、美国将军史迪威建议把驼峰航线上的两支空运力量统一起来，成立美国空运总部印中联队，获得蒋介石同意。1942年12月，印中联队组建完成，中国航空公司1000多名空地勤人员和全部飞机成为联队的重要力量。

驼峰航运的中坚力量是美国人和中国人，此外还有英国、加拿大、澳大利亚和新西兰的飞行员加入其中，形成一支真正的空中国际纵队。在地面上为空运服务的，有几万名来自中国和印度的工人。

驼峰航线是中美两国军民共同用生命和鲜血铸成的。据 1944 年 1 月的统计，驼峰空运每飞 1000 小时就发生两起空难；平均每飞 200 架次就损失一架飞机；平均每运输 10000 吨物资就牺牲 3 名飞行员 。在喜马拉雅山的航线两侧 80 多千米宽的地区，飞机的残骸散布在陡峭的山崖和峡谷中，在阳光照射下，飞行员甚至可以根据金属的反光寻到飞行路向。驼峰空运历时 3 年零 5 个月，中美两国共损失飞机 609 架，牺牲飞行员共 1579 人。

驼峰空运主要是运输战略物资，燃料和弹药占了大部分。以 1945 年为例，航空汽油、机油等油料占 60%。其他为武器、弹药、备件等各种战略物资。

驼峰空运还担负着军队的运送。每次大规模空运，都要投入上千架次的飞机。从 1942 年开始的 3 年多时间里，由于陆上交通断绝，中国和盟国的政治、外交、军事方面大量的人员进出，都是通过驼峰空运。

驼峰空运打破了日军对中国的全面封锁，使中国与盟国的战略通道得以维持，在物质上和精神上支援了中国人民的抗日战争。同时，驼峰航线还为美国战略空军从中国基地出发轰炸日本列岛创造了条件。

第三节　缅北之战

驼峰航线发挥了中国战场与外界保持战略联系的巨大作用，但毕竟运量有限，而且相当脆弱，易受从密支那起飞的日军战机的攻击。有一次，大批日军战机疯狂攻击，迫使航线上的导航台关闭，正在驼峰航线上运行的13架飞机无导航信号，气象条件很恶劣，飞行员找不到机场，10多架飞机全部在山区失踪，机上人员全部遇难。

残酷的现实表明，单靠空中航运不行，必须打通地上的战略通道。

1943年春，美军与日军在太平洋战场上争夺得非常惨烈，为了在中国战场上继续扭住日军主力，必须打通中印公路，以使援华物资得以大量进入中国，以中国大陆作为进攻日本列岛的战略基地。

早在1942年7月，史迪威即向蒋介石提交了一份中美联军反攻缅甸的备忘录，美军参谋长联席会议也制定了相关计划，称作“安娜吉姆计划”。在1943年的卡萨布兰卡会议上，英国也同意了这个反攻缅甸的计划。

中、美、英三国政府商定，以中国军队为主，美军和英军协同，三大盟国共同发起打通中印公路的“缅北作战”。

当时参战的部队主要是中美两军，主力是驻印度的中国远征军，共35000人。美军参战兵力为陆军第5307团步兵3000人，机械工程兵7000人，美国陆军第10航空队及其后勤组织人员。

中美联军总指挥为史迪威，副总指挥先是罗卓英，后为郑洞国。

缅北作战主要集中在两条河谷和密支那。1943年10月10日，中国驻印远征军从印度利多出发，向东推进，打响了胡康河谷的战斗。日军的抵抗很顽强，战斗进展十分缓慢，一直到1944年3月5日才攻下重镇孟关。胡康河谷战斗中日军伤亡12000多人，盟军伤亡6500多人。

接着展开的孟拱河谷战斗历时三个月。在歼灭日军第18师团，重创其第2、第53、第56师团，消灭日军26000人之后，中美联军于1944年6月25日攻占了日军在孟拱河谷的最后据点孟拱。

密支那位于伊洛瓦底江西岸，是缅北交通中心，也是军事上控制缅北地区的枢纽。

中美盟军经过长途奔袭，于1944年4月29日切断了孟拱到密支那的公路，并在附近开辟了一个小型飞机场。美国陆军第10航空队利用这个简易机场，对密支那进行猛烈轰炸，以支援地面作战。

5月17日，中美混编的突击队对密支那机场发动突袭，一举攻占机场。大批运输机立刻开始源源不断地向密支那运送中国运征军，对城内据守的日军形成包围之势。

日军在密支那构筑了大量永久性工事，碉堡坚固而隐蔽，可以互相支援。城内日军困兽犹斗，顽抗到底，给盟军的进攻造成极大困难。

美军方面抽调第10、第20和第14航空队的轰炸机实施地毯式轰炸。同时，盟军炮兵也施以密集射击，将敌军工事渐次摧毁，联军突击队冲锋突入，将密支那城一块一块地夺下来。

到1944年7月3日，坚持到最后的日军指挥官水上少将向日军司令部发出诀别电，走进密林自尽。至此，缅北作战以中美联军的完全胜利告终。

缅北作战的胜利意义非同小可，因为它从根本上同时解除了中、美、英三大盟国在亚洲大陆的战略困境。日军经此大败，再也无力进攻印度，无力增兵太平洋之战，无力扩大在中国的占领区。

第四节　“空中飞虎”

空军弱小，丧失制空权，是抗战中的中国军队被动挨打、牺牲惨重、丢掉大半国土的重要原因。后来得到美国的支援，这种困难才逐步得到缓解。直到战争后期，联合作战的中美空军夺得中国战场的制空权，美国战略空军以中国大陆为基地，对日本本土实施大规模轰炸，给日本法西斯以毁灭性的打击。

早在1940年12月，为了支援中国抗日战争，并对日本扩大侵略实施威慑，罗斯福总统及其亲密助手，包括财政部长摩根索、白宫助理柯里、空军上校陈纳德与中国方面商妥了一项计划，决定美国飞机和飞行员从中国秘密军事基地出发，轰炸东京和日本其他城市。

陈纳德是这个计划的积极推动者，而且因创建功勋卓著的“飞虎队”而名垂青史。

陈纳德原为美国陆军的空战战术研究权威。因其战术思想与上司相左，于1937年被迫从陆军航空队退役。此时，面临日本侵略的中国急需加强空军，主持空军事务的宋美龄便向陈纳德发出邀请，请他担任中国空军顾问。陈纳德一到中国即投入抗日战争，他亲身体验到中国人民的苦难和日军的暴行，坚定了他帮助中国人民抵抗侵略的决心。

1941年4月，在中国抗日战争最艰苦的阶段，前述由罗斯福领导制定的空战计划开始实施。陈纳德着手组建中国空军美国志愿队。罗斯福对此非常重视，他当即下令把原准备运往英国的100架P-40战斗机拨给陈纳德，同时还签署一项密令，允许美军退役军人和预备军人参加航空志愿队。

1941年秋天，由110名飞行员、150名机械人员和后勤人员组成的美国志愿人员到达中国，蒋介石于8月1日发布命令，宣布“中国空军志愿大队”成立，大队长为陈纳德，军衔为中国空军上校。

志愿队成立之后的第一次空战就以9∶0的战绩大获全胜。1941年12月20日，日本10架飞机从河内起飞，空袭昆明。志愿队飞机腾空迎战，击落敌机9架，己方仅有一架飞机受伤。

云南人口最多的少数民族是彝族，彝族崇尚老虎。时任云南省主席的龙云将军也是彝族，他以自己的民族习惯，在昆明庆功会上称美国志愿队为“空中飞虎”。“飞虎队”的威名从此享誉天下。

“飞虎队”成立后的7个月之内，作战100余次，出动飞机1500架次，摧毁日军飞机299架，自损48架。

飞虎队中涌现了26名“王牌飞行员”，其中的尼尔一人就击落敌机15架。在志愿飞行队存在的7个月中，有25名美国志愿飞行员为中国抗日战争献出了生命。

根据战局的发展，经过中美两国政府协商，1941年8月成立的“中国空军志愿大队”先是改编为美国陆军第10航空队驻华空军特遣队，9个月后又改编为美国陆军第14航空队，陈纳德被任命为中将司令。

从陈纳德最初创建的“中国空军志愿大队”，到美国驻华空军特遣队和第14航空队，都有许多中国空军人员参与其中，还有成千上万的中国各类人才支持作战。以第14空勤大队为例，总共1300多人中，95%都是中国人和美籍华人。

与此同时，中美两国还共同组建了空军联合队。1943年8月1日，中国空军中美混合联队成立。该联队又称中美空军混合团，由中美两国空军人员共同组成，隶属中国空军作战序列。下辖轰炸机大队和战斗机大队。联队各层级指挥官以美方为正职，中方为副职。为了增强战斗力，美国第14航空队和中美混合联队都由陈纳德将军统一指挥。

美国援华空军与中国空军紧密配合、并肩作战，历经上百次战役，其中，以下几次重要战役在中国战场上发挥了特别重大的作用。

昆明之战　1941年12月20日上午，中国空军第五路军司令王叔铭急电陈纳德，有日军机群正向昆明袭来。陈纳德立即指挥桑德尔和柯克带领20架P–40战斗机起飞应战。一阵空中激战后，10架日军轰炸机有6架被击落，3架受重伤途中坠毁，只有一架逃脱。美国航空志愿队战机则无一伤损，取得9∶0的赫赫战果。此战果在美英军队于太平洋和东南亚战场节节败退时取得，成为珍珠港事件后第一个振奋人心的胜利，不但鼓舞了中国军民的斗志，也给美国和英国的抗战打了一剂强心针。

衡阳之战 衡阳是美国第14航空队的重要基地，从此起飞的美军战机曾经袭击汉口、香港等地的日军。为了消除这个心腹之患，日军从1943年7月23日起，连续8天8夜进袭衡阳，机群少则50多架，多则150架，企图一举消灭美国援华空军。美国第14航空队和中美空军联队坚决反击，共击落击伤敌机46架，美国空军只损失6架飞机和3名飞行员。

密支那之战 1943年，中、美、英三大盟国决定实施"缅北作战"，以打通中国战区与盟军的地面战略通道。缅甸北部的战略枢纽是密支那，攻下日军重兵固守的密支那对缅北作战的胜利具有决定性意义。当中国远征军和美军突击队进抵密支那近郊时，美国陆军第10航空队和第14航空队飞机对密支那城区进行地毯式轰炸，摧毁了日本守军的工事和士气，迫使日军城防司令自杀，盟军取得缅北作战胜利。

腾冲之战 腾冲是中国边疆一座古城，位于高黎贡山西麓，隔山与密支那相望。日军侵占腾冲两年多，将其打造成一座坚固的要塞，决心死守。1944年7月，中国远征军第20集团军包围了腾冲，但因城防坚固，一时难以攻克。20集团军司令霍揆彰将军请美国航空队支援。从7月26日起，美国陆军第14航空队派出数十架轰炸机将城墙炸出许多大缺口，同时派出数十架战斗机对城内日军进行猛烈攻击。地面部队冲入城内，与日军展开巷战，逐屋推进，最后击毙全部日军，于9月14日收复腾冲。

汉口之战 汉口是日军在华中的神经中枢和军事中心，是日军的军事后勤重镇，在码头和仓库里储存有大量的军需物资。中美两国空军早就准备对汉口进行一次摧毁性的空袭。1944年12月18日，从成都起飞的77架B－29轰炸机飞临汉口，分成7波投弹，每10分钟一波。整个轰炸中，80%为燃烧弹，20%为爆破弹，以增强爆炸威力。此番轰炸除了炸毁华中日军的作战物资，还摧毁了汉口地区4个机场的日军200架战斗机和50架轰炸机。

为了保护轰炸汉口的B－29"超级堡垒"重型轰炸机，第14航空队袭击了汉口周边的日军机场，中美混合联队战斗机则在汉口周边160千米半径上巡逻，击落日军飞机数十架。

汉口之战是一次重要的历史性事件，标志着中美盟军的空军已经在中国战场制空权的争夺中取得了主动地位。

轰炸日本 罗斯福总统主持制定的中美空军联合作战计划的一个重要目标是美国战略轰炸机从中国基地起飞，袭击东京和其他日本城市，给日本法西斯以沉重打击。

杜立特中队轰炸东京是这个战略计划的初步实施。

1942年4月18日，美军杜立特中校率领16架B－25轰炸机从“大黄蜂号”航空母舰上仓促起飞，对东京实施突然袭击，投下大量的爆破弹和燃烧弹，把东京市内一些炸药厂、弹药库、钢铁厂、化工厂、炼油厂、油库和物资中心炸得碎片横飞火光冲天。

完成轰炸任务的飞机不能返回航空母舰，按预定计划只能飞向中国。16架轰炸机中有15架飞抵中国大陆，一架飞到苏联。

重型轰炸机无法上航空母舰，只能在陆上基地起飞。从1944年6月开始，美国B－29战略轰炸机群从成都机场起飞22次，其中10次轰炸日本本土，6次轰炸台湾。抗日战争时期的中美空军，不愧为“空中飞虎”，他们联合组队、并肩战斗，在上百次战役中付出了重大牺牲，但最终夺回了中国战场的制空权，为中国抗日战争和世界反法西斯战争的胜利立下了赫赫的战功。

第五节 盟友之情

俗话说，危难之时见真情。1937 年“七七事变”后，日本全面侵略中国，是中华民族近代以来遭受的最大危难。此时国际上站出来反对日本侵略、支持中国抗日的，就是中国的好朋友、真朋友。当时的世界上，同情中国，从人力物力上援助中国，并且肩并肩地抗击日本侵略的，是美国政府，是美国军民。

1941 年“珍珠港事件”后，日本发动太平洋战争，是美国建国以来遭受的最大危难。此时，坚决拖住日本军队的主力，给美国施以援手，使之能稳住阵脚，创造反攻机会的，是中国战场，是中国军民。

在世界反法西斯侵略的大战中，中美两大国结成同盟，两国军民在共同战斗中建立友谊，最后共同夺取胜利，这是人类历史上的一件大事，一段佳话，值得后世珍惜。

中美在二战期间的盟友之情，是广泛的，深入的，甚至可以说是生死之交。说广泛，是因为这种盟友之情覆盖了政府、军队、政党和人民；说深入，是因为这种盟友之情渗透在政治、经济、文化和社会生活深层次之中；说生死之交，是因为两国军民曾经进行过同生共死的战斗，是因为许多美国军人不惜牺牲自己来支援中国抗日战争，而无数的中国百姓则冒死抢救美国飞行员。

推动中美同盟关系发展的众多人士中，美方有三个人起了关键作用，他们是代表政府的罗斯福总统，代表军方的史迪威将军和代表民间人士的陈纳德。

罗斯福对受侵略的中国人民始终怀着友好的同情心。早在美国对日宣战前，他就积极支持美国民间的援华抗日活动。陈纳德组织援华志愿队，就是罗斯福支持的。在他的干预下，将原定调给英国的 100 架战机转给了中国战区。

更难能可贵的是，罗斯福推动美国废除了对中国的不平等条约。1943年初，美国同中国签订了关于废除在中国治外法权的条约。条约规定：美国放弃在华治外法权和1901年北京议定书所赋予的特权，其中包括在华驻兵权、通商口岸制度、北平使馆界、上海和厦门公共租界等等；美国声明放弃内河航行和沿海贸易特权以及美国军舰在中国领海内享有的特权。罗斯福在致国会的咨文中指出："我们要有足够的勇气承认过去的错误，并加以改正。"美国国会批准了上述条约，同时废除了1882年至1919年制定的一系列排华法案。这些不平等条约的废除，对于中美两国在平等基础上建立同盟关系是非常重要的。

罗斯福对中国人民的抗日胜利充满了信心。1942年冬的一天，罗斯福对访问白宫的宋美龄说："中国的战术是对的，一个幅员辽阔的弱国，对领土狭小而又锐不可当的强国侵略，最有效的办法便是拖住它，把它拖得精疲力尽，然后再对付它。我知道中国古代有一本军事著作，叫《孙子兵法》，上面有这样的意思，战争之道，有先发制人和后发制人，先动手的未必是最后的胜利者。"稍停，他又接着说："我听说毛泽东领导的共产党的部队兵员少武器也差，却很能打游击战，平型关和百团大战都取得了很好战果。"[①]在抗日战争最艰难的时刻，罗斯福对中国抗战胜利表示如此坚定的信念，对中国共产党领导的抗日队伍的战斗作出如此高度的评价，都表明当时美国最高领导者的勇气和智慧是非凡的。

中国人民不会忘记，正是罗斯福主导的开罗会议，作出了把日本侵占中国的全部领土都归还中国的决定，不会忘记罗斯福曾在战后提议把冲绳和钓鱼岛都交给中国管理。

史迪威将军是罗斯福援华战略的忠实执行者。美国对日宣战

①刘翀霄、杨峻英、郁山：《美军援华内幕》，四川人民出版社，第159页。

①约瑟夫·埃谢里克:《在中国失掉的机会》，国际文化出版公司1989年第三卷，第175页。

后，史迪威受命来华，身兼六职：中国战区参谋长、美国驻华军事代表、在缅甸的中美英军队司令官、对华租借物资管理统制人、滇缅公路监督人和在华美国空军指挥官。

身兼六职的史迪威将军为抗日战争做了无计其数的大事和好事，其中有三件事当名垂青史。

第一件是保持中国战区与盟国的战略通道。无论是修建滇缅公路、中印公路，开辟“驼峰航线”，还是实施缅北作战，都是史迪威亲自主导和指挥的。

第二件是推动废除美国对中国的不平等条约。决定是政府作出的，国会批准的，但史迪威给总统提出了很好的建议，私下做了许多工作。

第三件是致力于建立美国同中国共产党的良好关系。经罗斯福同意，史迪威的美国代表团常驻延安，一直同中国共产党保持着良好的关系。他认为廉洁的中国共产党的军队作战能力很强，美国的援华物资应该给予八路军和新四军。他曾公开指责蒋介石保存实力，以胡宗南部队40万人围困中共于陕北，不参加对日作战，这是不忠于盟国共同作战的行为。他要求撤出封锁陕北的国民党军队，使八路军能放手抗日，美国愿意与中共合作，愿将租借物资武装中共。[①]蒋介石非常忌恨史迪威，强烈要求罗斯福撤换他，罗斯福只好召回了史迪威。

史迪威离职后于1944年10月20日给朱德写了一封信，信中说：“由于我被解除在中国战区的职务，我谨向你，共产党武装部队首脑，为我们今后不能在对日作战中同你合作深表遗憾。你在对我们共同敌人的作战中发展了卓越的部队，我们曾期望与你联合作战，但现在此事已成泡影。”

两年后，史迪威去世了，朱德给其夫人发去了唁电，其中说:“史迪威将军的死，不但使美国丧失了一位伟大的名将，并且使中国人民失去一个伟大的朋友，中国人民将永远记着他对中国抗日战争的贡献，和他为建立美国公正对华政策的奋斗，并相信他的愿望终将实现。”

朱德对史迪威贡献的评价，用在陈纳德的身上也是完全适合的。

陈纳德来中国之前，已从军队退役，是一位民间人士。

“卢沟桥事变”爆发后，陈纳德即发电给蒋介石：“如有需要，愿意尽力为中国服务。”他一到中国，就加入中国空军，在著名的淞沪会战、南京保卫战和武汉会战中驾战机打击日本侵略者。

美国对日宣战前，美国国务院曾通知在华美国空军人员回国。陈纳德坚决不走，他在日记中写道：“我觉得我是个中国人。”他请人转告逼他回国的美国领事高斯：“在最后一批日本人离开中国之后，我才会高兴地离开中国。”

从此，陈纳德的名字就同美国援华空军融为一体，他抗日的英雄壮举为中美两国人民津津乐道。

1945 年 8 月 2 日，陈纳德动身回国，中国人民为他举行了一个隆重的欢送会。会场上悬挂着中美两国国旗，国旗下有一颗大红心，中间嵌着飞虎队队徽。下面写道：再见，陈纳德将军永远留在中国人民心中！会场两边挂着国民党元老于右任写的对联：“为自由而战，载荣誉以归。”当时的报纸说，自从马可波罗离开以来，还没有哪一位外国人得到中国人如此礼遇。

二战期间，美国援华空军对抗日胜利作出了重大的贡献，中国人民也给了美国空军以巨大的支持。

在战争最激烈的几年中，有几百万中国军民在云南、四川、广西、湖南、重庆、江西、贵州、陕西、福建、甘肃、湖北、广东、浙江、河南修建了 100 个飞机场。许多机场的修建是冒着日军飞机轰炸进行的，成千上万的劳工为此献出了生命。

建立完善、严密的防空预警系统，是中美空军打击和歼灭日军飞机，保持后方和己方机场最有效的一种手段，也是中美军民共同创造的一种战争系统。

当时中国还没有雷达站，所谓警报网几乎都是中国军民组成的。上千个警报站组成一个警报网。所谓警报站，就是一个老百姓坐在墙上，用耳朵听飞机发动机的声音，用眼睛看飞机的位置、航向、数量和型号，然后用电话报告中转站，由外圈传达到里圈，最后报告到机场指挥部。指挥部大地图上画有圈圈，注上数字，代表距离；再用 26 个英文字母把图分为26个角度，代表方位，有专人在地图上插上小旗，表明敌机的位置、航向，并随着战斗进程不断调整地图上的标识，以利指挥员下达相应的作战命令。

这种由中国老百姓组成的警报网非常原始，但非常有效。进占中国的日军，实际上处在中国人民的包围之中，其一举一动，都暴露在人民的眼皮底下，飞机的活动更是如此。只要日本飞机一升空，信息就会立刻通过人工警报网传到中美空军指挥部，中美空军就可以提前升空埋伏，打它个措手不及。1942 年 12 月 20 日飞虎队取得 9：0 的大胜利 ，就是得益于河内、河口一带警报站提前近两个小时报来了日机出动的信息。

二战时期中美军民的战友之情，最生动地表现在对飞行员的救助之中。中国政府为美军飞行员设计了一个特殊的“敌我识别标志”。上面有中国旗帜，并写有一句中国文字：“来华参战洋人，军民一体救护。”有了这个标志，遇难的美国飞行员到处都可以得到中国军民的救护。据统计，有 900 多名落地的美国飞行员被中国军民救起，是二战时期海外美军飞行员获救最高的地区。

陈纳德曾就此写道：“在中国战场上，95% 落地飞行员都被中国人救起，只有很少人落入日本人手中。这些充满惊险的经历，可以写成一本引人入胜的小说……”

“无论美国飞行员的降落伞飘落到任何地方，都能得到中国人的救助，其中有南中国海的海盗和走私者，长江边的游击队员、各条战线上的国民党和共产党军队，还有那些不知名的农民们。对这些救助并没有成文的奖赏数额，我们在可能的情况下向他们提供一些报酬，但他们大都分文不收，这些帮助是中国人对美国人友好情谊的最有力的证据。”①

实际上，中国军民为救助美国飞行员付出了巨大的痛苦和牺牲。1942 年 4 月 18 日，杜立特中队轰炸东京之后，有 15 架飞机飞到中国大陆，机上 75 名飞行员中，有 64 名被中国军民救起，8 名被日军俘虏，3 名落地时身亡。

日本人对中美军民进行了疯狂的报复，他们不但处死了被俘的美国飞行员，还特别残暴地屠杀救助美国飞行员的中国人民。1942 年 5 月到 7 月，日军对杜立特中队飞机的主要降落地进行了三个月报复性进攻。深怀仇恨的日本人完全疯狂了，他们见人就杀，甚至灭绝人性地使用了细菌武器，有 25 万中国军民因此受害。

日本军国主义者如此丧心病狂地屠杀美国军人和中国人民，这是一场真正的战争悲剧，它演绎出二次大战中中国人、美国人和日本人最内在的关系和感情。中国人不应当忘记，美国人不应当忘记，日本人更不应当忘记。

在中国战场上，日本人虽然侵占了大半个中国，但他们只能在城市和铁路线之间活动，广大农村地区是共产党领导的八路军、新四军和游击队的天下，许多美国战机就坠落在这些地区，许多美国飞行员都是被共产党领导的军民救起的。

1944 年 8 月，一架美军 B－29 重型轰炸机被日方击伤，返航时坠毁，地点在日军占领的湖垛镇附近。为了营救美军飞行员，新四军第 3 师师长张爱萍将军率队与日军激战 4 小时，终于将 5

①《环球飞行》2005 年特刊，《二战时期美国援华空军》，第 196 页。

名美军飞行员从日军手中抢救出来，新四军战士周仲昆、米良、朱长林为此壮烈牺牲。

1944 年 5 月 6 日，本尼达上尉驾驶的 P - 51 战斗机坠毁在监利县下风湖。本尼达被当地民兵救起，立刻护送到新四军第 5 师指挥部。本尼达与新四军分别时，专门留下一封信给可能在这个地区坠落的美国飞行员。信中说："本尼达，14 航空队队员，你们的亲密战友。1944 年 5 月，我跳伞降落到这里，受到了这里的中国人民的全力保护，我在这里愉快地度过了许多日子。中国人民是我的救命恩人，给了我许多的帮助和十分良好的生活待遇。你们如果遇险，千万不要慌张，这里有真正抗日的、友好的朋友，你一定会生活愉快，重返部队……"[①]

共产党领导下的中国军民抢救美国飞行员的感人事迹太多，太多！陈纳德曾致信朱德总司令，深表感谢。同时还附有一封 5 名美国飞行员签名的感谢信。信是这样写的："曾援救我们的生命的英勇的游击队员们，我们 5 个美国航空员，衷心地感谢你们。以我们及我们的朋友所欠你们的比较起来，单说感谢的话，是太少了。我们的巨大的希望和心愿，是在于中国一切勇敢的人民于最近将来团结成为一支伟大的军队——作为一支军队与美国及其他盟国共同把敌人从中国国土的各处驱逐出去——由英勇士兵组成的军队，他们将把中国造成很强大的国家，而这是中国所应得的命运。我们美国人阅读了和研究了全部历史中一切强大的军队。在我们的研究中，我们从没有看见有像你们游击队这样勇敢的军队。总有一天，全世界会知道你们的伟大工作，而我们对于你们过去所做的和现在所做的事情略有所知，我们认为向你们致敬并称你们为我们的兄弟，是我们的荣幸。"[②]信上签名的是莱福卡上尉、莱伏拉尔中尉、爱林少尉、夏克少尉、孔莱少尉。这是一群普通

①《环球飞行》2005 年特刊，《二战时期美国援华空军》，第 207 页。

②《环球飞行》2005 年特刊，《二战时期美国援华空军》，第 206 页。

的美国军人。他们对中国人民表达了真挚的感情。他们相信共产党领导的军队是最勇敢的，“相信共产党领导的军队将把中国造成为很强大的国家，而这是中国所应得的命运。”这群普通美国军人很有远见，历史正是像他们所说的这样发展过来的。

第四章
叹美中对抗

美中两大国处于对抗状态，不论是热战还是冷战，都严重损害了中国人民的利益，严重损害了美国人民的利益，严重损害了世界人民的利益。造成这样一种敌对状况的原因非常多，但最根本的是这样一条：美国政府实行了错误的对华政策。

世界总是在发生变化，变化的方向、速度和规模，常常出乎人们的想象。中美关系就是这样，二次大战时期还是亲密的盟友，胜利之后没有过多长时期，中美就互为敌国，或者是真刀真枪的热战，或者是横眉怒目的冷战。双方水火不容，势不两立，对抗的规模之大、时间之长、战线之复杂都超出了人们的想象。

中美两国形成如此令人震骇的敌对状况，不但给中美两国人民带来许多痛苦，而且使整个亚太地区长期动荡不安。这段历史虽然已经远去，但它的影响没有消失，它的教训值得记取。

有一点可以肯定，中美两大国处于对抗状态，不论是热战还是冷战，都严重损害了中国人民的利益，严重损害了美国人民的利益，严重损害了世界人民的利益。造成这样一种敌对状况的原因非常多，但最根本的是这样一条：美国政府实行了错误的对华政策。例如，深度干涉中国内政，站在中国人民大革命的对立面，出钱出枪出力，支持国民党反动派屠杀共产党人和革命人民；发动侵略朝鲜的战争，威胁中华人民共和国的生存；军事占领台湾，破坏中国统一大业；支持达赖集团发动叛乱，企图分裂中国；对新中国实行封锁和制裁，拼凑反华反共的军事同盟等等。正是美国政府的这些错误政策，不可避免地把中美两国推向敌对时期。

第一节 美国怎样把盟友变为敌人

中美两国结为同盟共同抗击日本帝国主义的时候，中国实际上分为三大部分，一部分是当时国际上承认的国民政府直接统治的地区；第二部分是被日本侵略军控制的地区；第三部分是共产党领导的抗日革命根据地和游击区。

国民政府统治区、日本侵略军控制区、共产党领导的抗日根据地和游击区，各占全国总人口约三分之一，形成了“三分天下”的格局。然而，美国执政者对当时中国的这种情况了解很有限，由于接受了国民政府方面的歪曲宣传，对共产党及革命根据地带有很大的偏见。因此，终抗战胜利，共产党领导的抗日军队没有得到过美国方面的任何援助。

虽然共产党领导的抗日军队没有得到过美国的任何援助，但共产党和根据地军民对美国政府和人民始终怀有友好的感情。

美国著名记者海伦·斯诺抗战时到过延安，采访过毛泽东。她说：“毛泽东对美国人民抱有友好的感情，如同每个红军战士也对美国人抱着美好感情一样。他们以各种方式表达对美国人民的友谊，信任他们，喜欢他们，这是悠久持续的中美友好关系的一部分，这样深的友谊从未在其他任何民族中存在过。”[①]

①尼姆·韦尔斯:《续西行漫记》，第 284 页。

太平洋战争爆发之前，毛泽东就表达过对美国的友好之情，并预见到中美两国可能建立抗日同盟关系。在 1936 年的一次采访中，毛泽东曾对斯诺说：我们认为美国人民和美国政府对中国是有远见的，形势注定美国政府要对中国和日本的未来起非常积极的作用。我们希望并且相信，他们将同中国人民结成统一战线以反对日本帝国主义及日本所代表的法西斯战线。这是他们目前能帮助中国的最好办法。[1]

像毛泽东预见的那样，珍珠港事变之后，中美两国成为盟友，中美两国人民肩并肩地站立在反法西斯的战线上。我们在上一章中说过，美国战机坠落后，美国飞行员大多降在敌占区，是共产党领导的抗日军队、民兵和老百姓冒死将他们救起，给予疗伤休养，并护送他们返回部队。如此感人的事迹发生过无数次。有的美国飞行员想以某种钱物报答“救命恩人”，但中国军民“分文不取”。正如海伦所说，中国人民对美国人民“这样深的友谊从未在其他任何民族中存在过”。

美国方面对中国人民的这种感情抱着什么样的态度呢？斯诺和海伦等美国记者的大量报道和获救美国飞行员的感谢信表明，美国人民是非常珍重的。至于美国政府，有的人重视，有的人不重视。这是美国社会多元化的特点决定的。由于各大军工财团具有不同的利益，它们对国际问题会有不同的态度和不同的政策。

罗斯福这一派是重视中国人民的友情的。

有几个人物在罗斯福和中国共产党之间建立了特殊联系。

一位是享誉世界的作家埃德加·斯诺。罗斯福曾三次召见他，向他了解中国共产党各方面的情况。1942 年 4 月 24 日，罗斯福对斯诺说：“我在同中国的两个政府打交道，我打算继续这样做……”[2]

一位是埃文斯·卡尔逊。此人于 1933—1935 年间曾作为美国情报官员在中国供职，比其他美国人更了解中国情况，与罗斯福保持着密切的联系。他曾要求到延安考察，获得批准。行前，罗斯福约他长谈，要他将情报直报白宫，并保守秘密。

卡尔逊到延安后，会见了八路军的许多高级将领，他对红军总司令朱德的喜爱竟达到“敬之如父”的程度。1937 年 5 月 5 日，

①《毛泽东一九三六年同斯诺的谈话》，第 130—131 页。

②《斯诺在中国》，第 175 页。

毛泽东接见卡尔逊，并进行彻夜长谈。卡尔逊回忆说：“暗淡的烛光，极简陋的陈设——一铺炕，一张木桌，几架书籍，也许最主要的，毛本人高深莫测的气氛，使我感到进入了另一个世界。我面前就是这一位伟人，他提供了中国现代的自由思想的基础，他非凡的组织能力建立了现在的中国共产党机构的基础。同朱德一起，他领导了艰苦的六千英里的长征，到达了比较安全的黄土高原。他的卓越的洞察力，使山西、河北的抗战方式如此有效地抵消了日本现代武器的优势。”[①]卡尔逊惊奇地看到，毛泽东不仅是一个理想主义者，而且具有很扎实的面向实际的一面。他把建立一个廉洁的、民主的政府作为中共近期的奋斗目标。毛泽东告诉卡尔逊，我们训练干部要生活简朴、秉公执政，诚心诚意地帮助老百姓解除困难。我们相信好一点的生活来自民主，学会自己管理自己。我们认为，经济生活应以合作社为基础。共产主义并非眼前的目标，是要经过长期的发展才能达到的。在它之前必须有强大的民主，然后是社会主义过渡时期。

这位曾经的情报官员被亲身体验深深地触动了，“他毫不怀疑地相信，依靠中国共产党人的力量，新的、更加美好的世界可以建设成功。他不惜以最美好的言辞来赞扬他亲眼见到的共产党地区的政治组织和军事组织，对那些兴致勃勃地倾听他发言的记者们满怀热情地说明情况。”[②]卡尔逊对共产党的赞美受到了美国军方的不满，并且受到攻击，但罗斯福却很感兴趣，他阅读卡尔逊送来的一切报告，而且始终信任他。罗斯福还支持他在美军中建立类似八路军游击队的特种部队，他灵活运用从八路军那里学来的战略战术，在太平洋岛屿上与日军激战，取得出色战果，三次获得海军十字勋章，罗斯福还把他从上尉提升为准将，成为太平洋海战中的传奇英雄。

①埃文斯·卡尔逊：《中国的双星》，第150页。

②王安娜（德国）：《中国——我的第二故乡》，生活·读书·新知三联书店，1980年版，第219页。

第三位让罗斯福了解共产党和革命军队的人物是史迪威。早在1935年，史迪威就是美国驻华武官，并担任美国在华情报组负责人，熟悉中国抗日情况。1942年，罗斯福提议由史迪威任中国战区参谋长，他对蒋介石政府及其军队的腐败情况非常不满，建议派美国观察团到延安，以便真真切切地了解共产党领导的抗日情况。罗斯福很赞成，但蒋介石坚决反对。罗斯福三次致电蒋介石，又派副总统亨利·华莱士到重庆当面交涉，蒋介石才被迫答应。

1944年7月，由史迪威直接领导的美国军事观察团18人到达延安，团长是包德瑞，顾问是谢伟思。正如著名学者费正清所说，这个代表团到延安是“美国同中共领导之间正式接触的开始”。[①] 毛泽东也肯定这有利于美国政府与中共双方“亲密合作以战胜日寇”。[②]延安《解放日报》还就美国军事观察团的到来发表热情洋溢的社论。社论的原标题是“欢迎美军观察组”，毛泽东在改稿时亲自加上了“的战友们”四个字，把标题改为“欢迎美军观察组的战友们”，强调在抗击日寇、消灭法西斯的战场上，中国共产党领导的军队与美国军队是同一条战壕里的战友。

有趣的是，这些美国军官经过多方面的观察，对延安的感觉是“极讨人喜欢的”。[③]谢伟思说，在延安，人们得到的对中国共产党的印象是，他们是由精力充沛的、成熟的和讲求实效的人们组成的一个统一的集体，这些人忘我地献身于崇高的原则，并且有杰出的才干和坚毅的素质。他们给大多数或一切过去七年里会见过他们的美国人留下了美好的印象：他们的风度，习惯于推理思考和直截了当地处理问题，看来更像美国人，而不像东方人。[④]

当美国军事观察团通过眼看、耳听，对延安有基本了解后，共产党和八路军领导人同他们进行了非常真诚的谈话，谈话的中心包括美国援华物资的分配问题。毛泽东指出，我们要求美国援

①伊·卡恩：《中国通》第三卷，第146页。

②《毛泽东新闻工作文选》，新华出版社，1983年版，第321页。

③约瑟夫·埃谢里克：《在中国失掉的机会》，国际文化出版公司1989年版，第三卷，第181页。

④约瑟夫·埃谢里克：《在中国失掉的机会》，国际文化出版公司1989年版，第三卷，第202页。

华的军事物资也应分配给共产党军队是完全合理的。第一，共产党军队抗击着中国战场上六分之五的敌伪军，国民党军队只抗击着六分之一的敌伪军。不应当只援助国民党军队，共产党军队也应得到援华物资，因为这直接关系到抗日战争的早日胜利；第二，这关系到迫使蒋介石政府放弃独裁统治，实行民主改革；第三，这也是制止蒋介石在抗战结束后发动内战的一个有力措施。

观察团中的谢伟思是史迪威的顾问，又是美国国务院政治报道员，他向美国政府提出了外交建议：美国的军事援助物资，不能只给国民党军队，也要给共产党军队。

谢伟思提出建议的政治理由是：（1）把支持和供应只限定给国民党，不可能为美国赢得一个能起作用的、全心全意的同盟者。（2）把支持和供应只限定给国民党，只能鼓励国民党现行的反民主的倾向，帮助其风雨飘摇的政权，怂恿满脑袋法西斯思想的头头们打内战，这场内战只能给中国、给世界这个地区的战后和平和美国在这个地区的利益带来灾难。（3）给中共以军事援助，使真心实意要抗战的共产党部队具有战斗力。（4）不偏不倚的援助可以促使蒋介石国民党不得不走向改革。（5）美国给予共产党军队的援助，可以使国民党发动一场内战成为不可能。

谢伟思提建议的军事理由是：（1）共产党部队，在长江以北所有的交通沿线，及紧靠交通线的地区都扼守着战略阵地。从这些据点出发，中共军队可以进入主要城市并切断铁路线，因而能够成为对日军打击的极其重要的力量。（2）共产党部队很能作战，运动战和游击战经验丰富，并且有进行这类作战的士气和决心。（3）共产党部队在有关地区内得到人民的广泛支持，这是大规模和持久地进行运动战和游击战所必需的。这种支持使他们得到一支有用的巨大的后备力量。（4）共产党部队所需的军事物资，都是简单轻便的，凭着这些物资可以长途行军和作战。（5）向共产党部队提供适量的供应，不仅会提高他们的作战效能，而且还会使他们像过去他们所做那样，夺取大量日军装备来补充他们的供应。（6）给共产党部队的供应数量，即使不多，但在阻断交通、破坏工业和供应，以及击毙日军方面，比为了同样的目的而给予国民党军的同样数量的供应，将会有效得多。（7）利用共产党的部队去打这种游击战和破坏日军大后方的交通线，就会使空军能够集中力量去从事其他重要任务，从而减轻空军进攻和破坏从满洲到长江的交通线的任务。[①]

①约瑟夫·埃谢里克：《在中国失掉的机会》，国际文化出版公司1989年版，第三卷，第276—279页。

史迪威和谢伟思的建议是客观的、公正的。他们希望美国的每一分钱，都能对美国的利益产生应有的积极作用，有助于美国在太平洋战场上的胜利，也有助于战后美国太平洋战略的实现。虽然他们是完全站在美国的立场上，为美国的利益着想的，但他们的建议客观上也与中国共产党的要求一致，这就注定了在反共势力得势的时候，他们的结局会很不妙。

事实正是如此。由于蒋介石非常忌恨史迪威，罗斯福只好把他召回国。至于谢伟思，则被污为“亲共”，受到残酷的迫害。

罗斯福显然注意到了来自史迪威、卡尔逊、斯诺等人送来的有关中国共产党的各种信息，但他更关注其他美国机构和人员关于蒋介石和国民党的各种信息，而且这后一方面的信息实际上占有压倒的优势。美国统治集团只能根据美国的全球战略来确定其对华政策。

1943年底，世界反法西斯战争的胜利已成定局。在欧洲战场上，消灭希特勒法西斯只是朝夕问题。在中国战场和太平洋战场，日本法西斯的灭亡已无可挽回。在这个转折即将到来的时刻，美国认为必须积极主动按它的全球战略安排战后的世界政治格局。

美国统治集团确定地认为，新的世界政治格局必须符合美国的利益，必须由美国来主导。

罗斯福预测，二次大战后，美英等西方国家与苏联的对峙无可避免。在亚洲，日本战败之后，如果共产党在中国得势，如果中国倒向社会主义苏联，那将是最危险的事情。但如果中国成为美国可靠而顺从的盟友，那么，在未来的世界格局中，美国便将以极大的优势压倒苏联，从而确保美国在全世界的霸权地位。因此，罗斯福主张，美国的远东政策应以中美两国的紧密合作为基础。罗斯福同时坚信，只有蒋介石才能充当战后中国的领袖，只有国民党政府才能在战后追随美国的政策，成为美国在亚洲可靠的支柱和合作者。因此，援助和扶持蒋介石的国民党政府和抑制打击共产党力量也就成为美国政府坚定不移的政策。

但是，罗斯福对蒋介石的国民党政府又有很多不满，尤其是不满其政治上黑暗腐败，实行独裁统治；不满其军事上软弱无能，在日军面前节节败退。所有这些都跟共产党方面政治上以人民为主，军事上坚决抗战，形成鲜明的对照。

鉴于此种情况，美国政府着眼长远、立足当前，决定推动国民党和共产党进行谈判，目的是通过谈判，把共产党和革命军队纳入国民党政府的政治军事体系之中，同时又利用共产党的力量迫使蒋介石政府进行必要的民主改革，从而把中国完全引上美国世界战略的轨道上。

1944 年 8 月，罗斯福派赫尔利到中国，着手调解国民党和共产党之间的关系。

蒋介石对美国的调解是欢迎的，他深知美国在反共问题上与他一致，美国不会出卖他。

毛泽东对美国的调解也表示欢迎，希望美国在促使国民党进行政治改革方面发挥积极作用，在制止国民党内战企图方面发挥积极作用，以促进中国的和平与民主。

1944 年月 11 月 7 日，赫尔利以美国总统特使的身份来到延安，得到了很高的礼遇。毛泽东和赫尔利经过艰苦的谈判，共同达成如下协议：

一、中国国民政府、中国国民党与中国共产党应共同工作，统一中国一切军事力量，以便迅速击败日本与重建中国。

二、现在的国民政府应改组为包含所有抗日党派和无党派的政治人物代表的联合国民政府，并颁布及实行用以改革军事政治经济文化的新民主政策。同时，军事委员会应改组为由所有抗日军队代表所组成的联合军事委员会。

三、联合国民政府拥护孙中山先生在中国建立民有民享民治之政府的原则，联合国民政府应实行用以促进进步与民主的政策，并确立正义、思想自由、出版自由、言论自由、集会结社自由、向政府请求平反冤抑的权利，人身自由与居住自由，联合国民政府亦应实行用以实现下列两项权利免除威胁的自由和免除贫困的自由之各项政策。

四、所有抗日军队应遵守与执行联合国民政府及其联合军事委员会的命令，并应为这个政府及其军事委员会所承认。由联合国得来之物资应被公平分配。

五、中国联合国民政府承认中国国民党、中国共产党及所有抗日党派的合法地位。①

中国共产党高度重视这个协议的达成。1944 年 11 月 9 日，中共中央召开会议，一致同意这个协议，并授权毛泽东在协议上签字。

美国方面也很重视这个协议的达成。赫尔利将谈判情况随时报告罗斯福，并得到指示，经罗斯福同意，赫尔利代表美方在协议上签字。

毛泽东托赫尔利把他的亲笔信转给罗斯福。毛泽东在信中说：“这一协定的精神和方向是我们中国共产党和中国人民八年来抗日民族统一战线中所追求的目的之所在。”他感谢罗斯福“为着团结

①《中共中央文件选集》(1942 — 1944)，第 638 页。

中国以便击败日本，并使统一的中国成为可能”所作的巨大努力。他还表示：“我们中国人民和美国人民一向是有着历史传统深厚的友谊的，我深愿经过你的努力与成功，得使中美两大民族在击败日寇，在重建世界永久和平，以及建立民主中国的事业上永远携手前进。”[①]

赫尔利和美国政府对待如此重大而严肃的问题，表现得非常随意。赫尔利带着同共产党达成的协议返回重庆，蒋介石断然拒绝。同时提出三条反建议：第一，取消中共军队，统一改编为国民党指挥控制的军队。第二，中共交出军队后，可以有少数人到国民党组成的军委会中去做官。第三，中共必须拥护国民党专政的一党政府。赫尔利居然抛弃了同中国共产党达成的协议而同意了蒋介石的反建议。

毛泽东虽然对赫尔利这种背信弃义的行为表示十分愤怒，但并未把中美关系看死。他告诫党内的同志，在美国问题上，要奉行有区别的政策。“我们第一要把美国人民和他们的政府相区别，第二要把美国政府中决定政策的人们和下面的普通工作人员相区别。”[②]实际上，一直到蒋介石全面发动内战，中国共产党和美国政府之间的联系一直保持着。

1945年4月12日，罗斯福因脑溢血去世，毛泽东与朱德立即向罗斯福家属和新任总统杜鲁门发去唁电：“举世均深痛此种损失。”[③]《解放日报》发表社论指出，罗斯福的去世，对于整个美国人民，对于全世界反法西斯战争，无疑都是一个很大的损失。社论肯定，罗斯福执政以来，中美两大民族的友好团结有了长足的发展，美国成为我国反法西斯的战友。

中国共产党如此高度评价罗斯福，最根本的是他支持世界反法西斯战争和中国抗日战争，他把中国人民当做平等的战友。罗

①黎永泰：《毛泽东与中国》，云南人民出版社，第243—244页。

②《毛泽东选集》第3卷，第2版，第1103页。

③《解放日报》1945年4月13日。

斯福作为美国总统，坚持反苏反共的立场，但他反对蒋介石用武力压倒中国共产党的妄想，而是希望能通过谈判，用“和平统一”的方式，把中国共产党及其领导的军队纳入到蒋介石政权体系中去，这个主张总体上是有积极意义的。

罗斯福去世后，美国与国共两党的关系变得更加扑朔迷离。赫尔利还在扮演调停者的角色，但已是公开与蒋介石穿一条裤子，他的调停完全失败了。杜鲁门继任总统后，曾派马歇尔进行调停，但杜鲁门的政策是彻头彻尾的联蒋反共，美国的所谓调停，已经是没任何新意的一种把戏，无非是为蒋介石发动内战散播一些烟幕。

中国共产党是讲原则、顾全大局的，为了最后打败日本法西斯，为了推进中国和世界的和平，不管美蒋之间设计什么反共情节，但同他们联合抗日的方针没有变，争取国共合作、和平建国的方针没有变，希望中美两大国战后平等合作的方针没有变。毛泽东曾在同美军观察团顾问谢伟思谈话时这样表述过中共与美国真诚合作的立场：不管美国的行动如何，共产党对美国的政策，现在是并且将来仍然是扩大合作的政策。它必须是这种政策，这是因为，共产党做的任何援助美国军队的事情，都将有助于赢得战争，战后中国需要美国的援助。当然，美国是否与共产党人合作，只能由美国来决定。但是共产党人认为这会对美国有好处——尽可能快地赢得战争，帮助中国团结和民主事业，在解决土地问题的基础上通过工业化，促进中国经济健康发展，和赢得压倒多数的中国人民的友谊。[①]毛泽东同时警告说，如果美国政府不制止赫尔利——蒋介石的反共政策，如果美国政府援助中国反动分子反对中国的民主事业，那就会损害同中国人民之间的友谊，“那就将要犯下绝大的错误。”[②]

事情不幸被毛泽东言中，美国政府的对华政策确实“犯下绝大的错误”。杜鲁门继任美国总统才几个星期，立即给赫尔利下达

①约瑟夫·埃谢里克：《在中国失掉的机会》，国际文化出版公司1989年版，第三卷，第337页。

②《毛泽东选集》第三卷，第2版，第1085页。

①（美）哈里·杜鲁门《杜鲁门回忆录》第二卷，三联书店，第75页。

这样的指令："我们的政策就是支持蒋介石。"必须在政治上、经济上、军事上支持蒋介石。[2]根据杜鲁门的指令，罗斯福时期与共产党接触较多的美国军政人员都被调回国内，谢伟思等六名同情中国抗战及和平民主事业的美国人士，则以间谍罪被美国联邦调查局逮捕。这是一个重要的信号，表明美国右翼势力与中国反动势力已经完全联合为一体，他们要向中国共产党和中国人民开战了。

这是美国政府在战略上最大误判形势和错误决策的一个典型。

到20世纪40年代中期，中国的新民主主义革命已经走到一个关键时期。世界上最坚强的共产党领导着一支战斗力最强的革命军队，并且得到最广大人民的真心支持。这个无比强大的力量不但将扫荡日本侵略者，而且将推翻帝国主义、封建主义和官僚资本主义在中国的反动统治，在东方大地上建立起一个社会主义的伟大国家。这种发展趋势的各种信息早已传到美国，但美国统治集团出于阶级本能并不把它当一回事。他们太傲慢了！由于美国经济登上世界最高峰，由于美国军事压倒了德日等强国，由于美国成为资本主义世界的大本营和司令部，美国人认为自己可以主宰世界，当然也可以主宰中国。他们以为，只要美国出钱出枪去镇压共产党领导的革命，中国就可以搞定，蒋介石的中国理所当然是美国最大的附庸国。

对美国统治集团来说，这样的发展格局太诱人了。二次大战一结束，美国就强力干预中国内政，出钱出枪帮助蒋介石打内战，完全站到了中国人民的对立面。结果是早就注定了的，蒋介石反动派的统治被胜利的人民大革命推翻了，美国政府错误的对华政策把自己放到中国人民敌人的位置上。

走进21世纪的美国人是不是记住了这个历史教训呢？

第二节 美国发动侵朝战争

美国统治集团以世界霸主自居，强力干涉中国内政，公然出钱出枪，支援蒋介石反动集团发动内战，最后落得完全失败的下场：蒋介石集团被扫出中国大陆，跑到台湾岛上去苟延残喘，美国在中国人民的眼中，一下子从伟大的抗日盟友降落成为“蒋介石的帮凶” 。这个冲击让整个美国都很难受，统治集团内部爆发了一场“谁失去中国”的大争论。

这是美国对华政策失误的一次大失败，但美国政府根本不承认政策的失误，因为他们支持蒋介石反对共产党领导的人民大革命是符合当时美国的全球大战略的。

美国当时的世界大战略是什么？就是主导世界。传统的世界强国中，德国、日本、意大利已经在大战中垮台了，英国、法国遭受了重创，已沦为美国的附庸。唯一能与之抗衡的只有苏联。而苏联是社会主义国家，是资本主义世界的敌人。美国作为资本主义世界的“救世主”，不能容忍一个社会主义大国在眼前生存。美国统治集团认定，中国共产党领导的革命胜利了，共产党领导的中国肯定会和苏联站在一起。支持蒋介石，扑灭这场革命，蒋介石统治的中国肯定会和美国站在一起。基于这样的大战略，美国政府决不认为支持蒋介石打内战有什么政策失误。

为了主导整个世界，美国又必须整倒苏联。但苏联军力强大，而且世界大战刚结束，反战情绪在世界蔓延，很难设想去发动对苏联的军事进攻。一种可行的战略是通过遏制来整垮苏联，人类因此经历了一段“冷战”时期。

正是在这个大背景下，一个名叫凯南的人进入冷战的历史。

乔治·凯南被称为美国冷战思维和遏制政策的创始人。

凯南官位不高，先后在苏联和南斯拉夫担任过美国大使，1947年到1950年担任过美国国务院政策计划室主任。

凯南的出名是因为一封“长电报”和一篇“X文章” 。

1946年2月，美国驻莫斯科使馆接到国务院的电报，询问苏联政策演变趋势。当时大使不在，担任副职的42岁的凯南起草了一封长达8000字的“长电报” 。核心内容是，斯大林一直在推行一条强硬路线。这种立场出自俄罗斯民族的战略文化和千百年来对外界的不信任。苏联领导人毕生都坚持共产主义世界与资本主义世界存在根本性冲突的思想，他们不会被善意的姿态所打动。由于苏联领导人控制着丰富的资源和庞大的人口，围绕世界秩序本质展开的对抗不可避免。这将“无疑成为我们外交面临过的最严峻的任务，可能也是未来将要面临的最严峻的任务”。

1947年，凯南又以“X”的简短署名在《外交》杂志上撰写了一篇分析苏联的文章。凯南虽不苟言笑，但撰写文章时常常诗情横溢，他的“X文章”文笔流畅，激情四射，将关于苏联问题的讨论提升到历史哲学的高度，产生了很大的社会影响。

“X文章”浓缩了“长电报”的精华，对苏联的政治走向持悲观看法。他认为苏联外交政策是“一种审慎但持续的压力，最终是要瓦解并削弱所有与之对抗的影响和力量” 。与莫斯科的相处之道只能是“坚定的遏制政策 ，在俄罗斯人表现出侵害世界和平与稳定的迹象时，始终对其予以打击”。胜利不是来自战场，而是取决于苏联制度能否自行走向崩溃。“美国完全有可能通过自己的行动来影响这样的结局。”

二次大战结束后，美国国力空前强大，不但主导建立了以联合国为标志的国际政治架构，以美元为中心的国际经济架构，而且以“冷战”

来塑造东西方国家关系。

美国虽然以“冷战”来对付社会主义国家，但从未放弃局部的“热战”，甚至是以局部的热战来推动其全球冷战战略。

美国在冷战时期发动的最大热战是朝鲜战争。

冷战的前沿是朝鲜半岛上的北纬38度线。

从1910年到1945年，日本对朝鲜半岛实行了35年的殖民统治。二次大战日本战败，美苏商定以半岛中部的北纬38度线为界，北方为苏联势力范围，建立朝鲜民主主义共和国，以金日成为首相；南方为美国势力范围，建立大韩民国，以李承晚为总统。双方都自认为是正统，都想吃掉对方，争斗不止。很显然，这条冷战分界线极度脆弱，必然成为热战的点爆线。

1950年春，金日成轻装简从，密访苏联，寻求斯大林对朝鲜统一的支持。斯大林怕引发美苏对抗，没有表明态度，只是劝金日成找“中国同志”商谈。

离开苏联，金日成便直接乘车密访北京，请求中国同志支持朝鲜的统一事业。毛泽东显然给了金日成以理解和支持，命令军中朝鲜族官兵数万人，立即解除现役，携带最好的武器加入朝鲜人民军。

李承晚也不满足于半岛南方一隅之地，自恃南方人口多于北方，又有美国撑腰，常思武力北进，统一全朝鲜。而且李承晚年事已高，希望有生之年实现国家统一，北伐之心非常迫切。

金日成和李承晚都急于实现国家统一，金日成希望统一在北方社会主义制度下，李承晚则希望统一在南方的资本主义制度下，当时解决问题的唯一出路只有战争，不是我吃掉你，就是你吃掉我。从1950年初开始，南北朝鲜之间就陷入了五天一小打，十天一大打的战争状态之中。这样的战争是朝鲜的内战，是朝鲜人民选择国家发展道路的战争，外国不应干涉。但美国偏要干涉，而且是派大军参战，问题就闹大了，闹成了国际性的朝鲜战争。

1950 年 6 月 25 日夜，朝鲜内战全面爆发。

6 月 27 日，美国总统杜鲁门即发表声明，宣布美军参战。同时拼凑由 17 个国家军队组成的“联合国军”，任命麦克阿瑟为总司令，全权指挥联合国军。

10 月 19 日，彭德怀统帅中国人民志愿军跨过鸭绿江，支援在联合国军追杀下溃逃的朝鲜人民军。中美两军在朝鲜半岛上迎头相撞，共同在冷战时期演出了一场热战大戏。

朝鲜战争战况非常激烈，战局千变万化，而且特别富有戏剧性。

朝鲜战争的戏剧性可以用一句话来概括：三波“一边倒”之后胶着于 38 度线。

第一波是金日成军击溃美韩军队的“一边倒”。志在国家统一的金日成军非常英勇，完全压倒了李承晚军。开战仅三天，就攻占了南方首都汉城。随后又在乌山歼灭美军一个团，在大田歼灭美军一个师，迫使美国第 8 集团军和李承晚的残兵败将退守到釜山一隅。

第二波是美军仁川登陆后追杀金日成军的“一边倒”。9 月 15 日，有海空军强大火力支援的美国第 10 集团军在仁川成功登陆。金日成军前后方被切断，被南北夹击，大败而逃。麦克阿瑟指挥联合国军越过 38 线，大举北侵，前锋直抵鸭绿江边。

第三波是毛泽东和彭德怀指挥的中国人民志愿军入朝参战后五战五胜的“一边倒”。在志愿军雷霆万钧的打击下，不可一世的美军从鸭绿江边溃退南逃，美国第 8 集团军中将军长沃尔克也丧命于溃逃途中。1950 年 12 月 31 日，中朝军队渡过临津江把联合国军驱赶到 38 线以南，重新占领了汉城。

自此之后，双方在 38 线一带你来我往，反复争战，形成胶着之势，直至 1953 年 7 月 27 日朝鲜停战协定签字，朝鲜战争结束。

朝鲜战争本来只是一场为了南北方统一的国内战争，但是，由于朝鲜半岛上的北纬38度线是两大阵营的分界线，是“冷战”的神经敏感线，因此，国内战争演变为国际战争是无可避免的。值得注意的是，中美两大国虽然互不宣战，但都尽遣军中精锐上阵，真刀真枪地打了三年 。朝鲜战争，实际上是中美之间的一场大战。

中美朝鲜之战的根源还是美国政府实行了错误的对华政策。换句话说，美国发动朝鲜战争，根本上是要整倒新中国。

根据何在？

第一，朝鲜开战的第3天，美国总统杜鲁门即发表参战宣言。宣言的要害有两点，一点是宣称美国要担负起反对共产党“侵略”的责任，明目张胆地发动侵朝战争；另外一点是命令美国第七舰队开进台湾海峡，并且鼓吹“台湾地位未定”，这就直刺中国的核心利益，是对中国严重的侵略行为。

第二，新中国才诞生几个月，西藏尚未解放，台湾没有统一，几十万旧政权的残余军队还盘踞在一些地方，伺机破坏捣乱。在这种情况下，美国发动大规模的侵朝战争，会鼓励一切反动势力从内部兴风捣乱，这已经是直接关系到新中国的生死存亡问题。

第三，历史上日本就是吞并朝鲜后大举侵略中国的，一旦比日本更强大而且非常敌视新中国的美国吞并了朝鲜，中国就失去了生存的战略空间，就可能遭遇比历史上更惨重的侵略战争。

从以上三点，人们不难看出，美国发动侵朝战争，是剑指中国的。

朝鲜战争爆发后，美国作出了两个战略判断，一是苏联不会干预，二是中国不敢干预。

美国吃定了一点，斯大林害怕引起第三次世界大战，不敢与美国发生直接冲突。美国的情报表明，战争刚开始，苏联派驻朝鲜的几百名军事顾问就撤走了，苏联远东地区没有进行军事调动，没有增加战备力量。

战局的发展表明，美国对苏联的战略判断是准确的。

但是，美国对中国的战略判断就完全错了。他们认为，中国民贫国弱，军队装备低劣，完全不敢参战；即使参战，在强大的美军面前，也是不堪一击。说中国民贫国弱，装备低劣是真的。说中国在面临侵略时不敢战，中国军队面对美军不堪一击则完全是美国人的臆想。

美国侵略朝鲜确实给新中国的开国领袖们出了一道大难题，当美国统帅的联合国军击溃金日成军，越过三八线，气势汹汹地向鸭绿江压来的时候，堂堂的中华人民共和国能对亲密的兄弟之国见死不救吗？况且这是唇亡齿寒的事情，是关系到新中国自己生死存亡的问题。

1950 年 10 月 1 日是新中国的第一个国庆节，庆祝仪式一结束，毛泽东即召集中共中央书记处书记和政治局成员研究出兵援助朝鲜问题。

毛泽东原打算派林彪为帅，统兵出征，但林彪对出兵援朝态度消极。他的顾虑主要是国力太悬殊。他在会上发言说，美国国力无限，单是一年产钢量便达 8760 万吨，是中国的 140 倍。再论军队装备，美军重装步兵一个师，仅其大炮拥有总量便达 595 门，相当于我步兵一个军火炮拥有量的 3 倍。至于飞机、坦克、装甲车辆等，更是没法比。因此，我军与美军抗衡，胜算实在不多。

彭德怀对林彪之论颇不以为然。他说，朝鲜战争之局，演化至今日，已到危急关头。我国是否出兵，不但关系朝鲜存亡、我国安全，也关系社会主义阵营的地位和威望。

彭德怀特别指出，我军装备虽然不能与美军相比，但我军却拥有美军所不具备的三大优势。

一是利在天时。我国革命新胜，国家新立，锐气正盛，且邻国受外敌侵略，出国参战，是保家卫国，正义事业。反观美国，侵略台湾在先，越过三八线、侵略朝鲜、炸我东北在后，虽打“联合国军”旗号，也掩饰不住其侵略本质，是非正义战争。

二是拥有地利。朝鲜与我国只一江之隔，地形气候与我国东北相似，利于我非机械化步兵活动。反观美国，远渡太平洋而来，虽有机械化部队，然在朝鲜崇山峻岭中，不但很难发挥优势，还可能成为包袱。

三是利在人和。我国有6亿人，人力兵员是美国三四倍，我军将士久经战阵，训练有素，能攻能守，可以一当十。反观美军，二战中的老战士多已退出现役，士兵多为新兵，缺乏训练，闻驻日美军皆雇有日本女佣，日则游乐，夜则嫖妓，连皮鞋武器都请佣人代擦，此等少爷兵如何打战？

彭德怀认为，美军战术皆依据教条，缺少变通，离开公路铁路便不能打仗，此正利于我发挥优势。

彭德怀最后表明态度："我虽不敢说出兵朝鲜有十足胜算，但也不至于落败。"[①]

毛泽东主持的这次会议一连开了三天，题目只有一个：面临金日成的紧急求救，中国是否出兵援朝。毛泽东让大家敞开思想发言，充分发扬民主，真正做到畅所欲言。有的人赞同林彪的观点，大多数人持有同彭德怀一样的看法。到10月2日，意见基本集中，毛泽东作出了出兵朝鲜的决策。因为中苏之间有同盟互助关系，毛泽东为中共中央起草了致斯大林的电报，通报了中国共产党的这项重大决定。

10月3日，周恩来请印度驻华大使转告美国政府，如果美军越过三八线，我们不能不管。周恩来让印度大使告诉美方，要他们特别注意这个"管"字。

美国对中国传递的这个带有警告意味的信息置若罔闻。杜鲁门在回忆录中写道："十月三号国务院收到了许多封电报，报告同一件事情：中国共产党威胁着要参加朝鲜作战。中国共产党政府

①楚云：《朝鲜战争》，时事出版社，第95页。

①（美）哈里·杜鲁门：《杜鲁门回忆录》下卷，第432—433页。

现任外交部长周恩来曾召见印度驻北平大使潘尼迦，并且告诉他，如果联合国军队越过三八线，中国就要派遣军队援助北朝鲜。不过，如果只是南朝鲜人越过三八线，中国将不采取这种行动。”“看来周恩来的声明只是对联合国的恫吓，扬言要在朝鲜进行干涉。”[①]杜鲁门这样想是很自然的，因为美国统治集团早就作出了战略判断：毛泽东和中国政府不敢与美国直接对抗。

杜鲁门之流万万没有想到，中国共产党会这样不信邪，不怕鬼；他们万万没有想到，新生的中国竟然敢于对抗美国的侵略战争。

中国出兵的决定，甚至吓着了斯大林。他本来说过，如果中国出兵，苏联可派空军支援。但正当志愿军要跨过鸭绿江时，他又退缩了，说是苏联空军不能出动。理由是没有准备好，实际是怕美国知道苏联参战，引火烧身。

毛泽东及其战友们都是顶天立地的人，为了正义事业，不怕任何牺牲。言既出，行必随。美国军队既然不顾警告越过三八线，即使苏联不出动空军，中国人民志愿军也必定要出国惩罚侵略者。

中国领导人虽然从来不害怕任何侵略者，他们总是在战略上藐视侵略者，把侵略者说成是“纸老虎”，但他们在战术上又非常重视敌人，把敌人视之为真老虎、铁老虎，是会吃人的老虎。中共中央确定彭德怀为中国人民志愿军司令员兼政治委员会后，毛泽东即同彭德怀周密研究了我军在朝作战的战略战术问题。中国人民反侵略的精神和毛泽东军事思想威力无比强大，小米加步枪的志愿军打败了飞机加大炮的美英等世界强国的王牌之军。激战三年，美国领导的联合国军被钉死在38度线，再不能越雷池一步。

朝鲜战争自1950年6月25日爆发，到1953年签署停战协定，历时37个月。志愿军总计消灭美军、联合国军和韩军共109万人，其中美军折损39万人，耗战费200亿美元，军资7500万吨。志愿军伤亡也过50万，军资消耗无计。

1953年7月27日，朝鲜开城蓝天如洗，万里无云，朝鲜交战各方约定，这日在板门店签署停战协议，结束朝鲜战争。联合国军总司令克拉克签字之后叹道："美国自开国以来，历西班牙战争、第一次世界大战、第二次世界大战，皆雄赳赳，气昂昂，是胜利者。只这一次，是在未曾胜利的协定上签字，由我担当此任，实在令人丧气。"①

克拉克感到丧气是自然的，因为美国发动侵朝战争得到的结果是搬起石头砸自己的脚。原本是要吞并北朝鲜，但北朝鲜作为一个国家继续在地球上站立着；原本是要搞垮刚刚诞生的新中国，但新中国却因一举击败西方列强的侵略军而赢得世界百国的敬畏；原来是要通过一场热战来获得压制社会主义阵营的冷战胜利，结果却是社会主义阵营的声势压过了资本主义阵营。最为严重的是，美帝国主义这个侵略者的形象，已经在6亿中国人民的心中深深地定格下来了。

①楚云:《朝鲜战争》，时事出版社，第372页。

第三节　美国企图把台湾从中国分割出去

中美两国曾经长期处于敌对状态，对抗是在经济、政治、军事和文化的广阔领域里展开的，但焦点只有一个，那就是台湾，就是美国侵占中国领土台湾，对中国造成实质上的伤害。

台湾是太平洋西岸中心点上的一个大岛，战略位置非常重要。太平洋上大国力量消长的一个重要标志，要看台湾控制在哪个大国的手中。漫长的历史时期中，台湾一直是中国的领土，中国就是亚洲太平洋地区最伟大的强国。甲午之战后日本窃占了台湾，日本的势力就膨胀起来，在亚洲太平洋地区猖狂了许多年。第二次世界大战后，日本投降，台湾已回归中国，但美国利用蒋介石集团实际上长期霸占着台湾，以此为中心环节，不断强化其“第一岛链”和“第二岛链”，企图把中国围堵压缩在岛链之内，任美国在亚太地区称王称霸，独领风骚。

美国窥视中国宝岛台湾由来已久。

1854年，美国东方舰队司令佩里率领两艘军舰在基隆登陆，进行勘察。他在给华盛顿的报告中说：“在占全球四分之一的东方地区，极应建立一个美国的基地，作为保持美国在东方海上权力的手段，而且是绝对需要的插足手段。”为此，“美国应单独在台湾采取机动行动”，“建立一个美国殖民地或居留地，作为美国发展其东方商务的中心。”

1857年3月，美国驻华公使彼德佩克来华续修《望厦条约》时，向美国国务院递交的报告中说：“台湾作为一个煤补给的来源，是建立一条同加利福尼亚延伸到日本、中国的汽船运输线的最有利的一部分……一旦台湾在政治上，一如它在地理上一样与中国分离的时候，美国应立即占有台湾。”

我们知道，美国人民同中国人民一样是善良的，是互相友好的，这种善良的品质和友好的感情在第二次世界大战中共同抗击日本法西斯时表现得淋漓尽致。但美国统治集团中总是有一些人对中国心怀恶意，这种恶意在佩里和彼德佩克让美国占有台湾的图谋中表露无遗。在后来的历史中，这种恶意和图谋虽然时隐时现，但扎根很深，成为美国对华政策中最恶质的部分。

罗斯福是美国杰出政治家之一，他当美国总统时，力推中美同盟，共同抗击日寇；他主导制定《开罗宣言》和《波茨坦公报》，确认台湾回归中国；他曾提议把琉球和钓鱼岛一并归中国管理；他还支持中国成为联合国创始国和安理会常任理事国。这些都表现了美国对中国，美国人民对中国人民的善意和友情。

罗斯福去世后，随着世界局势的深刻变化，继任总统的杜鲁门表现出美国政策中更多的反人民本性。最突出的方面是敌视中国共产党和共产党领导的新中国，为此他支持蒋介石打内战；他发动侵略朝鲜和威胁中国的战争；他宣扬台湾地位未定论，妄图把台湾从中国分裂出去。

台湾被分割出去的现实危险就出现在杜鲁门当美国总统期间。

1948 年 11 月，当时的美国代理国务卿罗伯特·洛维特要求参谋长联席会议就台湾岛及其毗邻岛屿"对美国安全的战略意义"进行评估。评估结果形成了一份备忘录，题为《福摩萨的战略重要性》。备忘录中说：如果台湾及其毗邻岛屿落入共产党操纵的政权手中，"它们对美国安全的战略意义将会十分不利"。"我们必须估计到，敌方在战时将会控制日本与马来西亚地区的海上通道，这对敌方有利而对我方不利；同时，随着敌方的逐步强大，它将会将其控制范围扩大到琉球群岛和菲律宾。上述两种情况都会在战略上产生非常严重的有害于我们国家利益的后果"。"另外，福摩萨的重要战略意义还在于，它可以成为日本的食品和其他物资的重要来源。当然，在上述假设的情况下，这种来源就不会存在。这反过来很可能会决定着日本在战时是成为累赘，还是潜在的有利条件"。"根据前面所述，参谋长联席会议认为，鉴于目前中国的形势及其显而易见的趋势，如果能采用外交和经济措施阻止共产党占领福摩萨，以便恰当地保证有一个对美国友好的福摩萨政权，将对我们的国家安全利益十分重要”。[①]

1949年1月19日，美国国务院以上述备忘录为基础，起草了题为《美国对福摩萨的立场》的政策文件，明确规定美国对台政策的目标是不让台湾及其附属岛屿“落入共产党人手中”。“眼前最切实可行的办法是把这些岛屿同中国大陆隔离开来”。进行这种隔离的办法有三条：第一，尽可能施加影响，阻止大陆上的中国人进入台湾；第二，出力帮助建立一个非共产党的台湾当地政府；第三，与台湾当地的未来领导人保持接触，以便在“合乎美国国家利益”时策动台湾“自治”。[②]

有了美国军方的“备忘录”，有了国务院的政策文件，美国政府即开始实施分割台湾的计划。1949年3月，国务卿艾奇逊派美国驻华参赞利文斯通·麦钱特赴台湾进行考察。经过两个月的考察，麦钱特给艾奇逊提出两项建议。一项是着手探讨将台湾交给联合国托管的可能性；另一项是加紧在台湾建立美国的海空军基地，必要时军事占领台湾。艾奇逊非常重视这些建议，电召麦钱特立即回国磋商。磋商后形成了一份备忘录，主要措施是美国先与盟国协商并取得他们的协助，再由“台独”分子提出呼吁，然后要求联合国召开关于台湾前途特别会议，在这个特别会议上形成让台湾进行“公民投票”的决定，使台湾交联合国托管并最终实现台湾独立。由于当时美国可以强势主导联合国的活动，台湾由联合国托管就是美国托管。更为紧迫的是，当时的台湾省主席魏道明经不起美国的威胁利诱，已经产生了明显的“自治”倾向。1948年秋天，魏道明曾向美驻台总领事克伦茨表示，如果美国能够提供1000万美元贷款，作为美国对台“法理支持”的表示，他就可以设法实现台湾自治，并说服蒋介石不来台湾。此事如得不

①《美国对华政策文件集》第二卷（上），世界知识出版社2004年版，第6－7页。

②《美国外交文件》1949年第9卷，第270—275页。

到制止，联合国“托管”台湾，乃至台湾“自治”或“独立”就将变为现实。

人们不应当忘记，制止此事继续发展、打破美国分割台湾图谋的，是当时已穷途末路的蒋介石。

不论蒋介石在历史上有多少罪过，他在民族大义上是不亏的。他把国民党政权搬到台湾，虽然延误了大陆与台湾统一的历史进程，但他在使台湾保持在一个中国架构内还是有过一定作用的。

蒋介石是一个迷信的人。据说，他曾登峨眉山算命，有一老道指点迷津，说蒋介石属“水龙”，一生离不开水，并送他八字箴言：“胜不离川，败不离湾。”最大的“湾”当然是台湾，蒋介石在国内战争中失败之后，就把他最后的命运同台湾联系在一起。

蒋介石一发现魏道明同美国关系暧昧，立即采取了可以打破美国企图的断然措施。1948 年 12 月 24 日，蒋介石宣布下野。蒋介石下野之前，在大陆以总统名义发布的最后一道人事任命是免去魏道明的台湾省政府主席职务，任命其心腹陈诚为台湾省政府主席。随后又以国民党军事委员会委员长的名义任命陈诚兼任台湾省警备总司令，以国民党总裁身份任命陈诚为国民党台湾省党部主任委员。同时，蒋介石还让蒋经国直接操办从大陆托运金银、外汇、文物珍宝和重要机器设备到台湾，还胁迫党政精英和大批科学家随行台湾。

蒋介石如此退守台湾，不是为了“自治”或“独立”，而是为了继续坚持内战，为了“反共复国”，为了国家最终的统一。他曾这样对亲信说：“我之所以下野，还有一个重要考虑，就是台湾地位的重要。在俄帝集团侵略下，宁可失了整个大陆，而台湾是不能不保的。如果我不下野，死守南京，那台湾就不能兼顾，亦然不能成为反共抗俄的坚固保垒。民国三十六年我到台湾看了以后，在日记上记着这样一句话：‘只要有了台湾，共产党就无奈我何！’就是整个大陆被共产党拿去了，只要保着台湾，我就可以用以恢复大陆。”[1]

无论如何，由于在国共内战中失败的蒋介石退守台湾，美国关于联合国托管台湾或让台湾“自治”、“独立”的阴谋被打乱了，一时没有得逞。

由于中国人民解放战争取得伟大胜利，共产党领导的新中国已经发誓“一定要解放台湾”，美国被迫暂时藏起分割台湾的各种活动。

1950年1月5日，美国总统杜鲁门在记者招待会上宣读了一份正式声明。该声明首先回顾了《开罗宣言》和《波茨坦公告》已经“将福摩萨交还给了蒋委员长”。声明还说，在过去四年中，美国和其他盟国接受了中国对该岛的管辖的事实，然后指出，“美国对福摩萨和其他任何中国领土都没有掠夺性意向。美国目前无意在福摩萨获取特殊利益和权利，或建立军事基地。美国亦无意使用武力干预现在局势。美国政府将不遵循足以使之卷入中国内争的方针。同样，美国政府将不向福摩萨的中国军队提供军事援助及建议”。[2]

全世界的人们都听到了，美国总统杜鲁门在1950年1月5日发表正式宣言，宣称美国和盟国都已接受台湾回归中国的事实，美国对中国领土台湾没有掠夺性意向，也不会向在台湾的中国军队“提供军事援助或建议”。

但是，才过了几个月，还是这位杜鲁门总统，又在同年6月27日发表这样的声明：“共产党军队占领福摩萨，将直接威胁太平洋地区的安全以及在该地区执行合法和必要职责的美国军队。为此，我已下令第七舰队阻止对福摩萨的进攻。作为这一行动应有结果，我已要求在福摩萨的中国政府停止对大陆的一切空中和海上作战行动。第七舰队将保障此项得以实施。福摩萨未来地位

①宋连生、巩小华：《穿越台湾海峡的中美较量》，云南人民出版社2001年版，第9—10页。

②《美国对华政策文件集》第二卷（上），第27页。

的确定，必须等太平洋安全的恢复、对日和约的签订或经由联合国的考虑。”[①]

一位堂堂的美国总统，怎么可以对同一件东西昨天说白，今天说黑呢？怎么可以昨天说台湾是中国的领土，今天又说台湾是否属于中国还“必须等太平洋安全的恢复”再定呢？

杜鲁门怎么可以置《开罗宣言》、《波茨坦公告》这些国际法律文件于不顾，公然杜撰台湾地位未定的谬论呢？

说到底，这是美国统治集团历来就想攫取台湾的狼子野心的大暴露，是美国统治集团一贯敌视共产党中国的错误政策的大暴露。

所有的中国人，无论过去、现在和将来，都视台湾为中国的神圣领土。谁想把台湾从中国分割出去，他就是所有中国人不共戴天的敌人。美国政府在朝鲜战争爆发后几天就声称台湾地位未定，就派第七舰队进入台湾海峡，从最深处激发了中国人民的怒火，这实际上是刺激中国出兵朝鲜，严惩美国侵略军的根本原因。

台湾问题，不是一般的问题，是中国主权独立和领土完整的问题。美国杜鲁门政府鼓吹台湾地位未定论，明里暗里推动台湾“自治”和“独立”，就是公然对中国实行侵略。为什么台湾问题会成为中美关系的焦点问题，根本原因就在这里，美国杜鲁门政府先是出钱出枪，帮助蒋介石统治集团对抗中国人民的大革命，而后又千方百计要把台湾从中国分割出去，这种错误的对华政策完全破坏了中美两国人民的友谊，严重损害了中美两国人民的利益。

①《美国对华政策文件集》第二卷（上），第145页。

第四节　美国支持“藏独”活动

美国统治集团支持“藏独”，是其反华政策的重要表现。

美国政府在历史上和现实中都一直声称他们承认西藏是中国领土的一部分，但这种宣言的真实性是令人怀疑的。

中华人民共和国成立以后，蒋介石政府的残余力量逃到了台湾，所谓的中华民国还存在着，还占据着联合国的席位，因此，在公开的外交场合，美国继续承认西藏是中国领土的一部分。但出于美国政府的反共政策，暗地里则竭力支持西藏的分裂势力，甚至挑动和支持西藏独立活动。

1949 年 1 月 8 日，美国驻印度大使韩德森致电国务院，要求改变承认中国对西藏拥有主权的立场。同年 4 月 12 日，美国国务院远东司向中国事务司提交一份备忘录，建议对美国改变西藏政策的可能及影响提出预测，建议目前应避免提及中国对西藏的主权或享有主权，尽可能保持美国西藏政策的灵活性。

在此期间，英美两国政府竭力阻挠西藏地方政府同中央政府谈判和平解放西藏问题，他们为此进行了大量的秘密活动。实际上，早在 1949 年，美国谍报人员就在西藏活动了。这一年的 7 月 28 日，美国国务卿艾奇逊致电驻印度大使亨德森，决定派遣一个使团秘密入藏。这个使团的主要成员是以驻乌鲁木齐副领事身份为掩护的中情局特工马克南和中情局的签约谍员白智仁。9 月 27 日，马克南等人从乌鲁木齐出发，前往西藏。第二年 4 月 29 日，这个使团进入西藏，同西藏的一队巡逻人员遭遇，马南被误杀。白智仁等人继续南行，于 1950 年 6 月 11 日到达拉萨。在拉萨，白智仁等人同达赖及其部属进行了密切接触，并参加了噶厦在布达拉宫召开的大会。这次会议的中心议题是讨论是否向美国请求军事援助。

白智仁在会上发表讲话，鼓动藏人正式向美国请求秘密军援。1950 年 9 月 1 日，白智仁到达新德里的第二天，西藏地方政府请求美国军事援助的信函就被译出，并通过密码电报发往华盛顿。同年 9 月 19 日，负责远东事务的美国助理国务卿腊斯克决定向西藏秘密提供军事援助，并开始同中情局讨论怎样执行这个政策。

自中情局特工白智仁到达拉萨之后，美国同达赖就一直保持着密切的联系。1951 年 3 月，美国驻印度使馆制订了“洛伊计划”，鼓动达赖出逃国外。到 6 月 22 日，国务卿艾奇逊亲自给美国驻泰国使馆发出密电，请泰国接受达赖避难。6 月底，美国政府正式给达赖写信，以军事援助和贷款为诱饵，鼓动达赖反对签订和平解放西藏的协议，让达赖或离开西藏，在外部组织力量破坏中国的统一，或留在西藏从内部组织力量对抗中央政府。其间，美国官员还为达赖设计了一整套出逃方案，由达赖的姐夫从北京谈判归藏后带给达赖。

美国的这类秘密活动没能阻碍西藏和平解放进程。1951 年 5 月 23 日，中国中央人民政府代表和西藏地方政府代表签订了“和平解放西藏办法的协议”，西藏获得了和平解放。

美国并不甘心阻碍西藏和平解放活动的失败，而是更加变本加厉地挑动西藏分裂分子反对中央政府。

1959 年 3 月，西藏发生严重的武装叛乱，达赖集团仓皇出逃。美国训练的特工随时向中情局报告情况，使美国可以给叛逃的达赖集团空投食品和各种用品，直至进入印度。

1959 年 3 月 26 日，美国国务院召开第 400 次国家安全委员会会议，专门讨论西藏问题，决定给达赖提供大量秘密补助，支持叛乱武装发动游击战，反对中国政府。这些肮脏的活动，由美国中央情报局具体负责。

美国 1964 年财政拨款计划显示，当年美国给秘密培训基地的费用是 40 万美元，用于受训藏人返回的路费是 35.5 万美元，给“藏人游击组织”的费用是 50 万美元，为培训藏人的设备和交通用费是 22.5 万美元。

与此同时，美国空军对藏区叛匪进行了 30 多次空投，投下的物资多达 2500 吨，包括近万支 M1 步枪、司登冲锋枪，还有无后坐力炮、高射机枪以及现金。

美国人费尽了心机，花费了大量的钱财支持达赖集团的武装叛乱，但结局很惨。叛乱被完全镇压，中情局培训后空投回来的 49 名特工，10 人逃回印度，两人被抓获，其他 37 人都被击毙了。

1972 年尼克松访华后，美国调整了战略，中止了对“藏独”的资助。

美国同达赖集团之间完全是互相利用的关系。《冷战孤儿》一书的作者克纳斯说，美国插手西藏事务的目的一开始就很明确：“这和帮助西藏人一点关系都没有，只是要给共产党中国制造麻烦。”当年负责中情局与达赖集团联络的特工拉莫次仁说，美国之所以支持西藏的游击行动，是因为利用藏人在西藏收集情报对美国非常重要。

达赖本人对双方的这种关系也是清楚的。他在 1990 年《自传》中写道：“美国人不希望留下援助西藏的把柄，刻意不提供美制装备。他们空投的都是粗制滥造的火箭炮及老旧的英制步枪，后者在印度及巴基斯坦都较为普遍，万一被中方掳获，也无法追踪来源。”“这不是因为美国人关心西藏的独立，而是作为它们在全世界企图破坏共产党政府稳定的一部分。”

美国人有一种支持西藏叛乱的情结。2010 年，他们还在美国赫尔营竖起了一块牌子，题为“西藏自由斗士荣誉纪念牌”。当年 9 月 10 日专门举行揭牌仪式，出席的人包括美国参议员、中情局退休官员、林务局官员和达赖组织的代表。一位美国参议员发表讲话说：“牌匾是美国和西藏人民共同努力的一个象征，同时可以使我们永久地纪念西藏自由斗士和他们的教官。”从这位参议员的西藏情结来看，美国至今还有人很想利用西藏问题来搞乱中国，分化中国。

第五节　美国封锁围堵中国

十分敌视中国的杜鲁门下台后，艾森豪威尔继任美国总统。美国学者南希·塔克专门研究了艾森豪威尔当总统时期的美国对华政策，结论是，美国对华政策集中到一点就是“孤立和敌视中国”。[①]

杜鲁门和艾森豪威尔的对华政策，是从属于“遏制”共产主义、进行全球扩张的总战略。当时美国统治集团认为，朝鲜战争表明，意识形态已经成为国际政治斗争的主导性因素，中国牌的共产主义比苏联牌的共产主义更危险，共产主义在东亚的成功会使西方价值观在亚洲地区土崩瓦解，从而对美国和盟国的利益造成严重危害。为了阻止这种危害的扩大，美国及其盟国必须对中国实行孤立和围堵的政策。[②]

美国统治集团认为，对中国实行孤立和围堵政策有着巨大的好处，一是通过惩罚中国，可以使其他国家不敢效仿中国；二是可以抬出共产党威胁的神话，使公众接受每年高达数百亿、甚至上千亿美元的国家安全费用；三是可以使西方各国接受美国的盟主地位，在东西方社会塑造为消除共产主义威胁而献身的救世主形象，实现美国称霸世界的野心。

杜鲁门和艾森豪威尔等人企图从政治、经济、军事三方面“困

①南希·塔克：《孤立中国：第一任艾森豪威尔政府的亚洲政策》，《中美关系史上沉重的一页》，第 359 页。

②沃尔特·拉菲伯：《美国、俄国和冷战》（1945—1984），第 174 页。

死”中国。

政治上“困死”中国的突出表现是不承认中华人民共和国。

1949年10月1日中华人民共和国成立后，美国自己拒不承认，也迫使其他西方国家不承认，而且蛮横无理地阻挠中国恢复在联合国的合法席位。

经济上“困死”中国的突出表现是实行封锁政策。美国通过联合国、“巴黎统筹委员会”等国际机构，对新中国实行比苏联和东欧社会主义国家更加严厉的封锁，给其他国家开展同中国经济贸易活动制造各种障碍和困难 。

军事上“困死”中国就是在中国周边建立军事基地，派驻陆海空军和信息情报部队。特别是构筑“第一岛链”和“第二岛链”，不许中国军队走出太平洋。美国还签订各种军事条约，组建各种军事同盟，随时准备从军事上打击中国，甚至拿原子弹威胁中国。1955年3月10日，美国国务卿杜勒斯曾向艾森豪威尔建议：“如果我们要保卫金门、马祖，我们将要使用原子武器。只有它们才能有效地反击大陆的飞机场。”①

人们不妨想一想，在人类历史上，有哪一个大国曾经像美国一样，对另一个大国实行如此长期疯狂的敌视和围堵政策？没有，肯定没有。

对一个小国，甚至对一个一般的大国，这样的政策是会奏效的。问题在于，中国不是一个小国，也不是一般的大国，而是一个拥有5000年文明历史，经过天翻地覆的大革命而焕然一新的社会主义大国。

这样的伟大国家对美国的围堵和威胁感到害怕吗？不害怕，不但不害怕，而且处之泰然。比如，关于美国不承认中国的问题，毛泽东就曾这样说过：我还是这样看，迟几年跟美国建立外交关

①（德）怀特·艾森豪威尔：《受命变革》第2册，第353页。

系为好，这比较有利。苏联跟美国建交，是在十月革命之后十七年。一九二九年爆发世界经济危机，持续到一九三三年，这一年，德国是希特勒上台，美国是罗斯福上台，这个时候，美苏才建交。我们跟美国建交，可能要在第三个五年计划完成以后，也就是说，要经过十八年或更长的时间。我们不急于进联合国，就同我们不急于同美国建交一样。我们采取了这个方针，是为了尽量剥夺美国的政治资本，使它处于没有道理和孤立的地位。不要我们进联合国，不跟我们建交，那么好吧，你拖的时间越长，欠我们的账就越多，越拖越没有道理，在美国国内，在国际舆论上，你就越孤立。我在延安就跟一个美国人讲过，你美国一百年不承认我们这个政府，一百零一年你还不承认，我就不信。总有一天，美国要跟我们建交。那时美国人跑进中国来一看，就会感到后悔莫及。因为中国这个地方变了，房子打扫干净了，"四害"也除了、他们再也找不到多少朋友了，散布一点细菌也没有多大作用了。[①]

①毛泽东：《在省市自治区党委书记会议上的讲话》，1957年1月。

事情正如毛泽东讲的那样，美国不承认中国，要在联合国孤立中国，到头来是美国自已被孤立了，世界上大多数国家欢迎中国恢复在联合国的合法席位，美国也不得不和中国建交。

再比如，美国想从经济上封锁和削弱中国，但是中国经济的发展，特别是被美国封锁禁运的那些方面，发展速度之快，水平之高，完全出乎人们的意料。对于杜勒斯拿原子弹吓唬中国人，毛泽东回答说，美国的原子讹诈，吓不倒中国人民。中国有六亿人口，有九百六十万平方公里的土地。美国那点原子弹，消灭不了中国人。即使美国原子弹威力再大，投到中国来，把地球打穿了，把地球炸毁了，对于太阳系来说，还算一件大事情，但对整个宇宙来说，也算不了什么。从辩证法的角度看问题，美国的原子弹没有什么了不起。

毛泽东是伟大的战略家,他一方面讲原子弹只是用来吓唬人的纸老虎,另一方面又下决心实施“两弹一星”工程，要把美国人用原子弹吓唬人的这点资本也剥夺掉。

中美两大国几十年处于敌视对抗之中，实在令人感叹。但是历史事实很清楚，这是美国统治集团错误的对华政策造成的，是美国强加于中国的。只要美国改变称霸世界的野心，能够平等对待中国，两国关系就会走出敌视对抗的困境。

第五章
赞巨人握手

20 世纪 70 年代初，毛泽东和尼克松在周恩来和基辛格的辅佐下，共同演出了中美两大国化敌为友的一出大戏。这是震撼人心的大戏，更是改变世界历史的大戏。直到 21 世纪，人们仍能感受到这出大戏的深刻影响。

在20世纪的很长一段时期，毛泽东是共产主义战士的领袖，尼克松是资本主义战士的领袖。他们在意识形态领域中的战斗经历了很多年，你来我往的斗争中他们各出奇招，直杀得眼花缭乱，精彩纷呈。也就因为经过斗争，他们互相知根知底，彼此间渐渐滋生敬意。他们对自己的祖国都赤胆忠心，都拥有服务于祖国的超凡智慧和卓越才能，善于捕捉谋取国家战略利益的千载难逢的重大契机。

20世纪70年代初，毛泽东和尼克松在周恩来和基辛格辅佐下，共同演出了中美两大国化敌为友的一出大戏。这是震撼人心的大戏，更是改变世界历史的大戏。直到21世纪，人们仍能感受到这出大戏的深刻影响。

第一节　中美各有麻烦事

中美两大国在朝鲜半岛上大战一场之后，各自骄傲地坚定了走已经选定的发展道路的决心，同时又互相敌视着。美国以强势的国力对中国实行孤立、封锁和遏制，努力维护资本主义世界的霸主地位；中国则加紧推进社会主义事业的发展，并在被压迫人民反对帝国主义的斗争大潮中自告奋勇地充当旗手。

20世纪60年代之后，美国和中国都遇到一些麻烦事，有些来自国内，有些来自国外，又互相纠缠在一起，两国当政者都深受重压，都在寻找减压之道。

美国遇到的第一个麻烦是它在西方世界的霸权衰落。

战后初期，美国因大战的刺激和推动，成为世界上最强大的政治、经济和军事超级大国，成为资本主义阵营的龙头老大，霸权显赫。但是好景不长，20世纪40年代之后，欧洲和日本实现经济起飞，实力显著壮大，而美国经济却面临困难，特别是美元危机不断出现，经济实力相对下降了。例如，1948年，在资本主义发达国家中，美国工业生产占56.4%，出口贸易占32.5%，黄金储备占59%。这种情况在60年代开始发生明显变化，到1970年，美国的工业生产、出口贸易和黄金储备分别下降到24.6%、13.6%、15.5%。特别是美国国际收支严重恶化，连年出现“逆差”，美元信用动摇，甚至出现了各国竞相抛售美元、抢购黄金的美元危机。

随着经济力量对比的变化，欧洲和日本在政治上的独立性也发展起来，法国出现戴高乐主义，欧共体开始形成，美国与盟国的关系麻烦日益增多。法国戴高乐主义形成的挑战尤其令美国难以招架。1959年，戴高乐致信美国总统艾森豪威尔和英国首相麦克米伦，要求在北约实行三国联合领导体制，美、英两国断然予以拒绝。法国于是采取了不受北约制约的自由行动，先是撤出法国的地中海舰队，然后是迫使美国轰炸机从法国土地上撤走。1960年，法国的原子弹爆炸成功，拒绝参加北约多边核力量，拒绝参加部分核禁试条约，最后于1966年干脆退出了北约军事一体化组织。同一时期，法国还不顾美国的反对，在西方大国中第一个承认中华人民共和国，并于1964年1月实现与中国建交。到60年代末，一贯紧跟美国的联邦德国也提出了“新东方政策”，谋求与苏联和东欧国家改善关系。甚至连日本也开始推行其“亚洲自主外交”，希望成为西方盟国中的“平等伙伴”。

美国的“后院”更是火情频现，拉丁美洲兴起了激烈的反美风暴。古巴在美国身边树起革命旗帜，巴拿马要求收回运河主权，多米尼加反对美国武装干涉。为了摆脱美国的控制，拉美国家发出了以“拉美的观点、拉美的方式、拉美的特点和拉美的力量，解决拉美自身问题”的强烈呼声。总而言之，美国在西方世界的霸权地位已经受到挑战。

美国第二大麻烦是在美苏争霸中显得越来越被动。

冷战时期，美国和苏联互为主要敌手。20 世纪 50 年代赫鲁晓夫在苏联上台执政之后，双方一度出现“蜜月时期”，但时间很短暂。由于第二次“柏林危机”和“古巴导弹危机”，美苏两国甚至走到了“热战”的边缘。

美国的被动地位早有表露。正如美国哈佛大学教授约瑟夫·奈指出的，20 世纪 50 年代末苏联率先发射人造卫星，使美国“失去了安全感”。60 年代苏联核武器的发展又使得美国在 70 年代“彻底丧失了核优势”。[①] 1962 年古巴导弹危机后，苏联统治集团决心加快常规和战略核力量的发展，与美国展开了激烈的军备竞赛。仅军费开支一项，苏联就从 1960 年的 369 亿美元增加到 1969 年的 898 亿美元。1960—1969 年苏联的军费总额达 6219 亿美元，超过了美国 6056 亿美元的军费总额。[②]到 60 年代末，苏联的常规军事力量在数量上超过了美国，在战略核武器方面也接近了美国的水平，并在反弹道导弹方面走在了美国的前面。

此时，乘美国陷在越南战争泥潭中不能自拔，苏联加紧了在世界范围内的扩张和渗透，强化了对东欧盟国的高压控制。1968 年苏联出兵捷克斯洛伐克，引起世界强烈震动，同时也对美国提出了严重挑战。美国在苏联咄咄逼人的进攻中显得还手乏力。

①约瑟夫·奈：《美国定能领导世界吗？》，军事译文出版社 1992 年版，第 69 页。

②保罗·肯尼迪：《大国的兴衰》，求实出版社 1988 年版，第 469 页。

美国第三个大麻烦是越南战争。

越南战争从艾森豪威尔、肯尼迪、约翰逊到尼克松，先后困扰了四任美国总统。

1955年2月，为了加强对中国的包围和抵抗所谓共产主义革命，美国在东南亚拼凑了一个军事同盟——“东南亚条约组织”，总共有8个国家参加，其中有“自由越南”。

“自由越南”的首领叫吴庭艳。1955年10月，在美国中央情报局的策划下，“自由越南”进行“总统选举”。中情局的兰斯代尔上校供认，是吴庭艳的弟弟派其组织成员出去“塞满了一些投票箱，又砸毁了一些投票箱”，结果吴庭艳以98%的高票当选总统。

为了加强南越这个反共桥头堡，1956年5月，美国政府安排吴庭艳到美国国会的一次联席会议上进行演说。就是在这次会议上，美国总统艾森豪威尔宣称：“捍卫自由，捍卫美国，我们必须付出代价。这一代价将以多种形式呈现，并将达及许多地方。越南目前还不能提供求生存所需的军事力量，越南目前需要军事上和经济上的帮助。”②

开始的时候，美国政府只是像在中国做过的那样，出枪出钱帮助吴庭艳军队去攻打胡志明的军队，后来看到南越军毫无斗志，美国军队就以“特种战争”的方式直接卷入。

美国卷入越南战争时，戴高乐曾向肯尼迪提出警告说：你所求助的那种意识形态不会使任何事情得到改变……你们美国人在昨天想取代我们在印度支那的位置，你们今天又想重新点燃我们已经结束的战争。我敢预言，你们将一步一步地陷入军事上和政治上的无底深渊。

美国人对戴高乐的警告不以为然，他们不断扩大在越南的军事活动。如果说在艾森豪威尔和肯尼迪时期还只是规模有限的“特

①炎勇：《遏制与反遏制》，时事出版社，第451页。

种战争”，那么到约翰逊和尼克松时期就是海陆空军全面投入的有限战争了。1964 年，战火扩大到越南北方。在长达 10 年的战争期间，美国先后总共投入 66 万军队，花费了 3500 多亿美元的战争经费，非但一无所获，反而使越南革命力量越来越壮大，而美国自己不但付出了死伤十几万人生命的代价，还招致本国人民的强烈反对和世界人民的广泛谴责。

当美国在上述困境中苦苦挣扎的时候，中国也遇到了一些麻烦事，日子并不好过。

这种麻烦事首先来自国内。已经延续好几年的“文化大革命”对国家的政治、经济生活和社会稳定造成了很大的冲击，好在当时中国共产党的威望很高，社会治理能力很强，中央对全国局势的管控力不容置疑。

真正超出自身控制力的威胁是来自外部，具体说是来自苏联社会帝国主义。

苏共 20 大之后，中国和苏联两国共产党在一些问题上出现重大分歧。随着苏联对外政策中越来越猖狂地搞霸权主义，中苏两党关系不断恶化，最终发展为国家关系的公开破裂。1960 年，苏联不仅单方面撕毁合同，撤走专家，损害中国经济建设的正常发展，而且强化对中国进行军事威胁的高压态势。从 1963 年起，苏联在中苏、中蒙边界大规模增兵，1967 年增加到 15 个师，1969 年又猛增到 21 个师，并于 1969 年 3 月和 8 月在我国东北的珍宝岛地区和新疆的铁列克提地区挑起了大规模的武装冲突。苏联当时的国防部长甚至扬言要对中国实施先发制人的核打击。

第二节　战略沟通好时机

当美国和中国都遇到许多麻烦事的时候，就形成了中美两大国实现战略沟通的好时机，但这需要双方都表现出大智慧、大气魄，并相向而行。

许多中美关系的观察者认为，毛泽东和尼克松的握手只是为了共同对付苏联威胁的权宜之计，一旦这个威胁消除了，中美就会故态复现，继续互相敌视。

持这种看法的人在美国不是少数，其中还有一些是手握决策大权的人物。苏联崩溃以后，这些美国政客公然宣称中国对美国已经没有战略价值，又搬出冷战时期的武器对付中国，在中美关系上不断制造困难和障碍。

这些美国政客的无知和肤浅会达到如此地步，真是令人惊讶。毛泽东和尼克松的握手，虽然包含着共同对付苏联威胁的权宜之计，但这种暂时需要的权宜之计，仅是一个契机。他们的目的是利用这个切入点，实现中美两大国的战略沟通，共同塑造世界新的大格局。美国这些政客的见识比尼克松和基辛格差远了，比美国大多数政界和学界的人士也差远了。

大约在20世纪60年代中期，美国一些政界和学界人士就已开始认真思考美国的对华政策。肯尼迪总统在一次公开讲话中承认，美国支持蒋介石打内战，使新中国成为美国的敌人，“也许是这个世纪中我们经受的最具毁灭性的事件。”[①]当时，美国最重要的思想库“对外关系委员会”曾耗资110万美元，专门研究世界事务中的美国与中国。该委员会发表了一系列研究报告，得出了这样的结论：美国用了20年时间企图孤立中国，然而这一政策不但收效甚微，而且与

①炎勇：《遏制与反遏制》，时事出版社，第460页。

①罗伯特·舒尔茨辛格：《外交博士基辛格》，时事出版社1992年版，第86页。

②李长久、施鲁佳：《中美关系二百年》，新华出版社1984年版，第201—202页。

已不利。由于越来越多的西方非共产党国家同这个革命的国家打开了关系，美国正在孤立的并不是中国，而是美国自己。由于共产党执政已经超过了一代人的时间，那种认为它的成功只是一种侥幸的看法已越来越不现实了。[①]

实际上，尼克松和基辛格的对华政策也是既出于对付苏联威胁的现实需要，更着眼于长远的中美关系和世界大局。他们已经预见到，在美国的对外政策中，中美关系有可能占据中心的位置。

1967年，尼克松在《外交》季刊上发表文章，题为《越南战争后的亚洲》。其中写道："美国对亚洲的任何政策，都必须紧紧地抓住中国的现实。"他在参加总统竞选时，多次发表讲话指出，不管谁是今后4年或8年的美国总统，"都必须服从这样一个假设，即到头来必须同下一个超级大国共产党中国领导人谈判。"尼克松还在同记者的谈话中表示，"我将会访问中国，如果中国肯发给我签证的话。我认为我们今后8年内将看到同中国的对话。在今后8年内，中国问题一定得到解决，不然它将成为悬在头上的剑。"[②]

中国方面也是既有现实的战术需要，更有长远的战略思考。

毛泽东非常善于见微知著，看到尼克松的《越南战争后的亚洲》一文时，他就意识到尼克松上台后可能改变对华政策，要求周恩来等人仔细阅读该文。

1969年珍宝岛事件爆发后，毛泽东指示陈毅、叶剑英、徐向前、聂荣臻等人以座谈会的形式研究国际形势和中国的国防战略。从1969年3月至10月，4位元帅先后座谈了25次，向中央提交了4份研究报告。他们认为，应当利用美国、苏联和欧洲各国间的矛盾，尽快打开中美之间的僵局，恢复中美会谈。种种迹象表明，美国是想拉中国压苏联。我们可以参考魏、蜀、吴三国鼎立时，诸葛亮"东联孙吴，北拒曹魏"的战略。他们还提出，现在中美举行高级别会谈，不应附加条件，不以美国接受我们的条件为前提，美国也不以我们接受它的条件为前提，这样就可以谈起来。只要中美举行高级别会谈，本身就是一个战略行动，美国可以得到好处，我们得到的好处会更大。

毛泽东经过慎重考虑，同意了4位元帅的建议，作出了与美国打开关系的战略决断。按照陈毅的说法，只有主席才会下这个决心，只有主席才会打美国这张战略牌。主席下了这着棋，全局都活了。[①]

毛泽东接受4位元帅的建议，作出打开中美关系的战略决断，不是心血来潮，而是深谋远虑的结果。

毛泽东曾说："美国民族是一个伟大的民族，其人民是善良的。他们不要战争，欢迎和平。"[②]毛泽东对美国民族和美国人民的这种高度评价始终没有改变过，这是他致力于打开中美关系的精神支点。

不论在革命战争年代，还是和平建设时期，毛泽东都非常注意了解美国、研究美国和把握美国的各种动态。这既是为了领导人民抵抗美国的侵略，也是为了找到中美两大国改善关系的机会。

毛泽东不但寄希望于美国人民，而且也寄希望于美国统治集团中的开明人士。他对推动中美结盟共同抗击日本法西斯的罗斯福一直抱有好感。为了让美国在战后支持中国民主进步事业，而不是支持蒋介石的独裁统治，毛泽东于1945年3月13日同美军观察团顾问谢伟思作了一次长谈，表示希望同罗斯福进行会谈。毛泽东并不知道，当时是罗斯福在世的最后一个月了。

对后来的历任美国总统，毛泽东比较看重尼克松，认为他不同于只会玩政治小伎俩来骗取选票的政客。为了美国的利益，尼克松会从战略上考虑问题，而且敢于冒一定的政治风险去实现自

①熊向晖：《打开中美关系的前奏》、《中共党史资料》第42期。又见国际战略基金会编：《环球同此凉热——一代领袖们的国际战略思想》，第141、155-156、189-190、211、228-229页。

②《毛泽东军事文选》，第309页。

己的战略企图。因此，毛泽东愿意在北京接待尼克松，共同探讨中美关系的“哲学”课题。

毛泽东所说的“哲学”课题，主要是“三个世界”的理论。1964年之后，毛泽东就在思考怎样更确切地概括世界政治格局和国际关系，而不是简单化为“两极”。他曾对赞比亚总统卡翁达说：“我看美国、苏联是第一世界。中间派，日本、欧洲、加拿大，是第二世界。咱们亚非拉是第三世界。”“第三世界人口很多。亚洲除了日本都是第三世界，整个非洲都是第三世界，拉丁美洲是第三世界。”①

1974年4月，邓小平在联合国大会上发言时，专门介绍了毛泽东的这个新的战略思想。“从国际关系的变化看，现在的世界实际上存在着互相联系又相互矛盾的三个方面，三个世界。美国苏联是第一世界，亚非拉发展中国家和其他地区发展中国家，是第三世界。处于这两者之间的发达国家是第二世界。”②

毛泽东划分三个世界的核心是突出苏联的霸权主义，使世界上广大发展中国家注意与苏联保持距离，提高警觉，并对其霸权主义进行坚决斗争。同时，也包含着争取对霸权主义表示不满的发达国家，以扩大世界反霸权主义阵势的意味。由于当时苏联的霸权主义最为猖獗，连美国都难以招架，因此，“三个世界”的理论成为结成包括中美两国在内的反苏联霸权主义阵线的理论基础，成为中国打开对美关系的理论基础。有了这样的战略思想，毛泽东就可以高屋建瓴地掌控中美相互走近的大局。

①炎勇：《遏制与反遏制》，时事出版社，第657页。

②炎勇：《遏制与反遏制》，时事出版社，第658页。

第三节 小球推着大球转

“小球”指的是乒乓球，“大球”指的是中美关系和国际大格局。

1971年4月，第31届世界乒乓球锦标赛在日本名古屋举行，美国乒乓球队向中国队表示想到中国访问，希望受到邀请。中美隔绝二十多年了，几十位美国人访问中国可不是小事。相关报告从名古屋送到国家体委和外交部，并转报周恩来总理，周恩来立即报告了毛泽东。

此时，中国正在策划基辛格前来为尼克松总统访华做准备的相关事宜。是让乒乓球队先来还是美国总统先来，毛泽东颇费思考。他想的是战略问题，而不是策略问题。毛泽东历来注重中美人民的友谊，增进和发展中美人民的友谊是他制定对美政策的基础。经过反复权衡，毛泽东决定先邀请乒乓球队访华。这种先民间后官方的安排，可以表现出中国人民对美国人民的伟大友谊，也给美国政府传递了中国方面欢迎改善中美关系的积极信号，还可以为尼克松日后访华创造良好的社会氛围。

尼克松获悉美国乒乓球队收到正式的访华邀请后，立即召开国家安全委员会会议，决定批准乒乓球队访华。美国国务院为此发表声明，认为这是中美关系的一个“良好的发展”，并表示美国“将以欢迎的态度看待中国体育队进行任何对应性的访问”。

1971年4月10日，美国乒乓球队踏上中国的土地，并受到周恩来的热情接待。尼克松对中国的善意立即投桃报李，于4月14日发表一项声明，决定在对华政策方面采取如下步骤：

——美国准备迅速发给中华人民共和国到美国来访问的个人或团体的签证。

——将放宽货币方面的控制，以使中华人民共和国能使用美元。

——将取消对供应前往中国或来自中国的船只或飞机的燃料的美国

石油公司的限制。

——美国船只或飞机今后可在非中国的港口之间运中国货物，美国拥有的悬挂外国旗帜的运输工具可前往中国的港口。

——要求开出一个可按照一般执照的规定直接向中华人民共和国出口的非战略性项目的清单。在批准这个清单上的具体项目以后，还将许可从中国直接进口指定的项目。

两天后，尼克松主动找美国报纸主编座谈。他对报纸主编们说："本届政府和下届政府的长远目标是必须做两件事：一、使美国政府和中华人民共和国政府之间的关系正常化；二、使大陆中国与世界隔绝的状态结束。"他还表达了想到中国看看的愿望，并希望他的子女有机会能尽快地到中国"看看伟大的城市和人民及那里的一切"。[1]

①黎永泰：《毛泽东与美国》，云南人民出版社，第565—566页。

真是小球推动大球，中美两大国的关系，在乒乓球的推动下，就这样奇妙地转动起来了。

世人都知道毛泽东是坚决反对美帝国主义的共产党领袖，却不了解毛泽东对美国和美国人民的友好之情。早在1936年，毛泽东就向访问延安的美国记者埃德加·斯诺表示，他希望能够看看美国加利福尼亚的大峡谷和黄石公园，希望能够到密西西比河和波托马克河去游泳。二战后期，他还曾告诉美军观察团的谢伟思，说他希望同罗斯福会面，就中美关系进行面对面的会谈。1960年10月，毛泽东在中南海住处又一次接待埃德加·斯诺。老友相见，旧话重提。毛泽东轻松地对斯诺说，他想在还不太老的时候，到密西西比河和波托马克河去游泳。这像是一句随口说出的闲话，但它包含的重大政治寓意是明眼人一看就能领会的。斯诺的头脑非常灵，回国后就把这个讯息迅速传达给了尼克松。

尼克松以非常直接的方式回应了毛泽东，表示希望访问中国，希望到中国看看伟大的城市和人民。

所有的情况都表明，中美两国进行最高层战略沟通的时机已经成熟。

1971年4月21日，周恩来通过巴基斯坦总统向美国方面发出邀请："要从根本上恢复中美两国关系，必须从中国的台湾和台湾海峡撤走美国一切武装力量。而解决这一关键问题，只有通过高级领导人直接商谈，才能找到办法。因此，中国政府重申，愿意公开接待美国总统特使如基辛格博士，或美国国务卿甚至美国总统本人来北京直接商谈。"[①]

①黎永泰：《毛泽东与中国》，云南人民出版社，第566页。

尼克松接到中国政府邀请后，表示非常高兴。5月17日，尼克松通过巴基斯坦驻美大使作出如下正式答复："为了解决两国之间那些分歧问题，并由于对两国关系正常化的重视，准备在北京同中华人民共和国诸位领导进行认真交谈，双方可以自由提出各自主要关心的问题。"尼克松提议："由基辛格博士同周恩来总理或另一位适当的中国高级官员举行秘密的预备会谈，基辛格在6月15日以后来中国。"他"将被授权讨论以下的问题，为尼克松总统访华创造最有益的环境、会晤的议程、访问的时间，并开始就共同关心的问题初步交换意见。"尼克松要求这一切都必须绝对保密。

中国政府本来认为这是一件光明正大的事，基辛格和尼克松都可以公开访问中国，不必藏头露尾，但为了照顾美国政治环境的要求，表示可以秘密进行，并给美国回信说，在中国境内可以保密，在中国境外我们就没有办法了。

5月31日，中国政府请巴基斯坦总统叶海亚·汗转告尼克松：周恩来欢迎基辛格博士来华作一次秘密的预备性会谈，为尼克松访华作准备工作并进行必要的安排。时间可定在15日到20日之间。

尼克松有可能会见毛泽东。

尼克松6月2日收到周恩来的复信深感欣喜，基辛格向他祝贺说："这是第二次世界大战结束以来美国总统接到的最重要的信件。"[①]尼克松抑制不住兴奋之情，马上取来陈年白兰地，破例地在晚饭后同基辛格干杯庆贺。

双方后来商定，基辛格于7月9日到达北京，11日离开。为了绝对保密，白宫专门设计了一个基辛格出访途中生病休养的情节。

白宫新闻秘书公开宣布，基辛格奉尼克松总统命令，将前往亚洲进行一次"了解情况的访问"，这是他第一次以国家安全事务顾问身份出国访问。

7月1日基辛格离开华盛顿，经过西贡、曼谷、新德里，8日到达伊斯兰堡。在叶海亚·汗总统为他举行的晚宴上，基辛格装做肚子痛。叶海亚请他到邦蒂亚加利的总统别墅休息，这样就摆脱了记者的耳目。

7月9日凌晨4时半，基辛格由中国外交部的高级官员章文晋陪同，乘巴基斯坦民航707飞机直飞北京南苑机场，叶剑英、黄华、熊向晖、韩叙等中国高级官员到机场迎接新中国成立22年来第一位美国官方使者。

基辛格一到北京，即同周恩来进行紧张的谈判。基辛格在北京只停留48个小时，其中17小时都在进行谈判。毛泽东亲自掌握会谈情况，显示了中方对会谈高度重视。

7月15日，中美双方同时发布如下公告："周恩来总理和尼克松总统的国家安全事务助理基辛格博士，于1971年7月9日至11日在北京进行了会谈。获悉，尼克松总统曾表示希望访问中华人民共和国。周恩来总理代表中华人民共和国政府邀请尼克松总

①黎永泰：《毛泽东与美国》，云南人民出版社，第567—568页。

统于1972年5月以前的适当时间访问中国，尼克松总统愉快地接受了这一邀请。

中美两国领导人的会晤，是为了谋求两国关系正常化，并就双方关心的问题交换意见。”

这是一场精美的外交演出，小球真的在推动大球运转。

第四节 抓住关键泯恩仇

国家元首之间互相访问会谈，是国际上的寻常之事。但在冷战的大背景下，在中美两大国相互隔绝了20多年之后，一位在任的美国总统，要访问没有外交关系的红色中国，这却是一件可以震动世界的很不寻常的事情。

1971年7月15日，尼克松亲自宣读了基辛格访华达成的公报，并且发表声明说：“正如我在过去三年多次指出的那样，没有中华人民共和国及其七亿五千万人民的参加，是不可能有稳定和持久的和平的。正因为如此，我在好几个方面采取了主动行动，为两国之间的比较正常的关系敞开门户。我将进行一次我深深希望成为谋求和平的旅行——不仅谋求我们这一代的和平，而且谋求我们在其中共同生活的这个地球上将来世世代代的和平。”

7月30日，美国参众两院通过决议，赞扬美国总统由于决定前往中华人民共和国旅行，从而在促进美国对外关系和国际和平方面采取的主动行动。这就表明，美国两党都支持同中国改善关系。

国会的支持也使尼克松更有底气，他在8月4日举行的记者会上这样向公众解释访华的意义："这是从来没有任何联系的对抗时代走向进行讨论和谈判的时代。这并不是说，我们双方中任何一方在举行这些会谈时对我们之间存在的巨大分歧存有任何幻想。我们的利益是大不相同的。""当我们看着本世纪剩下的时间里和下一世纪的世界和平问题时，我们必须认识到，除非中华人民共和国和美国这两个超级大国之间进行联系，并进行某种谈判，否则是不可能有全世界人民能够依靠，同他们有重大利益关系的世界和平的。"

在当时的美国政治家中，对世界政治现实和中美两国的作用，具有尼克松这样的深刻洞见，是非常罕见的。尼克松决心在对华政策中走一步活棋，以抓住机遇，创造历史。

按照双方商定的日程，基辛格于 1971 年 10 月 22 日到中国谈判尼克松访华的公报。

基辛格带来一份尼克松批准的美方公报稿。这份公报稿用空洞的言词掩盖两国的分歧，用模糊的话语描述两国的共同点，表面看很热烈，实际上不解决问题。中方看了以后，周恩来于 10 月 24 日向基辛格指出，你们的公报草案掩盖根本性的分歧，伪装双方观点一致，给人一种"不真实的外貌"，中方不能接受。

周恩来最后提出中方的公报草案，用准确的语言表达了中国对一系列问题的立场和中美分歧，当然也阐述了中美之间重要的共识。基辛格和他的助手们初看之下非常震惊，但冷静思考之后便感到，这样公开说出分歧，表明了双方的真诚，外界感到真实可信，双方的盟国和朋友也可以放心。这显然是解决难题的妙法，是中方草案的高明之处。基辛格看到，毛泽东和周恩来在原则问题上坚定不移，从不讨价还价，但在非原则问题上，又乐于照顾对方，总是高兴地接受对方的合理建议。双方就这样愉快地拟定了尼克松访华的公报草案。

影响中美关系的问题太多了，但最关键、最核心的问题只有一个，那就是台湾问题。在关系国家主权和领土完整的问题上，中国是不会让步的。周恩来在通过巴基斯坦总统叶海亚·汗向美方发出邀请时，第一句话就指出："要从根本上恢复中美两国关系，必须从中国的台湾和台湾海峡撤走美国一切武装力量。"在同基辛格会谈时，周恩来又指出，台湾历来就是中国的领土，解放台湾是中国的内政，美军必须限期撤走，美蒋条约必须废除。

美方对此是有认知的。基辛格为尼克松访华进行预备性会谈时，说出了美国在台湾问题上的基本立场，（一）美国政府拟在印支战争结束后撤出三分之二的驻台美军，并随着中美关系的改善减少在台余留的军事力量；（二）不支持"两个中国"或"一中一台"，但希望台湾问题能和平解决；（三）承认台湾是中国的一部分，不支持台湾独立；（四）美蒋条约留待历史去解决；（五）美国不再指责和孤立中国，美国将在联合国支持恢复中国的席位，但不支持驱逐台湾代表。

看到美国在台湾问题上的基本立场，毛泽东很诙谐地对周恩来说，猴子变人还没有变过来，还留着尾巴。台湾问题也留着尾巴。它已不是猴子，是猿，尾巴不长。

关于台湾问题谈得有些眉目之后，毛泽东指示周恩来要同美方谈战争与和平的问题，这里关系到中美双方互不为敌甚至共同对敌的问题。不能粉饰太平，要看到天下大乱，战争的危险严重地存在着。要表明中国准备美国、苏联、日本一起来进攻中国，瓜分中国，看美国是什么态度。

在随后的会谈中，周恩来向基辛格等指出，你们要争取中美之间的和平，争取远东的和平，争取世界的和平。现在和平根本谈不上，战争一直没有停，我们始终是积极防御，准备大战，准备美国、苏联等国瓜分中国。准备苏联占领黄河以北，美国占领黄河以南，同时向我们进攻。这样我们可以更好地动员、教育下一代。我们进行人民战争，长期抗战，胜利以后可以更好地进行社会主义建设。

基辛格从周恩来的谈话中感到了凛然正气，这样伟大的国家是不可侮的。他说，请你们放心，美国同自己的盟国和对手决不会进行勾结针对中国。中国对付美国的军队可以向北开，摆在别的地方。

毛泽东知道美国的这种态度后说道：他们要我们把军队往北开啊！过去我们是北伐，后来是南伐，现在是南来南伐、北来北伐。

经过紧张的谈判，中美双方在一些重大问题上达成了共识，尤其是联合公报中怎样表述最关键、最重要的台湾问题达成了共识。公报中关于台湾问题的这一段一直占据着中心的位置，从基辛格访华时的预备会谈到尼克松访华时的正式会谈都是这样，最后发表的公报表述如下：

双方回顾了中美两国之间长期存在的严重争端，中国方面重申自己的立场：台湾问题是阻碍中美两国正常化的关键问题；中华人民共和国政府是中国唯一的合法政府；台湾是中国的一个省，早已归还祖国；解决台湾问题是中国的内政，别国无权干涉；全部美国武装力量和军事设施必须从台湾撤走。中国政府坚决反对任何旨在制造"一台一中"、"一个中国两个政府"、"两个中国"、"台湾独立"和鼓吹"台湾地位未定的活动"。

美国方面声明：美国认识到，在台湾海峡两边的所有中国人都认为只有一个中国，台湾是中国的一部分。美国政府对这一立场不提出异议。它重申它对由中国人自己和平解决台湾问题的关心。考虑到这一前景，它确认从台湾撤出全部美国武装力量和军事设施为最终目标。在此期间，它将随着这个地区紧张局势缓和逐步减少它在台湾的武装力量和军事设施。

毛泽东对预备会谈时商定的对台湾问题的表述方式是赞成的。在他看来，虽然还"留着尾巴"，但在当时的历史条件下，双方也只能走到这一步。毛泽东看了公报草案后表示满意，并且指出，公报一发表，会引起世界震动，尼克松可能等不到5月就要来，早点来也好嘛。

果然，尼克松没有等到双方商定的1972年5月，而是2月17日就起程访华。

美国总统的专机在中国土地上降落了，尼克松和夫人走下舷梯，周恩来等中国官员们热烈鼓掌欢迎，尼克松也鼓掌相报。此时，尼克松心情激动，他觉得应当主动弥补1954年日内瓦会议上规定美国人不许与中国人握手的过失，当他走完舷梯的最后一级时，远远地、主动地将手伸向周恩来。尼克松后来写道，当我们的手相握时，一个时代结束了，另一个时代开始了。

尼克松在回忆录中说，他去中国，最为担心的是毛泽东的会见，因为事先并未说毛泽东一定要会见他。实际上，尼克松下榻才两个小时，毛泽东与尼克松的历史性会见就实现了。

毛泽东同尼克松的会见具有永久的魅力，这在许多著作中已经表现过了，此处不再赘述。

尼克松从毛泽东的会客室出来，即驱车前往人民大会堂，出席周恩来为美国客人举行的盛大欢迎宴会。

周恩来通过电视，向全世界宣布，他高兴地代表毛泽东主席和中国政府欢迎尼克松总统和夫人，欢迎其他美国客人，并且代表中国人民向远在大洋彼岸的美国人民致以亲切的问候。周恩来指出，尼克松总统应中国政府邀请，前来中国访问，使两国领导人有机会直接会谈，谋求两国关系正常化，并就共同关心的问题交换意见，“这是符合中美两国人民愿望的积极行动，这在中美关系史上是一个伟大的创举”。

尼克松在致答词时声称，我们在这里所做的事能改变世界。他说，中美两国过去曾经敌对，今天还有分歧，但此时的共同利益是超过一切的东西。我们没有理由要成为敌人，我们哪一方都不企图取得对方的领土，我们哪一方都不企图统治对方，我们哪一方都不企图伸出手去统治世界。尼克松还引用毛泽东的词：“多少事，从来急；天地转，光阴迫。一万年太久，只争朝夕。”他说，让我们在今后的5天里在一起开始一次长征吧，不是在一起迈步，而是在不同的道路上向同一个目标前进。这个目标就是建立一个和平和正义的世界结构，在这个世界结构中，所有的人都可以在一起享有同等的尊严。每个国家，不论大小，都有权决定它自己的政府形式，而不受外来的干涉和统治。

尼克松5天的访华顺利结束了，中美公报发表了，中美关系长期冻结的坚冰打破了，两国友好相处的新篇章已经开了一个好头。

当尼克松访华回国时，成千上万的美国民众在机场热烈欢迎他，肯定他打开中美关系是一个英雄壮举。

现在回过头去看，40多年前，当坚决反共的美国总统尼克松走进坚决反帝的毛泽东会客室时，这两个国家的意识形态和社会制度是完全对立的。但是，毛泽东和尼克松都暂时把意识形态放在一边，去追求各自国家的最大利益。尽管各自阵营内都有人公开或暗地里诅咒他们，但他们都视而不见，听而不闻，该怎么做还是怎么做。这就是大战略，这就是大视野，这就是大气魄。

在20世纪，几乎没有什么地缘政治事件能与理查德·尼克松访华相比，它改变了当时世界的“大三角”关系，实现了中美两大国的“共赢”。很显然，在这个事件中，中美两国存在着实实在在的共同利益：冷战时期是对抗咄咄逼人的苏联，确保安全；冷战后是扩大贸易和投资，确保发展。

第五节 建交之路不平坦

尼克松访华作为一个重大外交事件，已经载入史册。

美国前高级情报官保罗·皮勒认为，尼克松的对华行动源于他自己对大国政治以及如何进行重塑使之有利于美国的深思熟虑。在这方面，他甚至走在亨利·基辛格的前面。

“尼克松亲自运筹对中国的谈判方式，在他的黄色标准记事簿上列出各自国家的目标以及可能找到的共同基础。考虑得非常细致周密——尤其是考虑了双方的视角和利益。尼克松和基辛格处理此事的方式极其秘密，连国务卿都被蒙在鼓里。”[①]

“尼克松访华”已经作为一个经典事件进入美国和西方世界的政治词典。在西方的语境中，这个政治短语包含这样两层含义：一是这个经典事件具有改变大国关系和世界格局的重大意义；二是这个经典事件表明，一个政治家为了国家的根本利益，可以拿先前的名声作掩护，进行截然相反的行动而获得成功。这后一点主要是指尼克松曾是一位著名的反共分子，他在1964年访问亚洲时曾经宣称，美国承认红色中国“对于自由事业来说将是灾难性的”，但正是尼克松最终承认了“红色中国”。后来的事实证明，尼克松这种对反共承诺的“背离”，对美中两国和世界都是有利的。

尼克松访华的一个重要目的是实现中美两国关系正常化，但这条道路很不平坦。尼克松和基辛格虽然对发展中美关系倾注了很大的热情，但美国社会和美国政府内部都有不同的声音。特别是在台湾问题等关键点上，中美双方的分歧还很大。尽管美国政府在官方和外交场合一再表示遵守中美上海公报的原则，即承认中华人民共和国是中国的唯一合法政府，台湾是中国的一部分。但是，尼克松政府并没有放弃与台湾的官方关系，尼克松在1973年初甚至还曾公开表示美国将继续同台湾保持“外交及其他友好关系”，“决心信守对中华民国的协防承诺”。

①美国《国家利益》双月刊网站，2012年2月12日。

尼克松因“水门事件”黯然下台后，继任总统的福特在中美关系上既无心，也无力，完全无所作为。

共和党总统福特下台，民主党总统卡特上台，中美关系会如何演变呢？

卡特政府初期，指导其外交事务的是所谓“世界秩序战略”。这个战略的主要特征是加强美日欧三边同盟，改善同第三世界国家的关系，达到制约苏联的目的。在这个战略中，中国的地位是掩在“第三世界”之中的，并不显得那么重要。同时，由于台湾当局在美国所进行的积极院外活动，国会内亲台势力很强大，卡特一直企图在与中国实现关系正常化的同时，保持与台港的密切关系。卡特明确表示：“现在所剩下来的唯一障碍，就是我们所承担的下列义务：对居住在台湾的中国人继续保持其和平的生活不能撒手不管。”[①]

卡特任期内，美国曾展开对华政策的大辩论。政府内部形成了两大派，一派以国务卿万斯为主，在中美苏大三角关系中重苏联，轻中国。另一派以总统国家安全事务助理布热津斯基和国防部长布朗为核心，在中美苏大三角关系中，他们主张联中国，制苏联。

1977 年之前，万斯一派占了上风。他们认为，中国在经济发展和军事力量方面都不是重要的战略大国，同中国的关系过于密切会使美苏关系以及美国同日本和其他亚洲盟国的关系蒙受风险，因而中美建交不应该“仓促行事”。卡特本人是赞成这个观点的。他在 1977 年 8 月给即将访华的万斯作出如下指示：对中国领导人，“我们不能奉承他们，不能像尼克松和基辛格那样做。”[②]万斯访华期间，坚持“美国政府人员有必要根据非正式安排留在台湾”的立场。邓小平当场批评美国政府从上海公报倒退了。

①现代国际关系研究所：《美中建交前后》，时事出版社 1984 年版，第 8 页。

②斯蒂芬·塞斯坦诺维奇：《1970—1990 年美国的对苏政策：中国的影响》第 239 页。

1978年以后，由于苏联的进攻态势不断加强，卡特政府初期的外交政策明显失败，迫使其改变思考方向，中国因素突显出来，布热津斯基一派的影响扩大。这一派的观点是，美国所面临的主要挑战是苏联的扩张攻势，美国对苏联必须采取强硬政策，这就需要积极推进中美关系正常化，以此来制约苏联。

1978年2月，布热津斯基给总统卡特送上一份备忘录，其中写道："考虑到美国把美中关系和美苏关系维持在一种比中苏相互关系为好的局面的重要性，考虑到非洲三角的事态发展以及由此产生的向苏联发出敏感信号的必要，在这个问题上作出决定（指美中建立外交关系）的时机已经成熟。"[①]副总统蒙代尔和国防部长布朗都支持布热津斯基的观点。

就在此时，一股重要的力量开始发挥作用。美国商界已经意识到中国市场的重要性，他们纷纷要求美国政府加快美中关系正常化的步伐。

1978年4月，卡特发表宣言，称美国承认一个中国概念，同中国建立正式外交关系符合美国的最大利益。随后，卡特派布热津斯基再次访华，并指示他转告中国方面："我们把对华关系看做美国全球政策的一个重要方面。美中有某些共同的利益，双方都有并行不悖的长期战略关注。其中最重要的是，双方都反对任何一个国家在全球或地区称霸。所以我（指布热津斯基）的访华不是策略性的，它表达了我们对于美中合作关系的战略关注，这种兴趣既是根本性的又是持久的。"[②]看来，美国民主党总统卡特的态度，又摇回到共和党总统尼克松的立场上了，这是很有意思的，真是形势比人强。

1978年5月20—23日，布热津斯基对中国进行了成功的访问，西方新闻界把它称为"中美关系史上决定性的里程碑"。布热津斯

①现代国际关系研究所：《美中建交前后》，时事出版社1984年版，第45页。

②现代国际关系研究所：《美中建交前后》，时事出版社1984年版，第48页。

基再三向中国表示，美国政府“已下了决心”，接受中国关于中美建交在台湾问题上“断交、废约、撤军”三原则。从7月5日起，中美双方开始就关系正常化进行谈判，并最终达成协议，于1978年12月15日同时发表建交公报，宣布自1979年1月1日起，中美两国正式建立外交关系。

中美建交是国际关系史上的一件大事，引起世界的关注，在中国之外，其他国家的媒体都记录了这个历史事件。

墨西哥《至上报》1978年12月16日社论说，中美建交这项措施具有深远的意义，是国际关系史上一个新的里程碑；随着这项措施，美国豢养一个虚构的“国民党中国”的漫长时期将告结束，所谓的“国民党中国”就是蒋介石失败和被赶出大陆后所盘踞的那块地方。

卡特可能正在改正并且懂得，最好的交易是同事实上存在的唯一中国的关系正常化。最好的论据是九亿人的潜在市场，而不是腐朽的国民党政权的子孙后代和继承人。

卡特将会遇到反动分子的坚决反对，但是可以肯定，明智的公众舆论会懂得，他们国家将随着同中国关系正常化而得到好处。总之，世界必将得到好处。

英国《每日电讯报》1978年12月18日文章说，卡特总统突然采取令人意外的行动，决定在明年元旦同中华人民共和国建立正式外交关系，其中有许多战略上和政治上的原因。可是简单的商业上的原因却往往被人遗忘。美国企业界领导人一直在向白宫施加越来越大的压力，要求同中国恢复正常关系，他们认为中国这个未来的广大市场是解决他们本身问题的一把钥匙。

可是，在过去一年中，美国跨国公司由于同北京没有直接外交关系而吃亏。他们眼看在今年早些时候日本同中国签订了一项200亿美元的贸易协定。他们还以羡慕的眼光看到欧洲在对华贸易中的份额不断增加。

总之，美国政府和美国企业界领导人都发出通知，他们要大规模地参加这场开发中国的竞赛。

埃及《共和国报》1978 年 12 月 17 日文章说，全世界现在都把中东问题——及其谈判和障碍的问题——撇在一边，而去谈论中美建立新的外交关系的问题了，美国不再用过时的看法来看待事物了。它对事物也再不能持僵硬的看法。

30 年来，美国一直无视人民中国，否认它的存在，拒绝它作为联合国会员国的权利，不同它做生意，禁止美国人进入中国。突然一下，基辛格飞到中国去了，然后是尼克松，于是，第一步，或者说，第一个主动行动开始了。至于第二个主动行动，那是卡特昨天作出的。

时事社 1978 年 12 月 22 日说，时事通讯社今日选出 1978 年的十大国际新闻，第一位是美中宣布建交。

时事社东京 1978 年 12 月 31 日说，美国明日将承认中华人民共和国为中国唯一的合法政府，并建立外交关系。对华关系正常化是卡特总统提出的外交目标之一，美国国内反对承认中国的呼声很小。但是，宣布承认中国宛如晴天霹雳，因此，国会反对的气氛仍然很强烈。

在华盛顿举行的建交庆祝仪式 1 日将在改为中国大使馆的原中国驻美联络处举行。决定由美中两国政府代表出席建交仪式，举行庆祝会。另一方面，台湾驻美大使沈剑虹在这一天到来之前就将于 29 日回国，在台湾大使馆门前飘扬的“中华民国”的“国旗”明年 1 月 1 日以后不会再升起。

中美两大国相向而行，终于正式建立外交关系，这使苏联当权者的心情很不平静。苏联《消息报》1979 年 1 月 2 日文章说，1 月 1 日，美国与中国建立外交关系的协议正式生效，就此，在北京和华盛顿，举行了豪华的招待会。美国联络处主任伍德科克在中国首都举行的招待会上把这一事件说成几乎是当代最重大的事件。邓小平手持盛满香槟酒的酒杯，也重复了伍德科克的说法。在华盛顿也谈到了中美关系的“新时期”和“接近的进程”。

鉴于北京和华盛顿彼此都如此明显地极力强调它们建立外交关系这一事实的重要性，一些观察家提出了这样的问题：中国首领们是不是企图同这个主要的资本主义国家建立“特殊关系”呢？美国作出的相应动作是不是同它关于美国同中国关系正常化不损害美国同其他国家关系的声明相矛盾呢？

美国《纽约时报》1978年12月25日文章说，苏联对卡特总统突然作出的同中国实现关系正常化的决定深感不安，一些美国官员今天认为，苏联的这种不安的心情是它昨天在日内瓦不愿意同美国缔结一项限制战略武器会谈协定的一个重要因素。

苏方并没有向万斯具体提出中国问题作为葛罗米柯昨天采取强硬态度的一个原因。尽管如此，美方的观点是：卡特总统在电视上同记者谈话时发表的评论大概给苏共政治局造成了重大问题。卡特上周说过，他收到勃列日涅夫态度“非常积极”，并且表示“理解”美国对中国采取的主动行动的信件。

卡特是在19日晚上说这番话的。到了20日，国务院和白宫的官员们承认，总统只透露勃列日涅夫来信的一部分而省略了表明俄国人对中美关系保留态度的那一部分的做法是错误的。

中美两大国从对抗到和解，终于建交，值得庆贺，但这条建交之路太艰难了。毛泽东在1957年说过，迟几年跟美国建立外交关系为好，这比较有利。苏联是十月革命之后十七年，才跟美国建立外交关系。我们跟美国建交，可能要在第三个五年计划完成之后，要经过十八年或更长的时间。实际情况不是十八年，而是近三十年。两个大国居然要经过30年才建立外交关系，这太不可思议了。这个事实充分说明，中美关系的复杂程度超出了人们的想象。

第六节 世界出现“大三角”

在人类历史上，世界战略格局的改变，通常是战争造成的。以非战争方式改变世界战略格局的情况即使有，也非常罕见。20 世纪 70 年代，不费一枪一弹，中美两国仅仅通过思想创新，就从对抗走向和解，使世界战略格局发生颠覆性改变，从僵死的两极对立，变为灵活的大三角互动，这种情况绝无仅有。

毛泽东和尼克松在中南海握手谈笑之间，世界各大力量布局的变动，已在不知不觉中展开了。毛泽东明言，他只跟尼克松谈哲学问题，这是有道理的，因为只有上升到哲学的层次，才能对世界格局的演变作出恰当的解释。

这个历史事件还给了人们这样一个深刻的启示：国家利益应当也可以超越意识形态，社会主义中国的领导人和资本主义美国的领导人可以想到一起，也可以走到一起。

毛泽东精通国际关系的辩证法，他相信国际关系总是在变动之中，在捕捉和把握这种变动的时候，要有高度的政治原则性，恪守人民利益高于一切的底线；同时要有战略策略的灵活性，善于化敌为友，联合一切可以联合的力量去消除国家和人民面临的主要威胁。毛泽东在当时提出“三个世界”理论，制定把美欧日联起来的“一条线”战略，作出邀请尼克松访华和打开中美关系的决断，就是这种原则性和灵活性巧妙结合的典范，指导当时国力尚弱的中国在世界大舞台上长袖善舞，进退自如。如此精妙的国际关系辩证法，是中国今天和明天的外交家们应当认真学习的。

尼克松变革了美国一贯的外交思维模式，以全新的“伙伴关系、实力、谈判”的国际政治理念，把美国拖出越战泥潭，拉近了西方盟友的关系，

①吉米·卡特：《保持信心：吉米·卡特总统回忆录》，世界知识出版社 1984 年版，第 256 页。

缓和了与苏联的对峙态势，特别是同中国形成了潜性战略伙伴关系，从整体上变革了世界战略格局。卡特沿着尼克松的思路完成了中美建交，他的过人之处是看到了这样一点："有了中国这个朋友，还会有个很有意思的潜在好处，那就是它能悄悄地改变我们本来很难与之打交道的第三世界国家的态度。多数的革命政府当然不会自然而然地倾向美国，苏联人经常有办法建立新关系，大部分是向它们出售武器。中国在某些发展中国家的信誉非常好，我们把同中国的合作看成是促进和平和加深美国同这些国家之间相互了解的一个途径。"[①]美国今天和明天的外交家们，要是有尼克松和卡特的眼光和气度，中美共处之路就会比较平坦。

中美建交直接推动了两国经济的发展。1971 年，中美两国贸易只有区区 490 万美元，而且只有中国向美国出口，没有中国从美国的进口。但是这种情况很快就改变了。1973 年达到 8.05 亿美元，其中美国向中国出口 7.4 亿美元。到 1978 年，双方贸易额猛增到 11.5 亿美元，其中美国向中国出口 8.236 亿美元。中美间贸易的迅速发展无论对陷入经济困境的美国，还是对开始改革开放的中国都是一种积极的推动。

中美建交给两国带来了实实在在的国际战略利益。

中美建交公报声明："任何一方都不应该在亚洲太平洋地区谋求霸权，每一方都反对任何其他国家或国家集团建立这种霸权的努力。"这一声明微妙而明确地表明了中美两国反对苏联推行扩张主义的共同利益和立场。

双方安全战略的这种契合点因苏联入侵阿富汗突显出来了。实际上，自 1978 年以来，苏联加紧在第三世界的扩张并利用波斯湾地区的动乱直接威胁到美国赖以生存的石油产区和战略通道，苏联数十万大军开进阿富汗使美国感受到这种威胁的紧迫性和严重性。为了应对这种威胁，美国政府要求参议院推迟批准第二阶段限制战略武器条约，决定对苏联实施制裁，准备“使用包括军事力量在内的一切必要手段”来遏制苏联的扩张。

苏联在阿富汗大举进军也对中国构成了直接的军事威胁，中国强烈谴责苏联入侵阿富汗，同时决定取消四个月前开始的中苏谈判。

在国际风云诡谲的 1980 年 1 月，美国国防部长布朗奉命访华，这位部长向中方通报：美国准备在逐项基础上向中国出售包括地面雷达等非致命性军事装备。布朗访华后，美国商务部在出口类别上把中国从“Y”类（苏联的盟国属于这一类）改为“P”类，允许中国向美国购买更多的军事装备，包括直升飞机、高技术电子计算机和通信设备。

显然，中美联手遏制苏联扩张的战略态势已经形成。要与这种力量对抗是徒劳的，除非联手的双方自己并不真心。

第六章
烦外交碰撞

在相当长的历史时期内，美国国力超强，中国国力有限，两国形成了事实上的不平等地位。在这样冷酷的现实中，财大气粗的美国总是碰撞的挑起者和进攻者，而善于守拙的中国则是小心翼翼地避免碰撞，只要不打破底线，过得去就行。

中美建交了，这就表明在人类发展的大道上，中美两国是具有正式关系的同行者。这样的同行，给两国政府和人民都带来了莫大的利益。表现在中美两国政治、经济、文化和社会一切领域中的共同利益日益深厚，不断扩大，这是人们每日每时都可以感受到的。然而，这两个同行者又总是一路走，一路吵架，一路碰撞，从不消停，这是为什么呢？

人们可以立刻从意识形态上找到原因：中国是社会主义国家，美国是资本主义国家，它们不可能坐到一条船上。当然，意识形态对国家关系不会没有影响，但不是决定性的，因为国家关系可以超越意识形态，当年毛泽东和尼克松就是社会主义者和帝国主义者相向而行，共同致力于建立中美两国的正式关系。后来的中国领导人和美国领导人也反复声明，他们的责任是推进中美两国的友好合作关系。

中美两国同行多碰撞，决定性因素是国家利益。一般说来，国家利益发生矛盾时，相关国家应当通过平等协商，互谅互让，合理解决。但美国是超级大国，喜欢霸权，任意而为，这是中国绝对不能容忍的，吵架和碰撞就不可避免了。

在相当长的历史时期内，美国国力超强，中国国力有限，两国形成了事实上的不平等地位。在这样冷酷的现实中，财大气粗的美国总是碰撞的挑起者和进攻者，而善于守拙的中国则是小心翼翼地避免碰撞，只要不打破底线，过得去就行。

我们观察到，美国动不动就对中国发难，在政治、经济、军事、文化方面发动碰撞，有时是出于傲慢，自恃国力强大，以为中国有求于美国，即使吃了亏也无可奈何。2010年之前，这种情况比较多。有时是出于恐惧、焦躁，眼看中国大步赶上，国力越来越强，美国则是危机不断，增长乏力，优势地位逐步丧失，难免生起恐惧和焦躁，急于把中国按住，于是发生碰撞和摩擦。这种情况在2010年之后比较明显。

第一节 政治外交的碰撞

中美关系是在应对世界性的重大危机中走过来的。

第二次世界大战的关键时刻，中美同盟是战胜日本法西斯的基础，当时两国人民并肩战斗的历史影响深远。

20世纪70年代初，面对苏联霸权主义的威胁，中美两国搁置前嫌，握手言和，打开了两国友好交往的大门，并于1979年正式建立外交关系。

2008年之后，为了应对全球性的金融危机、经济危机、生态危机和社会危机，中美两国以双边或多边的方式进行全方位的合作，创造了中美外交的新时代。

什么是外交？外交就是两国或多国之间寻找共同点和共同战略利益的活动。它需要主导国家事务的领导人具有战略眼光和战略决断。上世纪70年代初，由于毛泽东、周恩来、尼克松、基辛格共同的战略眼光和战略决断，曾在朝鲜半岛上兵戎相见的两个太平洋大国终于走到一起，对世界历史进程产生了积极而深远的影响。

然而，由于历史和现实的原因，中美两国的关系一直是波折不断，特别是在政治外交领域，碰撞很多。

一、台湾之雷

对于中美关系，台湾是碰撞的轴心。它像一颗地雷，一触就爆；它像一个天雷，一动就响。

美国人不知道这个厉害吗？不可能，如果知道这个厉害还要去触去动，那就是霸道行为，就是侵略野心在作祟。中国政府和中国人民是绝对不能容忍的，甚至是玉石俱焚也在所不惜。

如果不信，请人们回忆一下朝鲜战争。朝鲜战争爆发只过了两天，美国总统杜鲁门就发表宣言，炮制出“台湾地位未定论”，并且宣布派遣美军第七舰队进驻台湾海峡。这就是公然要把中国神圣领土台湾从中国分割出去，是可忍，孰不可忍！毛泽东和他的战友们天不怕，地不怕，打定了主意，就是小米加步枪，也要跟飞机加大炮的美帝干到底，为什么？重要原因是救援惨遭侵略的兄弟之邦，但根本目的是要用这种方式捍卫中国神圣领土台湾。中国人民志愿军打得太威武了，把企图分割中国领土的侵略者镇住了几十年。

中美两国互相敌视多年之后得以握手言和，得以建立正式外交关系，决定性条件是美国承认台湾是中国的一部分。尼克松、卡特等最早承认这个事实的美国政治家是有功的，他们在中美关系发展史上作出了贡献，他们在中美两国人民心中占有重要位置。不幸的是，美国社会中，美国政府内部，总是有一股逆历史潮流而动的势力，他们反对中美两国人民友好合作，他们达到这个目的的最常用最简单的手段就是在台湾问题上挑事。从中美建交的那一天起，他们就是这样做的。

中美建交公报发布的当天中午，白宫召集一些资深议员，通报建交情况，与台湾关系特殊的一些议员很愤怒，一下子就炸开锅了，国会后来搞了个与台湾关系法，一直对中美关系形成干扰。

里根上台后，准备向台湾出售 F-16 战斗机等先进武器。邓小平直接向美国表明立场：“由于台湾问题迫使中美关系倒退的话，中国不会吞下去。

中国肯定要作出相应的反应……一旦发生某种事情迫使我们的关系倒退的话，我们也只能正视现实。”

两国经过艰难的谈判，在1982年达成“八·一七公报”，美国承诺不寻求长期向台湾出售武器的政策，并逐渐减少对台武器出售，直至最后解决。这个公报达成后，台湾问题一度不再成为中美关系的突出问题，两国在各方面的关系得到了长足发展。

在中美建交之后的历任美国总统中，克林顿在反华之路上走得最远，在台湾问题上挑起的事端最多，也最恶劣。

1992年7月，美国民主党在纽约召开全国大会，提名克林顿为总统候选人。在发表接受提名的演说中，克林顿只用一百多个字谈及他的对外政策主张。就是在这一百多个字中，克林顿表示他要“重建”一个“绝不会纵容从巴格达到北京的暴君的美国”。克林顿的反华用语之重，在中美恢复关系以来的20年间是极为少见的。据美国新闻媒体透露，克林顿这篇接受提名的政策演说，前后修改了19遍之多，最后他还是把中国领导人称为“暴君”，与萨达姆并列，这绝非一时的疏忽，而是克林顿反华心迹的真实表露。

克林顿上台之后，美国政府推行了一系列强化对台关系，破坏中美交往的错误举动。

1994年4月30日，克林顿签署了含有多项反华内容的《授权法》。其中宣称：“《与台湾关系法》的第三节优于政府的政策声明，包括公报、规定、指令以及基于上述的政策”，这就公开践踏了中美两国政府达成的“八·一七公报”。该法还主张美国内阁级官员访台，并要求美国总统采取步骤明确表示在双边关系上和在美国是成员的多边国际组织中“支持台湾”，完全违背美国政府关于“一个中国”的承诺，蓄意在国际上制造“两个中国”、“一中一台”。该法还包含其他反华内容，中国政府就此向美国政府提出强烈抗议。

美国以“调整”为名，悍然宣布提高美台关系。1994 年 9 月初，经克林顿批准，对美台关系作了所谓“程序性调整”。主要内容为：美国政府将与台湾当局进行较高层次的接触，允许美台之间建立次内阁级的对话，准许美台官员在除白宫、国务院以外的政府机构会晤；美国还将批准经济、商务、技术部门的高级官员访台；美国承认台湾在一些跨国问题上所发挥的作用，支持台湾加入关贸总协定组织，并认为，台湾参与更多的国际性组织的活动是有益的；美国还将允许台在美机构“北美事务协调委员会”改名为“台北驻美经济文化代表处”。

美国还加强了与台湾的军事关系。1993 年 6 月，美国继 1992 年向台湾出售 F–16 战机之后，又同意向台湾出售 1.56 亿美元的武器，包括军用飞机零部件、雷达和导航设备。1993 年 9 月，美国又同意向台湾出售价值 6800 万美元的 41 枚鱼叉式反舰导弹。过去美国由于这种导弹射程远，具有攻击性而始终拒绝卖给台湾。克林顿不仅放松了这种限制，还拟向台湾出售 E–2 预警飞机。

克林顿政府挑动台湾事态的最恶劣行径是邀请李登辉访问美国，并在康奈尔大学发表演讲。

1995 年 5 月 2 日，美国众议院以 396 票对零票的表决结果通过了邀请李登辉访美的决定；一个星期之后，参议院也以 97 票对 1 票的表决结果通过了类似的决定。5 月 23 日，美国国务院发言人伯恩斯在新闻发布会上正式公布了美国政府允许李登辉访问美国的最后决定。

克林顿政府允许李登辉访问美国，就是他们全面动摇了两国建立外交关系的基础，自食了他们在台湾问题上的承诺，极大地伤害了中国人民的感情，理所当然地引起了中国政府的强烈抗议。

抗议是重要的，更重要的是要以实力表达大国之怒。

1996 年 3 月 15 日，新华社向全世界宣告：3 月 8 日至 15 日，第二炮兵部队以四发导弹全部命中目标的佳绩，圆满完成了地对地导弹向东海和南海海域的发射训练任务,充分展示了第二炮兵部队良好的军政素质,掌握现代化武器装备的能力和现代技术特别是高技术条件下的防卫作战能力。

同一天，新华社受权公告：中国人民解放军将于1996年3月18日至3月25日在指定的海域和空域进行陆海空联合演习。

中国宣布进行导弹训练的当天，美国国务院就召见了中国驻美大使，表示“严重关注中国军演”，并通过美驻华使馆提出“严正抗议”。白宫新闻发言人还转述说：“克林顿总统强烈地感到，我们必须尽可能地制止台湾海峡紧张局势的加剧。”

克林顿嘴上说要制止紧张局势加剧，但行动则是加剧紧张局势，美国公然宣布派“独立”号和“尼米兹”号两个航母战斗群前往台湾海域示威。

中国大规模的陆海空军演照计划进行，并令核潜艇舰队在相关海域实行警戒。

美国航母战斗群远离了台湾海域。

这是一次极为严重的事件。经过这次事件，克林顿在台湾问题上不再那么嚣张了，中美关系重新转回正轨。

美国某些政客必须明白，玩台湾雷是非常危险的。

二、人权之牌

美国在中美关系中打人权牌经常碰撞出火花，这是一个不可否认的事实。

客观来说，美国打人权牌对中国有积极的方面，也有消极的方面。积极的方面是它促进了中国人权理论的研究，推动了人权事业的发展，改善了中国的人权状况。消极的方面是它鼓励了中国社会的反体制力量，支持了动乱分子和分裂势力，损害了中国社会的稳定。

中国和美国之间在人权问题上确实有斗争。斗争的焦点，不是人权本身，不是要不要维护人权的问题，而是什么是人权，怎样更好地维护人权的问题。对此，本书作者曾在《中国模式论》中作过全面的论述。这里只想强调一点：美国政客打人权牌是虚伪的，是别有用心的。联合国界定的人权，主要指政治、公民权利和经济、社会、文化权利。中国的人权观，同联合国的界定是完全一致的。而美国则背离了联合国的人权界定，它们眼中只有人的政治和公民权利，而完全忽视人的经济、社会和文化权利。就人的经济和社会权利来说，衣食住行用的问题是最重要的，社会主义中国几十年如一日，举全国之力来解决贫困问题，使数以千万、亿万计的贫困人口过上小康生活，提前实现了联合国确定的“千年目标”，为世界扶贫事业，也为推进人权事业作出了世界公认的伟大贡献。而美国的政客们否认贫困是人权问题，他们对改善亿万人民的生计没有兴趣，却对刘晓波、热比娅这几个罪犯的“人权”关怀备至，这实在只有用“极端虚伪”这四个字来形容了。

人们都还记得，克林顿任总统时，曾经上演过把中国的人权状况同最惠国待遇挂钩的闹剧。

1993 年 5 月 28 日，克林顿签署一项行政命令：“延长中国的最惠国地位 12 个月，不过，明年是否延长最惠国待遇将取决于中国是否在改进人权状况方面取得重大进展。”具体要求如下：

——采取步骤开始遵守《世界人权宣言》；

——释放那些因非暴力表达政治和宗教信仰，包括表达与“民主墙”和天安门广场运动有关的信仰，而遭监禁或拘留的中国人，并对他们的情况作出令人满意的说明；

——保证犯人的人道待遇，例如允许国际人道主义和人权组织进行监狱视察；

——保护西藏独特的宗教和文化遗产；

——允许国际广播电台和电视台对中国广播。

贸易就是贸易，最惠国待遇是完全对等的，不是一国对另一国的恩惠。美国总统把贸易问题政治化，加上人权条件，本身就是荒唐的。一国行政首脑以发布命令的方式干涉别国内政，这是赤裸裸的霸权行径，理所当然地遭到中国政府和中国人民的严厉谴责。

克林顿把贸易问题同人权问题挂钩的做法甚至在美国国内也招致各方面的批评。基辛格指出："美国人所说的人权通常被认为属于社会内部管理范围。因此不是外交上的问题。正因为这样，亚洲国家无一支持美国对华的人权政策。"①

美国著名学者鲍大可说："人权问题，实际上是属于所有国家在所有问题上最敏感的问题。因为人权问题同国内政策而不是对外政策有关，涉及到思想意识、价值观、主权、领导权、权力、稳定、不同政见，甚至还有领导人和政权的生存等复杂问题。"由于美国把内政问题同外交问题、贸易问题搅到一起，这使中美关系"走进了一条死胡同"。②

美国商界对克林顿的做法也强烈反对。1994年5月6日，美国近800家公司联名致信克林顿，要求把贸易制裁与人权分开，继续给予中国最惠国待遇。信中指出："1993年美国公司向中国市场出口了价值近90亿美元的产品和劳务。中国贸易支撑了18万多个高薪出口就业机会，以及在美零售商店、港口和金融机构数以千计的就业机会。""更重要的是，在下世纪初，中国可能成为世界最大的经济国。如果实行制裁，在欧洲和日本的公司将取代美国的位置，美国在中国和环太平洋地区欣欣向荣的市场竞争地位将永久受到损害。"③

①美国《华盛顿邮报》，1994年3月28日。

②夏旭东、王书中：《走向21世纪的中美关系》，东方出版社，第175页。

③夏旭东、王书中：《走向21世纪的中美关系》，东方出版社，第176—177页。

同一时期，世界银行发表一份报告提醒说，如果今年6月克林顿总统决定不延长中国的最惠国待遇，中国对美国的出口可能减少42%至96%。为了支付取代中国产品的别国产品的更高价格，或是弥补对中国商品征收的更高关税，美国消费者可能每年要多支出140亿美元。

在中国的坚决反对和美国内外力量的批评下，克林顿的人权牌砸到了自己的头上。1994年5月26日，克林顿在国内外强大压力下作出新的决定：延长中国的最惠国地位，将最惠国待遇的延长与人权问题分离开来。这样就化解了把中美关系推入死胡同的一次重大危机。

不管怎么说，克林顿还算知错能改，这是应予肯定的。

中美两国在人权问题上的斗争始终没有停息过。在20世纪末期，美国在联合国大会人权委员会会议上一连十几年提出反华人权法案，全部遭到中国和发展中国家的批判和否决。最后被迫放弃这种令人讨厌而又失败的做法，转而每年发表一份国别人权报告，对其他国家的人权状况说三道四，同样遭到世界各国的猛烈批评。

美国政客在中美关系中打人权牌，在同其他国家交往中打人权牌，真是关心人权吗？实际上他们只关心他们喜欢的那些人的人权，而根本忽视大多数人民的人权。他们打人权牌是“醉翁之意不在酒”。

在世界大国中，美国无疑是意识形态很重的国家。美国总统手抚圣经宣誓就职，声称他们信仰上帝。但美国政客们真正信仰的是美式民主、美式自由、美式人权。中国是不信上帝的国家，是创造出中式民主、中式自由、中式人权的国家。美式的资本主义和中式的社会主义，是真正意义上的不同的发展道路，不同的社会模式。

美国“醉翁”真正在意的是从人权问题上入手，阻断中国的发展道路，损毁中国的社会模式，搞垮中国的政治和经济体制。

美国“醉翁”的这套计谋，曾经在苏联身上“不战而胜”。

苏联那样强大的国家为什么会突然消失，瓦解为多个国家？根本原因在内部，是苏联社会自我演变的结果。但外因也起了重要的作用，尤其是美国和整个西方反苏势力长期的阴谋活动，推波助澜，加速了苏联的消亡。这是世界历史上必须认真研究的问题，是中国应当引为鉴戒的。

搞垮苏联，一直是美国的一个战略目标，在这件事情上，“阴谋论”是成立的。

从已经解密的材料看，美国中央情报局一直在主持推动着破坏苏联的秘密行动。

1982—1983 年，罗纳德·里根总统在中情局长凯西的催促下，签署了三道对莫斯科采取破坏行动的命令：第一，通过秘密扶持东欧国家的反共组织，瓦解苏联在这些国家的影响；第二，通过打击苏联的基础部门（采掘业、能源业和农业），破坏其经济；第三，通过民主基金会等非政府组织，支持苏联内部的人权活动分子，去颠覆苏联的国家体制。

回顾当时的历史，美国的破坏行动确实打到了苏联的痛处。

一是扶持波兰的团结工会。中情局向工会领导人提供大笔资金和办公设备，使东欧的反共活动越闹越大，以至不可控制。同时，利用萨哈洛夫等人权活动分子，使苏联的社会精神分崩离析。

二是为阿富汗游击队提供军事装备和财政支持，使苏军疲于应付，甚至企图让战争引向苏联国内。苏联在阿富汗驻军 10 年，花了 400 亿美元，使国力受到极大削弱，被迫狼狈撤军。

三是联合沙特阿拉伯等产油国家压低油价，限制苏联天然气出口西方，这一招给苏联的打击非常沉重：1985 年 11 月，石油价格为每桶 30 美元，5 个月后，降为每桶 12 美元，一下子使苏联损失几百亿美元。

与此同时，美国中情局精心策划了一场心理战，主要目标是摧毁苏联领导层的精神支柱。一方面，把戈尔巴乔夫和叶利钦塑造成“改革的缔造者”，让他们从共产党员变为反共分子。另一方面，指使雅柯夫列夫、谢瓦尔德纳泽这些实权派按西方的节奏跳舞。一个社会主义大国就这样从中心烂起，自我了断。

苏联的崩溃，是多重因素促成的，但美国和西方国家长期打人权牌，毁坏苏联的国家和社会形象显然是一个重要的因素。由此产生了两方面的效果，一方面是中国和广大发展中国家对美国和西方国家打人权牌非常反感，高度警觉，并进行有力回击。另一方面，美国和西方国家更加迷信人权，起劲地打人权牌，去危害他们不喜欢的国家，使之社会动荡、国家分裂、政权倾覆。

现在，世界出现了这样一个真实的场景：以美国为首的西方国家正在发动一场自食其果的战争，它们假人权之名侵犯人权，假自由之名剥夺自由，假民主之名支持独裁。入侵伊拉克、阿富汗，入侵利比亚，就是它们在当前世界舞台上极不光彩的表演。实际上，这场为推进西方式民主而进行的战争正在走向失败。第一，它们把灾难和血腥带到世界上许多地方；第二，它们自己制造了对西方国家的敌意和抵抗；第三，它们挖掉了西方强大的物质和精神的根基，无论是美国，还是其他西方国家，相对来说，都在走向衰退。

在美国开展的人权战争中，民主基金会充当着先锋队的作用。

1983 年 11 月，美国总统里根下令成立美国民主基金会，并要求国会拨款 6500 万美元，用于“促进全球民主”。

2008 年，拨给民主基金会的资金为 1 亿美元。

美国民主基金会资助的涉华项目约 50 个，主要是支持藏独、疆独，支持“民运”势力，支持“民权”团体，还有学术、文化等项目。

澳大利亚格里菲斯大学米切尔·贝克尔博士 2009 年 8 月 17 日在加拿大智库“全球研究”的官方网站上撰文称，1988 年成立的“西藏国际运动”完全是民主基金会扶持起来的，1994 年、1997 年、1998 年、2000 年、2001 年、2002 年和 2003 年，“西藏国际运动”都获得了民主基金会的资金援助，它有钱、有人、有实力，到处进行藏独活动。奥运圣火在英国和法国传递期间，就是“西藏国际运动”组织人进行破坏的。贝克尔指出，“美国民主基金会其实是达赖与支持西藏独立的美国政治人物之间的一座桥梁。”

《霸权背后》一书的作者，美国政治学家威廉·恩道尔在2009年7月25日撰文称，乌鲁木齐“7·5”事件发生后，人们有必要看清美国“独立”的非政府组织——民主基金会的实质。所有迹象表明，美国政府又一次通过民主基金会大肆干涉中国内政。

恩道尔明确指出，民主基金会资助过许多国家的反对派组织，并为塞尔维亚、格鲁吉亚、乌克兰、吉尔吉斯坦等国颜色革命、政权更替以及2009年伊朗大选风波提供资金援助。

美国民主基金会非常热心于扶持疆独分子热比娅。

热比娅是新疆的一个维吾尔族妇女。2004年，热比娅因犯罪被判入监服刑的时候，美国民主基金会就发现此人可资利用，于是伙同挪威一个人权机构授给热比娅“人权奖”。时任美国国务卿的赖斯运用各种手段让热比娅获得“保外就医”，让她到美国“治疗”。出狱前，热比娅一再保证：出境后绝不参与危害中国国家安全的任何活动。

热比娅到美国后，2005年4月8日，美国民主基金会主持午餐会通报热比娅获释的情况。民主基金会主席杰什曼发表讲话说“这次午餐会是我们给热比娅一个发展平台的第一步。这个平台不仅让她表达新疆和维吾尔人的问题，还可以让她思考必须做什么，以及能做什么”。

在杰什曼的精心策划下，热比娅在美国成立“国际维吾尔人权与民主基金会”。2006年9月，热比娅成为诺贝尔和平奖的候选人之一，并担任了“世界维吾尔大会”主席和“美国维吾尔协会”主席。

美国民主基金会承认，他们给热比娅的活动经费每年至少有50万美元。热比娅拿美国人的钱，大肆开展反祖国的活动，2009年“7·5”事件，就是热比娅的黑手策划的。

美国政府玩弄人权把戏不仅针对中国，也针对俄罗斯等其他国家。

俄罗斯《观点报》2012 年 3 月 16 日披露，美国国务院负责欧洲和亚洲事务的助理国务卿利普·戈登说："维护人权和支持民主仍是我们的工作方向。2009 年在奥巴马入主白宫之后，我们为支持俄罗斯的民主和人权花了两亿美元。"

戈登还说，美国将继续这样做，在国会支持下，政府投入 5000 万美元成立专项基金，用于支持俄罗斯的非政府组织。

据这家俄罗斯报纸得到的材料，美国从 1946 年就开始在其他国家推进民主。到 2010 年，美国的这种开支高达 400 亿美元。当然，其中很大部分是以支持经济、安全和医疗卫生的方式出现的。直接用于民主和人权的经费为 36.6 亿美元左右。

冷战时期，美国有一个"美国之音"战略，就是为了推翻共产党国家和其他"不友好"国家的政权，美国不惜重金，推行对这些国家的"美国之音"广播，把"自由"的声音渗透进去，挑起不满和矛盾，激起动乱和战争。可以说，这种战略在颠覆苏联和东欧社会主义国家时发挥了重要作用。

美国人是善于创新的，到了互联网时代，美国就把"美国之音战略"创新为"网络自由战略"。

2011 年春天，西亚北非发生"颜色革命"，受美国操控的"脸谱"等社交网站发挥了特殊的作用。开始的时候，穆巴拉克等统治者曾企图封锁网络，切断外界的干预和煽动，但对已渗透进去的西方网站则无可奈何。颜色革命的潮流吞没了一个又一个西亚北非"独裁政权"。美国为此喜出望外，发现了一个成本少而效果好的颠覆外国政府的强大工具，在奥巴马总统和希拉里国务卿的亲自领导下，美国正式制定并公布了《网络自由战略》。

据美国《纽约时报》和《国家》周刊披露，这个战略一个具体措施是拨款7000万美元，用于研发各种可以突破主权国家互联网屏障的“绕道技术”。他们精心研发了一种“手提箱互联网”，包括一个小型无线天线，用于加强信号涵盖范围；一台笔记本电脑控制系统，存储软件加密通讯内容的随身U盘或光碟等。这些设备可以装进外观普通的手提箱，非常方便携带，可以轻松地秘密穿越国界线。一旦进入某个国家，即能组织成一个隐形的无线网络，可与全球互联网相互传送声音、图像和邮件，而无需经过当地的官方网络。

美国的“网络自由战略”打着捍卫自由和促进民主的旗号，但这种骗人的鬼话没有人相信。德国N—TV电视台发表评论说，美国利用“手提箱互联网”在阿富汗袭击塔里班；在伊朗和叙利亚等国，为反对派建立互联网；在朝鲜边境，则使用新的反间谍手机。他们这样做，就是因为“在美国看来，谁统治互联网，谁就主宰世界”。

英国《每日邮报》则为美国担心，指出使用“手提箱互联网”一类的“解放技术”风险很大，一旦落入恐怖分子手中，那就会适得其反，非常危险。《每日邮报》的网友在跟帖中评论说，搞这种手法的美国精英们简直是疯子。美国自称是自由和希望的传递者，事实上是假装自由和希望来愚弄人们，让人们心甘情愿地以自由和希望的名义拥抱殖民主义、资本主义和美帝国主义。

现在，世人都说美国政客鼓吹人权是伪善的。这种伪善，不止是说他们不关心各国普通民众的人权，只关心迷信美式自由和民主的那些人的人权，只着眼于借口人权而颠覆他国政权，而且是说美国自己的人权状况就非常糟糕，根本没有资格在世界上进行人权说教。

揭露美国人权状况之不堪，最有力的批评都是美国人自己和其他西方国家的人。

在其总统任内实现中美关系正常化的吉米·卡特于2012年6月25日在《国际先驱论坛报》网站发表文章说，美国的人权记录是异常而残酷的。

卡特写道："在美国的领导下，联合国在1948年通过了《世界人权宣言》，它成为'世界自由、正义与和平的基础'。"但是，美国已经发生很大变化，过去10年，美国存在着"广泛侵犯人权的做法"。美国最高官员正在将包括美国公民在内的民众作为海外暗杀的目标，利用无人机搞"定点清除"，伤及无数平民百姓。美国在侵犯人权的道路上越走越远，已经丧失了作为全球人权捍卫者的资格。

卡特还说："美国侵犯人权的做法并没有让世界更安全，反而帮助了我们的敌人，疏远了我们的朋友，作为牵连其中的公民，我们必须说服华盛顿根据国际人权规范，扭转方向，重新获得道德领导权，因为多年来，我们一直正式将这种规范当做我们自身的宝贵财富。"①

①美国《国际先驱论坛报》网站2012年6月25日。

2013年初，美国媒体爆出"无人机可杀本国人"的政府内部文件，在美国社会引起轩然大波。《华盛顿时报》2月5日说："现在，任何美国情报官员都有权遥控飞机干掉一名美国平民，不必经过司法程序或者根据明确表示可以行动的情报，因为已经有政府白纸黑字的文件了。"该文件规定，只要美方认定某位海外美国公民为"基地"组织及相关组织重要成员，就算没有证据显示此人正在参与袭击美国的现有计划，美国政府也有权下令对其实施无人机定点清除。美国无人机打击计划已经使成千上万的外国人丧失生命，现在连本国公民也不放过。这就是美国人权的真面目。

《2010年美国的人权记录》披露，种族歧视在美国根深蒂固，渗透到社会生活的各个方面。美联社的一项调查显示，在美国，有61%的受访者认为西班牙裔受到明显歧视，52%的受访者认为黑人受到明显歧视。《纽约时报》报道，60%以上的拉丁裔居民表示，歧视成了他们每天面临的主要问题。

美国是实行过奴隶制的国家，虽然到了21世纪，美国仍然存在着“现代奴隶制”。英国《观察家报》经过深入长期的观察，揭穿了美国社会黑暗丑恶的一面，现把该报2009年11月22日刊登的这篇文章转载于下：

苦役和强奸——改头换面的美国奴隶制

贩卖人口已成为美国中西部核心地带面临的一大问题。一些人把它说成是现代形式的奴隶制。

国务院披露的数字表明，每年有1.75万人在违背其意愿或被欺骗的情况下被贩卖到美国，主要是被用做性奴隶或苦役，专家认为，如果将国内贩卖人口的情况包括在内，受害者总人数可能将增加4倍。

对许多地方执法官员而言，这是一个令人困惑的新领域。

最近就发现一名16岁的墨西哥女孩是被贩卖到美国的。当她被带到代顿的一家医院生育时，医生注意到这个即将临产的女孩有遭到肉体折磨的明显迹象。当警察赶来时，那对带她来医院的男女已经跑了。这个女孩的身世很快被揭晓，显然她在附近的斯普森菲尔德市被当做苦役和性奴隶使唤。斯普森菲尔德的行政司法长官吉恩·凯利说：“我曾以为奴隶制几个世纪前就结束了，但没想到它现在依然在而且很猖獗。”

强迫被贩卖人口在违背其意愿的情况下工作却不给报酬，这就是当代的奴隶制。在代顿，这被当做一个日益严重的社会问题受到广泛讨论，它并非出现在遥远的外国土地上，而是出现在俄亥俄州的玉米地里。

美国最著名的反贩卖人口倡导者是特雷莎·弗洛里斯——一位曾经的受害者。她让人们看到了美国贩卖人口现象的另一副面孔。弗费洛里斯是白人，她在密歇根州底特律的富裕郊区长大，在学校成绩不错，但她讲述了自己被迫吸毒，被强奸以及被当性奴隶出卖的经历。

弗洛里斯15岁时被人袭击并遭到强奸。袭击她的人用强奸她时拍摄的照片威胁她，强迫她同陌生人发生性关系。她实际上变成了一帮毒品贩子的囚犯。他们让她当妓女，没收她的收入，或把她“奖励”给帮派成员。反贩卖人口倡导者指出，美国的情况多种多样，涉及男人、女人和孩子。

一个主要领域是被贩卖来的人在美国国内被当做劳动力使唤，主要是在农业领域充当辛苦的劳动力。但贩卖人口的交易也在诸如旅馆、理发店、美容院等地方发生。

另一种最主要的情况是性案件，往往涉及年轻妇女或儿童被迫成为妓女。

下述方法被用来使人就范，其中包括没收那些被从国外带入美国境内的人的护照，或用极端暴力的手段进行威胁。其他策略有，如果受害者不听话，就威胁他（或她）的家庭成员，或像弗洛里斯的情况，进行敲诈勒索。

英国《卫报》曾发表多篇文章，揭露美国和西方的道德说教虚伪可笑。

题为《荒谬的帝国的阴影挥之不去》的文章说：“英美的政治精英依然留恋着因1945年—1989年所取得的胜利而产生的情怀，他们似乎无力摆脱历史悠久的英美帝国时期培养出来的坏习惯——美国外交官乔治·凯南晚年时曾公开抨击说，这种习惯是一种‘未经思考，爱慕虚荣且不受欢迎’的倾向，它‘将我们自己视作政治启蒙的中心，以及世界其他大多数地区的导师’。

“自1945年以来，这种优越感使美国领导人始终低估了亚洲以及非洲的民族主义感情。美国国务卿杜勒斯拒绝与周恩来握手，并指责尼赫鲁的不结盟政策‘十分不道德’，因而疏远了一个又一个亚非大国。”[①]

①英国《卫报》网站2010年3月4日。

英国《卫报》这篇文章说得好，美国和西方的人权说教实在“虚伪可笑”。

最近，英国和美国先后爆出BBC性丑闻案和康涅狄克州校园枪击案。BBC著名主持人萨维尔在长达数十年中侵害了超过500名儿童，在康涅狄克的一座小学里，则是在一天之内有数十名小学生和老师被杀了。如此众多的无辜民众遭到骇人听闻的侵害，这是自由世界还是人间地狱呢？英美国家连自己人民的生命都保护无能，还有脸皮对别国进行人权说教吗？

中国是美国人权说教的主要对象，中国人今天怎样看待这种说教呢？有一首在普通中国人中流传的诗，题为《给西方的诗——你究竟要我们怎样生存》，可以回答这个问题。诗中写道：

我们是东亚病夫时，我们被唤作黄祸；

我们被预言是下一个超级大国了，我们被指是主要威胁。

那时我们闭关自守，你走私鸦片强开门户；

我们拥抱自由贸易了，你责骂我们抢走你的饭碗。

那时我们风雨飘摇，你铁蹄犯境要求“利益均沾”；

我们要整合破碎的山河，你说我们“入侵”……叫喊“给西藏自由”。

我们试行共产主义救国，你痛恨我们成为共党分子；

我们欢迎西方资本了，你又恨我们当了资本家。

当我们的人口到达十亿，你说我们在摧毁地球；

我们要限制人口了，你又说我们践踏人权。

那时我们一贫如洗，你视我们贱如狗；

我们有钞票借给你了，你怨我们令你国债累累。

我们发展工业了，你说我们是污染者；

我们有货品卖给你了，你说我们是气候变暖的因由。

我们购买石油，你说我们盘剥兼灭族；

你们为石油开战，却说是为了解救生灵。

那时我们动乱无序，你说我们没有法治；

现在我们要依法平暴，你说我们侵犯人权。

我们静默无声时，你说你想让我们拥有言论自由；

我们不再缄默了，你说我们是被洗了脑的仇外暴民。

为什么你这样憎恨我们？我们想知道。

“不”，你说，“我不恨你们”。

我们也不恨你；

只是，你了解我们吗？

“当然了解”，你说，“我们消息多的是，有 AFP，CNN 还有 BBC……”

你究竟要我们怎样生存？

回答之前，请仔细想一想……因为你的机会是有限的。

已经够多了……这个世界容不下更多的伪善了。

我们要的是同一个世界，同一个梦想，永享太平。

这个宽广，辽阔的蓝色地球，容得下你们，容得下我们。

这首诗虽然不失含蓄，但也清楚地告诉西方政客，你们想利用人权说教抢夺国际政治道德的制高点纯属幻想，你们挥舞的人权大棒最后将砸到你们自己的头上。流传在中国民间的这首诗应当让克林顿和希拉里之类的美国政客们清醒过来，你们再打虚伪的人权牌，任何有良知的人，都会对你们嗤之以鼻。

三、遏制之术

中美关系经常发生碰撞，一个重要原因是美国对中国实施遏制政策。

有很多美国人是不赞成实施遏制政策的，因为那是冷战的思维和作为。今天，即使是热心于对中国实施遏制的人，口头上也坚决否认他们有这样的想法和做法。实际上，正是这种嘴上否认实际遏制的做法是最危险的遏制，用时髦的话说是“巧遏制”。

遏制中国的发展，对美国来说，是一个自然的、必然的战略。

这首先是一个现实问题。美国称霸世界已有很长的时间，苏联瓦解后，美国登峰造极，成为独霸天下的唯一超级大国。但是好景不长，美国因自身的原因，力量日渐削弱，而一些大国则不断成长起来。尤其是中国的发展可称是“突飞猛进”，经济力、军事力、文化力直追美国，有相当多的领域甚至超过美国。美国人真正感到情况不妙，总统奥巴马大声疾呼，“美国决不当第二”！不当第二，就必须阻止别人超越。既然中国具有最大的超越潜力和超越势头，那就必须遏制它。

其次是文化使然。美国文化的基质是二元对立和线性思维。按照这种思维定式，两强相争，必有一方被制服，这才是世界的正常秩序。自二次大战中打败德国、日本，取得霸权之后，美国就不允许别的国家与自己相争，在这个问题上，美国是“六亲不认”的。就是说，不管社会制度、意识形态是否相同，也不论国家关系亲疏远近，只要力量接近美国，有损美国霸权，那就一律打压，毫不留情，对苏联如此，对日本也是如此。

最后，从根本上说，美国遏制中国，是为了继续充当资本主义世界的“龙头老大”。

苏联、日本都曾经是世界第二大经济体，由此成为美国的竞争对手。但美国与苏联、日本相争，纯粹是地缘政治上的霸权相争。我们可以暂且不论日本，苏联虽曾是社会主义国家，但后来蜕变为社会帝国主义，早已脱离了社会主义的发展轨道。中国不同于苏联和日本，中国的崛起，不是传统的大国崛起，而是代表着社会主义文明的崛起，作为当代资本主义的大本营，美国决不允许社会主义中国成为“世界第一”。

为了对中国实施遏制，美国需要找一种战略杠杆，以便触动大小盟友的神经，放大它们的恐惧感，让它们跟自己一起遏制中国。

制造“中国威胁论”，是美国的一个战略杠杆。

大约在2005年，美国开始在处理中美关系时实行“合作与防范”并重的政策，不再明目张胆地讲遏制。

遏制是来自冷战的概念，意思是要把对手关在瓶子里不让它冒出来。

美国放弃赤裸裸的冷战语言，换一种说法，包装一下遏制政策是不得已的，因为世界上没有任何力量可以把规模如此庞大、发展如此迅猛的中国关在一个瓶子里不让它出来。

同时，经济全球化的发展已使中美两个大国形成了你中有我、我中有你的经济关系，斗则双败，合则互利。

唯一可行的政策是“合作和防范”并重。

当然，合作应是美国主导下的合作，防范则必须形成一个强大的反华势力，为此，美国需要一个战略杠杆。这个战略杠杆就是营造“中国威胁论”。

美国现政府推行的“重返亚太战略”，实际上就是“合作与防范”并重的遏制之术。

美国“重返亚太”是什么意思呢？美国从未离开亚太，又何来“重返”。自知考虑欠周，近时改称“亚太再平衡战略”。这一改不打紧，遏制中国的马脚就露出来了。

亚太为什么不平衡了呢？中国发展太快，中国影响日益强大，日本、菲律宾这些美国的小伙计感觉受到威胁，于是美国老大哥就把60%的军事力量转移到亚太地区，以围堵中国，实现亚太“力量平衡”。

美国人自己都说，这是美国对中国开启的新冷战。

《纽约时报》发表文章认为，中国崛起令美国人焦虑。

文章说，今天中国的崛起正在制造美国人的危机焦虑。“制造这种焦虑的不仅仅是中国的经济增长率，更深层次的问题在于精神方面，中国人，尽管拥有闻名于世的古老文明，可也似乎拥有一度为美国特有的某些活力。中国人现在是一个极其乐观的民族。86%的中国人认为自己的国家所走的道路是正确的，相比之下，美国只有37%的人认为自己的国家走在正确的道路上。”

“中国人现在对自己的科学技术潜力充满信心”，“多数中国人认为中国将带来下一场社会变迁的创新突破，而只有三分之一的美国人认为下一场突破会发生在美国。”

“美国的焦虑出自这样一种隐约之感：中国人拥有了本该是美国人所有的东西。”

正是这种焦虑感，激起了某些美国政客的冷战思维。

美国《赫芬顿邮报》发表文章认为，美国正在开启对华新冷战，“这场新冷战建立在海洋和陆地的军事包围基础之上，将耗费数万亿国防预算，打造一个将中国排除在外的自由贸易区。而日益被强调的人权问题将为这种新的全球竞争提供冠冕堂皇的理由。”

文章还说，“奥巴马的新冷战，既重视与中国继续双边合作，同时对北京采取一种更咄咄逼人的，更具对抗性的政策，奥巴马称美国是个‘太平洋国家’，有意‘在影响该地区及其将来方面充当更大的长远角色’，但有没有人想过，倘若中国政府派航母和潜艇到加利福尼亚沿海，宣布他们要在影响美国西海岸方面充当一个更大的长远角色，那将会是什么情形？”[①]

对于这些想遏制中国的美国政客来说，由于国力限制，冷战是要打的，但需要改变方式。

有人把奥巴马政府当下的对外战略称为“海外制衡”战略，这种战略是尽量避免直接的军事对抗，而是从海上和空中，以及通过装备盟友来捍卫美国的利益。

海外制衡战略在美国这样一个拥有强大技术和海空力量但对人员伤亡高度敏感的国家根深蒂固，当美国手头宽裕，且对军力充满自信时，就会放弃海外制衡战略，当金钱和恐吓手段耗尽时，海外制衡就派上用场。

对美国的霸权来说，这是不得已之举，“它要求放弃美国能通过国家建设来重塑其他社会的想法，同时经常要与同美国面临共同敌人的小国结成伙伴关系——与海湾国家共同对抗伊朗，与越南一起对抗中国——无论我们的盟友是否是民主国家。”[②]

虽然略显无奈，“海外制衡”不失为美国遏制对手的最佳方式，为美国提供了一个减少代价同时保持影响力的方法。

国际舞台正在上演一个十分宏大的故事：一批新兴国家正在强势崛起，而一批老牌强国正在日渐衰落。

从最能反映国家实力的经济来说，中国将在若干年后超越美国，重回世界头号经济大国的地位。印度、巴西、俄罗斯、土耳其等国也紧随其后，迅猛发展。与此同时，陷入危机之中的美国复苏乏力，英国、法国、意大利、西班牙等西方强国都陷在危机中找不到出路，在世界经济排行榜上的地位不断下滑。

有些美国人似乎看不懂这个故事，一直在做打肿脸充胖子的蠢事。曾任美国国务卿的希拉里就是这样的人。这几年她满世界跑，大国小国，大地方小角落她都去。去干什么呢？去显示美国的强大，

①美国《赫芬顿邮报》2011年11月18日。

②美国《新闻周刊》2011年11月28日。

去宣示“美国是世界的领导者”。同时，诋毁中国的政治和经济制度，拉一些小混混挑衅中国，给中国制造麻烦，给中华民族的伟大振兴制造障碍。

希拉里很想拉印度、巴西等国做美国反华的同盟者，但这个算盘肯定是打空了。要知道，这些新兴大国都有自己的政策倾向。虽然各自倾向有许多差别，但有一点则是相同的，那就是限制美国的霸权，创造大国平等的正常格局。在刚刚结束的全球气候变化谈判中，印度、巴西都同中国站在一起。而在联合国，巴西、土耳其也同中国一起投票反对美国对伊朗的制裁。

眼光转向南中国海，这是希拉里跟中国对着干的一个兴奋点。中国坚持南海主权争端只能是相关国家之间和平谈判解决，拉帮结伙的闹腾只会使局面复杂化、混乱化。希拉里则是发文章、作演讲、搞密谈，反对相关国家谈判解决，而是要把与南海岛争有关的、无关的，把南海区内的、区外的国家都拉进来，在美国主导之下制定针对中国的“南海行为准则”。但是这一招不太灵，在最近召开的东南亚论坛会上，除了菲律宾和越南附和美国，大多数东南亚国家不赞成希拉里的主张，宁可不发表“联合声明”，也不愿做出搞乱东亚地区和平发展局面的事情。

2010 年 7 月，轮到越南主持东盟地区论坛外长会议，第一次把南海问题塞进会议中，美国国务卿希拉里乘机煽动南海的不祥风浪。

希拉里在会上声称，美国对南沙群岛和西沙群岛的争端表示关切，争端的解决“涉及美国的国家利益”，“美国支持所有提出主权要求的各国展开合作与协商，我们反对任何国家使用或威胁使用武力”。

美联社报道说，尽管希拉里强调美国不会支持任何一方对有争议的岛屿享有主权，但她的言论显然是针对中国的。

中国外长杨洁篪在会上发言坚持了中国的立场，驳斥了希拉里的歪论。

希拉里的发言在国际上引起广泛关注，因为它表明美国已在南海搅浑水，美国很想把某些东南亚国家对中国崛起的有些模糊的不安刺激起来，使之形成明确的、对抗中国的一条战线。

2012年7月，正值东盟峰会在柬埔寨召开之际，美国国务卿希拉里·克林顿先后访问了日本、蒙古、越南、老挝、柬埔寨等国。人们会问，这位美国大员绕着中国飞来飞去忙活什么呢？美联社7月11日的报道称，希拉里·克林顿此行的目的是加强美国在全世界经济增长最快的经济体中的地位，同时遏制中国在该地区日益扩展的经济、外交和军事影响力。有的媒体干脆说，希拉里的亚洲之行就是“针对中国的”。

希拉里并不承认她的亚洲之行针对中国，相反，她在柬埔寨表示，美国要加强同中国的合作。

这里用得着“听其言，观其行”这句老话。

在蒙古，希拉里在离中国首都不很远的乌兰巴托，发表一篇关于“民主”的演讲，其中有48次提到“民主”，这位国务卿大人直截了当声称，美国亚太战略的核心是“支持民主和人权”。

在日本，希拉里同野田暗地里谈了什么，只有他们自己清楚，但正是此时，日本从官方到民间，都在上演“购买钓鱼岛”的闹剧，美日两方共同放出风浪，说美日安保条约适用于钓鱼岛，摆出永远霸占中国领土的架势。

希拉里此次亚洲之行的重中之重是进一步挑起南海事端，鼓动菲律宾和越南绑架东盟，搞“南海行为准则”对抗中国。这是破坏东盟团结的大阴谋，也是破坏东盟和中国关系的大阴谋。阴谋被戳破，东盟峰会几十年来第一次没有发表联合声明。全世界都看到了，美国操控的菲律宾总统阿基诺三世此次摔得不轻。会议主席国柬埔寨发出严正声明，批评菲律宾这种绑架东盟同中国对抗的做法是“不可接受”的。很显然，美国苦心策划的想让中国难堪的这出戏是完全演砸了，最后难堪的是美国自己。

利用菲律宾来对付中国，是美国的长期计划。美国《外交政策聚焦》2008年2月26日的文章和盘托出了这个计划。

美国认为，一旦与中国发生对峙，菲律宾是一个关键的立足点，其他东南亚国家或者地理位置不佳，或者不愿让美军进入。例如，新加坡愿意接纳美国，但面积狭小；印度尼西亚和马来西亚反对美国建军事基地，只有菲律宾不仅地理位置理想，而且更愿意配合美国的要求。

美国以训练演习、工程项目和反恐行动等项目为幌子，向菲派驻越来越多的军队和装备。仅在2006年，两国就安排了37次军事演练，越来越多的美军舰艇进入菲领海，并在菲建设更多的军事设施，以便在有紧急事态时能够用上。

2012年6月15日前后的一周内，美国就做了许多所谓“重返亚洲”的大活动。国防部长帕内塔对新加坡、越南和印度进行了访问，奥巴马总统在白宫与菲律宾总统阿基诺三世会谈，国务卿希拉里则会见了柬埔寨、泰国、印度和韩国的外交部长。

路透社在列举了这些活动之后指出，所有活动的指向都是中国，因为“实际上这些国家中的每一个都可能导致美中之间发生摩擦，它们中很多也同华盛顿一样对北京不断加强的经济和军事影响力感到担心”。

路透社的报道认为，虽然美国方面一再声称此类活动并非针对中国，但不会有人相信。正如澳大利亚学者迈克尔·麦金利所说：“就澳大利亚而言，它要做美国想做的事，同时向中国保证，那不是一个遏制政策。中国不相信这一点。”[①]

①路透社2012年6月15日华盛顿电。

四、“误炸”大使馆

1999 年，美国及其北约盟国，以维护国际秩序为借口，发动了科索沃战争。在未经联合国授权的情况下，对一个主权国家肆无忌惮地进行了长达 78 天的狂轰滥炸。其轰炸目标步步升级，先是炸军事目标，后是炸民用目标，最后是丧心病狂地轰炸了中国驻南联盟大使馆。

美国和北约国家辩称这是“误炸”，但这骗不了人。

中国驻南联盟大使馆是有醒目标志的高大建筑物，为什么有 5 枚导弹从不同方向瞄准了它呢？为什么其中一枚导弹击中使馆顶中一直贯穿到地下室呢？

5 月 7 日午夜，有 30 名中方人员在大使馆内。爆炸之后，新华社女记者邵云环、《光明日报》记者许杏虎和夫人朱颖不幸遇难，另有 20 多人受伤。

这是外国驻南机构第一次被炸，中国驻南大使潘占林愤怒地指出：“这是对中华人民共和国的攻击。”

美军炸我使馆激起了 10 多亿中国人民愤怒的抗议。

中共中央总书记、国家主席、中央军委主席江泽民发表严正声明，提出了最强烈的抗议，他说：“以美国为首的北约必须对这一事件承担全部责任，必须对中国政府提出的要求作出全面交待。否则，中国人民决不答应！中国政府正密切关注事态的发展，并继续保留采取进一步措施的权利。”

克林顿政府后来因“误炸”大使馆向中国作出了道歉，并表示将彻查事件，赔偿损失。

中国大使馆被炸，是一件轰动世界的严重事件。美国为什么要“误炸”中国大使馆，世人有各种不同的推测，都可资参考。笔者认为，这是以克林顿为核心的美国当权者经过战略和战术考量之后策划出来的。短期的战术考量是要借此镇吓敢于支持南斯拉夫人民反侵略斗争的国际力量，长期的考量是要实现搞垮中国的战略目标。

有媒体报道，“误炸”中国大使馆的严重挑衅行为在美国国内也引起了争论。美国国会曾举行一次秘密会议，邀请总统克林顿就科索沃战争作出解释。有议员批评说，美国战机炸死了1500多平民，还炸了中国大使馆，是不是美国战争机器已经失去控制。

克林顿辩解说，所有的轰炸目标都是既定的。轰炸必须继续进行下去。

有议员当即质问克林顿：毫无疑问，轰炸中国大使馆是一次精心策划的结果，刚才阁下也承认了这一点。可是我看不出这有什么符合美国利益的地方。

克林顿立即回答说，除了莫斯科，东扩——不仅仅指东欧，在更远的地方，有一个让我们更担心的国家，他同时也是一个核大国，那就是中国。他本来应该在10年以前就已分成七个国家，可是至今仍然牢不可破。即使在我们的各种打压之下，他的发展仍然令人吃惊，而且等他自行内部肢解的可能性不大。出于一种考虑，应该让他沿着前苏联的老路走，即疯狂的军备，这样足以拖他下水。不远的将来，他将同样因经济崩溃而无力对我们说“不”，并且沦为国际乞丐。

关于这次秘密会议，有几家美国媒体披露过，虽尚待证实，但克林顿等政客就是这样做的。他们对中国进行有限度的军事挑衅，就是妄图诱使中国离开以经济建设为中心的发展大道，像苏联那样坠入军备竞赛陷坑，最后沦为不敢对美国说半个“不”字的国际乞丐，直至分崩离析。当然，历史给克林顿之流开了个大玩笑，许多年过去，真正沦为国际乞丐的，不是中国，而是其他某些国家。

第二节 经济外交的碰撞

中美关系中，70%—80% 的问题与经贸有关。因此，经贸关系自然成为中美关系的主体，中美之间的相互碰撞也多是因经贸问题引起和展开的。

中美建交后的几年，经贸关系发展很快、很好。

双方签订了一系列法律性文件，为两国经贸发展奠定了法律基础。其中，最重要的是 1980 年开始生效的《中华人民共和国和美利坚合众国贸易关系协定》。这个协定使缔约双方相互给予对方范围很广的最惠国待遇。最惠国待遇不仅体现在关税的征收上，还体现在货物的报关、仓储、转运、国内购销和分配使用等规章制度，以及发放进出口许可证的行政手续方面。缔约双方保证“向对方的商号、公司和贸易组织提供的待遇不低于任何第三国或地区的待遇”。中国得到贸易最惠国待遇后，美国对从中国进口商品所征的关税从 30% 降到 6%，有利于中国扩大对美出口。美国还在协定中确认，“中国在其发展现阶段是一个发展中国家”，这也有利于中国获得其他经济好处。此外，在中美贸易协定中，“缔约双方承认在其贸易关系中有效地保护专利、商标和出版权的重要性”，它加强了美国厂商对中国出售技术专利的信心，有助于中国扩大技术进口。贸易协定还使中国有资格利用美国长期贷款低价购买美国谷物。

为适应中美经贸关系发展势头，在中美两国政府支持下，中美间两个重要的联合委员会——中美联合经济委员会和中美联合商贸委员会分别于1980年9月和1983年5月建立，并成功地召开了一年一度的全体会议，双方首席代表都是各自政府中部长级以上的高层经济负责人。他们每次开会分别研究和商讨发展两国经济和贸易关系的步骤和措施，在宏观方面，对促进中美之间经贸关系的健康有序发展，发挥了重要的作用。

美国对华投资迅速增长。改革开放之初，中国非常欢迎外来投资，努力改善投资环境，美国企业积极到中国投资，有办“合资”、“合作”企业的，也有办“独资企业”的。在1983年、1985年、1989年和1992年，出现了美国投资中国的几个高潮。到1994年，共获批准的美商投资项目达14247个，协议美资金额171亿美元，居西方国家之首。

美国对华投资项目的技术水平比较高。例如，福克斯波罗公司把自己的自动化仪表生产技术转让给它在中国的合资企业“上海福克思波罗公司”，“天津奥迪斯公司”从美国奥迪斯公司得到了先进的电梯生产技术，“北京巴布科克——威尔斯公司”从美国巴布科克——威尔斯公司引进了电站锅炉生产技术，“上海施乐复印机公司”从美国施乐公司得到了先进的复印机生产技术，“南通烟用醋酸纤维公司”从美国塞拉尼斯公司引进了醋酸纤维生产技术，“上海施贵宝公司”引进了美国施贵宝公司的药品生产技术，是中国第一家符合世界卫生组织GMP标准的药厂，等等。

中美贸易发展十分强劲。从建交的1979年到1993年的15年中，除1982年和1983年外，每年的双边贸易额都有新突破，平均每年递增约24%。1972年双边贸易额不到1亿美元，但到1993年就猛增到276亿美元，各自成为对方的重要贸易伙伴。

在此过程中，美国对华技术转让的控制有所放松。当中美处于敌对状态时，中国一直被列为“控制战略物资出口协调委员会”的限制技术出口国家。直到70年代，美国依然把中国同苏联一起，列为控制很严的“Y”类国家。到80年代初，将中国单独列为比一般计划经济国家限制稍宽的“P”类国家。1983年6月，里根总统承认中国是一个“非结盟的友好国家”，并把中国列入有关控制的“V”类国家。1985年和1988年，美国先后同“巴黎统筹委员会”成员国磋商，决定放宽九个类别的对华出口限制，并简化有关手续。这些措施对于中国从西方国家引进先进技术是有利的。

中美经贸关系在经历了建交后最初几年的良性发展之后，很快就遇到了一些困难。这也并不奇怪，中美都是很大的国家，双方经贸交往领域越来越宽，联系越来越深入、越复杂，出现矛盾和纠纷是很难免的，只要双方在商言商，就事论事，经过商谈总是可以找到解决办法的。问题在于，美国政商界都有一些人带着意识形态的眼镜看中国的公司和企业。换句话说，他们是在实行一种“地缘经济战略”。

法国《论坛报》发表文章指出，美国不仅有“地缘政治战略”，而且有“地缘经济战略”。地缘经济战略是一个完全面向新兴市场展开的知识经济网络，这里包括了发展援助、技术支持和直接干预，同时也宣传美国模式、西方价值、文化和生活方式。

地缘经济战略的武器是多种多样的，但通过降低劳动力成本、提高商品质量、掌握关键技术和制定产业标准以提高竞争力是最主要的武器。《经济外交的黄金十年》一书的作者克洛德·雷韦尔说，实施地缘经济战略时，一切都同经济挂了钩，以至于大企业、投资基金和大银行变得同国家一样强大，把它们的标准和衍生产品强加给了世界，由此导致了国家和私营机构之间在全球治理问题上角色的混乱。

正因为美国政商界有人坚持“地缘经济战略”，就往往把中美经贸问题政治化，使它变得非常复杂，制造了许许多多的经济碰撞。下面略举几例：

一、普惠制和最惠国待遇

普惠制是西方发达国家1971年后给予发展中国家的一种普遍的、非互惠的和非歧视性的关税制度。所谓非歧视性的，就是凡是发展中国家都享有的权利。所谓非互惠的，就是发达国家单方面给予发展中国家，而不向后者要求相等的关税优惠。美国从1976年1月1日起对世界上141个发展中国家和地区的大约3000种商品提供普惠制关税，亚洲大部分国家和地区都在此列，包括亚洲“四小龙”。中国作为世界上公认的最大的发展中国家，而且先后与欧洲共同体、日本等西方发达国家达成协议，享受这些国家提供的优惠税率。但美国却以中国不是市场经济国家和不是关税及贸易总协定成员国为借口，长期拒绝中国的合理要求，不给中国提供普惠制待遇。

最惠国待遇本来是不存在问题的。按照1979年中美贸易关系协定，两国相互给予对方一种对等、互惠、非歧视的贸易待遇，它是中美正常贸易的基石。但自1990年开始，美国参众两院横生枝节，利用每年一次的审查是否给予中国贸易最惠国待遇地位的机会，借口中国人权问题施加压力，主张取消给予中国最惠国待遇地位，或附加人权等条件。老布什总统任内，曾经否决了国会的相关决议，保留了中国的最惠国待遇。克林顿任总统后，大打人权牌，曾发布行政命令，公然把最惠国待遇同人权挂钩，由此，最惠国待遇问题上的斗争就成了两国经济冲突的焦点和中美关系紧张的一大根源。

二、傲慢无理的经济制裁

1989年6月后，美国国会和老布什政府相继对华施加压力，采取了多项对华经济制裁行动。其中包括：停止同中国高级官员的接触，导致中美联合经济委员会和中美商贸委员会两个例行会议的中断和中美科技合作计划的流产；停止一切中美政府间的军事销售和商业性武器出口；禁止美国进出口银行向同中国做生意的美国公司信贷；要求世界银行和国际货币基金组织等国际金融机构停止向中国贷款；要求西欧和日本采取与美国同步的对华制裁措施，尤其是停止低息的官方贷款和限制对中国的高科技出口，以及纠集其主要西方盟国在七国经济首脑会议1989年7月15日发表的宣言中，继续对中国无理指责和施加压力。

美国实施的上述经济制裁引起的中美冲突，使中美两国关系在1989年出现十分紧张的状态。

三、武器出口和银河号事件

美国是当今世界上最大的军火商，军火销售额每年都有数百亿美元，其中大量军火是推销到长期动荡的中东地区。中国对外销售的军品规模很小，而且一直遵循以下原则：其一，只有助于提高有关国家的正当自卫能力；其二，不损害地区和平、安全和稳定；其三，不利用军售干涉别国内政。然而，长期以来，美国对中国少量的军事贸易总是过度敏感，横加阻挠，甚至造谣中伤，威胁制裁。

1991年1月30日，美国《基督教科学箴言报》无中生有地散布中国在禁运后向伊拉克出售武器的谣传。同年7月2日，《华盛顿时报》又捏造中国通过塞浦路斯秘密向中东转运导弹的谎言。美国政府官员还利用各种机会反对中国向伊朗和阿尔及利亚等国出售民用核技术，反对中国向别国出售军火。1991年6月，美国政府借口中国违反《导弹及其技术控制制度》的准则和参数，断然宣布对华实施三项制裁，即暂停向中国出口卫星和卫星部件；限制向中国出口高速计算机；禁止向中国一些公司出口与导弹有关的产品。美国这些做法都是极其霸道的。

更为霸道的是美国制造了震惊世界的“银河号事件”。

“银河号”是中国的一艘远洋货轮。1993年4月，美国声称掌握了“充分、可靠、可信的情报”，诬陷我“银河号”向伊朗运送化学武器原料，派出军舰尾随监视，要求上船检查。作为主权国家，中国当然不让他们上船检查，但还是作了妥协，把船停到双方都可接受的沙特阿拉伯港口，在第三方沙特的见证下查看货物，结果并没有美方声称的“违禁品”，美国情报机构在全世界面前丢了脸。美方向中方承认情报有误，表示今后要改善，但既不肯赔礼道歉，也不愿赔偿中国船主的损失。此事件让全世界看到，美国根本不尊重国际法准则，只是按自己的霸权需要任意行事。

四、压人民币升值

美国压人民币升值是损人不利己的短视行为。

美国政府奉行的弱势美元政策有理论的诱惑力。其立论是：人民币兑美元币值上升应会使来自中国的进口商品更加昂贵，而美国对华出口商品则更加便宜，从而减少来自中国的进口同时增加美国对中国的出口。

过去几十年的情况表明，这样的理论设计对美国是完全错误的。

美国压人民币升值，结果只会是搬起石头砸自己的脚。

人民币升值就是美元贬值，这会减少美国的贸易赤字吗？

自从尼克松总统1971年切断了美元与黄金的挂钩并使美元贬值之后，美元对欧元、德国马克和日元下跌超过70%，对外贸易却从1971年的接近平衡变成了现在的巨大赤字。

与中国的关系也是一样的。自2004年以来，美元对人民币已经下跌了25%。到2010年，美国对中国的出口增加了570亿美元，而从中国的进口则增加了1680亿美元，导致双边贸易赤字增长了1110亿美元。

实际情况是，当美元贬值人民币升值时，美国普通人的生活水平就会降低。那些要求人民币升值25%的人，实际上是让衣服、玩具和鞋子等从中国进口的商品提价25%，迫使美国老百姓在购买日常用品时要多花25%的钱。

压人民币升值会阻碍中国的发展吗？未必。

人民币升值会使中国人更富有。人民币已经升值25%，中国人的储蓄也增值了25%，中国货币在世界市场上的购买力也增加了25%。

对中国生产商来说，自2004年以来人民币的升值意味着，石油、铁、铜、农产品和其他商品的价格都相对美国的生产商降低了25%。这就使得中国出口商可以比美国竞争对手的出价更低。不仅是在美国市场，在全世界都是这样。

无论从哪种角度说，美国压人民币升值，都是损人不利己的做法。

美国要求人民币大幅升值，中国能不能“将计就计”呢？

20世纪60年代起，西德的货币就相对美元升值。1985年“广场协议”后，马克再度大幅升值。西德政府当时没有大肆干预外汇市场，相反却提高利率以遏制通货膨胀。结果，在没有开放资本市场的情况下，西德因为物价稳定，经济发展比较健康，从而确立了马克在欧洲货币体系中的核心地位。看来，德国的这种做法，对中国是有参考价值的。

第七章 看重心东移

重心东移是世界发展的大趋势。在这个无法抗拒的大趋势中，美国的国际地位下降了，美国与盟国的矛盾上升了，美国与第三世界的斗争激化了。

研究中美关系，必须把握世界发展的大趋势。世界发展的大趋势非常确定而清楚：世界重心东移。

第一节　世界重心东移

太阳虽然每天都从东方升起，但昨天的太阳与今天的太阳已经不一样；地球虽然每天都绕着太阳转，但昨天的地球和今天的地球也不一样了。从20世纪和21世纪交替的时期来看，最大的“不一样”是世界政治、经济和文化重心从西方转向东方。

世界重心东移实际上是一种历史的回归。人类文明最早发源于东方，早在西方的“救世主”耶稣基督诞生之前，中国、印度、巴比伦、埃及等文明古国，就创造了灿烂的古代文化。他们发明了保障人类生存发展的古代科学技术，建设了各具特色的国家政权和社会治理方式，积累了令人惊叹的物质和精神财富。

在人类历史的大部分时间里，东方国家都走在世界的前列。只是最近300年左右，西方才超越了东方。

西方国家依靠什么超越了东方呢？依靠三样东西：一是工业革命；

二是科技革命；三是资产阶级民主革命。这三大革命全面激发了西方社会的创造精神，推动经济文化突飞猛进，政治力、军事力迅速扩张，以大西洋沿岸为中心，形成西方强国集群。而此时，东方国家则在历史惯性中得过且过，昏昏欲睡。很自然地，世界的重心从东方转移到了西方。

中国人关于三十年河东、三十年河西的老话表现了一种历史循环的观念。为了反映世界大局的循环变动，我们需要把这句老话稍微改一下：三百年河西，三百年河东。

2008 年金融海啸是一个里程碑，是一个标志着世界重心东移的里程碑。

金融海啸爆发以来，尤其是 20 国金融峰会召开之后，关于世界格局的大变化，或者说是世界重心东移，成了国际舆论的一个焦点，而且对大趋势的看法是基本一致的。本书作者当年出版的《金融海啸与世界大格局》一书对此作了全面论述。

英国《星期日独立报》发表哈米什·麦克雷的文章，认为 20 国集团峰会的召开，标志着全球力量正从西方发达国家转向新兴国家。发达国家的经济将萎缩，而以金砖四国为代表的新兴国家的经济将继续增长，西方竞争力的光环已遭到严重破坏。[①]

英国《金融时报》发表多米尼克·莫伊西文章，认为在目前的金融动荡中，西方是输家，历史的火炬似乎正从西方传给东方。东方在增长，西方在衰退，东方满怀希望，西方充满担忧。金融资本主义接近崩溃，加速了国际政治的革命。[②]

新加坡《联合早报》网站发表杜平的文章，认为在金融危机的冲击之下，世界政治版图正在发生裂变。美式资本主义的光辉不再，意味着原有的世界秩序失去了灵魂；美国和其他发达国家的经济衰落，意味着原有秩序失去了实力的支撑。在 20 国集团中，

①《参考消息》2009 年 4 月 1 日。

②《参考消息》2008 年 10 月 7 日。

我们可以看到很多不同的发展模式，特别是中国模式。假若没有中国模式，全球经济复苏的前景就必定少了一个希望，少了一个动力。[①]

①《参考消息》2009年4月4日。

早在1995年6月9日，德国《时代》周刊就发表文章探讨世界重心东移的发展动向。文章引用历史学家汤因比关于历史发展轨迹的理论，认为世界重心本来在东方，后来才转移到西方。文章指出，今天，许多人预料，历史的重心将再次向东方移动，即从北美移向太平洋——亚洲地区，而在亚太地区，最突出的是中国。

美国未来学家约翰·奈斯比特在《全球自相矛盾的现象》一文中说，倘若中国大陆目前的经济活力得以持续，那么，中国大陆的经济力量可能超过今日所有富裕工业国家的总和。“世界上最后的共产党政权，却成为世界上最大的市场经济。下一个世纪再回顾此刻，可以得出如下结论：中国大陆的崛起，是决定20世纪后半期全球大势最重要的经济因素。”

美国《新闻周刊》在2007—2008年间发表多篇文章论述世界重心东移。文章指出，对世界大多数地区而言，2008年可能会目睹中国步入世界舞台中心，奥运会将成为中国期待已久的首次亮相机会，在一个又一个问题上，中国已成为全球第二个最重要的国家。2007年，中国对全球经济增长的贡献超过美国，这至少是上个世纪30年代以来第一次有一个国家做到了这一点。中国还成了世界最大消费国，在5种基本食品中的4种食品、能源以及工业初级产品等消费领域都超过了美国。

美国前财政部长劳伦斯·萨默斯指出，工业革命期间，欧洲的平均生活标准在40年中大约提高了50%，而在中国，人均生活标准在一个人的一生中要提高100倍！中国用20年的时间经历了欧洲人用两个世纪才完成的同样程度的工业化、城市化和社会转型。

2008年9月9日，英国《卫报》开辟了一个讨论“世界重组”的专栏。专栏的卷首语提到，在柏林墙被推倒以及苏联解体后，西方的思想家们曾宣布冷战历史结束，西方民主就此崛起。然而，世界正在经历更深刻的变化，以2008年8月8日为标志，“世界重组”的时代开始了，恰好是这一天，北京奥运会开幕，俄罗斯反击格鲁克亚，“两个大国正式宣告复出”。“后美国时代”也许已经到来。

就此话题，各国学者展开了热烈的讨论。

美国《外交》杂志前主编法里德·扎卡里亚在其新著《后美国世界》中描述了“后美国”时代的具体情景：“世界最高的建筑在台北，下一个将出现在迪拜；世界最大的上市公司在北京；世界最大的炼油厂正在印度兴建；世界最大的投资基金在阿布扎比；世界最大的电影工业是印度宝莱坞，而不是美国好莱坞；世界最大的赌场在澳门，那里的赌博业收入超过了拉斯维加斯；全世界十大富翁只有两个美国人……今天的世界就是一个后美国世界。”

当然，也有很多人不赞成世界已经进入后美国时代。

但世界在变，而且大变，这是没有人不承认的。德国东亚——太平洋研究中心教授哈恩斯指出：“进入21世纪以来，世界政治的版块架构一直在改变，只是2008年8月8日这一天，这种改变让世人看得更明白了。”他认为，在未来的世界格局中，各大国会形成一个大圆，美国仍将处于圆心位置。但圆内大国处在互相影响、彼此制约的关系之中。美国只有同中俄等大国合作，才能解决全球挑战。哈恩斯预言，出于对中俄发展模式可能挑战西方的担心，西方的外交政策重点将不再是反恐怖主义，“而是驯服新的大国民族主义，给它们套上民主观念”。

日本JCC新日本研究所副所长庚欣认为，世界现在的变化是从过去的“幼稚”转向现在的“成熟”。在幼稚阶段，国家之间有利益冲突就要发生战争，现在成熟了，开始理解国家之间相互依存的道理。庚欣认为，在新时代的大国关系中，美国是“衰而不落”，未来几十年间仍将维持世界领先地位；日欧是“落而不衰”，其政治经济地位虽相对下降，但仍将在各地区中领先；中国是“强而不争”，发展潜力大，自我掌控及化解危机能力强，坚持和平发展，在国际上不树敌；俄罗斯是“争而不强”，虽具有一定带有反弹性的进攻，但由于综合国力今非昔比，短期内很难复原。“今后时代发展一定是多国合力的结果，而中美关系将是一段时间内最重要的大国关系，主导着时代发展的方向。”①

法国前总理德维尔潘认为，如今席卷全球的金融海啸是一场长期的结构性危机，将对世界能源、环境、粮食等基本格局产生深远影响。由于中国和印度等新兴国家的崛起，主宰世界长达五个世纪的欧美的权力秩序正在发生根本变化，美国依靠强权统治世界的时代已经结束。②

“中国已经不仅仅是世界的主要工厂，而是变成了世界的主要债权国之一，从而成为西方大部分经济体的增长担保人。”③

2008年，从某种程度上说，确实是一个具有里程碑意义的年代：短暂的美国单极体系崩溃了，多极世界正式登场。

正如美国前财政部副部长罗杰·奥尔特曼在美国《外交》2009年1—2期上发表文章所说，2008年爆发的金融和经济危机是75年来最可怕的一次，也是美国和欧洲遭遇的重大地缘政治挫折。此次灾难为美国的自由市场资本主义模式蒙上了一层阴云，美国的全球影响力乃至美式民主的

①《环球时报》2008年9月22日，《世界议论“后美国时代”》。

②日本《朝日新闻》2009年2月3日。

③西班牙《起义报》2011年12月24日。

魅力不断减退。

美国和欧洲已陷入窘迫不堪的境地。经济严重衰退，国民要求把国家资源用于恢复国内经济，这些国家的政府不得不把关注焦点放在国内；财政赤字之巨大和金融体系的困难都是前所未有的，西方国家在国际上必然进入缩手缩脚时期；危机严重损害了西方的政治经济信誉。人们普遍认为美国的金融制度已经失败，美国的民主制度也是弊病丛生。

与此同时，中国等新兴国家则把危机的冲击减到最小程度，并化危为机，努力调整经济结构，创造可持续发展的良好机制，前途更加光明，东方和西方，一进一退，一起一落，这种发展趋势在2008年表现相当明显。

墨西哥《改革报》2008年10月6日发表胡安·加夫列尔的文章，认为从美国开始的金融危机意味着世界权力从西方向东方转移过程加快。导致这个过程的本质是世界发展动力从大西洋中心国家向太平洋中心国家转移。当美国和欧洲纷纷放弃积极的工业政策而满足于金融投机时，以中国和印度为代表的亚洲国家却在重组生产基础、加快发展技术能力、加大参与世界贸易并提高国际储备。

世界重心东移是一个无处不在的过程和趋势。

经济是基础，世界重心东移最先是在经济领域展开的，这一过程实际上在上世纪中期就已经开始了。

20世纪80年代，美国的汽车业巨头们突然感觉不对劲，他们发现来自东方的日本人在汽车业方面已经是可怕的竞争者，因为日本车的可靠性和价格都比美国车更有优势。起初，他们以为是日本政府实行特殊的产业政策给汽车企业大量补贴。后来发现情况并非如此，日本人创造了一种名为“精益制造”的新的制造体系，并进行了商业创新。

如今，类似情况正在中国、印度等东方国家到处出现。原先西方人认为这些地方只会用廉价劳动力制造廉价商品，却不知这些地方正在成为商业创新的温床。越来越多的商业精英正在成长起来，他们不停地推出新的产品和服务，这些产品和服务同西方产品和服务比起来，质量相仿，价格却便宜得多。他们改造生产和配销体系，实验新的商业模式，从供应链管理到吸引人才，现代商业经济的所有要素都在新兴市场中进行着大规模的调整和改造。

中国、印度等新兴国家的商界精英不能只把自己的活动同廉价劳动联系在一起，而必须走创新之路，成为创新的领军者，因为他们受到雄心和恐惧的双重驱动。他们有雄心，要成为世界市场风浪中的游泳健将；他们有恐惧，因为更廉价的竞争者正在后面追赶，要超过他们。为国家，为民族，为自己，他们不得不坚持不懈地向价值链的高端攀爬。其中的佼佼者，如中国电信行业的华为公司、电池行业的比亚迪，印度的锻造公司，巴西航空工业公司等，它们可以同西方同行随意竞争而不落下风。

联合国世界投资报告说，截至2010年初，总部设在新兴国家的跨国公司约有2015万家。仅从2006年到2008年的3年时间，中国、印度、巴西、俄罗斯在《金融时报》500强名单上的企业就增加了3倍多，巴西排名前20的跨国公司海外资产仅2006年就翻了一番多。

值得注意的是，发迹于西方国家的跨国公司往往把发展的希望寄托于东方新兴市场，它们在那里看到了经济蓬勃增长和庞大高品质智力的源泉。以美国通用汽车为例，当它在本土面临破产危机之时，却在中国市场上获得了巨额利润，使之看到重生的希望。

一些研究报告预计，今后几年全世界70%的增长源于新兴市场，其中，中国和印度的贡献可能超过40%。他们看到，过去几十年，中国和印度，尤其是中国，向教育领域注入大量的人力、物力和财力，正形成成千上万的人才队伍，他们的创造力是无穷的。

被这样的大趋势所牵引，有雄心的跨国公司纷纷把研发中心转移到东方。目前，《财富》500强名单上的公司在中国设有98处研发机构，在印度有63处。

世界经济论坛主席施瓦布2010年11月14日在印度经济峰会上讲话说:“中国和印度曾占世界GDP的50%,只是在工业革命之后,英美这样的国家才发展更快。现在形势出现了回归……你可以从政治、经济和其他角度解读,但你从社会角度看,人口最多和经济发展速度最快的两个国家意味着更为平等的世界。”“为什么中国一直在增长?因为她让那些未参与全球化的人加入进来了。”

与中国、印度等新兴国家相对照的是,几乎所有发达国家都面临财政危机。

英国《星期日电讯报》2009年7月19日文章写道:“要知道在预算赤字涨到战时水平以后,英国、欧洲和美国将会怎样,那就看看爱尔兰这个福利国家的情况吧。

因形势所迫,爱尔兰总理布赖恩·考恩对公务员队伍进行了现代西方国家最大规模的裁员。他通过了两项紧急预算案,以阻止赤字上升至国内生产总值的15%。这还不够,上周的一份专家报告说,爱尔兰政府必须进一步削减预算,否则有可能陷入危险的债务陷阱。

必须再削减1.7万个公务员职位,而目前失业率已经达到12%,明年可能升至16%。

事实上,英国、西班牙、法国、德国、意大利、美国和日本都处于不同程度的财政毁灭,随着劳动力老化、税收明显减少,西方无法支撑其国家结构。”

美国和欧洲的根本问题其实是相同的:不断增长的债务、非常虚弱的经济、费用很高却无法改革的福利国家、对现实的强烈不满和对未来的无穷忧虑。总而言之,公共财政失去控制,政治体制存在严重的机能障碍,以致无法解决任何问题,美国和欧洲同乘着一条正在下沉的船。

实际上,危机爆发前,大西洋两岸的“繁荣”也是相同的,即都是危险的繁荣:经济增长主要是由不可持续且十分危险的借贷繁荣推动的。

英国和法国是传统的世界强国，军事力量是支撑其强国地位的重要支柱。他们很想在世人面前炫耀强健的军事肌肉，但又债台高筑，拿不出银子，只好使出“合伙办军事”这样的“高招”。

2010年初，法国总统萨科奇和英国首相卡梅伦签订了一系列协议，商定两国要建立联合部队，并且共享航空母舰。不仅如此，两国还将共享核弹头研究和模拟中心。

这样的合作确实是“史无前例”的。出现这种情况是因为两国受限于巨额预算赤字而希望减少国防开支，又想保持世界军事大国的架子。英法两国“合伙办军事”可视为世界重心东移的一个小插曲。

美国的金融危机波及全世界，尤其是给欧洲列强以重大的冲击，形成了“西方下沉，东方上升”的态势，难怪《印度时报》在2004年年终文章中得出这样的结论：“300年里我们第一次可以说帝国主义真正开始成为记忆。”

英国《独立报》则深有感慨地说，我们最好习惯于中国和印度的思想来影响我们，我们最好习惯于重大科学研究不是来自欧洲或北美而是来自亚洲，我们最好习惯于有关家庭、福利体制，甚至民主本身的观念来自世界其他地方。这将是激动人心的，同时也是令人恐惧的——对于我们当中那些习惯于西方中心的人来说，意识到我们不如自已所想的那么重要，可能会感到有些丢脸。

2008年10月1日，中国发射了神舟七号宇宙飞船，把3名航天员送上太空。两天后，翟志刚飘出太空舱，行走太空20分钟。

就在中国太空舱返回地球之后几个小时，美国众议院否决了小布什政府的救市计划。投资者随即陷入绝望，美股应声下跌7%，是华尔街单日最大跌幅之一。

为了恳请国会领导人支持7000亿美元的救市计划，财政部长保尔森在国会领导人面前单膝下跪。保尔森下跪的房间是罗斯福室。要知道，西奥多·罗斯福是第一个认为美国已成为全球大国的美国总统，并且开启了一个世纪的美国霸权。保尔森在以罗斯福命名的房间里为救市计划而下跪，有强烈的象征主义：美国霸权正走向终结。

新加坡学者基肖尔·马赫布巴尼在美国《基督教科学箴言报》上发表文章说，1991年，他曾听到一位比利时高官面对一群亚洲人，很骄傲地说："冷战已经结束。只剩下两大超级力量：美国和欧洲。"这样的情绪当时弥漫在整个西方，西方人在读了弗朗西斯·福山的名著《历史的终结》以后，得到的重要信息就是西方胜利了，今后世界不论怎样变化，都将西方化。但是，全球发展已经证伪"历史终结论"，并不是历史终结，西方胜利，整个世界西方化；恰恰相反，是历史回归，东方崛起，与现代化相伴的是"去西化"。①

①美国《基督教科学箴言报》2009年11月10日。

福山后来自己也认识到这一点，他在接受媒体采访时说：现代化观念的老版本是以欧洲为中心的，反映的是欧洲本身的发展。那确实包含试图以一种相当狭义的方式定义现代化的特征。他强调，要实现政治现代化，就必须创建一个能执行规则、把统治和责任结合起来实施法治的国家。福山这样说是对的，以中国为代表的国家就是这样做的。

从位于华盛顿的PFC能源咨询公司发布的"PFC能源50强"2010年度报告来看，全球能源业中心也在由西向东转移。

2005年，只有两家非西方的石油公司跻身全球前10强，它们是俄罗斯天然气工业股份公司和中石油。而在最新的排名中，非西方公司占了半壁江山。

全球十大能源公司（按市值排序）

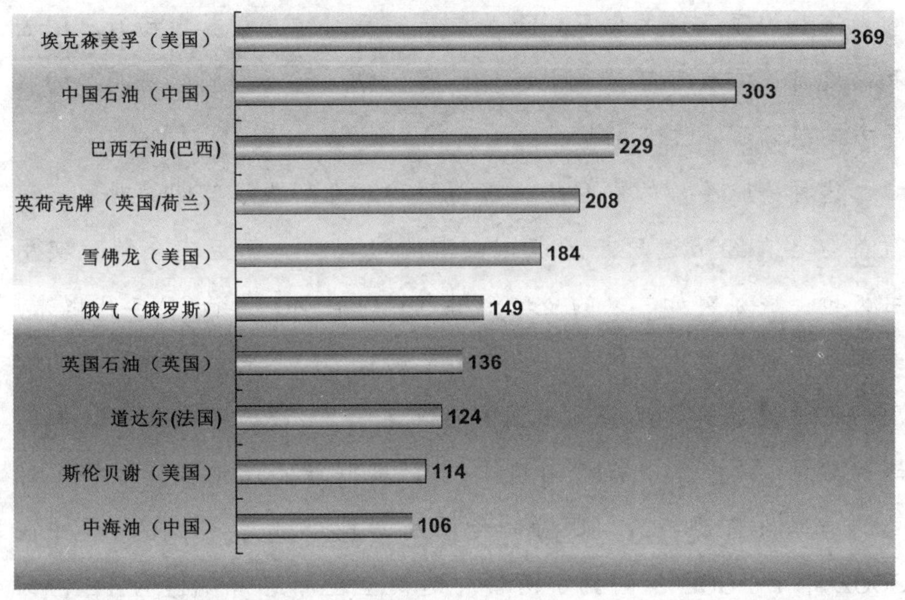

来源：PFC能源咨询公司

最近200年来，在应对各种危机时，总是欧美国家当教师爷，而亚洲国家只是小徒弟、小学生。现在，人类已经进入21世纪，世道变了，而且变得很快、很深刻。老师和学生的界限似乎模糊起来了，甚至出现了相互学习的机会。2010年11月29日，美国《新闻周刊》发表文章称赞亚洲的智慧，倡导美欧应以中印为师。这是西方人思想解放的一个迹象，很有价值。文章说：

几乎整个20世纪，亚洲都在问自己，应该向既现代又创新的西方学习什么？如今，问题反过来了：债务缠身、发展停滞的西方各国应该向繁荣的亚洲学习什么？

首先，而且是最重要的，西方应该重新向亚洲学习实用主义。仅仅几十年前，亚洲的两大巨头中国和印度还在不完善的政治经济思想意识主导下停滞不前。然而，当中国在20世纪80年代开始自由市场经济改革，印度于20世纪90年代紧随其后，两个国家的经济获得了飞速的发展。至关重要的是，在开放其市场时，中国和印度都没有良莠不分地抛弃自己的优势，而是按照政府明智的指导方向抗衡资本主义的影响。

这种头脑冷静的中间路线与美国和欧洲形成了鲜明的对照，美欧都曾各自经历过思想意识走极端的过程——而且完全缺乏实用主义也促成了突如其来的全球金融危机。自20世纪80年代以来，美国越来越热衷于无拘无束的自由市场观念，越来越轻视政府的作用——根据就是罗纳德·里根的那句名言：'政府不是解决我们问题的办法；政府本身就是问题。'前任美联储主席格林斯潘将这种思想体系发挥到极致，眼睁睁地看着各种金融衍生产品出现并在2002年至2008年间翻了两番，达到全世界经济规模的12倍却拒绝调整。当然，当这些自由市场经济的产物崩溃时，还是具有决定性的政府干预挽救了经济。尽管面对这个事实，许多美国人依然在思想深处坚决维护其反对'大政府'的观念，正如我们在中期选举中所印证的那样，反对征税的共和党议员在争夺议会席位时大受欢迎。

如果美国人能够将他们自己从反政府的桎梏中解救出来，他们就会开始看到，美国的问题并非不可解决。一些敏感的联邦措施可能使整个国家重新步入正轨。举一个简单的例子，5%的消费税可能会大大减少美国政府的巨额赤字，但却不会损害生产力。少量的汽油税可能帮助美国减轻对石油进口的依赖，并为环保能源的发展创造机遇。美国的政客必须要有勇气遵循美国所有公立学校向学生们所讲授的道理：既有合理税收，也有不合理税收。亚洲国家明智地运用这种智慧，并因而建立起了长期正确的财政方针。

与此同时，欧洲也已成为各种思想意识陷阱的牺牲品：那就是笃信欧洲政府总有无限的资源，能够不断地借下去，就好像没有明天一样。

美国人觉得市场是最有说服力的，而欧洲人则未能预见到市场对他们持续不断的借贷会作出何种反应。就像美国人需要学会如何巧妙地征税一样，欧洲人需要学会如何才能明智地削减开支——这个挑战，亚洲各国是在自己以往的危机中学会应对的。

美国《新闻周刊》称赞东方智慧，倡导美欧应以中国和印度为师，这很适应世界重心东移这个大潮流。

第二节　美国的国际地位下降

美国人是不愿看到世界重心东移的，因为他们看到自己独有的优越地位正在消失，他们面临的危机正纷至沓来。

美国第一次感到危机是上世纪 60 年代。当苏联把第一颗卫星送上太空时，美国感到自己落后了。肯尼迪当时抱怨说："相对于苏联，美国的力量一直在下滑，共产主义在世界各个领域稳步推进。"后来证明美国是虚惊一场，因为苏联有一个致命的弱点——经济制度效率低下。由于苏联并未参与世界市场的竞争，它的这个致命弱点被掩盖了很久。

美国第二次感到危机是上世纪 70 年代。当时，美国放弃了金本位制，经济陷入衰退，与此形成鲜明对比的是欧洲经济的崛起和欧洲联合的深化，引起人们开始议论美国衰落问题。

美国第三次感到危机是上世纪 80 年代。当时，日本经济实力急剧膨胀，丰田公司的经营方式风靡全球，创造了“文明冲突论”的塞缪尔·亨廷顿在《外交》杂志上发表文章，把日本定位为美国“最大的威胁”。

近一两年，美国总统奥巴马及其他一些高级官员，还有多个媒体，反复渲染美国的“卫星时刻”。2010年12月6日，奥巴马在一次演讲中讲到中国在过去一年里修建的高速铁路超过美国30年修建的高铁。而在新能源技术创新领域，美国正面临来自中国的挑战，然后他强调：残酷的现实是，在未来的竞争中，美国有落后的危险。时隔60年，我们这一代的人造地球卫星时刻已经到来。

所谓“卫星时刻”，是美国人的一个警语。据说，1957年10月4日，苏联将第一颗人造地球卫星送入太空，这一爆炸性新闻让美国人大惊失色。眼看科技创新的桂冠被苏联夺去，迫使美国惊醒，奋力追赶，直至率先将宇航员送上月球，重新确立自己的科技霸权。

俗话说：事不过三。现在是美国人感觉的第四次危机，这一次与前三次会有什么不同吗？

美国华盛顿大学著名学者何汉理认为，中国不像苏联和日本那样是单一强国，而是全方位的大国。他说，二战崛起的大国包括苏联和日本，但是这两个国家都是单一强国，苏联是一个军事强国，而日本只是在经济上称雄。但中国不仅仅是在军事和经济领域突飞猛进，而且在国际舞台上的“软实力”也大大增强。中国以一种过去许多年来我们未曾见过的方式崛起为一个全方位的大国。

二次大战后，美国不仅是超级军事强国，更是无与伦比的超级经济大国。以1947年为例，美国生产了世界上57%的钢铁和基础金属，62%的石油和80%的汽车，制造业产品占世界的53%，出口贸易占世界总额的53%。

正是凭着如此超强的经济力和军事力，美国按自己的意愿设计和塑造了世界的政治和经济格局：政治上确立以美国为主导、联合国为平台的国际政治架构以及相应的现代国际法体系；经济上确立以美元为主导通过国际货币基金组织、世界银行、关贸总协定进行运作的国际经济体系；军事上建立以美国为统帅的北大西洋公约组织，确保西方民主阵营的安全；文化上确立以英语为主导的话语权和影响力。

苏联瓦解、冷战结束之后，整个世界事务就完全按照二战结束后美国设计的体系进行运作，美国的霸权和影响力如日中天；美国的政治体制成为世界民主运动的“楷模”；美国经济规模之大可以压倒一切，美元堪比黄金成为人们求之难得的硬通货；美国的流行音乐、好莱坞电影、可口可乐、牛仔裤都流行世界；甚至美国选手在奥运奖牌榜第一的位置都看似难以撼动。美国的霸权地位登峰造极，人类历史上还从来没有过影响如此巨大的国家。

古人言，物极必反。太阳升起来，总要往下落；人生于世界，总会归于泥土。这是宇宙的普遍法则，没有任何事物会不遵循这个法则。国家也一样，强大到极致，必然会衰落。

今天，让人感到惊讶的，不是美国会不会衰弱的问题，而是美国的衰弱怎么会如此严重的问题。

美国《新闻周刊》2010 年 9 月推出“世界最好的 100 个国家”排行榜，从教育水平、医疗、生活质量、经济活力、政治环境 5 个方面进行综合排名，美国排在第 11 位。这个报道在美国社会引起了广泛议论。

托马斯·弗里德曼是《世界是平的》一书的作者，他在《纽约时报》发表文章指出，奥巴马曾在 2010 年 8 月初的一个政治集会上高呼：“美国不做第二！”但《新闻周刊》关于“世界上 100 个最好国家”排名中，美国连前 10 名都没有进。

弗里德曼试图找到美国衰落的原因，他说，“我们的价值观解体了——一夜暴富和不劳而获的思想在整个国家盛行。华尔街也许一直在‘吸毒’，但我们的议员却给予了鼓励。为了追求暴富的快感，我们当中有太多人乐于购买网络股和次级债‘毒品’”。“我们面对的大问题正逐步显现出来——美国的教育、竞争力和基础设施的衰退以及对石油的依赖性和气候变化。我们这一代的领导人从不敢提‘牺牲’二字。所有解决方案都必须是无痛的。你们喜欢哪一种药方？是民主党的刺激措施还是共和党的减税方案，还有国家能源政策？太难了吧。10 年来，我们没有把最优秀的人才输送到硅谷去制造计算机芯片，而是派往华尔街去制作赌博的筹码，同时告诉自己，我们不用省钱，不用储蓄和投资就可以实现美国梦——拥有自己的房子。”

《大国的兴衰》一书的作者保罗·肯尼迪也在《美国世界论坛网站》上发表文章惊呼：“美国的实力正在衰退。”

肯尼迪说，尽管金融危机使中国、俄罗斯、日本等大国都受到冲击，但美国将会比其他国家损失更大。得出这一结论的“首要原因是美国巨额的预算和财政赤字。单从数字本身来看，全世界没有哪个国家的预算和财政赤字能像美国这么高，即便是按照它们在国民收入所占的比例来算，其百分比看上去更像是冰岛或一些治理不善的第三世界国家。在我看来，2009 年以及以后美国预计中的财政赤字将会非常吓人”。

美国国家情报总监启动了制造业与国家安全的情报评估，指出美国制造业衰落直接影响国家安全。

《制造与技术新闻》杂志说，在上个 10 年开始时，中美两国的钢铁产量差不多。但到现在，中国的钢铁产量是美国的 10 倍。这样的趋势对国家安全有重要影响。当国防部长罗伯特·盖茨启动一个应急计划，想为驻伊拉克美军生产装甲卡车时，发现美国只剩下一家工厂生产强度足够满足军事需求的钢铁，而这家钢厂也被欧洲钢铁巨头收购了。当托莱多的民众决定修建一座博物馆来纪念这座城市发展玻璃产业的悠久历史时，他们必须从中国买来特殊形状的玻璃装饰外立面。新建的世贸中心使用的，也是中国的玻璃。

美国霸权的脆弱性是明显的。

几十年来辉煌无比的华尔街的光环一夜之间就消退了，声名远播的大投资银行在世人眼前纷纷倒下，雄霸市场几十年的通用汽车等制造业巨头说不行就不行了……

人们看得很清楚，美国霸权是靠美元地位、金融服务、超级消费、科技创新和超强军力支撑的，这些支柱如果出问题，霸权主义的大厦就会轰然倒塌。

美国国际地位下降的总根源是经济出问题。自上世纪70年代以来，美国几乎连续不断地出现经常项目赤字，美国人一直承受着帝国过度扩张之苦。实际上，美国具有的支持国际收支赤字的能力正迅速下降。美国经济增长的高生产率阶段随着2001年网络泡沫的破灭宣告结束。从那时起，由于美国经济不断走弱，财政赤字和国际收支赤字均急剧上升。处于高水平的国内消费一直依赖不断增加的消费者债务；对不断增加的债务起到抵消作用的新增财富不是来自新的投资，而是来自股票市场和房地产市场的投机所为。2000年到2004年，联邦债务增加了31%，而美国GDP只增长19%。在这种情况下，其他国家支持美元的理由受到削弱，美国支持其霸权野心的能力也受到削弱。

今后若干年，美国经济都很难有起色，美元也难保强势地位。

金融危机爆发后，由于投资银行纷纷破产，美国已经无法再去动用金融技术制造金融商品。现在，美国已经称不上一个有望获得高回报的投资对象国。

实际上，外国投资者从美国撤回资金的过程已经开始。这期间，美元有时也在升值，主要原因是美国撤回了其对外资产。美国金融机构资金周转困难，不得不卖掉其海外资产，将资金撤回至国内。2008年7月到2009年3月，美国从外国撤回的证券投资额累计达到1470亿美元。

美元基础货币体制正走向终结，时间应该是它失去作为全球结算货

①美国《时代》周刊网站 2010 年 3 月 19 日。

币职能的时候。

据估计，美国家庭持有的欠债约达到 6 万亿美元。美国家庭要偿还 6 万亿美元的借债，即使强制家庭储蓄也需要花费大约 7 年时间。由于优先返还借款将导致消费陷入低迷，因此预计美国 GDP 将缩小 12% 左右。

美国《时代》周刊网站发表文章提出这样一个尖锐的问题：美国从日本多年瘫痪的经历中得到什么教训？

文章认为，今天的日本可以给美国提供的主要教训是无所作为的危险。

在过去 20 年的大部分时间里，日本无论在政治还是经济上，都陷于瘫痪状态。自上世纪 90 年代初资产和股价泡沫破裂以来，经济步履维艰，一直徘徊在衰退的边缘，并不时陷于衰退之中。先后执掌政权的人似乎都满足于勉强修补经济以免其彻底崩溃。

此文作者迈克尔·舒曼接着写道：这种停滞状态并非日本独有，它似乎是整个发达国家的通病。政府不愿作出痛苦的选择，因此只是拿纳税人的钱随处乱扔，维持就业，而不努力从根本上对经济进行改革，结果政府债台高筑。

美国正在步日本的后尘。华盛顿所有人都清楚国家面临什么样的问题，但也像日本一样，没有能力采取必要的行动。[①]

进入21世纪第二个10年时，“超级美国”遇到的麻烦越来越多，衰落的迹象更加明显。

自 2008 年次贷危机爆发以来，美国经济一直没有缓过劲来，失业率居高不下，地方政府财政短缺，高速公路无钱维修，航空航天的一些大项目被迫下马，由于无法就削减赤字达成共识，联邦政府都差点因无资金运转而关门。

2011 年 4 月 16 日，著名的费城交响乐团向法院提出破产保护申请。此前，路易斯维尔交响乐团、费城和雪城交响乐团也因缺钱而停止运营。

据美国媒体报道，危机爆发以来，已有15个地方政府申请破产，在2011年，有多达100多个城市宣告破产。

2011年4月19日，美国航天局宣布，由于成本过高，美国航天飞机将全部退役。

与此同时，美国军费也被要求削减。最新一期《时代》周刊就此有一个精彩的评论：美国人向中国借钱发展军备，而这些军备的主要对象就是中国人；如果中国人想消灭美国人，根本不需要导弹，只需要收回他们的贷款就行。

在曾经引起世界关注的利比亚战事中，美国像以往一样带头对一个主权国家发动空袭，但没有几天就开始打退堂鼓，非不愿也，乃不能也，因为“钱袋子太紧”。

所有这些问题汇集起来正在造成这样一种危险的状态：从两党到整个社会都很难达成共识和妥协，致使美国失去了前进的方向。大家都知道这样过日子不行，但谁都不愿为改革付出代价，并为此陷入激烈争论，造成社会一片乱象。《世界新闻报》说：“美国最苦的日子恐怕还在后面。”

“有利于美国的，就有利于通用；有利于通用的，就有利于美国。”这句话是通用公司前总裁查尔斯·威尔逊在1953年说的。威尔逊一语道破天机：通用与美国命运相连。

此言不虚，通用是美国人的“圆梦者”。一百年来，通用公司向美国社会不同层次的人推出了不同等级的车，帮助一代又一代美国人圆了一个又一个不同等级的美国梦。正像美国作家汤普逊所说：你的生活方式和你取得的成就，常常可以用你开什么样的通用汽车来衡量。当然，对许多美国人来说，只有拥有通用产品的最高典范——凯迪拉克轿车，才算是真正实现了最高一级的美国梦。

通用代表了美国的生产方式和生活方式。如今，通用衰落了，不得不破产重组，美国的生产方式和生活方式是否也面临着破产重组的危机呢？

加利福尼亚州可算是美国的一个象征。全州3800万人，美国国内生产总值的13.3%是在加州产出的，对全国有很大的带动和支撑作用，但现在陷入困境，失业率高达11.6%，如果加上已经放弃寻找工作和被迫缩短工作时间的人数，失业率可能已超过20%。

20世纪60年代，密歇根州曾因汽车业的繁荣而生机蓬勃，人气很旺。离美国汽车转向系统装配厂不远的地方，有一个“得克萨斯人餐厅”。以前，中午时想在那个餐厅吃牛排，必须提早动身，11点之前到达，否则就只好排长队等待了。现在，临近中午，只有寥寥几位顾客，而且餐厅的一大半早就关闭了。甚至整个密歇根城也因汽车业的萎缩而规模缩小了一半。

美国梅西罗夫金融咨询公司首席经济师黛安娜·斯旺克说：“整个国家现在面临的状况就是密歇根州长久以来所一直面对的。我们磨磨蹭蹭拖延了一路，现在眼前就只剩下悬崖，只能往下跳了。

经济衰退只不过暴露了一个伴随我们已久的真相。我们面临教育和技能方面越来越大的缺口，但我们想用债务和贷款来弥补，这就造成了经济增长的幻象。”

斯旺克的说法很激烈，但点到了美国社会的病根：制造业萎缩，金融业畸形膨胀。

1953年，美国制造业在国内生产总值中的比重达到28.3%，到2009年，这一数字是11%。

制造业就业人数1979年达到峰值，为1450万人，从此以后不断下降，到2010年才有800万。一个3亿人口的经济大国，制造业就业者仅有区区800万，这是美国经济的最大悲哀。

明尼阿波利斯大桥在2007年夏天的垮塌说明美国基础设施建设落

后了。

这是一座高速公路大桥，但大桥使用的衬板太薄。桥面在多年使用中加铺了2英寸厚的水泥，超过了承受能力；工人又在大桥最薄弱的地方堆放了一堆建筑设备，终于把大桥压垮了。

美国的脆弱是多方面的。《今日美国报》2009年9月17日的报道说，美国的供电网不堪一击。

专家警告说，敌对国家或恐怖分子只要在大气层数英里外爆炸一件电磁脉冲弹，就可以导致美国电网瘫痪并且中断从信息网络到国防通讯的一切活动。

对这种攻击行动进行研究的美国国会一个专家小组认为，这会造成银行、运输、食品、供水和应急服务部门停顿，甚至可能“击溃我们的军事力量”，结果将是灾难性的。

这种情况与一种叫做“电磁脉冲”的现象有关，它可以产生巨大的能源波，足以击垮美国全国的电力供应系统。而修复费用高达1万亿至2万亿美元，整个复原过程可能需要10年时间。

美国正从“超级大国”的巅峰往下滑落，这是一个不争的事实。2010年11月20日，美国国家情报委员会向总统提交一份世界趋势报告，把美国衰落归结为以下三项因素：“第一，伊拉克和阿富汗战争突出表明，美国在军事上占压倒性优势并不会自然转化成政治上的胜利。第二，中国和印度的崛起意味着，美国作为全球最大经济体的日子已经屈指可数。第三，金融危机的发生使得人们认为美国气数已尽，美国模式存在严重缺陷。”①

美国国家情报委员会能够认识到“美国模式存在严重问题”非常了不起。如果美国能警醒过来，下定决心克服这些“严重缺陷”，那么美国的持续衰落是可以防止的，美国还有希望继续走在繁荣强大的道路上。

①英国《金融时报》2011年11月25日。

第三节　美国与盟国矛盾上升

观察中美关系，必须顾及美国的同盟状态。美国与盟国关系好，势力就大，中国可周旋的余地就小；美国与盟国有矛盾，力量会被削弱，中国承受的压力就会减轻。

我们在前面说过，早在上世纪60年代，美国与其西方盟国的矛盾就突显出来了，再加上同苏联争霸的形势非常严峻，美国统治集团被迫改弦更张，决定打开中美交往的大门，建立正式外交关系。

中美建交后，美国与盟国的矛盾继续存在，并有所上升。

冷战结束后，美国与西方盟国共同受到的苏联威胁不存在了，欧洲国家和日本追随美国的意愿减退，双方发生了怎样建立冷战后国际新秩序的争论。欧、日的自主性增强，甚至希望同美国“平起平坐”。美国则要维持其唯一超级大国的地位，经济上对欧日实行管卡压，军事上则强化安全机制，防范欧日成为地区军事强权。美国的管卡压和日欧的离心倾向必然导致矛盾上升，摩擦加剧。

上世纪80年代，美国与欧日签“广场协议”，强迫日元和德国马克大幅度升值，严重打击了日本和德国的经济。

1994年2月，美国总统克林顿与日本首相细川的贸易谈判破裂，日本敢于对美国说“不”，这在美日关系史上尚属首次。日本媒体就此欢呼说，这为“战后日美关系揭开了新的一页”。其后的日美关系互有需要，若即若离；既互相合作，又互相防范。

欧美关系更为复杂，苏联解体后，美国不希望出现一个强大的欧洲，但西欧各国却执意进行欧洲一体化，既扩大欧盟，又建立欧元区，谋求欧洲在地区和世界舞台上享有政治经济的独立话语权。

欧洲和美国的竞争是复杂的、激烈的。

2007 年 4 月 4 日，英国《金融时报》上有这样一句话："欧洲赢得了第三次世界大战。"如此极度夸张的一句话，却能引起不少欧洲人振奋不已，这是意味深长的。

《金融时报》说的是这样一件事，欧洲股市总值已达 15.72 万亿美元，而美国是 15.64 万亿美元，双方相差仅区区 800 亿美元，但毕竟是欧洲大于美国，这是长久以来的第一次。

不仅如此，上年度伦敦证券交易所招股集资 320 亿美元，而纽约证交所仅 187 亿美元。显然，纽约世界金融中心的地位似乎也被伦敦抢去了。

在此期间，美国《华尔街日报》引用一份调查说，超过 60% 的人认为，到 2015 年，全球第一金融中心的位子属于伦敦，只有 10% 的人仍看好纽约。

穆迪、标普、惠誉三大评级机构，是美国行使霸权的有力工具。三大评级机构近年的活动，触及了美欧矛盾的一个关键点。

这三个评级机构都是美国的公司，它们在国际金融市场上呼风唤雨的权力，是美国政府赋予的。

应当看到，经过百年的积累，三大机构在市场上树立起一定的公信力，但它们的巨大权力，并不在此。首先，美国政府将宪法第一修正案保障"言论自由"的公民权授予三大机构，使它们能够逃避因不公正、不合理、不科学评级而招致的法律责任；其次，美国政府授予它们垄断经营权，并在实际操作中千方百计给予庇护；第三，美国政府让三大机构配合美国的战略方针以增强其"杀伤力"。

2003 年，美国悍然发动入侵伊拉克战争，美国的盟国中，有的支持，有的反对，三大评级机构立即出手。德国反对入侵伊拉克，德国企业接二连三被标普降低评级，导致包括钢铁巨头蒂森・克虏伯在内的许多企业股价跌至历史最低。德国政商界普遍认为，这是德国对美国发动伊战"说不"遭到的报复。与此同时，澳大利亚全力支持美对伊战争，标普将澳外汇债务评级升至 AAA。

实际上，穆迪等三大机构完全是美国政府用来保护自己、打击对手的一把枪，它们用不同的标准来衡量不同国家的信用等级。它们对美国本土市场存在的严重问题视而不见，但对他国金融市场的动态则明察秋毫。

2009 年 12 月，希腊财政赤字达到 GDP 的 12.7%，因为远远超过《稳定与增长公约》所规定的 3% 的上限，立即被三大机构调降评级。与此同时，2009 年美国赤字约占 GDP 的 12%，国债累计约为 GDP 的 80%，远高于稳定上限 7.5% 和 79% 的水平，但三大机构却将美国主权信用评级仍然评为 AAA 的最高级。

三大机构抬高美国，打击希腊实际出于一种更高的战略图谋。当今世界，美元大幅贬值与国际地位下滑在所难免，而目前美元的最大挑战者是欧元。打击希腊就是找到一个突破口，最终搞垮欧元，以巩固美元至高无上的地位。

美国与盟国是利益共同体，它们在许多方面是可以合作，可以妥协的。但在维持美国至高无上的地位问题上，美国是丝毫不肯让步的。

英国《金融时报》发表文章说，美国不接受多极世界的观点，因为多极世界将把美国置于与其他重要国家同等的地位上。美国人认为，国际地位基于国家实力，而国家实力包含三个方面，一是物质财富，二是军事战略力量，三是影响世界事务的意愿和能力。在所有这三个方面，美国都对其他任何一个国家占有明显的优势。

奥巴马政府倾向于运用伙伴关系的措辞而不用多极世界的措辞。美国确实明白，它无法继续随心所欲地主宰世界，而且它与世界其他国家之间的差距也越来越小。但它不愿意放弃自己的卓越地位，它需要挑选适当的国际伙伴来维持这种卓越地位，同时防止这种地位被瓦解，这正是美国人的心态和行为。

第四节 美国与第三世界斗争激化

观察中美关系，特别要顾及美国与第三世界的斗争情况。美国与中国的矛盾，实际上是美国与第三世界矛盾的一个有机环节。中国与第三世界国家存在着相互支援的关系。

我们不能忘记，美国长时间不承认中华人民共和国，反对中国进入联合国，是第三世界国家朋友们把中国送进了联合国，恢复了中国作为安理会常任理事国的崇高地位。

我们不能忘记，在美国及其西方盟国对中国实行封锁、制裁、禁运，在经贸交往中制造各种障碍的时候，广大第三世界国家伸开双手，热情欢迎中国前去投资、扩大贸易、加强多方面的合作，给中国经济的发展壮大提供了宝贵的助力。

我们不能忘记，为了改变不合理的国际政治经济秩序，为了解决人类面临的各种社会的和自然的灾难，为了促进人类进步和世界和平，中国与第三世界国家是命运共同体。

美国则与中国相反。几十年来，美国运用自己强大的经济力、货币力、军事力，对第三世界国家进行经济上的剥削、政治上的压制、军事上的侵略，到处树敌，遍地结仇，造成了数不清的矛盾。当前与美国对着干的伊朗、朝鲜、古巴和委内瑞拉都是对美国压力的反抗。

美国与第三世界的矛盾，在中东地区，在伊斯兰问题上，以非常特殊而尖锐的形式表现出来。不久前，美国驻利比亚大使在班加西被害，引起世界震惊，更让美国人不解。甚至连时任国务卿的希拉里也觉得不可思议，她感叹道：美国和西方盟国发动颜色革命，“解放了利比亚人民”，为什么他们要杀害解放者呢？

这个问题值得美国人深思，也必定引起世界的关注。

以美国为首的西方基督教国家同中东伊斯兰国家的关系是错综复杂的，存在着许多难解的死结。

古代，罗马帝国的军队曾侵略和统治过中东广大地区。

公元661年阿拉伯帝国正式建立后，阿拉伯军队也曾侵略和统治过欧洲的部分地区。

中世纪时，信奉基督教的欧洲国家发动十字军东征，信奉伊斯兰教的国家奋起抵抗。从公元1096年到1291年，在200年的战争中，双方杀得天昏地暗，血流成河，种下了千年难消的历史仇恨。总体上看，在基督教国家和伊斯兰教国家的第一次全面较量中，双方互有胜负，打成了平手。

1299年前后，一个叫奥斯曼的突厥人带领他的部众在伊斯兰世界崭露头角，他建立的奥斯曼帝国取代阿拉伯帝国，把伊斯兰信仰推向更大的范围。

此时，整个基督教世界处在可怕的分裂和衰落之中：黑死病夺去了千百万人的生命，百年战争使英法两国耗尽了元气，意大利诸国陷在威尼斯和热那亚的长期争斗中，巴尔干半岛则被天主教、东正教和鲍格米勒教的三教冲突吵翻了天。所有这一切为伊斯兰帝国进军欧洲创造了最好的时机。

1384年，奥斯曼大军攻占索菲亚并控制了整个保加利亚。5年后，他们在著名的科索沃之战中获胜，使塞尔维亚帝国灭亡。1453年，他们攻占君士坦丁堡，结束了历经千年的拜占庭帝国的生命。此后，奥斯曼帝国的军队又先后占领匈牙利、乌克兰和奥地利的部分地方以及塞浦路斯和克里特岛。很显然，在基督教国家和伊斯兰国家的第二次全面较量中，伊斯兰国家占了上风，很长时期都居于优势地位。

17世纪之后，奥斯曼帝国衰落了，中东伊斯兰世界陷于落后而分裂的状况，而他们的老对手，即欧洲基督教国家，经过文艺复兴运动，发展了科学技术，启动了工业革命，创造了新兴的资本主义社会。与此同时，欧洲移民在北美洲建立了一个非常强大的基督教国家，它就是美国。在欧美基督教国家主导世界的历史时期，资源丰富，战略地位重要的中东地区只能处于被帝国主义列强宰割的地位。

第一次世界大战后的 1917 年 11 月 2 日，贝尔福勋爵写信给犹太复国主义领袖罗斯柴尔德，宣布英国政府赞成在巴勒斯坦建立一个“犹太人的家园”，宣布犹太人在巴勒斯坦建国的这份文件后来被称为《贝尔福宣言》。这个“宣言”埋下了中东战乱的大祸根。

不仅如此，根据 1920 年签订的《塞夫尔条约》，法国得到了叙利亚托管地，英国获得了埃及、美索不达米亚和巴勒斯坦，意大利分得了多德卡尼斯群岛，希腊获得了爱琴海上的一些岛屿……不难看出，在欧美基督教国家和中东伊斯兰国家新的历史较量中，前者取得了压倒性的优势。

美国是以欧洲移民后裔为主体的国家，由于它的超级强大，自然成为西方基督教国家之首，全面继承了基督教国家同伊斯兰国家之间的历史仇恨，这是美国与伊斯兰世界复杂关系的大背景。

英、法、意等老牌欧洲强国对中东的殖民统治失败之后，美国取而代之，成为中东伊斯兰世界的霸主。

世人皆知，控制中东地区已经成为美国霸权的生存战略之一。因为不能掌握中东的石油，美元的霸权地位就岌岌可危。如果失去了对中东战略地位的控制，美国的军事霸权就失去了施展的根基。早在 1990 年，老布什政府就在《国家安全战略》报告中强调中东能源对于“自由世界”的重要性。1999 年克林顿政府又在《新世纪国家安全战略》报告中宣称，中东地区局势将深刻影响美国未来。“9·11”后，小布什政府则制定了对中东地区进行民主改造的“大中东计划”。

美国怎样控制中东地区呢？它不敢像英国、法国、意大利那样搞“笨殖民”，而是搞“巧殖民”。

美国的“巧殖民”有几种办法。最常用的办法是分而治之，使整个中东伊斯兰世界长期处于四分五裂的状态。这是最简便易行的，因为中东伊斯兰世界存在着多种的民族和不计其数的部落。民族之间有历史的恩怨，有现实的利益冲突。部落之间也是如此。只要稍加挑拨，他们自己就会互相厮打起来。

长期以来，美国出于争夺霸权和控制中东石油的战略需要，往往支持听指挥的伊斯兰国家去打击不听指挥的伊斯兰国家。美国的这种政策不仅制造了伊斯兰世界无休止的内部争斗，也使美国在伊斯兰世界的敌友关系像走马灯一样来回更换。

美国的所作所为使它在中东地区没有真正的朋友。巴列维国王曾是美国在中东的“铁杆盟友”，但却被从西方流亡回来的霍姆尼发动的“颜色革命”推翻了。由于霍姆尼政权不听指挥，美国就出钱出枪支持萨达姆进攻伊朗。萨达姆后来不听指挥了，美国就发动海湾战争，侵略伊拉克，把萨达姆杀掉了。

埃及的穆巴拉克也是美国的“铁杆盟友”，美国利用“颜色革命”把他废掉了，使那些向来以美国为靠山的伊斯兰国家统治者人人心寒。

伊斯兰世界的统治者对美国心寒还在其次，真正让美国恐惧的是伊斯兰各国人民的普遍愤怒。

愤怒的根源之一是美国对以色列的庇护。

十字军东征是以夺回耶路撒冷“圣地”为目标的，英国政府支持犹太人以耶路撒冷为中心建立以色列国，美国政府拼命庇护以色列国，激起了阿拉伯人的历史仇恨，使美国站到了伊斯兰世界人民大众的对立面。

愤怒的根源之二是美国对中东石油的疯狂掠夺。

石油是中东人民的宝贵财富，但拥有如此丰富资源的中东人民却至今非常贫困，而美国人则巧取豪夺，“富得流油”，这是真正的“民族仇、阶级恨”，美国的任何花招都化解不了，他们无论说多少好听的话都是骗不了人的。

根源之三是美国的反恐战争给伊斯兰人民带来深重灾难。

炸毁纽约两座大楼，造成数千人员死伤，那是刑事犯罪，应当缉拿罪犯归案，改善安全防护工作才是正理。但美国却发动世界性的反恐战争，把斗争矛头指向伊斯兰世界，大规模入侵阿富汗和伊拉克。罪犯长时间没有抓着，却把战区变成地狱，本国数千士兵丧命，被反恐战争折磨而死的普通人民更是数以十万计。如此罪恶超过炸纽约世贸大厦的罪恶岂止十倍。要知道，被粗暴侵略的是伊斯兰国家，被战争杀死的是伊斯兰人民。伊斯兰世界的人民能原谅这一切吗？

美军疯狂杀害伊斯兰民众的事件发生过许多起。全世界都记住了最近发生的这个事件：

2012 年 3 月 11 日

阿富汗坎大哈省潘杰瓦伊地区。

凌晨 3 时，驻在当地的美军士兵走出兵营，来到阿富汗人村庄，对 3 座房屋进行疯狂扫射，住在房内的 16 个村民，其中包括 9 名儿童，被全部杀死。美军士兵还把多具尸体聚拢后焚烧。路透社 3 月 12 日援引未经证实的村民说法称，射杀阿富汗平民的美军士兵有多人，他们一边开枪扫射一边笑闹，看上去像喝醉了酒。

事件发生后，美国总统打电话给阿富汗总统卡尔扎伊说：“我对这起令人震惊的悲剧事件感到深切悲痛，此事件不能代表驻阿美军的杰出品质和美国对阿富汗人民的尊重。”

全世界的人听了奥巴马的话都会说：这是美国人最无耻的狡辩。被战争扭曲了心灵的美军怎么会有杰出的品质，任意发动侵略阿富汗战争的美国怎么可能尊重阿富汗人民！

问题在于，美国是一个非常好战的超级大国。2004 年，美国五角大楼在预测未来世界景象时，满脑子都是战争。他们预计，到 2050 年，全球人口将逼近 100 亿，“世界将爆发争夺食品、淡水和能源的全面战争，战争将界定人类生活。”

五角大楼一直都坚持着“战争将界定人类生活”的危险而邪恶的思维，在国内，每年攫取 6000 亿美元的巨大资源来壮大战争机器，其中一艘航母的成本就超过 150 亿美元。在国外，美国政客和将军们到处制造矛盾，挑起冲突，激化仇恨，渲染威胁，使全世界大大小小的国家都竞相扩大军队，购买武器，准备战争。这样就把人类宝贵的资源都扔进战争的黑洞。实际上是为美国金融——军工集团攫取天文数字的利润。

从 1945 年到 1990 年，美国对外发动战争有 124 次，年均 2.8 次。从 1991 年到 2003 年，美国又发动了 40 多次战争，年均 4 次。所有这些战争，都是在摧残第三世界国家的人民。

1961 年到 1973 年，美国打了 12 年对越南的战争，当时的法国总统戴高乐谴责这是“一场肮脏的战争”，马丁·路德金也发表声明说：“我国必须被判罪——违背了几乎所有为战时人类尊严标准而确立的国际协议之罪。”

2003 年，美国对伊拉克发动“先发制人”的战争，不仅联合国通不过，而且全世界有 410 多个城市上千万人示威反对。

美国近几年发动的战争，都在伊斯兰世界，给那里的人民带来了无穷的灾难。

布朗大学沃森国际问题研究所发表了一份报告，细数美国这几年为推动“民主”而发动的几场战争带给世界的惨重灾难。

截至 2011 年，在伊拉克和阿富汗战争中死亡的有：

6381 名美国军人 2300 名雇佣兵；

9922 名伊拉克安全部队人员；

8756 名阿富汗安全部队人员；

3520 名巴基斯坦安全部队人员；

1.17 万名阿富汗平民；

12.5 万名伊拉克平民；

3.56 万名巴基斯坦平民；

168 名记者和 266 名人道主义工作者。

受伤的有：

9.9 万美国人；

5.1 万雇佣兵；

365383 名以上几个国家的平民。

因战争而流离失所的有 300 万阿富汗人、350 万伊拉克人和 100 多万巴基斯坦人。

美国电影《穆斯林的先知》播放后，在伊斯兰世界爆发了反美浪潮。先是美国驻利比亚大使和多名外交官遇袭身亡，随后反美浪潮扩散到埃及、也门、苏丹、伊朗等几十个国家。

美国国务卿希拉里不禁说道："许多美国人都在问，事实上我也自问，怎么能发生这种事？在一个我们帮助实现解放的国家，在一个我们帮助避免被摧毁的城市，怎么会发生这样的事情？"

希拉里装模作样地提出这样的疑问能骗得了谁呢？正是美国政府推进美式民主的计划促成了"阿拉伯之春"，挑起了当地各党派、阶层、部落之间的内斗，使这些国家走向政治混乱、经济萎靡、局势动荡、失去未来的悲惨局面。美国为了实现自身的经济和安全利益，使中东地区人民深受其害，给整个世界制造了大麻烦，第三世界的人民怎么能不痛恨、不反对呢。可以肯定，如果美国不改弦更张，它同第三世界国家的矛盾将会更加尖锐。

第八章
中美经济力消长

在世界重心东移的历史大潮中，美中两国经济力的消长日益显示出重大的震撼作用：中国实体经济已经大于美国，中国经济增速快于美国，中国经济体制优于美国，中国经济总规模必将超过美国。

21 世纪初期，中美关系正处于一个非常关键又非常复杂的时期，即中美两国由事实上的不平等走向平等的时期。

有一句老话，说“弱国无外交”。这句话有些夸张，但还是说出了国际关系中一个本质的问题：强国和弱国不平等。当今时代，大家口头上都说国与国是平等的，但在国与国的实际交往中，强国总是占着优势，拥有更多的主动权，能够获得更多的利益，弱国则是有苦难言，往往必须无奈地接受自己不愿意看到的结果。换句话说，国与国之间在口头上、形式上、国际法上是平等的，但事实上是不平等的。不平等到什么程度，由两国实力对比决定，并受国际大环境的一定影响。

在过去相当长的一段时期，中美两国关系也存在着事实上的不平等。远的不说，二战时期中美两国虽然是盟友，但蒋介石政权处于依附地位，处于没有美国支持就难以生存下去的地位，双方的交往是不平等的。

新中国成立后，中美两国互相敌对，既打热战，也打冷战。美国人把中国看成是“穷光蛋”，中国人将美国视为“纸老虎”，双方处于隔绝中的平等地位。这是一种特殊情况，不是正常的国家关系。

中美建交后，中国就融进了国际关系网络之中。这是一个深深地打着美国印记的大网：以联合国为核心的国际政治架构是美国主导下建立起来的；以世界银行、国际货币基金组织以及关税与贸易总协定为基础的国际经济架构也是美国主导建立起来的；至于北大西洋公约组织等军事架构，则完全是美国主宰的。进入屋檐下，哪能不低头呢。

在现实的国际关系网络中，与美国相比，中国先天地处于不平等地位。在美国是唯一超级大国的时期，在中美交往中，中国必须面对两国之间事实上的不平等。

当中美之间出现由美国无理挑起的碰撞时，中国人都非常激愤。但激愤归激愤，只要中国的国力还不能与美国比肩，只要事实上的不平等没有消除，中国人就不得不长期地“韬光养晦”。

比如，当美国军舰很嚣张地监控我们的远洋货轮“银河号”并诬陷它载运违禁物品，迫使它在大洋上漂泊24天，我们却没有能力反制美国，只好同意在第三国的港口进行检查。检查证明是美国凭空诬陷，而且违反国际法，但美国竟敢于不道歉，不赔偿，中国却无可奈何。

又比如，台湾是中国的一个省，美国在两国建交后也承认台湾属于中国。但美国政府一直明里暗里支持台独势力，用美国的国内法来处理美台关系，不断卖军火给台湾当局，让其增强抗拒国家统一的本钱和能力。有时还派航母战斗群在台湾海域耀武扬威。如果中国国力足够强大，美国还敢这样做吗？

人们研究中美关系，很看重美国社会中存在着多元利益集团，很看重共和党和民主党外交政策的差别，很看重美国政治精英中“理想派”和“现实派”对外理念的不同，往往从某个利益集团得势，某个党派执政，某种思想流派决策来说明或预测美国对华政策的变化趋势。这样的分析当然有一定道理，但是没有抓住根本。

中美建交以来，美国的对华政策经常发生变化，不仅民主党和共和党的政策有差别，就是同一个总统，任期内的对华政策也发生变化。比如，共和党的老布什总统初期对华友好，但后期反华很起劲，推出了一系列对华制裁措施；他的儿子小布什总统则是初期反华，后期对中国较为友好；民主党的克林顿总统在初期和中期做了几件严重伤害中美关系的事情，但碰壁之后有所改邪归正。这一类的政策变化是随机的，与一些突发事件有关，也同执政党和执政者的政策理念有关。

中美建交以来，美国对华政策存在着一个基本稳定而又不断发展的趋势：美国两党和所有的美国执政者都感到中美关系非常重要，而且越来越重要。

这个基本稳定而又不断发展的趋势在中美关系中带有根本性。这种大趋势是国际大格局决定的，是中美国力消长决定的。本章要研究的，就是中美关系发展的这个大趋势。

现在，我们正在见证这样一个意义非凡的过程：在世界重心东移的历史大趋势中，美国的势力和影响正在削弱，中国的势力和影响正在增强，中美国力差距正在缩小，而且正在走向一个平等的关口。当这一天到来时，两国间事实上的不平等就会消失，无论是中美关系，还是整个世界的关系，就会出现焕然一新的景象。

现在，我们先从中美经济力的消长说起。

俗话说，财大气粗。人与人之间的关系是这样，国与国之间的关系也是这样。

长期以来，美国为什么能以不平等的态度对待中国，动不动就是“制裁”，或者威胁制裁，最基础的原因是它的财力比中国大得太多，它是世界第一经济大国，是世界经济的珠穆朗玛峰，在那里傲视全球，简直是“一览众山小”。在美国人看来，美国非常富强，中国十分贫弱；美国在经济上对中国无所求，而中国则有求于美国。这是美国对华政策真正的基础，“财大”的美国，可以情不自禁地对中国“气粗”。

但是，美国人习以为常的情况正在改变。经济力的消长必然重塑中美关系的基础格局。

第一节　中国实体经济已大于美国

中美经济力消长的一个重要表征是中国实体经济已经大于美国。中国早已是世界第一制造业大国，而且也是世界第一大机械设备生产国。据德国《明镜》周刊 2013 年 4 月 3 日报道，刚刚过去的 2012 年，中国机械设备销售额达 6780 亿欧元，居全球第一。美国为 3300 亿欧元，居第二位，日本和德国为 2660 亿欧元和 2500 亿欧元，分居第三、四位。

一国的实体经济大厦，必须是实体经济元素构建而成。让我们先对中美两国实体性的经济元素作一个简要的比较：

（一）中美两国基础资源比较

1、人口总量

中国人口有 13.41 亿，是美国 3.08 亿多人口的 4 倍多。这就是说，从潜力上看，中国的劳动大军和消费大军是美国的 4 倍。这个因素是具有决定性意义的。

2、国土面积

中国　约 960 万平方公里。

美国　约 963 万平方公里。

3、耕地面积

中国 122 万平方公里。

美国约 200 万平方公里。

这里需要说明，中国有 30 万平方公里优质耕地，单产超吨，美国没有。中国还有 2 熟或 3 熟的耕地，折合普通耕地，总耕地面积约为 250 万平方公里，高于美国 200 万平方公里。

4、森林面积

中国 195 万平方公里，覆盖率 20%。

美国约 304 万平方公里，覆盖率约 30%。

5、草原面积

中国　392 万平方公里。

美国　232 万平方公里。

6、领海面积

中国　473 万平方公里。

美国　约 112 万平方公里。

7、能源资源

煤炭

中国　约 1.34 万亿吨。

美国　约 1 万亿吨。

石油

中国　约 31.7 亿吨。

美国　约 31 亿吨。

水能、风能、太阳能中国居世界第一。

8、金属资源

中国金属资源均居世界前列，目前大部分金属产量居世界第一，包括铁、铜、铝、铅、锌、钨、锡、锑、黄金、稀土等。

美国金属资源总量比中国少。

（二）中美两国主要产品比较：

一、工业

1、中国粗钢产量：6.37 亿吨，占世界总产量的 44.7%，居世界第一。

美国粗钢产量：0.806 亿吨。

2、中国钢材产量：8.03 亿吨，居世界第一。

美国钢材产量：0.64 亿吨。

3、中国水泥产量：18.68 亿吨，占世界总产量的 60%，居世界第一。

美国水泥产量：0.64 亿吨。

4、中国电解铝产量：1565 万吨，超过世界总产量的 65%，居世界第一。

美国电解铝产量：172.72 万吨。

5、中国精炼铜产量：458.86 万吨，占世界总产量的 23.8%，居世界第一。

美国精炼铜产量：106.8 万吨。

6、中国煤炭产量： 32.4 亿吨，占世界总产量的 45%，居世界第一。

美国煤炭产量：9.84 亿吨。

7、中国原油产量：2.02 亿吨，居世界第五。

美国原油产量：2.73 亿吨。

8、中国乙烯产量：1418.9 万吨，居世界第二。

美国乙烯产量：2575 万吨，居世界第一。

9、中国化肥产量：6337.86 万吨，占世界总产量的 35%，居世界第一。

美国化肥产量：2310 万吨。

10、中国塑料产量：4432.59 万吨，占世界总产量的 20%，居世界第二。

美国塑料产量：4663 万吨，居世界第一。

11、中国化纤产量：3090 万吨，占世界总产量的 42.6%，居世界第一。

中国化纤产量：2926 万吨。

12、中国玻璃产量：6.3 亿重量箱，超过世界总产量的 50%，居世界第一。

13、中国汽车产量：1826.47 万辆，占世界总产量的 25%，居世界第一。

美国汽车产量：776 万辆。

14、中国船舶产量：造船完工量 6560 万载重吨，占世界总量的 41.9%，居世界第一。

15、中国工程机械产量：702 亿美元，占世界总产量的 43%（工程机械：挖掘机、装载机、推土机、起重机、混凝土泵、叉车、压路机等）居世界第一。

美国工程机械产量：342.14 亿美元。

16、中国计算机产量：2.46 亿台，占世界总产量的 68%，居世界第一。

17、中国彩电产量：1.18 亿台，占世界总产量的 50%，居世界第一。

18、中国冰箱产量：7300 万台，占世界总产量的 65%，居世界第一。

19、中国空调产量：1.09 亿台，占世界总产量的 80%，居世界第一。

20、中国手机产量：9.98 亿部，超过世界总产量的 70%，居世界第一。

21、中国洗衣机产量：6100 万台，占世界总产量的 44%，居世界第一。

22、中国微波炉产量：6800 万台，占世界总产量的 70%，居世界第一。

23、中国数码相机产量；8200 万台，占世界总产量的 65%，居世界第一。

24、中国数字电视机顶盒：1.5 亿台，占世界总产量的 73%，居世界第一。

25、中国电力：总装机容量 9.62 亿千瓦，居世界第二。

美国电力：总装机容量 10 亿千瓦。

26、中国发电量：42065 亿度，占世界总发电量的 22%，居世界第一。

美国发电量：41200 亿度。

27、中国公路网总里程：400.82 万公里，居世界第二。

美国公路网总里程：651 万公里，居世界第一。

28、中国高速公路总里程：7.41 万公里，居世界第二。

美国高速公路总里程：9.12 万公里，居世界第一。

29、中国铁路营业总里程：9.1 万公里，居世界第二位。其中高速铁路 8358 公里，居世界第一。

美国铁路营业总里程：23 万公里，居世界第一位。高速铁路为无。

30、中国一次能源消费量：32.5 亿吨标准煤，超越美国，跃居世界第一，这也是个里程碑的标志。

美国一次能源消费量：30.81 亿吨标准煤。

31、中国港口：世界 30 大港口中国占 9 个。

美国港口：世界 30 大港口占 2 个。

32、中国水运 37.9 亿吨；美国水运 23 亿吨。

33、中国航空：飞机制造和空运中国全面落后于美国。

34、中国纱产量：2717 万吨，占世界份额的 46%，居世界第一。

35、中国布产量：800 亿米，居世界第一。

36、中国黄金产量：340.876 吨，世界第一。

美国黄金产量：231 吨。

37、中国粮食产量：5.46 亿吨，占世界份额的 25%，居世界第一。

美国粮食产量：4.02 亿吨。

38、中国肉类产量：7926 万吨，占世界份额的 28%（猪肉、牛肉、羊肉、禽肉），居世界第一。

美国肉类产量：1046 万吨。

39、中国禽蛋产量：2763 万吨，占世界份额的 45%，居世界第一。

美国禽蛋产量：230 万吨。

40、中国水产品产量 5373 万吨，占世界份额的 40%，居世界第一。

41、中国蔬菜产量：6.5 亿吨，占世界份额的 50%，居世界第一。

美国蔬菜产量：0.38 亿吨。

42、中国水果产量：2.14 亿吨，占世界份额的 18%，居世界第一。

美国水果产量：0.274 亿吨。①

……

①全部数据均采用 2010 年数。数据来源主要是《中国统计年鉴》、《美国统计年鉴》。有些数据来自联合国统计司和联合国粮农组织公布的数字。

中国已建立起门类齐全的现代工业体系。按国际产业分类，在 22 个工业大类中，中国钢铁、建材、纺织服装等 7 大类传统工业名列全球第一，先进装备和电子信息等新兴产业规模也已跃居全球第一位。已有 220 多种工业品产量均超过美国，位居世界第一。主要农产品产量也超过美国，位居世界第一。

人们只要关注媒体报道，经常可以看到在实体经济的某一个方面，中国已超过美国等其他国家，跃居世界第一。例如：

早在 2009 年，中国取代德国成为世界上最大的出口国，占全球出口份额的 10%。

2010 年，中国向新建筑项目投入超过 1 万亿美元，而美国是 9830 亿美元，中国已成全球头号建筑大国。

日本《读卖新闻》报道，在 2011 年，中国取代美国，成为世界头号化工生产国。报道说，由于中国市场的重要性正日益提升，欧美的化工企业不得不加强在中国的业务。在日本大地震后，为了分散风险，日本的化工企业有些也考虑把生产基地转移到中国。

国际食品分析机构 IGD 于 2012 年初发布报告说，在 2011 年，中国零售花费达到 6070 亿英镑，首次超过美国成为全球最大的食品和杂货零售市场。

2012 年，联合国一份研究报告说，中国制造业领先世界其他所有国家。2011 年，中国生产了 2.9 万亿美元的工业品，而美国仅产生 2.43 万亿美元工业品，中国制造业产值比美国多大约 20%。

彭博新闻社网站 2013 年 2 月 9 日报道，2012 年，中国超过美国成为世界最大贸易国。中国进出口总额为 3.87 万亿美元，美国为 3.82 万亿美元。同时，中国贸易顺差为 2311 亿美元，美国则有 7279 亿美元的逆差。

……

当中国在一个又一个实体经济领域里占据世界第一的位置时，美国实体经济正在经历困难的时刻。

制造业产值在美国国民经济中的比重不断下降，是一个明显的趋势。50年前，美国制造业雇佣1460万人，占全国劳动大军的28%。如今，美国制造业仅雇佣800万人，占劳动大军的8%。受金融危机拖累，仅在2009年1月，美国制造业就裁员20.7万人。

由于制造业萎缩，美国消费的产品只有65%是美国自己制造的。

2010年美国GDP为14.6万亿美元,其中制造业产值约有2.6万亿美元。美国制造业的大头是航空工业，也就是2000多亿美元。航空工业所涵盖的金属加工业、复合材料、航空电子、重型机械，已经成为美国制造业的最后堡垒。从某种程度上说，美国制造业已经到了退无可退的地步。

制造业萎缩，实体经济空心化，正在侵蚀着美国的经济根基，搅乱了美国的经济秩序，使美国人民和政府都碰到了前所未有的困难。

底特律，已经成为全美国经济困难的缩影。

2008年，美国汽车之都底特律失业率超过16%，犯罪率和贫困率都排在全美前列，城市人口已从上个世纪50年代的180万锐减到80多万。2009年2月,《福布斯》杂志将底特律列为全美最悲惨的城市之一。

有记者报道说："底特律如今竟如此破败，底特律的市区看起来就像刚刚遭遇过一场劫难，曾经的繁华几乎荡然无存，城市的各个角落散布着废弃的房屋，有的已被洗劫一空，还有的被火烧得轮廓全无。"

迫于财政压力，底特律市政府决定关闭23所公立学校，同时裁掉600多名教师，有7500名儿童将因此失学。

底特律是通用、克莱斯勒、福特三大汽车企业的总部所在地。底特律的衰落象征美国汽车业的衰落；美国汽车业的衰落象征美国制造业的衰落。

现在，美国各级政府都差钱。

加利福尼亚州按经济总量排位，曾被称为“世界第八经济大国”。但早在2010年，该州政府就遇到财政危机了。为了减少190亿美元的预算缺口，原任州长施瓦辛格提议变卖政府房产，后任州长布朗宣称要把派往华盛顿的游说团成员从6人减少为2人。

除了加州以外，美国许多地方政府都已陷入同样的困境中。华尔街著名分析师梅雷迪斯·惠特尼在2010年预测，2011年有可能成为100多座美国城市的“破产年”。她说，美国地方政府的负债总规模为两万亿美元，在新的一年，地方政府债券违约金额会高达上千亿美元，而且规模近3万亿美元的美国市政债券市场也将受到冲击。

美国地方政府的收入主要来自税收和债券。金融危机爆发后，地方税收急剧减少，但社会保障等方面的支出又大幅增加，于是就陷入债台高筑的恶性循环。

保罗·克鲁格曼是坚决捍卫美国利益的经济学家，但他在总结21世纪头一个10年的美国经济成就时，毫不客气地给出一个“大零蛋”：就业零增长，收入零增长，股市零增长。

克鲁格曼发表在《纽约时报》2009年12月28日的文章中是这样说的：从经济观点出发，我想建议将过去的这10年称为“大零蛋”（the Big Zero）。这10年中，没有发生任何好事。我们估计会发生的令人乐观的事情，一件也没有兑现。

这10年是就业岗位零增长的10年。不错，粗略估计的2009年12月就业数字将比1999年12月略有提高，但仅仅是略有提高。私营部门的就业岗位实际上减少了，这是记录在案的首次出现减少的10年。

在这10年，普通家庭经济收入增长为零。实际上，甚至在2007年所谓“布什繁荣期”的顶峰时期，中等家庭的收入在考虑了通货膨胀因素后，也低于1999年的水平。接下来发生了什么，你们应该知道。

对房主而言，这10年也是零收益的10年，即使是很早买房的人也不例外：目前的房价，在考虑通货膨胀因素后，基本回落到了这10年初的水平。那些在这10年的中期购房的人如今痛苦不堪。全美国几乎四分之一，佛罗里达州有45%的房产抵押贷款都“溺水”了，即房价低于所要偿还的贷款。

对股市而言，这10年即便不考虑通货膨胀因素，收益也为零。还记得道－琼斯指数首次突破万点大关时人们的兴奋情绪吗？还记得《道指36000点》等畅销书所预测的大好时光吗？结果又回到了1999年。上周股市以10520点报收。

2011年4月18日，美国评级机构标准普尔宣布，将美国主权债务信用评级前景从“稳定”降至“负面”，这意味着美国未来两年有三分之一的可能触动主权债务最高评级AAA级。

这件事好比“黄帝新衣”被揭穿，引起很大震动，全球股市应声下跌。

美国一向被视为地球上最安全的投资地之一，但如今巨大的债务向所有投资者敲响了警钟。《基督教科学箴言报》报道说，美国参谋长联席会议主席马伦表示，“安全的最大威胁是我们的债务”。

新泽西网站发表文章说，我们国家喜欢花钱。没有钱了，没有问题，贷款即可。没有钱偿还贷款？再贷一笔偿还上一笔！这不是很棒吗？但我们明天的日子还能继续过吗？

如果美国主权债务信用真被降级，那会怎样呢？首先，美元作为主导性储备货币的地位将大大受损。麦肯锡咨询公司2009年研究显示，主导地位让美元享有“超级特权”，每年为美国净赚400亿至700亿美元。其次，美国将丧失最安全投资地的优势。美国凭借这一优势，以极低的利息借钱，用于政府的庞大开支，包括同时打两场战争和维护昂贵的社会安全网的经费。一旦降级，美国借钱成本就会增加，美国债券的全球作用将陷入困境。

中美两国经济力的消长，在2008年爆发的经济危机中突然显现出来，引起了世界舆论的高度关注。

西班牙《国家报》发表文章说，在这场全球危机中，只有中国是“负责称职的全球主角”。

文章作者莫伊塞斯·纳伊姆说，我们西方人听够了关于中国的各种“坏话”，除了“中国推崇独裁主义、侵犯人权、不断窃取知识产权”，支持朝鲜、缅甸的恐怖政权和达尔富尔的种族灭绝活动，还有压低货币汇率，加剧了其他国家的贸易逆差和岗位流失等等。

“我们无法想象如何为中国政府辩护。”

然而，“多亏中国的经济政策，全世界成百上千万人得以保住工作。”

“中国已经变成世界经济的强大发动机。当这个世界第二大经济体以年经济增率近 10% 的速度发展时，也带动了其他国家经济的增长。例如，得益于中国，危机并没有给拉丁美洲和亚洲其他国家带来更加严重的后果。如果世界经济增长率是 4%，那么中国一个国家就贡献了 1%。换言之，世界经济增长的四分之一都要归功于中国。”

“北京不但作出了正确的决定，还避开了危险的诱惑。在 2008 年危机最糟糕的时期，俄罗斯曾建议中国共同抛售美国两大房地产抵押贷款机构房利美和房地美的股份。中国人拒绝了。假如中国没有经住这个诱惑，那么世界危机可能更加严重。”[①]

金融危机冲击全球的时候，美国《纽约时报》发表文章承认：中国的确拯救了世界经济。

文章引用纽约外交学会亚洲部主任伊丽莎白·伊科诺米的如下说法：“如同改变自己一样，中国正在改变着世界。别再提负责任的利益攸关方的说法了，中国已经成为一支革命性的力量。”

《纽约时报》说，中国 4 万亿的大手笔投资计划“把世界从衰

①西班牙《国家报》2010 年 7 月 4 日。

退中挽救了出来”，“中国2009年贡献了全球内需的近50%，是2000年至2009年平均贡献率的两倍还要多”。不仅如此，中国还在危机期间的金融稳定方面发挥了重要作用。“北京购买了价值500亿美元的国际货币基金组织债券，与一系列国家建立了总计950亿美元的双边货币交换计划，并为一项地区性金融后备机制提供了三分之一的基金。”

《纽约时报》的文章还指出，世界上的自然资源出口国，包括澳大利亚、非洲和拉丁美洲，都是中国经济刺激计划的受益者。德国“正在经历的一个小型繁荣，主要是由于中国对其制造的高端机械、化工及汽车的无法满足的需求”。难怪高盛资产管理部主席吉姆·奥尼尔说出这样的话：“如果你在慕尼黑经商，那么中国发生的事情会比欧洲其他地方发生的事情更重要——可能也比德国其他地方发生的事情更重要。”

日本《经济学人》周刊2010年初发表文章说，“金融危机后，世界经济的主角明显变为中国。2009年，发达国家经济清一色地出现负增长，而中国则实现‘保八’目标，拉动世界经济增长的程度约达20%”。

该日本周刊还说，“在17至18世纪，中国在世界上处于绝对的优势地位，但从19世纪前半期起地位开始下降。鸦片战争后，中国被列强侵略，财富惨遭掠夺，取而代之迅速增长的是美国。但美国从上世纪50年代开始地位呈现下降趋势。这与美元的贬值密切相关。而另一方面，中国经济在中华人民共和国成立的1949年见底后，逐渐恢复，规模很有可能在2010年超过日本，跃居世界第二位。从长期来看，世界并不是要出现‘G2’体制，而是要回归中国‘一极’时代”。

第二节　中国经济增速快于美国

新中国的缔造者们多为卓越的马克思主义革命家，他们始终坚持唯物主义的哲学观点，认为物质是第一性的，经济是基础，创建任何新社会都首先要满足人们的衣食住行问题。大规模的急风暴雨的革命战争一结束，新国家一成立，就必须把经济建设放在第一位。

新中国的缔造者们多为中华民族的伟大爱国者，他们在革命战争中出生入死，拼命奋斗，是为了砸烂阻碍生产力发展，使中国贫穷落后的腐朽制度，努力创建能够使生产力快速发展，人民尽快摆脱贫困状态的新制度，以实现中华民族的伟大振兴。

新中国缔造者们的崇高理想与亿万中国人民脱贫致富的热切愿望完全吻合。以勤劳、智慧著称的中国人民，一旦有了崭新的社会发展模式，就会克服一切困难，去实现中华振兴的伟大目标，他们会创造奇迹，他们已经创造了奇迹。

60多年来，中国经济增长速度快于美国，在世界经济版图上形成中美两国经济此消彼长的重大变化，就是中国人民创造的一大奇迹。

人们从《世界经济五千年史》的统计数据可以看到，中华人民共和国成立后，经济发展速度是世界上最快的。

1950年到1973年，中国GDP年均增长5.02%，是当时世界上增长最快的国家之一。从1973年到1998年，年均增长变为6.84%，增速位居世界第一。而从2000年到2010年，增速继续位居世界第一，年均增长达到9.8%。这样的增长速度比美国超越英国时年均增长2.2%快得太多。

时至今日，我们无论检视经济生活的任何一个领域，都可以看到中国经济增速快于美国的各种事例。

1952年，中国国内生产总值（GDP）仅300亿美元，只是美国的一点零头。1960 年达到 614 亿美元，1972 年突破 1000 亿美元，2010 年达到 58791 亿美元。

从 1960 年到 2010 年，中国 GDP 占世界的比重大幅度上升。1960 年占 4.6%，2010 年提高到 9.5%。

1978 年，中国 GDP 总量居世界第 11 位，仅相当于美国的 6.5%、日本的 15.2%、西德的 20.6%。但在此后的 32 年内，中国经济总量的超越之势，就像刘翔夺取世界金牌的跨栏运动。到 2006 年，中国已超越意大利、英国、法国，跃居世界第 4 位。2007 年又超越德国，跃居世界第 3 位。2010 年超越日本，跃居世界第 2 位，离超越美国的时间也越来越近了。

在工业经济时代，钢铁产量是最基础、最重要的经济指标。人民共和国早年确定的“超英赶美战略”中，钢铁产量具有标志性的意义。

1952 年，中国钢铁产量仅有 60 万吨，而美国为 9000 万吨。到 2007 年，中国钢铁产量达到 5 亿吨，美国依然维持在 9000 万吨。

1952 年，中国外汇储备只有 8 万美元，到 1978 年也只有 16 亿美元，只相当于当时世界第 1 的德国的 3.7%。2010 年，我国外汇储备达到 28473 亿美元，2011 年达到 3.2 万亿美元，稳居世界第一位。

新中国成立时，全国粮食生产不到 3000 亿斤，人均占有 209 公斤，许多人吃不饱饭。

从 1949 年以来，中国粮食生产先后登上 3000 亿斤、6000 亿斤、8000 亿斤、10000 亿斤几个大台阶。同时，棉花、油料、糖料也分别增长了 16 倍、10.5 倍和 46.3 倍。

目前，中国肉类人均占有量达到世界平均水平，蛋类已赶上发达国家。

新中国农业的大发展、粮食的大增产，从根本上保证了中国人民生活水平的提高，而且对于克服世界粮食危机、发展世界扶贫事业作出了特别巨大的贡献。比尔·盖茨在 2013 年博鳌亚洲论坛上发言时就非常赞赏中国的这个民生成就。他说，短短30年，中国在减少贫困方面取得了巨大成功，6亿人口摆脱了贫困，这是人类历史上最伟大的成就。

联合国世界粮食计划署执行干事乔塞特·希兰说，中国是改善世界饥饿的重要力量。

希兰说，自1979年至今，在世界各国中，中国在与饥饿的斗争中取得了最大的成就。中国曾被列入世界粮食计划署最重要的援助对象之一，而今，中国已经帮助世界粮食计划署在其他国家向饥饿宣战，中国已经是世界粮食计划署可靠的，而且是决定性的伙伴。

世界银行关于全球贫困问题的最新报告于2008年8月26日发布，这份报告根据2005年的购买力评价，对赤贫人口重新定义，从每天少于1美元改为每天不到1.25美元。

按照这个新的定义，全球贫困人口为14亿。

世行报告说，中国取得了巨大的减贫成就。在中国，以2005年价格衡量，生活在每天1.25美元贫困线下的人数从1981年的8.35亿减少到2005年的2.27亿。

从世行报告看，目前贫困人口最多的是印度，绝对贫困人口达到4.55亿。

中国经济的快速增长，不是只让社会上的少数人得利，而是直接造福于广大人民。在短短的60多年中，占人类五分之一的中国人物质和文化生活水平得到如此普遍的改善，是中国历史上从未有过的，也是人类历史上从未见过的。

城镇居民人均可支配收入2010年达到19109元，比新中国成立初期增长190多倍。农民人均纯收入2010年达到5919元，比新中国成立初期增长130多倍。

城镇居民家庭恩格尔系数由1957年的58.4%下降到2010年的35.7%。农村居民家庭恩格尔系数也由1954年的68.6%下降到2010年的41.1%。

据联合国开发计划署测算，2010年中国人文发展指数（HDI）为0.66，超过世界平均水平0.624和中等国家水平的0.592，比2005年上升了8位。

1950年时，中国平均寿命只有35岁，60多年后就增长到75岁，这是人民生活状况得到全面改善的一个重要标志。不仅如此，1950年时，4亿5千万中国人绝大多数都是没有进过学校的文盲，如今13亿3千多万中国人，不仅消除了文盲，而且平均受教育程度在世界上处于中上水平。中华民族不仅数量是世界第一，就是人口素质也可比肩于世界任何优秀民族。

中国经济的快速增长，表明社会生产率在快速提高。

改革开放之前，中国社会生产效率与世界的差距之大，令人震惊。

1978年，中国人均GDP低于印度，只有日本的二十分之一，美国的三十分之一。

科技发展水平落后于发达国家40年左右，甚至落后于韩国、巴西等发展中国家20年左右。

西德一个年产5000万吨褐煤的露天煤矿只用2000工人，而中国生产相同数量的煤需要16万工人，相差80倍。

法国马塞索尔梅尔钢厂年产350万吨钢只需7000工人，而中国武钢年产钢230万吨，却需要6.7万工人，相差近15倍。

法国戴高乐机场1小时起落飞机60架，而北京首都国际机场1小时起落飞机仅2架，还搞得手忙脚乱。

进入21世纪，中国社会生产率落后于世界的状况正在改变。中国高铁产业已经领先于世界，这是众所周知的。就是电信等中国原先非常落后的产业也在快速赶上，跨入了世界先进行列。

美国《世界政治评论》认为，在不到20年的时间里，中国电信业已经从一个原始的产业发展为世界上最大的通信产业。“这个改变是中国快速社会和经济发展以及国有电信企业越来越成熟的一个证明。”

中国电信业首先是规模巨大。有约8亿手机用户、3亿固话用户和5亿互联网用户。世界其他任何国家都不能与之相比。

其次是技术先进。华为、中兴等中国电信提供商和设备制造商已经成为国际公认的品牌。

第三是市场扩张势头很猛。从1978年以来，国内市场以20%的年增率扩张。与此同时，通过外国技术的引进和转让、“消化和吸收”，发展到“培养和输出”，大举扩张世界市场。特别是2008年金融危机以来，中国公司不仅打通了进入发展中国家的道路，也打开了进入欧美成熟市场的大门，不免让西方国家感叹：中国电信业崛起速度十分惊人。

中国经济快速增长，也表明中国企业在迅速壮大。

《财富》2011年500强榜单中，美国公司有133家，日本68家，中国61家。而5年前的2005年，中国仅有16家企业上榜。

这些中国企业搏击于世界市场，与国际先进企业相较并无逊色。

2009年中国企业500强的入围门槛从上年的93亿元提高到105亿元，收入利润率等绩效指标超过世界500强和美国500强。净利润总量超过美国500强700多亿美元。

在刚刚过去的10年，中国经济总量增长了316%，而美国只增长43%，两国增速之差非常明显。

中国发展之快远超人们的预料。

人们都记得，2004年，中国GDP是1.6万亿美元，只及日本的三分之一。但是仅仅过了6年，到2010年，中国GDP就达到6.05万亿美元，一举超过日本的5.5万亿美元。

2010年中国GDP也是美国15万亿美元的三分之一，是否再过6年，中国经济总量也会超过美国呢，这是世界热议的一个话题。经合组织已经发表报告宣称，中国经济总量将会在2016年超过美国。

2002年，美国《外交》杂志说："从衡量强盛与否的重要指标上看，美国没有竞争对手。一个国家有这么强的优势，这在任何一个主权国家体系中都是从未有过的现象。"

仅仅过了6年，美国众议院财政委员会主席巴尼·弗朗克说："我们已不再是世界上占绝对优势的力量。"在这6年中，美国在阿富汗战争中陷于泥潭，在伊拉克只能控制美国基地附近，金融危机更使美国心脏病发作。虽然美国仍是世界唯一超级大国，但已不得不借债度日，无力继续奉行主宰世界的政策了。

美国微软前首席运营官罗伯特·赫博尔德写了一篇文章，发表在美国《华尔街日报》2011年7月9日网站上，题为《中国与美国：哪个是发展中国家？》。题目很是耸人听闻，但内容非常朴实自然。从这位见多识广的美国企业家眼中看出去，中美两大国如今已经站在一个平台上了。这是很有意思的，现转录如下：

前不久我从洛杉矶飞往中国，参加了在上海举行的一个企业董事会会议，并在上海和北京会晤了一些客户和政府官员。那次行程结束后，想想美国和中国，我真不确定哪一个是发达国家，哪一个是发展中国家。

基础设施：洛杉矶正在日益衰败。它的机场又小又脏，小到无法应付它试图接待的客流，而且年久失修，相比之下，北京和上海的机场则崭新而干净，大到令人难以置信。它们是为了应对当今全球商业活动所必需的巨大航空客流量而精心设计的。

走在通往机场的洛杉矶环城公路上，那里的破败状况也会令你感到震惊。相比之下，上海、北京等中国大城市的基础设施绝对是最先进的，而且相对较新。在中国消费者每年要购买1800万辆汽车，而美国为1100万辆。中国正在努力修建道路，以跟上民众对于汽车的巨大需求。

中国目前拥有8000公里高速铁路，其中刚刚开通的京沪高铁无疑是“皇冠上的明珠”。现在从北京到上海的1300公里路程只需要不到5个小时。不妨对比一下日渐衰败的美国铁路客运公司。

政府领导人：这方面的差距大得惊人。在我们与中国的4个不同客户以及4个不同政府部门代表举行的每一次会议上，东道主在开始陈述时都会先简要介绍一下中国的新五年规划。这几拨人都提醒我们，新五年规划有3个重点：推进国内创新；在环境保护方面取得巨大进展；继续创造就业机会，雇用从农村转移到城市的大量人口。你能想象美国国会和总统拿出一项一致的五年规划并（像中国通常所做的那样）真正付诸实施吗？

中国五年规划中各方面目标的具体程度给人留下了深刻印象。例如，中国计划到2016年将碳排放量减少17%。同时，中国的高技术产业在国家经济中所占的比重将从目前的3%扩大到15%。

政府财政：说实话，这个话题令人尴尬。中国在管理经济时谨慎得令人难以置信，而且它还坐拥数万亿美元外汇储备。相比之下，美国政府多年来的财政管理工作十分糟糕，对一场可能出现的希腊式灾难不当回事。

人权／言论自由：在这方面，美国人认为中国有大量工作要做。中国人则认为，不对年轻人和公民封锁色情信息和反政府观点，美国人简直是疯了。

技术与创新：为了让你们感受到中国在技术创新领域获得全球竞争力的决心，请让我引用我们造访过的两家机构的一些统计数据。在过去10年中，中国科学院生物物理研究所得到了政府大量投资。如今，生物物理研究所拥有众多优秀科学家，主要从事蛋白质组学、脑科学、认知科学等领域的世界水平研究工作。

我们还造访了中科院下属的上海高等研究院。这个巨大的科技园区正在建设中。上海高等研究院将全部由博士水平的研究人员组成。他们的目标陈述相当直白：成为与商业相关的新技术研发先锋。

中科院下属各家研究机构全都将大幅扩大规模，而人员构成将得到一项名为“千人计划”的新人才引进计划的补充。这是中国吸引留学并定居海外的中国学者回国的一项努力。这项新五年计划的目标是今后五年内每年吸引 2000 名此类人才回国。

说了上面这么多，我想你们应该明白为什么我会提出这个根本性的问题：哪一个是发展中国家，哪一个是发达国家？接下来的问题是：为什么会出现这种情况？美国该怎么办？

让我们面对现实吧：我们被超越是因为美国政府好像总是无法取得重大进展。问题总是很快引发分化，而媒体会进一步加剧分化，需要极端观点才能引起注意和吸引更多人的关注。专制的中国领导人能够很快办成事情（现在看来专制似乎十分有效）。

对策是什么？华盛顿的政客和美国选民应该迅速意识到自己正在被超越，需要作出巨大改变，使美国重回正轨；纠正预算和政府津贴负担等问题，实施一项积极进取的削减债务五年规划，着手批准一些制胜的计划。醒醒吧，美国！

《华盛顿邮报》发表美国彼得森研究所资深研究员阿文德·苏布拉马尼安的文章，题目是《我们如何低估了中国》。

苏布拉马尼安的文章说，“按照国际货币基金组织的数字，美国 2010 年的国内生产总值为 14 万 7 千亿美元，是中国 5 万 8 千亿的两倍以上，美国的人均国民生产总值是中国的 11 倍以上。高盛投资银行预测中国经济在 2025 年之前不会超过美国。美国人也为自己社会开放、创业精神和世界级大学和研究机构无与伦比而感到满意”。

苏布拉马尼安指出，“这些想法或许过于乐观了。我的计算显示，中国经济规模在 2010 年按照购买力折算价值 14 万 8 千亿美元，超过了美国。

按照这种计算，美国人的人均财富只是中国人的4倍，而不是通常算法所显示的11倍，在衡量经济产出和资源的时候，使用不同的方式不仅仅具有理论价值，而且也有实际意义，尤其是在讨论国家实力和经济支配地位的时候。按照传统的算法，在发生冲突的时候，美国动员军事资源的能力是中国的3倍。而按照购买力平价标准来计算，传统的估算显著地高估了美国的能力。既然美国军人的服务，以及其他在美国国内生产的商品和服务构成美军真正的资源，那么，购买力平价就必须纳入考虑。”

苏布拉马尼安还指出，“中国不断增加的经济优势将来只能更明显，因为中国国内生产总值的增长速率在近期的将来会持续地显著高于美国。到2030年，我预计中国经济规模按照购买力平价计算将是美国的两倍。……经济规模、贸易优势和债权国地位这些因素结合起来，将使中国获得美国在第二次世界大战以来享受了大约五六十年的经济支配地位……”“这种局面将在两个方面具有重要性。美国对中国的影响能力将大大降低。在美国强烈要求之下，中国还是不愿意改变其货币汇率政策，就已经表明了这一点。另外，美国自第二次世界大战以来所推出的开放贸易和金融体制将越来越多地要听凭中国的支持或瓦解。”

俄罗斯《专家》周刊副主编帕维尔·贝科夫也发表文章说，近20年来，西方最大的战略失误是错估中国。

贝科夫指出，英国国际战略研究所专家杰拉尔德·西格尔被公认是一位“中国通”。1994年，他在《外交》杂志上写道：“如果能给香港和中国南部的经济造成损失，从而迫使中国改变有关军火贸易和人权的政策，那就这么干吧。”许多西方投机客把这篇文章看做在亚洲金融危机中攻击香港的理论基础。但中国击退了包括乔治·索罗斯在内的投机客，西方期待的“政策变化”没有发生，中国没有沦为“不团结的王国”，危机过后反而变得更强大了。

1999年，西格尔又在《外交》杂志发表文章，题目是“中国很重要吗？”，他预测“中国仍将是普通大国”。这样的评估让华盛顿很受用，美国人在安慰自己：中国仍然不太强，它永远不会成为世界大国。

虽然西格尔等人的评估可以使焦躁的美国人得到些许宽慰，但美国中央情报局心里还是不踏实，按它掌握的情况，中国的发展比人们想象的要快很多，美国能在战争中打赢中国的最后期限是2017年，时间相当紧迫。

第三节　中国经济体制优于美国

影响中美两国经济力量消长的原因很多，但决定性的因素不在外部，而在内部,在于不同的经济发展机制,在于不同的社会发展模式。换句话说，决定中美两国经济力消长的根本原因，是“华盛顿共识”和“北京共识”，或者说是“美国发展模式”和“中国发展模式”。

美国拥有世界上最成熟的公民社会，最成熟的市场机制，最成熟的民主政治，由此构成的美国发展模式曾经显示出巨大的优越性，帮助美国登上世界第一经济大国的地位，并且在一个世纪的长时期中维持着这种独一无二的地位。

即使是发生了2008年的金融海啸之后，美国的许多经济发展优势仍然是不应低估的。

民以食为天，美国是世界最大的食品出口国，拥有抵御食品价格动荡和食品短缺的多种手段。

能源是生产和生活的关键因素，美国创造性地利用非常规油气资源，成为世界最大的天然气生产国，改变了世界能源市场的游戏规则。

美国是世界研发中心，创新能力特强，硅谷的创业公司和风险投资公司具有示范意义。苹果、微软等科技企业引领着世界潮流。

美国人口构成优于其他大型经济体，到2050年，人口有望增加1亿多，同时劳动力将增长4%。同期之内，欧洲人口将减少1亿。中国的劳动力也会减少，劳动者与退休者的比例目前是6∶1，到2040年会降至2∶1。

世界上任何一种制度，都是利弊并生的。随着时间的推移，如果不进行兴利除弊的改革，原先的好制度也会削弱乃至丧失其优越性，甚至阻碍社会经济的发展，“华盛顿公识”或“美国发展模式”现在就出现了这样的情况。

所谓“华盛顿公识”或“美国发展模式”，本质只有一句话：金融资本主义。在这种体制中，政治的运作，经济的运作，社会的运作，都是按金融财团的利益进行的，这就必然陷进自身无法克服的困境之中，而且会越陷越深。

金融资本主义正在销蚀美国模式的生机活力，这不是旁观者的任意猜想，而是许多美国有识之士的切肤之痛。

美国经济最大的问题是实体经济空心化，虚拟经济泡沫化。这实际上是金融资本主义的本性决定的。

金融资本的本性就是贪婪和不劳而获。在传统的实业领域，资本利润率一般在10%以下，汽车业则在5%以下，一般制造业甚至只有3%左右，从事这种又脏又累的“倒霉的事情”，对于金融资本毫无吸引力，而它们从跨国企业转移和金融衍生品交易中，可以赚到几倍甚至几十倍的利润。

实际上，自20世纪80年代之后，美国金融资本就在“全球化”的旗号下，大举进入虚拟经济、房地产和建筑业，加剧了美国经济的空心化。据统计，1990—2009年，美国制造业在总产出中的比重从27.2%降至19.5%，其中高技术制造业的比重从4.1%降至2.9%，而金融业的比重则从22.1%升至30.1%。

金融业本来是因实体经济而生，为实体经济服务的，但发展到美国的金融资本主义，已是以金融为王，金融为上，通过金融衍生品的创造，金融资本成了自我生存、自我运行、无限扩张的金融怪物。在这种金融怪物的塑造下，金融从业者丧失了社会良心，把违规、诈骗视为最自然不过的行为。

2012年5月13日，美国最著名的摩根大通银行爆发巨亏消息。其首席执行官（CEO）杰米·戴尔承认亏损20亿美元。消息一出，该行股份即大跌9.3%，一夜之间就抹去了144亿美元市值。

戴尔公开承认："我们冒了太多风险……我们很傻，简直错得离谱。"

从报道情况看，负责此项交易的是该行的首席投资办公室。该办公室有3个高管，第一个是55岁的办公室主任伊娜·德鲁。这位女银行家在摩根大通工作了30年，2011年收入达1550万美元。第二位是该办公室伦敦交易团队主管阿里基斯·马克里斯和哈维尔·马丁—阿塔霍。

《纽约时报》说，这3个人的口碑都不错。例如，同事们说德鲁为人很低调，是一个很正直的人，"在风险偏好上挺保守，并不是一个投机者。"与她相熟的一位投资管理人说德鲁"是一位很棒的投资者，多年表现优异"。

《华尔街日报》称，德鲁办公室的任务是通过对盈余资产的投资，对冲通货膨胀率和利率上升风险，使该行免受欧债危机的冲击，甚至还能大赚一笔。只可惜经过一段时间，运用的新策略使交易的结构越来越复杂，风险越来越大，完全超出了这些精明的投资高手可以控制的范围，弄得一败涂地。

这种情况同2008年雷曼兄弟倒闭的危机交易如出一辙，都是金融衍生品交易上的过度冒险。这类交易极为复杂，风险很高，许多交易员都不了解究竟发生什么事，但他们又拥有很大的自主权，又不存在适当的监督，因而犯此类错误是必然的。只要存在着金融资本主义，此类悲剧就会经常上演。

这种金融诈骗行为已经渗透在美国的社会生活之中。关于美国老太太买房子的故事有两个版本，老版本是说，一位老太太，年轻的时候通过贷款买了一套房子，一辈子住得舒舒服服，在她临终的前一天，终于把贷款还清了。新版本是说，一位老太太，年轻的时候买了一套很好的房子，房子的价格甚至超过她一辈子所能赚到的钱，但银行对此视而不见，照样贷款给她。她的工资也不高，但却挥霍无度，快活地过一辈子后把一堆烂账扔给了银行，银行能得到的只是一套破旧的房子。显然，上了天堂的老太太对自己的欠债根本不在乎，这正应了那句名言：在我死后，哪管它洪水滔天。

金融问题在美国社会中太重要了。对美国人来说，即使白宫出了问题，也不意味着世界末日的来临。但华尔街不一样，那条街是美国经济的心脏，是美国人心目中真正的图腾。他们可以从那里获得对世界其他国家保持心理优势的源泉。

但在2008年9月15日，雷曼兄弟申请破产，华尔街激烈震动，几近倒塌。这时的美国，就像一个巨人心脏病突发，如果抢救不及时，方法不当，就有致命的危险。

美国的有识之士对美国金融至上、经济空心化的病情看在眼里，急在心里，他们千方百计地想要进行救治。其中一个办法就是重振美国制造业。

现在的美国政府看到了美国经济结构的一个弊病是制造业的弱化、实体经济的空心化，因此大张旗鼓地要实现“再工业化”，并且鼓励外迁的制造业回美国。这个愿望是好的，但要实现它却非常困难。

必须看到，美国制造业转移海外是经济全球化深入发展，资本在世界范围内配置生产要素的结果。这个进程不以个人意志为转移，由资本追逐利润的本性而定。为了降低成本，美国公司纷纷把大量业务承包给外国，这必然导致美国制造业空心化。

随着经济全球化的深入发展，商品的产业链和供应链不断变化和调整，许多新的产品生产和服务中心在美国之外形成，而且有强大的竞争力。美国要实现再工业化，必须对全球现有产业布局进行重新调整，然而这不是美国一国改变政策所能办到的。

目前，美国已无法提供大规模生产所需要的大量技艺熟练的工人和工程师，在劳动力密集型的制造业竞争中，美国已经失去优势。

2011年2月，美国总统奥巴马在硅谷与乔布斯等公司巨头共进晚餐。席间，奥巴马向乔布斯提出，把iphone的制造从中国转回美国，乔布斯作出了明确无误的回答："这些工作回不来了。"

《纽约时报》和《大西洋月刊》等美国报刊随后就"苹果"为何只能"中国制造"进行了热烈的讨论。

《纽约时报》写道，"苹果"只能由"中国制造"，不仅是中国的劳动力比较廉价，而且苹果公司的高管认为，中国工人的灵活性、勤劳与工业技能，以及中国工厂的巨大规模已经大大超过了美国工厂。

这位高管还谈到他在中国的一次印象特别深刻的经历。当iphone的屏幕重新进行了设计，整个生产线需要进行彻底改造时，新的屏幕抵达工厂时已近午夜，工头立即叫醒了公司宿舍内的8000名工人。每位工人分到一份饼干和一杯茶，被引导到一个工作站，不到半小时就开始12小时的轮班作业，把新屏幕安装到手机框架之内。在96个小时内，这家中国工厂就日产1万部iphone手机了。这位高管说："速度与灵活性是令人惊叹的。没有任何美国工厂能够与之媲美。"

《纽约时报》不禁问道，在21世纪的美国，有多少人愿意住在公司的集体宿舍，又有谁能够命令工人半夜起来为手机安装显示屏？

不仅如此，还有个产业链问题。亚洲是电器制造中心，中国工厂能够更快更便宜地拿到重要的零部件，不管它们是来自当地的工厂还是日本、韩国的工厂。中国当地工厂还生产所有制造苹果手机必需的小金属零件，这实际上也是看似很小的重大优势，这使它形成了无与伦比的完整的手机生产产业链。

《纽约时报》和《大西洋月刊》还提出一个很重要的问题，那就是人才。

美国固然有许多优秀的大学，每年都培养出许多优秀的毕业生，但缺乏管理和承担 iphone 生产线的优秀人才。这方面中国也占着很大优势，因为中国在培养中等技能产业工程师方面做得很出色。

管理指导制造苹果手机的 20 万装配线工人需要 8700 名产业工程师。苹果的管理层研究过，要招到这么多合格的工程师，在美国至少需要 9 个月时间。但在中国，只需要 15 天。

美国一些经济学家指出，美国企业回流涉及一个产品销路问题，美国民众当下的消费能力尚未复苏，美国的传统市场欧洲更陷在债务危机之中，而发展快速的新兴国家则有广阔的消费空间。美国企业外迁，实际上是追逐不得不争的消费市场。

还有一个实际问题会困扰美国制造业复兴过程，由于金融资本主义大行其道已经几十年，金融投机心理已深入社会各阶层之中。这种社会风气一旦形成是很难改变的。精英们对华尔街趋之若鹜，完全不愿干制造业的辛苦劳动。正如诺奖得主迈克尔·斯宾塞所说："就算美国政府会实施优惠政策，也不可能在美国增加劳动密集型和低技能的工作，美国人不会瞧得上这样的工作机会。"

当然，美国复兴制造业虽然存在诸多困难，但有利因素还是不少的。例如，政府大力提倡和鼓励"页岩气革命"，使美国能源自给率提高到 80% 以上，情况优于中国；美元贬值和人民币升值，美国工人工资微降和中国工人工资大涨，美国制造业成本劣势降低；美国生产率远远高于中国；美国掌握着许多新兴产业的关键核心技术等等。英国《每日电讯报》因此很乐观地认为，美国制造业这只"凤凰正在缓慢地浴火重生"。波士顿咨询公司甚至信心满满地说："多重因素的结合暗示着美国制造业的再次腾飞指日可待。"

《每日电讯报》和波士顿咨询公司显然太乐观了。美国自身有着许多发展实体经济的有利条件，人们对美国经济所具有的韧劲和发展潜力是不应当低估的。但是，如果金融资本主义还统治着美国社会，如果不对相应的政治经济体制进行大刀阔斧的改革，美国要改变目前每况愈下的态势很难很难。

中国模式与美国模式的根本区别在于社会主义文明与资本主义文明本质不同，前者以人为本、以为人民服务为宗旨，后者以物（商品）为本、以金融资本家的利益为主导。

关于中国模式，本书作者在《中国模式论》一书中作了全面论述，这里只指出一点：中国经济体制优于美国经济体制。

西方媒体把中国的成功归功于资本主义的自由市场经济，但按照美国传统基金会和《华尔街日报》的标准，中国的市场经济在世界上居第135位，就连海地、阿尔及利亚、孟加拉国、科特迪瓦、肯尼亚、卢旺达等等，排位都在中国之前。实际上，美国、加拿大、日本和欧盟各国，至今都不承认中国的市场经济地位。

中国现行的经济体制，不是一般的市场经济体制，更不是美国推销的自由市场经济体制，而是社会主义市场经济体制。在中国的社会主义市场经济体制中，公有经济和私有经济是相辅相成的，"看不见的手"和"看得见的手"是相互补充、彼此协调的，市场的优势和计划的长处都得到了发挥，虽然各个环节上的经营者都要考虑个人和团体的利益，但全社会经济运营的主旨是改善人民大众的生活。正是这个主旨，把10多亿人民的劳动积极性调动出来了；正是这个主旨，使中国不但在过去创造了奇迹，而且蕴涵着无穷的发展后劲。

中国经济体制的优越性，不但突出地表现在改善了十几亿中国人民的生活，而且突出地表现在应对全球化时代的经济危机中。

2009年1月，美国《时代》周刊预言："中国已经开始经济衰落，也许比美国经济还要恶化。""中国难以继续创造奇迹，它只是一个身陷囹圄的大国。"而且说2009年中国经济增长不会超过4%。但事实粉碎了《时代》周刊的预言，中国经济在危机期间仍然在稳步增长，而这样的增长是美国和其他发达国家望尘莫及的：2009年，中国经济增长9.2%，美国是–2.5%，欧盟国家平均是–3.9%，日本是–5.3%。

美国《纽约时报》注意到这样一个重要情况，2008年席卷全球的金融危机虽然也给中国经济造成了伤害，但中国企业表现出较强的应变能力，不但扩大了老市场，还打入了新市场，巩固了中国在世界贸易中的领先地位。

《纽约时报》以具体数字来说明中国在危机期间扩大了市场占有额。

最引人注目的变化出现在美国，中国今年（2009年）已取代加拿大成为美国最大的进口来源国。

2008年前7个月，美国进口的商品中只有不到15%来自中国。2009年同期，这个比例是19%。与此同时，从加拿大进口的商品所占比例从接近17%下降到14.5%。

除了扩大市场份额以外，中国还逐渐提高某些种类商品出口额的绝对数字。例如，据环球商业信息中心透露，在针织服装类，美国从中国的进口截至2009年7月骤增了10%，而它从墨西哥、洪都拉斯、危地马拉和萨尔瓦多的进口分别减少了19%至24%不等。

值得注意的是，危机使出口大国的出口都减少了，但其他国家下降得比中国更严重。比如，2009年上半年中国总共出口了5210亿美元的服装、玩具、电子产品、谷物及其他商品。虽然这比2008年上半年减少了22%，但与其他出口大国相比，算得上成

①美国有线电视新闻网2012年3月20日文章。

绩斐然。例如，德国的出口同期下降了34%，日本的出口下降了37%，美国下降了24%。

经常来往于中美两国之间的美国人，对两种不同经济体制下形成的景象有非常真切的感受。

美国亚洲协会美中关系中心主任奥维尔·谢尔2010年初在《洛杉矶时报》发表文章认为，美国威力与前景正日渐消融。

谢尔说，“自1975年以来，我去过中国不下一百次，这个国家勾起我一种非常复杂的情绪。中国的列宁主义政府在政治透明度、法治、人权及民主方面并不总是能达到西方的理想状态。不过它设法创造出了经济奇迹。在当今中国，可以明显地感受到空气中弥漫的活力和乐观，对于一个思考着为什么自己的国家缺少这种复兴力量的美国人来说，看到中国的这一幕，心中如同打翻了五味瓶。”

美国企业家维杰·维塞斯瓦伦到深圳蛇口工业园参观，看到许多像富士康那样的现代化大企业，也看到许多崭露头角的科技创新企业，特别是微创医疗公司给他留下深刻印象。这个公司是由风险投资公司出资创建的，公司内聚集了一批具有全球意识的科技人才，他们试图打破代价高昂的传统产业。公司食堂挂着乔布斯的画像及其“未知若饥，虚心若愚”的格言。干劲十足的公司创始人说，中国一定会成为一个创新大国。

看到这些情景，这位美国企业家感叹道，现在在美国，“人们大谈特谈中国血汗工厂吸尽美国就业岗位、汇率操控和不公正贸易。其实，美国的竞争力正遭受更大的威胁：廉价中国正快速隐去，一个注重创新的中国正逐渐浮出水面。为了迅速跻身创新前沿领地，北京为科学、工程研究和教育投入巨资，并对科技企业实施大幅减税和提供慷慨补贴。”①

美国《邮政信使报》说，美国商人看中国的变化，既焦虑又敬畏。在美国 Quoizel 灯具厂负责人的眼中，“中国的崛起已重新排列了世界的经济”。使他印象最深的是深圳的变化。“30 年前，深圳还是个小渔村，现在的人口比纽约市还多。深圳最高建筑比帝国大厦还高 10 英尺，市中心的街道上挤满了宝马和别克轿车——当然，这都是中国制造。购物者穿着最新款的时装，打着最新款的手机，蜂拥进商场，那里除了人多、喧闹外与美国商场没有两样”。“对那些梦想找到一份好工作，拥有个好家庭，手头有大量的钱可以自由花费的年轻人来说具有很大吸引力——这是在中国就能实现的美国梦。”

这个美国商人从深圳的变化中感悟到：“中国正在发生的事情不是‘一个国家的得就是另一个国家的失’这么简单，这是一次史无前例的文化和经济大转变，正在重新塑造世界的经济和环境。”①

曾经获得诺贝尔经济学奖的美国经济学家罗伯特·福格尔认为，影响中国经济崛起的一个重要因素常常被人忽略，这就是中国在教育上的巨大投资，因为劳动者受的教育越高，生产力就越高。1998 年，仅有 340 万名青年考入高等学校。4 年后，这一数字就增长了 165%。同期，中国的留学生人数增长了 152%。福格尔预测，下一代中国人将 100% 上高中，50% 上大学。这将为中国经济年增长贡献超过 6 个百分点。

很多人还低估了中国农村的发展。实际上，中国广大农村地区对经济增长的贡献是难以估量的。

福格尔预测，到 2040 年，中国的经济规模将达到 123 万亿美元，这相当于 2000 年整个世界经济规模的 3 倍。届时，中国的人均收入将达到 8.5 万美元，是欧盟两倍多，也远高于印度和日本。

①美国《邮政信使报》2007 年 4 月 29 日文章：《美国梦，中国造》。

①美国《外交季刊》2010年1月刊。

30年后，中国占全球GDP的比重将达到40%，远高于美国的14%和欧盟的5%。

对西方来说，全球经济重心位于亚洲的说法似乎难以想象，但这已不是头一遭。实际上，在过去的2000年中，中国曾长期是世界最大的经济体。当欧洲在中世纪早期进行摸索时，中国已经耕耘出当时世界的最高生活水平。[②]

第四节　中国经济总规模必将超越美国

由于中国实体经济已经大于美国，中国经济增速快于美国，中国经济体制优于美国，中国经济总规模必将超越美国。

中华民族是很含蓄、很谦虚的，很不喜欢炫耀自己的成绩。关于中国经济超越美国的问题，中国人很少谈及，但在国际上，已经热炒多时了。

在世界重心东移的历史过程中，中美两国力量的消长牵动各国的神经，总会激起人们研究和议论的热情。

2009年6月，《环球时报》对全球80位经济学家进行问卷调查。其中第三个问题是："中国经济总量超美国需要多少时间？"回答情况如下：

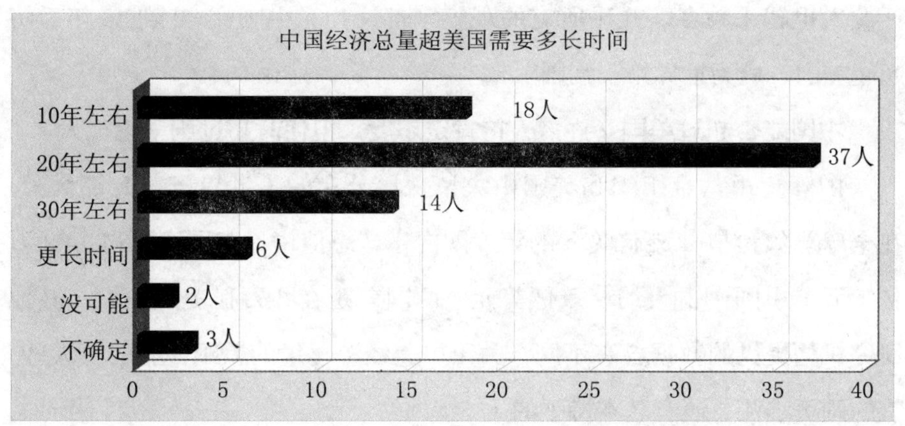

80 名经济学家的分布是：国际组织专家 5 名，亚洲学者 35 名，美洲学者 19 名，欧洲学者 18 名，大洋洲学者 2 名，非洲学者 1 名。其中有两名诺贝尔经济学奖获得者。有一定的代表性。

英国《泰晤士报》2010 年 7 月 28 日刊登一篇文章，题为《美国将在 9 年内被中国超越》，作者是萨姆·弗莱明。文章说，根据世界大型企业研究会的研究，在金融危机和欧债危机的大背景下，未来 10 年，如果中国 GDP 以年均 8% 的速度增长，美国以年均 3% 的速度增长，那么到 2019 年，中国就将超越美国，成为世界最大经济体。

委内瑞拉《分析报》2010 年 4 月 15 日发表埃米利奥·诺埃尔的文章，题目是《巨龙不再熟睡》。

文章说，近些年来，中国已成为全世界政治、经济和学术领域的必谈话题，有关的书籍和文章数不胜数。

今天，中国的国内生产总值约占全球生产总值的 13%，外汇储备余额已达 2.4 万亿美元。但分析家们更关心的是，中国到 2050 年会变成什么样，会给全世界带来什么样的影响？

我们不知道是什么促使拿破仑发出了“当中国觉醒的时候，世界将为之颤抖”的预言，但重要的是这句话已逐渐成为现实，而且相信这句话的人也越来越多。几乎所有的观察家都认为，中国在30到40年后将超越美国，成为世界第一强国。

中国能否超过美国？许多人持肯定态度，但何时超过则争论很大。

国际货币基金组织和美国中央情报局公布的《世界概况》都认为，在全球总额为70.1万亿美元的年度国内生产总值中，美国大约占14.2万亿美元，中国则占大约9万亿美元，两国差距在5万亿美元左右。其他研究机构提供的数据各有不同，关于中美经济总量的差距，有的更大些，有的则更小些，还有基本持平的。

这样的差距并不是太重要，因为即使在5年前，中国GDP还只相当于日本的三分之一，但2010年就超过日本了。

重要的是发展的速度。过去10年，中国国内生产总值在2000年1.1万亿美元的基础上增长了800%，而美国则在2000年8.7万亿美元的基础上只增长了60%。

2011年初，美国《华盛顿邮报》、《印度时报》等媒体报道了一个令人吃惊的消息："中国成为世界头号经济体。"这是怎么回事呢？

美国彼得森国际经济研究所以佩恩表为根据，得出如下计算结果：按照购买力评价，2010年中国的国内生产总值达14.8万亿美元，美国为14.6万亿美元。研究者认为，差额虽在误差范围之内，但考虑到中国增长太快，两国差距实际可能扩大到误差范围之外。所谓"中国成为世界头号经济体"，就是由此而来的。

中国模式威力强大，中国崛起的速度大大超出所有人的预期。即使按照现行汇率测算，西方国家关于中国经济总规模超过美国的年代也是一再往前提。

2003年，当美国高盛公司预测中国国内生产总值会在2041年超过美国时，曾经引起轩然大波。5年后，高盛公司把同样的预测提前到2027年。渣打银行2011年公布的研究报告也说，10年之内，按汇率计算的国内生产总值，中国会超过美国。

普华永道会计师事务所于2010年1月21日发布研究报告称，“中国可能最早在2020年超过美国，成为世界第一大经济体，到2030年可能遥遥领先于美国”。

报告说，全球国内生产总值的份额比例正在发生重大变化。2010年的份额是美国占20%，欧盟占21%，中国占13%，印度占5%。到2030年，将变为美国占16%，欧盟15%，中国占19%，印度占9%。

2030年，世界10大经济体可能依次是中国、美国、印度、日本、巴西、俄罗斯、德国、墨西哥、法国和英国。

按照诺贝尔经济学奖得主福格尔的估算结果，到2040年，中国的GDP将占全球的40%，而届时美国将占14%，欧洲占5%，印度占12%，日本占2%，东南亚国家占12%。

最喜欢预测中国经济何时超过美国的，不是中国人，而是美国人。

劳伦斯·萨默斯是一位权威人士，曾经担任世界银行首席经济学家、美国财政部长和哈佛大学校长。他在1992年就预言，按购买力平价计算，中国国民生产总值将会在2014年超过美国。

1999年尼克松在《1999年：不战而胜》一书中说，中国超越美国的时间是2019年。

美国国家情报总监麦康奈尔2010年10月30日在纳什维尔情报会议上说：“如果当前趋势持续下去，中国将成为世界第二大经济体并发展为世界最大的经济体。中国还将成为主要的军事强国。”

“今后20年，中国对世界的影响将超过其他任何国家”。

美国竞争力委员会和德勤全球制造业小组联合发布了《2010年全球制造业竞争力指数》报告。

1. 中国　10分

2. 印度　8.15分

3. 韩国 6.79 分

4. 美国 5.84 分

5. 巴西 5.41 分

6. 日本 5.11 分

7. 墨西哥 4.84 分

8. 德国 4.80 分

9. 新加坡 4.69 分

10. 波兰 4.69 分

报告指出，中国高居榜首，是因为中国拥有数量大、素质高的技术人员、科学家和工程师，中国政府在科学、技术和制造业的基础设施方面投入很大，加上中国有价格优势。

美国《外交政策》曾经严肃地写道："美国人现在谈起中国挑战，就如男孩喊狼来了一样，这在情理之中，但人们往往忽略了这个寓言的一个事实：男孩最终是对的，狼真的来了——而中国就是那只狼。"

2012 年夏天，皮尤在全世界范围内抽样调查，有 41% 的人说，中国经济是世界第一，另有 40% 的人说，美国经济是世界第一。

调查报告一出，美国的白宫和国务院都坐不住了，纷纷跳出来发表声明，美国媒体也出来附和，说无论是经济总量，还是人均占有，中国国民经济都比美国差得很远，当然是美国第一，中国第二。

美国政府和媒体关于美国经济总量和人均占有比中国高的说法没有错。但无论是国家还是个人，过日子讲究"收支平衡"。

在收支平衡的问题上，美国无法与中国相比。

中国人均只有 0.58 万美元收入，但国民极少负债，生活是好过的。

中国国债也很少，而且都用在铁路、公路、水库、医院、学校等基础设施的建设上，形成了保障经济社会发展的优质资产。

美国是一种什么情况呢？

美国公私债务摊到每个人的头上是18.07万美元，虽然人均国民收入有5.02万美元，但冲抵债务后，还欠债13.00余万美元。

这是一个无底的巨大的经济黑洞，它最终将把美国梦完全吞噬掉。

2012年，中国经济增长速度降到8%以下，西方一些经济学家就大肆宣扬“中国经济崩溃论”。他们希望中国经济崩溃的心情是可以理解的，但中国经济发展的客观事实总是让他们失望，这一次也不会例外。

必须看到，当美国复苏乏力，欧洲和日本陷入停滞，印度、巴西、俄罗斯等“金砖国家”也在大幅降低发展速度时，中国7.5%的增长速度仍然是世界经济大国中最亮丽的。实际上，7.5%的增幅是中国政府审时度势后主动确定的，目的是要坚决挤掉房地产等产业中的泡沫，为经济结构优化升级的调整创造宽松的环境。

目前，中国经济增长的基本面仍然相当坚强。13亿人民创造美好生活的热情非常蓬勃，政府的宏观调控能力和市场配置资源的能力都大为增强。支撑中国经济大厦的柱石不是在削弱，而是在加强。推动中国经济又好又快发展的元素不是在缩小，而是在扩大。无论你放眼何方，都会看到希望的田野。

比如，中国正处于城市化进程的关键时期，对基础设施建设的拉动效应是难以估量的。

中国基础设施建设还有很大的发展空间。

尽管高速铁路发展很快，但总体铁路通车里程还只有美国的三分之一。中国国土面积是日本的25倍，但铁路总里程只是日本的3倍，单位国土面积拥有的铁路只是日本的十五分之一。民航航线为美国的六分之一，地铁为美国的80%。2010年，中国人均住宅面积30平方米，美国是80平方米。中国家庭宽带普及率是美国的三分之一，城市家庭和农村家庭的彩电普及率也只有美国的三分之一。

又比如，中国正处于建设创新型社会的关键时期，中国企业的自主创新能力有了井喷式的发展。

近年来，中国企业创新能力的提升也非常显眼，华为、中兴等企业已跃居世界前列。2008 年，华为公司以 1737 件 PCT 国际专利申请首次跃居世界第 1 名，之后连续保持在前 4 名。2011 年，中兴通讯以 2826 件的申请量超越日本松下电器公司，登上世界企业 PCT 国际专利申请量冠军宝座，华为公司以 1831 件列第 3 名。

为什么美国政府反对华为、中兴等公司收购美国企业，名义上是怕国家安全受损，实际上是对美国科技企业的竞争力没有信心，害怕在同中国科技企业竞争时败下阵来。美国人知道，中国正在从用 5 亿条裤子换 1 架飞机的低发展阶段走出来，即将成为高端科技产品和现代化大飞机的制造者，这样的竞争力是令人生畏的。

中国社科院在《2011 年中国城市发展报告》中说，到 2009 年，中国城市中等收入阶层规模已达 2.3 亿人，占城市人口的 37% 左右。不需要太长的时间，中国购买力旺盛的中等收入者的人数就会超过美国总人口。

中国城市和农村家庭的收入都在不断增长之中，随着社会保障的强化，10 多亿中国人的消费能力将是举世无双的。

中国早已是世界最大的出口国，未来两三年内也会成为世界最大的进口国，中国成为世界第一大市场，中国经济规模超越美国，重新成为世界最大经济体是确定无疑的。

“世界大企业联合会”2013 年初发布报告说，2012 年，中国对世界经济增长的贡献率是所有发达国家贡献之和的两倍，世界经济正从“欧美引领经济的发展模式转变为依靠中国带动的模式”。中国发展的溢出效应和震动效应越来越大，中国实际上已经成为世界经济增长的发动机。

第九章
中美金融力消长

美国经济的根本问题来自金融资本主义，而金融资本主义的核心是美元霸权。正在我们眼前展开的现实将会这样告诉后人：美国因获得美元霸权而登上世界高峰，也必将因丧失美元霸权而从世界高峰滑落下来。

金融是现代经济的命脉，中美国力的消长，会从金融领域的微妙变化中生动地表现出来。因此，我们需要以专章评述中美金融力的消长。

第一节　美元霸权已经动摇

长期以来，美国是金融强国，在世界市场上占尽了便宜；中国是金融弱国，在世界市场上吃尽了苦头。也许可以说，中美两国经济最大的差距，是在金融领域里。

但天不会永远黑下去，人民币受美元重压的情况正在改变：美元的霸权地位已经开始动摇。

我们在上一节说过，美国经济的根本问题来自金融资本主义，而金融资本主义的核心就是美元霸权。正在我们眼前展开的现实将会这样告诉后人：美国因获得美元霸权而登上世界高峰，也必将因丧失美元霸权而从世界高峰滑落下来。

1944 年 7 月 1 日，来自二战盟国 44 个成员国的 730 多名代表，齐聚美国新罕布什尔布雷顿森林郡的华盛顿山度假宾馆，举行了联合国第一次货币金融会议。从 7 月 1 日到 20 日，经过一系列的争议和妥协，终于签订了《国际货币基金协定》和《国际复兴开发银行协定》，确立了以美元为中心的国际货币体系。

这个布雷顿森林体系以黄金为基础，以美元作为最主要的国际储备货币。美元直接与黄金挂钩，各国货币与美元挂钩。各国确认，35 美元 1 盎司黄金为黄金官价，每 1 美元的含量为 0.888671 克黄金。各国政府或中央银行可按官价用美元向美国兑换黄金。同时，其他国家政府规定各自货币的含金量，通过含金量的比例确定同美元的汇率。《国际货币基金协定》还规定，各国货币对美元的汇率，一般只能在法定汇率上下各 1% 的幅度内波动，若市场汇率超过法定汇率 10% 的波动幅度，各国政府有义务对汇市进行干预，以维持汇率的稳定。

布雷顿森林体系是以金本位为基础的，美元钉住黄金，美元可以兑换黄金。但这个基础后来被美国人挖掉了。

由于美元成为国际货币体系的中心货币，美国政府开始任意花钱，这招致其他国家的怨恨。1971 年，法国总统戴高乐批评美国无限制扩大政府开支，用来自别国的资金支撑越南战争，而美国印刷的钞票已经超出其黄金储备。据说，法国人怕美元贬值，派军舰前往纽约，将他们持有的美元换成黄金运回法国。三个星期后，英国人也来了，要求用美元换黄金。在此情况下，美国总统尼克松宣布放弃美元挂钩黄金的政策，不允许别的国家再用美元来美国兑换黄金。

1971 年 8 月 15 日，美国宣布切断美元和黄金的联系，不再实行 1 盎司黄金兑换 35 美元的政策。这是一个重大转变，从此时起，世界货币的价值在历史上首次不依赖于黄金的价值或其他一些有形的商品，而是依赖于投资者对该货币的信任程度。各国央行获准依赖其直觉，而非基于保持其货币与黄金比例稳定的需要，来制定其货币政策。

40 年的实践说明了一点：放弃金本位制之后，世界就丧失了金融稳定。

现在还在折磨世界的金融危机，就是美国金融资本主义和美元霸权造成的。第一，美国银行赚了不该赚的钱，把钱贷给了没有还贷能力的人；第二，贷款收不回来后，美国银行把这些烂债打包成“创新债券”，卖给了国内中产阶级和国外金融机构；第三，美国几大评级机构收了好处费，就为这些垃圾债券打上“5A”的标记，欺骗全世界的购买者；第四，美国金融监管太糟糕，2008 年国内生产总值不到 14 万亿美元，而金融债券却发了 516 万亿美元。当时的美国财长保尔森承认：“次贷危机让美国蒙受羞辱。”

美元作为国际储备货币，给美国带来了无限的资源。

谁都知道，为了应付紧急需要，无论是一国政府，还是一个公司，手中都要握有或多或少可方便动用的资金，这就是储备货币。现在世界上存在着这样一个无需储备货币的国家，这就是美国。它需要花钱的时候，只需开出支票，无需付钱给任何国家。最近 20 年，美国从世界进口大量商品，发动阿富汗战争和伊拉克战争，在海边修建大量美丽的别墅等等，美国都不用现金支付，只要开出支票就行。正如 BBC 所说，“我们生活的这个世界对美国没有丝毫监管。当世界其他国家需要美元时，美国只需要去印美钞即可，这是其他任何政府都无法想象的特权；而当美国想赖掉高额外债时，还可以通过不断让美元贬值来实现。”

自 1971 年美元与黄金脱钩以来，美元持续贬值，40 年间美元兑黄金从 35 美元兑 1 盎司贬到 1800 美元兑 1 盎司。

通过美元的过度贬值及借新债还旧债的恶性循环，美国无偿占有了世界各国人民创造的大量社会财富。据统计，截止 2011 年之前的 5 年间，美国利用美元贬值使其对外债务无形中“蒸发”了 3.58 万亿美元。

美债规模的急剧膨胀使各国央行陷入进退两难的困境，持有意味着进一步被套牢，抛售则会使持有部分的价值蒙受巨大损失。美元事实上绑架了世界经济，各国人民要为美国人的过度消费埋单。

美元作为国际储备货币是美国维持全球霸权的强大武器。

美国国家安全委员会高级官员弗林特·莱弗里特承认："货币政治异常强大，它是美国能够如此长久地占据霸权地位的原因之一，就像美国之前的英国一样。"莱弗里特举了一个经典的例子来说明他的观点。在1956年苏伊士运河危机中，为了从英国手中抢夺中东地区的控制权，美国政府祭出金融神牌，威胁要抛售英镑，英国害怕了，被迫从埃及撤军。

美国对外关系委员会的国际经济主任本·斯太尔也表示："美国极其幸运，因为美元是国际价值标准。如果这一作用消失，美国在其他方面的优势也会随之消失。因此，美国将使用全部力量来保证美元世界储备货币的地位。"

现行的世界金融体系，实质只有一个：维护美元的霸权地位。只要美元的霸权地位不破坏，美国就拥有运用金融手段转移世界财富的能力，也就是说，可以向世界输出美元，让财富流向美国。

当今时代，美国人在金融问题上处于矛盾之中：为了保持美国生产美元、世界其他国家生产商品的经济格局，必须保持强势美元地位；为了防止美国产业完全空心化，为了实现美国出口倍增计划，需要一个弱势美元地位。

当今的美国，无论是政府还是百姓，都是处在借债消费的惯性之中，以低利率借到钱是最重要的，因此，当务之急还是需要维持美元的强势地位。

为了维持美元的强势地位，美国设计了一些"高明"的金融操作手段。

手段之一：新钱变国债。

2008年金融危机爆发后，为了救助濒临倒闭的大银行，美国印了许多钱，仅2008年就新增货币150%。为了防止这些新发的货币流到国内市场上引起恶性通货膨胀，美国政府玩了一个花招：将新发货币全部变成国债。也就是说，美国政府将现金投放给银行，将其坏账置换掉，这就救了银行。同时，美国政府指令财政部印制相应的国债，将国债交给受救助的银行，而将相应的现金收回。与此同时，美联储在各银行中设立有息存款账号，说是目前经济形势不好，对外放款可能变成坏账，为了少受损失，各银行可将余钱存到中央银行来，既保本，还有利息，何乐而不为？许多银行感激不迭地把手中的钱都存了起来。这种办法发挥了作用，虽然新印了许多货币，但当年美国的流通货币仅增加了9%左右，物价保持了平稳，也保持了美元的强势地位。

手段之二：打压金价。

金价高了，美元就跌了。为了保持强势美元，必须打压金价。美国政府有计划地打压金价有多次，1984年打到270美元1盎司，2001年打到250美元1盎司。打压的办法很简单，就是动员国际金融炒家进市场抛售黄金，使美元价格涨起来。

手段之三：制造国际紧张局势，甚至发动局部战争。

美国人民是热爱和平，反对战争的。但是当今的美国是需要战争的，至少是需要国际局势动荡紧张。实际情况是，美国的政府、经济、文化和军事，都是控制在以美元霸权为最大利益的金融财团手中。对于这个金融财团来说，只有国际局势紧张，甚至爆发战争才好维持美元霸权，才好推销军火赚大钱。

人们都知道，美国实体经济中，最有竞争力的就是军火工业。当国际局势紧张甚至爆发战争时，美国军火财团可以抢得天量的利润，他们怎么会不喜欢紧张局势和战争呢？

欧洲已经几十年没有战争了，但世纪之末爆发了科索沃战争。人们注意到，战争爆发之前的1999年1月1日，欧元启动了，这是对美元霸权的严重冲击。如果欧洲经济继续稳定和繁荣，如果欧元从此壮大起来，美元就不再是唯一的世界储备货币、基准货币和结算货币，那对经济已经空心化的美国就是致命的打击。欧洲腹地的科索沃战争一打响，游走在欧洲的7000多亿美元热钱立刻有4000亿抽逃了，其中2000亿流向美国，另外2000亿流向中国香港。美国用5枚精确制导炸弹“误炸”中国驻南联盟大使馆，使中美关系顿时紧张起来。很短时间内，流到香港的2000多亿热钱又急忙抽逃，最终目的地也是美国。

科索沃战争之后，欧洲经济就没有起色，一直到爆发金融海啸，陷入国债危机的泥坑。欧元的生机也显得很不确定，美元依然是世界的霸主。

2003年3月，美国又发动了入侵伊拉克的战争。借口是伊拉克拥有大规模杀伤性武器，后来证实这个站不住脚的借口也是编造出来的。伊拉克战争引起了人们普遍的质疑和反对，连其“老欧洲”的盟国都不赞成，但美国还是一意孤行，开打了。

论者指出，美国打伊拉克是为了石油。然而，美国占领伊拉克后，却未从那里拉走一桶石油，这是为什么呢?

问题的答案还是在于要维持美元的强势地位。

美元同黄金脱钩之后，美国政府就于1973年与欧佩克达成了一项重要协议，将美元作为全球石油唯一的计价和结算工具。这就相当于为与黄金脱钩的美元上了一道保险。随着世界经济的发展，石油的需求量会不断加大，世界对美元的需求也将加大。美元与黄金脱钩，让美国拥有了无限铸币的可能；而美元与石油挂钩，又使全世界对美元有了无限需求的前景。

伊拉克战争之前，国际原油市场价格为每桶38美元。伊拉克战争一开打，国际原油市场价格立即飙升到每桶150美元。在全球石油用美元计价的情况下，石油价格上涨了3倍多，也就是全世界对美元的需求增加了3倍多，美国政府通过战争打出了对美元的大量需求。

我们还必须指出这样一个事实：伊拉克战争之前，萨达姆曾提出要用欧元代替美元作为石油的计价和结算工具。这对于美元的霸权地位威胁太大了，美国只好用战争来扼杀它。

自二次大战到今天，美元一直是主导货币，可以称为具有霸权特征的“帝国货币”。

古代的罗马帝国可以让罗马军团在霸权所及之国直接纳税。如今的美帝国以美国军团为后盾，直接操纵印钞机，向美元所到之地征收铸币税。

美国的霸权地位，是由美国创造和主导的虚拟经济支撑着的，也是由美元作为世界储备货币的特殊地位支撑着的。

2008 年金融海啸之后，美国的霸权地位仍将维持一段时间。但时过境迁，已经岌岌可危。

现在，直接威胁美元地位的是欧元和人民币，美国将尽一切手段来打压和破坏欧元和人民币，这是当代货币战争的实质。

美国的“双赤字”高企令全世界担忧，其最终结果将是美元失去世界储备货币的资格，这一过程实际上已经开始。

亚洲开发银行总干事拉贾·纳格认为，在2012年，印度斥资67亿美元，从 IMF 购买 3200 吨黄金储备，反映了印度正在试图推动储备的多元化。

斯里兰卡央行行长内沃德·凯博拉尔也表示该国将继续买进黄金，以对冲货币市场的风险。

从 2003 年以来，中国的黄金储备增加 76%，达到 1054 吨。

伊朗和委内瑞拉已提议不再用美元作石油的结算货币。

中国和俄罗斯已同意用本币进行贸易结算，以减少对美元的依赖。

美元在世界货币体系中取得主导地位，是基于美国当年拥有以下三大优势：第一，美国拥有世界上最强大的实体经济，几乎三分之一以上的工业制成品和很大一部分农产品都是美国创造出来的；第二，美国是世界上最大的债权国，欧洲国家、日本和广大发展中国家都曾求助于美国的贷款；第三，美国在国际社会中享有崇高的信誉。

试看今日之美国，以上三大优势已经面目全非。

20年前，美国就从制造王国转向金融王国，从中国、日本、德国进口工业制成品。其他国家靠产品出口赚取的美元，转而投资美国。美国经济泡沫破灭后，只能眼看着投资美国的美元贬值，这意味着向美国出口的产品更加便宜。这种不公平的扭曲结构已经持续了二三十年，已经引起人们广泛关注。出口国赚取的美元如果不投资美国而另找出路，其结果可能引起美元暴跌，这也是许多国家担心的事情。

在美国经济结构中，消费占GDP比重达70%左右，大大高于一般发达国家50%—60%的水平；居民储蓄率2000年以来平均低于1.5%，大大低于一般发达国家5%—10%的水平；家庭债务占可支配收入比重2001年为101%，现在已超过138%；联邦政府债务占GDP的比重2000年为60%，2010年占73%，而到2015年，美国债务将占国内生产总值的102%。这样一种经济结构是不可持续的。

美国经济要重拾活力，一般认为有两个办法，一是消费，二是创新。

消费是美国经济的主体，占到其国内生产总值的三分之二以上。但在次贷危机使家庭财富大幅缩水的情况下，消费获得显著增长显然不现实。

创新的路径是什么，一时还看不清楚。

美联储采用的是宽松货币政策，就是把联邦基金利率维持在0%—0.25%的历史最低水平，宣布两年内不会变化。

我们都明白，货币政策只能救急，不能救穷。否则天下就不会有穷的社会，穷的国家。

次贷危机爆发时，金融系统有流动性问题，注入流动性可以缓解危机。但救急之后，穷的问题仍在，再靠宽松货币政策就有害无益了。

日本的教训很值得美国深思。

1991年，日本房地产泡沫破灭，开始大幅降息，1996年到2010年一年期存款利率平均只有0.3%。有的时候甚至是零利率，结果是失落了一个10年又一个10年。

日本的货币宽松政策未能挽救日本经济，但却激发了一个金融投机活动：套息交易。就是投资者以低息借入日元，投资于高收益货币的投资产品，乘投资市场全球化之风，把宽松的日元散布到全世界。

美国现在的做法与日本当年的情况非常相似，但美国经济规模太大，美元又是世界货币，其后果无论对美国、对世界都是不堪设想的。

上帝欲使其灭亡，必先使其疯狂，这样的警语是很有效益的。

美联储打开印钞机大印美钞，是不是一种疯狂的行为？肯定是。

以超速印钞来挽救经济是祭出一把双刃剑。多印美钞可以直接地赤裸裸地掠夺其他国家的财富，这似乎很有利，但对自身的杀伤力也很大。美元的价值不是靠黄金或其他物质财富来支撑，完全是靠一种精神性的东西——美国国家信誉来支撑。由于次贷危机爆发，美国的国家信誉已经丧失了一大半。如果再疯狂地开动印钞机来掠夺世界，那么剩下的一点信誉也将丧失殆尽。如此则美国的信誉就灭亡了，它还怎么立国呢？

世界各国对美国疯狂印钞的行为是有警觉、有预防的。中国就是这样，中国有坚实的经济，有自给自足的能力，有自力更生的精神。我们国内经济还有广大的发展空间，国家和个人都有不少储蓄可以消费。只要采取正确的方式封死美元通胀的输入，美国想掠夺我们的财富就办不到。反倒是我们不再像过去那样以价廉物美的方式供给美国人衣食住行用，会让他感到痛苦。

世界各国也会效仿中国进行自救，其结果是巨量美元将不能流向世界各地，而是在美国囤积起来，形成货币的洪流，将美国自己淹没掉。

第二节　人民币崛起势不可挡

金融是现代经济的核心和命脉。

纵观近现代世界历史，各个时期的世界经济强国，诸如荷兰、英国和美国，无不是当时的金融强国。

在经济全球化深入发展的当今时代，世界经济强国无不高度重视金融控制权的开发，包括国际货币的发行权、货币资本的配置权、金融衍生品的开发权和资产、资源的定价权。实际上，开发这种金融控制权，已经成为大国博弈的战略制高点和重要领域。

对于中国来说，人民币国际化和金融控制权的开发有着非常紧迫的意义。

一种货币要国际化乃至成为国际储备货币，必须具备一些重要条件。比如，这种货币要有坚实强大的经济基础，要有丰富的金融工具可供投资者选择，要能够自由兑换，还要有统一的货币政策和财政政策来支撑。中国要完全满足这些条件，还有很长的路要走。但不管有多长的路，我们都必须坚决走出去。

最近几十年，中美两国形成了这样的关系：美国生产美元，中国生产商品。中国卖商品给美国，得到美元；美国拿美元给中国，得到商品。第一循环就此实现。美国印制美债，中国用美元购买美债；中国手持美债，美国收回美元。第二循环就此实现。结果是美国人悠悠闲闲地享受着物美价廉的中国商品，最后还收回了美元；而中国人流血流汗，辛苦生产，最后只挣到不断贬值的美元债券。

怎样走出如此可怕的恶性循环呢？重要的出路是开发金融控制权，实现人民币国际化。

人民币要成为国际货币，意味着外国人愿意持有和使用人民币。对外国人来说，只有满足以下四个条件，他们才会愿意持有和使用人民币：1. 可获得；2. 可交易；3. 可兑换；4. 可投资。

目前，国家允许对外直接投资支出及前期费用以人民币汇出，允许在对外投资中的人民币增资、减资、转账与清算，允许对外投资利润以人民币汇回，允许银行向境外企业或者项目发放人民币贷款，这就初步解决了人民币“可获得”的问题。

“可交易”条件的满足需要推动人民币进行贸易计价和结算。这一步已经走出来了，但规模不大，范围还小。

“可兑换”条件要求推动资本项目自由化。现在还只是有限度的“可兑换”，需要走很多的路才能满足要求。

“可投资”则需要人民币在境外有投资渠道或者能回流后投资。香港人民币离岸市场的发展正在为人民币在境外的投资提供渠道，已经允许外资以人民币向国内进行直接投资，意味着回流渠道已经打开。但是，这离外国人可以方便地用人民币进行投资获取收益这一条件还有很大距离。

要实现人民币“可兑换”、“可投资”，需要汇率市场化，需要国内金融体系进一步改革。

中国推行的人民币国际化将不会像其他货币国际化一样，而会走一种“中国式”的国际化之路。也就是说，中国不会彻底实行浮动汇率制，也不会完全放开资本市场，而只是一种可控制的“开放”。

国际上的一些教训必须认真汲取：日本在1985年广场协议后促使日元急剧升值的做法，导致了泡沫经济的形成和崩溃，使日本经济长期走不出衰退的困境；1997—1998年亚洲金融危机爆发时，热钱大规模流进流出东南亚国家和韩国，造成这些国家经济剧烈动荡。

人民币逐步国际化，是国际经济关系中的一个重要趋势。

美国《华尔街日报》2010年12月14日报道了截至当时的情况。几十年来，人民币一直被限于中国境内使用。如今，它正在成为全球外汇市场上的热门资产。仅在几个月前，中国政府才首次允许人民币在中国大陆以外进行买卖。

这是人民币在全球金融市场发挥作用的重要一步，它使企业得以通过买卖人民币在全球范围内为贸易投资和贷款进行融资，使人民币在全球开始流动。

发展势头相当好，仅仅才几个月，人民币日交易量就从零增长至4亿美元，规模和速度都令交易商们感到吃惊。纽约、伦敦和东京的银行家们争相建立交易系统来交易人民币。而香港的人民币存款则已超过3000亿元。

有人预测，只要几年的工夫，中国进口额当中有20%至30%就会以人民币而非美元进行结算。

一国货币的国际化，同这种货币的对外净投资有密切的关系。

按照麦迪森在《世界经济千年史》中提供的数据，1841年英国的境外资本存量居全球第一，按当时的汇率计算大概是18亿美元。到1938年，英国的海外资本存量下降到17亿美元，而当年美国则上升到115亿美元。此后，美国海外净投资大幅度超过英国，美元也把英镑挤到后面去了。

到2011年6月末，中国的境外净投资已达4.6万亿美元，并实现了长期经常账户顺差，表明形成了人民币国际化的重要条件。

中国和俄罗斯决定在双边贸易中放弃美元，改用人民币和卢布进行结算，这个进展引起广泛关注。

中俄都是世界大国，俄罗斯是世界最大的资源出口国，中国是世界最大的资源进口国，两国以本币实现贸易结算是一件大事。国际金融危机深层次的根源是美元霸权，这种霸权必须废除，必须尽快实现国际储备货币多元化。中俄以本币进行双边贸易结算，就是这个进程中的重要步骤。人民币与卢布都有成为国际储备货币的战略目标，当前的金融危机为两国实现这一战略目标提供了契机。

中国与越来越多国家签订货币互换协议，对于推动人民币国际化具有重要的意义。如果人民币与世界上多种货币建立了双方互换协议，事实上就等于建立了一个以人民币为中心的“一对多”的交换、融资、清算系统。如果围绕此系统，建立一个货币交换中心，再在上面建立一个融资资金池，人民币未来就可能成为美元和欧元之后的“世界金融中心的第三极”。

国务院规划，2020 年，将上海建设成为国际金融中心，建设过程要与我国经济实力和人民币国际地位相适应。

上海国际金融中心建设要形成四个体系：一是基本形成国际化程度和市场化程度较高的多层次金融市场体系；二是基本形成具有较强国际竞争力的金融机构体系；三是基本形成门类齐全，结构合理的金融人力资源体系；四是基本形成符合发展需要和国际规模的法律法规体系。

国际金融中心一个重要特征是货币自由兑换。人民币当然会走到这一步，但没有时间表，会经历一个相当长的改革过程。

中国实体经济已经超越美国，中国作为世界大国重新登上人类历史舞台。在这样的大背景之下，人民币必然在国际货币体系中占有重要地位，人民币国际化的时代正在到来。

美国著名历史学家保罗·肯尼迪发表文章说，随着中国等新兴国家变成世界经济增长的主角，世界正在失去对美元作为金融交易参考货币的依赖，转而开始拥护一个至少由美元、欧元、人民币三种货币组成的储备货币制度。

肯尼迪认为，到 2025 年，这样的预想就会变成现实。到那时，美国再也不能采用其他国家没办法实现的通过印钞票就能缓解巨额债务的措施，评级机构将进一步调低美国的信用评级，把美国变成一个普普通通的国家。到那时，我们还会看到美元的价值在国际市场上出现巨大波动，和20世纪50年代时英国经历的一样。[1]

日本《经济学人》周刊认为，美中“基轴货币时代”已经到来。

文章说，中国黄金储备已经超过1000吨，很显然，中国增加黄金储备意味着摆脱对美元的依赖。

文章指出，早在2006年3月，美联储就停止公布作为货币供应量指标的M3，是担心美元暴跌。

文章分析了周小川提出的国际金融体制改革路线图，由于欧元区并非统一国家，不能形成统一的财政政策和货币政策，英国和日本不能摆脱在国家意志方面对美国的依赖，因此，改革后的IMF必将掌控在美中两国手中。在新的国际金融体系中，人民币将成为与美元和欧元三足鼎立的储备货币。

英国汇丰银行于2011年5月对全球21个市场的6000多家企业作了调查，得出的结论是：“今后半年内，中国的人民币将超过英镑，成为仅次于美元和欧元的第三大结算货币。”计划在半年内用人民币结算的企业，在东南亚占到16%。

美国彭博社对126万名投资和贸易分析师进行的调查显示，有19%的人认为人民币在5年内将成为储备货币。实际上，马来西亚央行已在2009年就将人民币纳入了外汇储备，挪威的公共养老基金已经开始投资人民币资产，俄罗斯央行副行长梅利尼科夫在2011年1月表示，如果中国放开资本市场，俄罗斯将把人民币作为外汇储备。

金融危机正在有力地推动中美两国金融力的消长进程。俄罗斯《观点报》2008年9月29日一篇文章的标题竟然是这样：《美国能否得救取决于中国》。《德国金融时报》也有类似看法，该报在“来自远方的拯救”一文中写道：“中国是本世纪的美国——像1931年的美国一样——能够拯救全球的金融体系。2007年次贷危

①西班牙《世界报》2011年7月12日肯尼迪文章：《未来世界或将出现三种储备货币》。

机的第一阶段似乎顺利过去了，其原因在于来自中东还有中国的国家资金为美国和欧洲的金融机构提供了新的资本。而‘雷曼转折点’也是发生在中国主权财富基金中国投资公司停止收购雷曼兄弟公司计划的时候来临。这个时刻将载入史册，它本可以朝着另外一个方向发展。

中国人为什么最终拒绝了收购，眼下有大量的理由，逻辑听上去与1931年美国的论据差不多。有些是十分理性的：不确定性很高，而且国家主权财富基金可能损失巨大。另外一些思路则更感性一些：这难道不正像是对美国人在1997年到1998年东南亚金融危机中所做错事的报复吗？”

当人民币正在强势崛起的时候，美国金融财团情不自禁地想起了他们当年对付日元的办法。

1985年，美国和日本政府之间达成了“广场协议”，日本被迫同意大幅升值日元，导致日本经济泡沫破灭。在1990年后的5年中，日本资产损失达800万亿日元，相当于两年的日本国内生产总值。此后，日本便陷入长达20年的经济停滞期。

美国也企图用同样的办法对付中国，一直在压人民币升值。美国如能迫使人民币快速升值，既可以配合美国以出口带动经济增长的结构调整，实现内需疲弱下的经济复苏，又可以稀释债务，变相成为美国赖债手段，而且还有希望通过美元贬值，实现美国从中国的“财富大挪移”。但中国不是日本，美国最终可能失算。日本在经济上、政治上都是依附于美国的，军事上更在美国控制之下，不能不听话。中国则是与美国平起平坐的大国，军事力量也非常强大。双方可以谈判，找到互利的解决方案。若想强求，那是休想。人民币升值还是贬值，看国际市场的情况，以我为主做决定。美国的想法也应重视，它毕竟是中国最大的经济伙伴之一，而且中国的外储很大一部分是美元，还买了美国大量国债，这些情况都应当顾及到。但最终在汇率上怎样做决定是中国人的事，与美国人无关。

人民币和中国是美国的对手吗？这是美国最热门的话题，奥巴马和罗姆尼进行总统竞选辩论时，争论最激烈的往往是美国对华政策问题。

经济学家们绞尽脑汁想计算出人民币的真正价值，但他们没有做到。中美汇率问题的复杂性正像中美经济关系一样深不见底。但有一点是可以肯定的，在全球经济的大棋盘上，中美两国是对弈的棋手，更是相互帮助的朋友。

据美国“istock Analyst”网站文章说，中国确实帮助了美国的制造业。在1988—1998年间，美国制造业的增长比任何国家都快。通过从中国进口便宜的原材料，美国的机器零件、办公用品、塑料模具等产品在全球市场上拥有巨大优势，赚取了极大利润。此外，中国持有大量美国债券，这使美国政府得以压低银行贷款利率，为其频繁的海外战争筹款。

总而言之，通过廉价进口、扩大出口及保持美国国内低利率的资金流，美国从同中国的经济交流中获得了极大的利益。

有人提出要对中国商品征收高额关税，这只会损害美国自身的利益。对美国中等收入的家庭来说，这无异于直接向他们征税；对那些依赖从中国进口零件、原材料以保证在全球市场竞争力的美国企业来说，只会提高成本，降低利润。

美国网站文章最后说，美国政府须知，美国需要的是低生活成本和美元的价值。美国一直在剥削其他国家以及自己国家的人民，还随意批评其他国家的经济战略，现在是承认此前的错误并向其他国家学习的时候了。

不管美国人高兴还是不高兴，人民币的崛起都是不可阻挡的。国际货币体系在可预见的时间内将形成美元、欧元、人民币三驾马车拉动的格局。

按自然规律说，三点支撑的力量平衡性好，稳定性强。况且，美元、欧元、人民币代表的经济力量超过世界经济总量的50%，三驾马车完全可以平稳地拉动世界经济前行。

目前，美元同欧元的汇率比较稳定，人民币长期实行盯住美元的做法，现在改为盯住“一揽子货币”也是以美元为主，所以，美元同人民币的汇率也比较稳定。这种情况很有利于形成三驾马车的国际货币体系。

第三节　最大债权国和最大债务国

当今世界，中国是最大的债权国，美国是最大的债务国，这是中美两国金融力消长中最严酷的现实。

借债度日，是如今所有发达国家共同的习惯。欧美日国债总和在2010年已超过32万亿美元，而它们当年的产出只有34万亿美元，若再加上50万亿美元左右的私人债务，大多数发达国家都是资不抵债了。这其中，美国的情况最为严重。

国际货币基金组织（IMF）2011年7月24日报告说，美国国债已占其国内生产总值（GOP）的99%，预计2012年将达到103%。财政部长盖特纳6月写信给国会议员说，美国政府每花1美元，其中40美分是借来的 。包括公私债务在内，美国债务总额已高达55万亿美元，人均负债17.6万美元，家庭平均负债67万美元，而美国年度税收仅约3万亿美元，中等家庭人均收入约5万美元。美国早已陷进入不敷出的债务危机困境。

在2011年，美债规模已同经济总量持平。据《今日美国报》报道，美国政府的欠债，加上给政府退休项目和其他一些项目打的欠条，已经超过15.23万亿美元。而同时期美国的经济总量是15.17万亿美元。两党政策研究中心主任史蒂夫·贝尔说：“本国的债务同国家的产出总体持平。

显然这种局面是无法维持的。”

总体上看，今后美国经济必须每年至少增长6%，才能跟上债务增加的步伐。这显然是办不到的，因此，美债是还不了了。

虽然美国债务问题十分严重，但正如俗话所说“虱子多了不怕痒”，许多美国人并不感到担心。他们认为，由于美元的特殊地位、低利率以及全球资金充裕，意味着美国的债务是在可控的范围之内。比如，2010年的利息约5000亿美元，这与20年前的利息额差不多。

现在，利息不到2.5%，而在2000年是6.5%。这就意味着今天可以用相同的成本借到两倍的贷款。世界充斥着寻找安全投资的资金，美元仍是绝无仅有的确定安全的避风港，因此美国不愁借不到钱。

美国真正的问题是对未来投资不足，不能在全球竞争中保持优势。

问题当然不像这些美国人想象的那样轻松。美国长期经济趋势研究所所长密苏里大学教援迈克尔·赫德森对美元的“堕落历史”深有研究。他认为，美元如今已变成一个“债务机器”，这个机器在自我膨胀以几何级数速度积累利息的同时，必然不停地从实体经济中“吸血”。这种负债型经济指望着“通过借款来摆脱债务”，其本质是要创造一个“金融永动机”，但其终点只能是一片“金融废墟”。

今天美国70%的就业人口都与金融服务业有关。美国的经济命脉和国家安全与金融体系融为一体，与美元融为一体。只有千方百计保持美元霸权，甚至不惜以战争手段来保卫美元，美帝国才不至于垮塌，这就是世界必须面对美国发动的各种战争的残酷现实。

权威研究表明，债务总额占GDP的50%左右为相对合理水平。当一国债务总额占GDP比例超过90%，该国经济增长将陷于停滞。如果超过100%，存量债务的利息支出负担将使消减财政赤字十分困难。

美国共和、民主两党2011年曾组成减赤“超级委员会”，但因各打算盘不肯妥协，不了了之。2012年前3个月财政赤字已达3217亿美元，实际上是以每天30亿美元累积着高耸的债台。美国如何偿还外债和内债已经成为全世界都在关注的问题。

中国是最关注美国债务情况的国家，因为中国是美国最大的债权国。

2010年末，中国外汇储备为2.847万亿美元，而全球外汇储备总量是11万亿美元，中国几乎占到三分之一！到2011年末，中国外汇储备增长到3.3万亿美元，在全球外汇总额中的占比更多。

中国现有外汇储备中，约1.6万亿美元是包括美国国债在内的金融资产。美国持有的中国股票和债券不到800亿美元。

论到中国成为美国最大的债权国，看到中国坐拥3万多亿美元外汇，美国人的心情非常纠结。一些人说，这是高悬在美国这个超级大国头上的一把“达摩克利斯之剑”。也有人说中国的这把剑一点都不可怕，因为中国“无法以抛售美债威胁美国”。美国《商业周刊》就曾发表文章说，中国拥有大量外汇和美债是无奈之举，“北京在经济上的选择有限，并且它对美国的优势远比通常人认为的要少”。那把“中国之剑”比神话中的“达摩克利斯剑”小多了，也钝多了，而且是用一根很结实的绳子拴牢的。

中国拥有庞大的外汇储备和美国债券，这是一个意义重大的客观现实。如此庞大的财富是13亿中国人民用辛劳和智慧创造出来的，我们不会把它当做金融核弹去威胁任何人，但也不会允许任何人任意贬损它的价值。

一个强大的社会主义国家，手握世界第一的外汇储备和美元债券，本身就是强大的经济实力。这种强大的经济实力摆在太阳照耀之下，可以给自己和朋友壮胆，也是对敌对者的威慑。

有一点是可以肯定的，有了这样的经济实力，心怀叵测的国际评级机构不敢惹事，国际金融炒家也会老实一点，中国宽松的经济发展环境也会得以保障。

有的人很喜欢打货币战，但是，没有充足的货币子弹，打货币战只不过是瞎起哄。看到中国如此雄厚的外汇储备和如此庞大的美元债券，任何人想对中国发动货币战都会先检查一下自己的脑子是不是出了问题。

美国政客常常拿人民币汇率说事，威胁要采取惩罚措施，但都不敢真正下手，重要原因就在于此。

第十章
中美科技力消长

中国一代又一代共产党人相信这样一条真理：具有无限创造力的中华民族，一旦把优越的社会制度和先进的科学技术结合起来，就会在现代化的征途中绘制出最壮美的图画，创造出最伟大的奇迹。

科技是第一生产力，现代科技革命是改天换地的力量源泉。

科技力的消长将会深刻地改变中美关系的发展现状与未来。

西方国家政界和经济界中，有一派人宣称中国永远赶不上美国。他们的一个重要论据是中国没有美国那样的科技创新能力。

美国科技创新能力现在比中国强，这是客观事实，必须承认。至于中国在科技创新上能否赶上美国的问题，时间正在作出肯定的回答。人们不应当忘记，在美国出现以前的漫长历史中，中华民族的科技发明比世界其他地方都要多；在新中国成立以后的几十年中，中国科技事业大踏步前进的脚步，比其他任何社会都要快；在当今世界所有国家和地区中，拥有最宏大的科技人才队伍，并以举国之力推进创新型国家建设的，唯有中国。人们可以预期，曾经贡献了古代四大发明的中华民族，一定会登上世界科技创新的最高峰。

中国人对此非常有信心，因为我们知道自己有许多优势。

第一节　科技制胜战略

中国一代又一代共产党人相信这样一条真理：具有无限创造力的中

华民族，一旦把优越的社会制度和先进的科学技术结合起来，就会在现代化的征途中绘制出最壮美的图画，创造出最伟大的奇迹。

社会主义中国的执政者一直有着科技制胜的深刻洞见和科学规划。早在1956年，毛泽东就提出要进行技术革命、文化革命，要搞科学，要革愚昧和无知的命。搞这样的革命，单靠大老粗，没有知识分子是不行的，必须在比较短的时间内造就大批的高级知识分子，还要有更多的普通知识分子。[①] 他号召全党努力学习科学知识，为迅速赶上世界科学先进水平而奋斗。[②]

毛泽东还提出中国要制定科学技术发展规划。1956年3月，国务院成立科学规划委员会，在周恩来、陈毅、李富春、聂荣臻等人的组织下，汇集600多位科学家，历时几个月的反复论证，编撰成了《一九五六—一九六七年科学技术发展远景规划纲要》。在"重点发展、迎头赶上"方针指导下，规划纲要提出了13个方面、57项国家重要的科学技术任务，并确定了12个带有关键意义的重点项目和课题。至今令国人自豪的"两弹一星"重大科技成果就得益于这个科技发展规划纲要的实施。

改革开放以后，我国又制定了一个新的科技发展战略，这就是著名的"863计划"。

"863计划"即是《高技术研究发展计划纲要》。

1983年，美国提出"星球大战"计划，力图把全国的科技力量有效地动员组织起来，促进高新技术的发展，以增强国家竞争力。

1984年，国家有关部门组织专家学者，对美国"星球大战"计划进行多方面的研究，得出这样的意见：从表面上看，"星球大战"计划只是一个重点针对苏联军事威胁的战略防御计划，但此计划囊括了大批新兴尖端科学技术，除了军事目的外，还有深远的政

①毛泽东在中共中央召开的关于知识分子问题会议上的讲话记录，1956年1月25日。

②《人民日报》1956年1月30日第1版。

治目的。美国试图通过“星球大战”计划的实施，促进国防科技的发展，进而带动高新技术和国民经济的全面振兴，以确保美国在世界军事、政治、经济中的优势地位，最终达到抢占21世纪战略制高点的目的。

我国科学家认为，虽然我国的经济实力目前还不允许全面发展高科技，但争取在一些优势领域首先实现突破则是有可能的。1986年3月，王淦昌、陈芳允、杨嘉墀、王大珩等4位科学家联名上书邓小平，提出《关于跟踪研究外国战略性高技术发展的建议》。

邓小平认为科学家们抓住了一个重大的战略问题，要求国务院负责同志主持讨论，提出意见，以供决策。并且强调“此事宜速决断，不可拖延”。

此后，国务院组织几万名专家调查论证，制定了《高技术研究发展计划纲要》。纲要确定的方针是针对有限目标实行重点突破，选择若干对综合国力影响大的战略性项目，突出项目的预研先导性、储备性和带动性，采取军民结合、以民为主的原则加以推进。

此计划是我国的政治家和科学家在1986年3月联手提出的，简称“863计划”。

为了强有力地推动科技制胜战略，党中央、国务院决定每年都在人民大会堂举行科学技术奖励大会，以最权威、最隆重的形式褒奖为我国科技发展作出重大贡献的单位和个人。

第二节　科技队伍宏大

中国拥有世界上最宏大的科技人才队伍。据 2008 年统计，我国科技人才资源总量达到 1.14 亿人。其中，科研人员有 4886 万人，有两院院士 1400 多人，有突出贡献中青年科学家 5200 多人，享受政府津贴专家 15.8 万人，人才工程国家级人选 4100 多人，博士后研究人员 7 万多人，留学归国人才 49.7 万人。

中国科技人才队伍很令他国羡慕，不仅队伍十分宏大，而且结构也很合理。既有一大批功勋卓著、造诣深厚的中老年科学大家，更有成千上万年富力强、才华横溢的青年科学家。

例如，在探月工程中，就形成了“小将往前冲，老将押后阵”的传、帮、带梯形队伍。

探月工程五大系统的主任设计师甚至总设计师，大多数是三四十岁的年轻人，平均年龄比欧美国家同行总体上年轻 15 岁左右。这个年轻而优秀的人才队伍，是中国航天事业宝贵的财富。

如今，我国科技人才资源总量、研究与开发人员数量都雄居世界第一位。中国的科技人员，绝大多数不是追名逐利的自私者，而是把国家和人民利益放在心间的创造者。他们以钱学森为杰出代表，不但赋有非凡的科技创新能力，而且具有崇高的奉献精神。当国家还贫穷的时候，他们能在比欧美同行困难得多的条件下，创造出“两弹一星”等重大科技成就；在国家走向富强的今天，他们一定能创造出更加辉煌的科技成就。

第三节 实施重大科技创新工程

实施国家技术创新工程是建设国家科技创新体系的重要内容，力图通过构建一批产业技术创新战略联盟，建设一批产业技术创新服务平台，建设创新型企业 500 强等，推动企业真正成为我国产业创新的主体。

2009 年 6 月，科技部、财政部、教育部、国资委、全国总工会、国家开发银行六部门根据国务院要求，联合发布了《国家技术创新工程总体实施方案》，正式启动国家技术创新工程。

实施国家技术创新工程是为了创新科技管理，集成科技资源，引导创新要素向企业集聚，加快形成以企业为主体、市场为导向和产学研相结合的科技创新体系，以提高我国企业的创新能力和产业竞争力，为建设创新型国家打下坚实的基础。

国家技术创新工程有三大载体。

第一大载体是建设创新型企业。创新型企业是指拥有自主知识产权和自主品牌，依靠技术创新获得市场竞争优势和持续发展能力的企业。工程实施以来，已确定三批创新型试点企业共 469 家，已命名两批创新型企业共 202 家。它们中有中国航天、神华、宝钢等大型国有企业，也有华为、奇瑞、威创等著名的民营企业，还有钢研总院、农机研究院等科研院所。这些企业不仅是国家财税收入的重要来源，更是国家综合实力、经济竞争力的重要支柱。这些企业创新意识浓厚，都拥有自主知识产权和自主品牌，科研队伍强大，研发经费不少于销售收入的 5%，科技竞争力很强。

第二大载体是构建产业技术创新战略联盟。这样的战略联盟是以企业的发展需求和各方的共同利益为基础，以具有法律约束力的契约为保障，由企业科研机构、高等院校等形成的联合开发、优势互补、利益共享和风险共担的新型技术创新组织。它能集成和优化科技创新资源，能引导产学研的创新方向与国家战略利益相结合，能完善产业技术创新链，有利于打造拥有核心竞争力的新兴产业集团军。

第三大载体是建设技术创新服务平台。建设技术创新服务平台，就是要在已有的重点实验室、工程中心、企业技术中心和科研仪器中心等科研资源的基础上，采取地方与部门联动的方式，通过整合资源、盘活存量、提升能力和强化服务功能，为大中小企业的技术创新提供系统服务，为重点产业和优势产业集群的结构优化和技术升级提供支撑。

科技创新工程要落实到重大科技专项上，才能显示出它的真正作用。“十一五”期间，我国共实施了16个重大科技专项，部署了共3000多个项目和课题，共投入1500多亿元，取得了许多令人振奋的研发成果。

例如，在核高基专项中，新研制的飞腾1000国产中央处理器芯片（CPU）在千万亿次计算机系统“天河一号”上得到验证和应用，标志着我国超级计算机核心芯片自主研发取得重大突破。沃Phone等智能终端操作系统研发成功，对推动我国嵌入式操作系统以及移动网的发展具有重要意义。

集成电路装备专项的65纳米介质刻蚀机经多国客户近百次测试，与世界上最先进设备的芯片加工结果相比，加工质量好，单位投资产出量高35%—50%，成本降低30%—35%，2010年已销售12台，并取得国外批量订单，显著提升了我国集成电路高端制造装备产业国际竞争力，并将带动太阳能、平板显示等一系列新兴产业发展。

宽带移动通信专项的实施，加速了我国自主知识产权的时分同步码分多址（TD－SCDMA）标准的移动通信从芯片、终端、系统、仪表和软件到业务应用等完整产业链建设，用户数已突破2000万。时分长期演进技术（TD－LTE）系统在2010年上海世博会成功示范，展示了我国TD－LTE的产业化能力。我国4G标准提案已成为国际标准，大大提升了我国移动通信产业在未来全球4G标准上的话语权。

在大型核电站专项的支持下，AP1000重大共性技术和关键设备材料研究取得实质性进展，在世界上率先掌握了以非能动技术为标志的第三代核电建造技术。CAP1400完成概念设计。高温气冷堆工程化研究走在世界前列。大型核电站反应堆压力容器、蒸汽发生器大锻件等重大部件制造技术取得突破。

通过载人航天与探月工程专项的实施，神舟七号和八号载人航天飞船取得圆满成功，标志着我国成为世界上第三个独立掌握空间出舱关键技术的国家。嫦娥一号、嫦娥二号绕月探测取得圆满成功，实现了我国探测器首次到达地球以外天体，是我国航天事业发展的里程碑。

美国总统奥巴马宣称：“在开发新能源方面处于世界领先的国家，将领导21世纪的全球经济。”金融危机后，美国雄心勃勃要占领新能源产业发展的制高点，把它作为改变世界的机遇和摆脱大萧条的捷径。然而，令美国人意外的是，中国在高效能源开发方面已经走到美国的前面。

美国《洛杉矶时报》发表文章说，在美国，信贷冻结加上石油降价，阻碍了清洁能源的发展。风能、太阳能和生物燃料项目被取消，启动资金严重匮乏，导致大量理念停在了初始阶段。在2009年第一季度，与清洁能源技术相关的风险投资在美国骤减了84%，而在中国却继续增加。

现在，中国已经成为太阳能和风能设备制造中心，并试图成为物美价廉的电动汽车的主要供应商。看来，在今后的竞争中，美国只能力求占据一席之地了。[①]

①美国《洛杉矶时报》2009年5月19日文章：《中国挤进高效能源产业》。

第四节　建设强大的科技设施

“十一五”期间，中央财政科技投入保持了20%以上的年均增速，带动全社会的科技投入高速增长。以2010年为例，我国中央财政科技投入为3860亿元，带动全社会研究与实验发展（R&D）经费6980亿元，是2005年的2.8倍，从2005年的全球第6位跃升至第3位。

由于资金充裕，科研设备研制能力大为提高，科技基础设施日益齐备。目前，中国正在建设12项重大科技基础设施，其中包括散裂中子源、强磁场装置、大型天文望远镜、海洋科学综合考察船、航空遥感系统、结冰风洞、大陆构造环境监测网络、重大工程材料服役安全研究评价设施、子午工程、地下资源与地震预测极低频、电磁探测网和农业生物安全研究设施等。已经建成国家重点实验室300个，正在组建国家科学中心30个。

精密而强大的科技研究设施对科学技术发展的推动作用是十分巨大的。进入新世纪以来，我国投入运行的重大科技设施越来越多，使我国科技人员有更好的条件去攀登科技发展的高峰。

北京正负电子对撞机的改造进展顺利。北京正负电子对撞机是世界八大高能加速中心之一，是我国在粲物理研究领域处于国际领先地位的重要条件之一。除了引进粲能区的高能物理研究外，对撞机还可以提供真空紫外至硬X光等同步辐射光进行生物物理、材料科学、生命科学以及医学等方面研究，是大型公共实验平台。整体改造工程完成后，对撞机性能将提高100倍。

正在建设的中国散裂中子源工程，是中国迄今最大的科技基础设施之一。

散裂中子源是用高能质子撞击重金属靶，产生极为短暂的高强度中子脉冲，它就像一台超级显微镜，可以研究DNA、结晶材料和聚合物等微观结构。

大亚湾反应堆中微子实验工程已经建设完成。中微子是当代物理学研究的一个重大焦点，1988 年以来，先后有 6 位科学家因为研究中微子而获诺贝尔奖。中国科学院高能物理所主导的大亚湾中微子研究实验室在地下 100 米，离核反应堆 360 米，有美国能源部等多国科学家参与研究，是一个重大的基础科学国际合作项目。2012 年 4 月 27 日，中国科学家关于中微子第三种振荡模式的论文正式出版。论文中称，在大亚湾反应堆中微子实验中，科学家们首次发现了中微子的第三种振荡模式。这就表明，在世界五大实验项目寻找中微子第三种振荡的国际竞争中，我国科学家拔得了头筹。

2003 年 10 月，世界顶级核聚变专家齐集合肥，对中国 EAST 项目进行评估。评议意见是："EAST 将是一个对世界聚变研究产生重要影响的先进科学设备；它将是世界上第一个同时具有全超导磁体和主动冷却结构的托卡马克，能实现稳态运行。"

中国的"EAST 超导托卡马克核聚变装置"于 1998 年立项，建在中国科学院等离子研究所（合肥）。目标是"产生等离子体最长时间达 100 毫秒，温度超过 1 亿度"。此项目投资为 1.6 亿元人民币，但同样装置在美国为 5.7 亿美元，相当于人民币 34.1 亿。

制备非线性光学晶体，实现深紫外激光输出是一个世界难题。中国科学院陈创天院士领导的团队，经过 10 余年攻关，突破了这个难题，独创深紫外固态激光源装备。这些装备已投入前沿科学研究，表现出优异性能，处于世界领先水平。

2010 年底，中国建成世界最深的研究暗物质的地下实验室，启程探寻暗物质。

此实验室在二滩水电站 17 公里长的锦屏隧洞内。

锦屏实验室被岩石覆盖达 2400 米，超过加拿大覆盖 2000 米的斯诺实验室，能将宇宙射线通量降到地面水平的约亿分之一。

中国现已拥有世界唯一的JF12高超声速激波风洞。

风洞代表了一个国家在航天航空方面的基础研究水平，它是飞行器的“摇篮”。飞机或火箭的发动机，不在风洞内吹过几千上万次，是根本不敢上天的。

JF12风洞速度达9马赫，温度可达3000摄氏度左右。这种风洞的技术特点是产生的流场区域大、气流速度高、试验时间长，而且应用了独特的轰爆驱动技术，克服了自由活塞驱动技术的弱点。

国外最好的风洞实验时间可维持30毫秒，风速可达7.5马赫。中国JF12风洞试验时间可达100毫秒，风速可达9马赫。

第五节　科技创新成果丰硕

中国经济增长的规模和速度超出了任何人的意料，中国科技创新的能力和效应也令世人震惊。

航天科技创新

人类历史进入21世纪，只有掌控天空，一个民族才真正拥有希望和未来。

2011年11月5日，神州八号和天宫一号在距地球300多公里之外的太空实现了圆满的交会对接，中国航天技术之精湛震惊了整个世界。这是一个重要的标志，全世界只有中美俄三国拥有如此高超的航天科技。

1992 年 9 月 21 日，中央正式决定搞载人航天工程，并确定了三步走的发展战略。第一步，发射载人飞船，建成初步配套的试验性载人飞船工程，开展空间应用试验。第二步，在第一艘载人飞船发射成功后，先发射一个目标飞行器——天宫一号，突破载人飞船和空间飞行器交会对接技术、补加技术和再生式先保技术，最终建设一个空间实验室，解决有一定规模的、短期有人照料的空间应用问题。第三步，建造载人空间站，解决有较大规模的、长期有人照料的空间应用问题。

以钱学森为代表的老一辈科学家为中国载人航天工程打下了坚实的基础。新一代航天人接班很成功，他们不但继承了“特别能吃苦、特别能战斗、特别能攻关、特别能奉献”的载人航天精神，而且是一支年富力强又经验丰富的队伍，平均年龄只有 31 岁，而美国航天团队平均年龄是 42 岁，俄罗斯航天团队年龄比美国还要大。

神舟八号和天宫一号成功交会对接之后，美国人开始反思他们的对华科技政策。《纽约时报》2011 年 11 月 5 日的文章说，美国国会 1989 年立法限制对华科技交流，禁止空间科技产品对华出口，美国国内的空间学术会议不允许中国科学家参加，有 16 国参与的国际空间站项目也不允许中国人加入。然而在将中国挡在空间精英俱乐部门外的 20 年里，中国靠本国科学家努力和政府慷慨投资追逐空间探索之梦，并不断成功。同一天的英国《每日电讯报》则引用科学家希恩的话说：“10 年前，中国连像样的侦察卫星都没有，相关技术起码落后美国 25 年，但如今他们的侦察卫星和美国的一样好，如果势头保持下去，中国将在 2040 年前坐上空间强国的头把交椅。”[①]《纽约时报》和《每日电讯报》说得都有道理，中国航天科技的前景是无限量的。

①《环球时报》2011 年 11 月 7 日。

北斗卫星导航系统是中国正在建设的自主发展、独立运行的全球卫星导航系统。2012 年形成区域网，2020 年形成全球网。届时，可与美国 GBS 媲美。北斗卫星导航系统是中国重大的科学基础设施工程，它将很好地服务于社会，服务于国家安全。据军事专家说，北斗网完全形成后，威力很大，人民解放军先进武器的战斗力会增加上百倍。

计算科学创新

高性能计算机是世界综合国力竞争的一个焦点。

人们应当记得，克林顿当美国总统时，为了阻碍中国科技的发展，凡是运算速度在 300 万次 / 秒以上的计算机，都严格禁止向中国出口。

美国的这种“卡”，卡出了有志气的中国科学家非凡的创造力。

2010 年 10 月 28 日，国际高性能计算机 TOP100 组织发布 2010 年度前 100 强排行榜，中国的“天河一号”超级计算机系统，以峰值性能每秒 4700 万亿次、持续性能每秒 2507 万亿次的优异表现，双双刷新了当时世界超级计算机系统运算速度记录。

国际媒体在第一时间对计算机新的世界冠军的诞生进行了报道。英国广播公司 BBC 专门采访了评审委员会负责人、美国计算机专家杰克·唐杰拉。杰克·唐杰拉说：“这千真万确。上周我在中国参观了这套超级计算机系统，与系统的中国设计专家们进行了交流，对计算结果进行了验证。”他还强调，由于中国人自主研发了独特的“互联”系统，使“天河一号”的运算能力获得了惊人的增长。实际上，“天河一号 A 比美国的‘美洲豹’要快 47%”。

美国《纽约时报》于 10 月 28 日报道此消息时指出，中国最快计算机让美国感到不安。美国一些研究人员认为，天河一号“为美国敲响了警钟，说明中国正向科学计算领域的前沿进军”。美国劳伦斯利弗摩尔国家实验室计算机专家马克·西格说："在高性能计算机市场里，这无疑是颠覆游戏规则的法宝，体现了经济竞争力正从西方向东方转移。"美国弗吉尼亚大学超级计算机专家冯伍春称，"这件事所造成的不安，使美国在高速计算领域的优势陷入了危机。而且，人们还会说这打击了我们未来的经济基础。"

美国人对超级计算机冠军被中国人夺去感到不安是可以理解的，因为这种超强的计算能力对一个国家科技、经济和国防力量的发展太重要了。

超级计算机可以广泛应用于石油勘探数据处理、生物医药研究、航空航天装备研制、资源勘测和卫星遥感数据处理、金融工程数据分析、气象预报、新材料开发和设计、大型土木工程设计、基础科学理论计算等许多重要的领域。比如，设计一种飞机的气动外形，原来要花三五年，如果运用"天河一号"进行"数字风洞"辅助设计，几个月就可以完成。用"天河一号"数值模拟蛋白质分子结构，可以快速研发生物医药。科学家可以在较短时间内从几十万甚至几百万种化学物中，筛选出最有效的药物成分，不仅可以节省购买实物化合物的大量资金，而且能大大缩短研制周期。借助"天河一号"，可以快速构建数字地质模型，探明地层中是否有石油，并能精确计算出储量，判断是否具有开采价值。可以说，有了"天河一号"这样超级强大的计算系统，可以使中国人认识世界和改造世界的能力获得飞跃式的发展，其他国家能做的，我们也能做，其他国家不能做的，我们也能做。

"天河一号"的研制成功还透露出中国科学技术发展的一些重大信息。

首先是社会主义可以集中力量办大事的优势在科技事业中也充分展现出来了。早在我国实施第九个五年计划期间，就开始了"863"计划重点项目"国家高性能计算环境"的研究；"十五"期间，设立了"高性能计算机及其核心软件”重大专项；到“十一五”期间，科技部在863计划中设立了“高效能计算机及网络服务环境”重大项目。这个重大项目的总体目标是：研制成功每秒千万次浮点计算的高效能计算机，建成具有300万亿次以上聚合浮点计算能力和1000万亿字节以上存储能力的中国国家网络服务与应用环境，支撑信息化重要应用。围绕着这个重大项目，一些具有计算机系统超强研发能力的高等学校、科研院所和大企业共同组合成为冲击超级计算机桂冠的国家队，稳步而快速地登上了计算系统的巅峰。

其次是“天河一号”实施过程形成了科研院所、公司企业、超算中心优势互补的发展机制。国防科技大学、浪潮电子信息产业有限公司和国家超级计算天津中心共同承担了“天河一号”的研制任务。根据课题特点和单位自身优势，取长补短、紧密协作。国防科大承担关键技术突破；浪潮公司主攻主板设计和固件设计，保障系统技术突破和计算机生产的顺利进行；天津中心则在研制过程中大力开展应用推广和试算，并为应用单位进行技术培训，使千万亿次计算系统一落户就有大批用户上门。这种产学研用相结合的研发机制大大提高了研发效率，使研究成果最大化，使高科技既能“顶天”，又能“立地”。“顶天”是指技术上有大的突破和创新，在世界上占有领先地位。“立地”是指技术发展要满足社会的实际需要，要扎根于经济土壤，成为新兴战略性产业的引领者。

三是表现了中国科学家非凡的创新精神。美国计算科学家说“天河一号”的研制有一个“秘诀”。这个“秘诀”，就是中国科学家在国际上首创的CPU和GPU互融互联的计算结构。CPU是通用中央处理器，GPU是通用图形处理器。传统上，CPU是用来计算的，GPU是用来进行图形和视频处理的，如果将GPU用来计算，不仅编程很难，而且计算效率也很低。中国科学家有创新思维，他们采用混合语言编程技术，通过自适应动态任务划分流式数据存取、软件流水及亲和调度等技术，极大提高了 GPU 的计算效率，充分发挥 CPU 和 GPU 的协同计算能力，满足应用对计算资源的不同需求，最大限度地提高了计算效能。美国斯坦福大学计算机系主任、NVIDIA 公司首席科学家比尔·戴利说：“中国的天河计算机采取的 CPU 与 GPU 配合的结构，代表了高性能计算机的发展趋势。随着计算机规模的不断拓展，这种结构虽然不是唯一的解决方法，但目前看来是最好的。”

最后是中国超级计算机研发队伍很强大。10 多年前，中国还不能研发每秒百万次的计算机。到 2002 年，中国才开始投资研发超级计算机。起步虽晚，但进步神速，短短几年之间，先后超越日本、欧洲。到 2010 年 6 月，中国超级计算机仅次于美国，位居世界第二。仅仅过了几个月，到 2010 年 10 月，“天河一号”就超过美国最强大的计算机“美洲豹”，登顶世界第一。超级计算机进步的神速，是因为中国超级计算机研发队伍越来越强大。这确实是一支庞大的队伍，而且是一支生机蓬勃的队伍。直接参与“天河一号”研发的科技人员有 200 多人，平均年龄为 36 岁。他们思维敏捷，富有创新精神，敢于同世界最强者比试武功。更重要的是“天河一号”的研发队伍形成了“胸怀祖国、团结协作、志在高峰、奋勇拼搏”的银河精神。“天河一号”研制成功后，他们将攀越新的高峰。未来 10 年左右，他们或许会造出比“天河一号”强大 1000 倍的计算机。再往后，量子计算、光计算、生物计算将会替代电子计算，我们可以期望中国科学家仍将是未来超级计算的顶尖高手。

材料科技创新

新材料有时会发挥神奇的作用，它可以促进产业升级、推动社会进步、改变人类生活方式。新材料产业已经被列为国家战略性新兴产业，而且被确定为是所有战略性新兴产业发展的基石。

新材料产业是一个典型的高科技高附加值的产业，同时也意味着高投资高风险。

前期的科研准备、工程化过程和后期的产业化过程，都需要有大量的资金投入。虽然企业应是创新体系中的主体，但初期基础研究、中期关键共性技术研究和后期产业化平台的搭建，则需要政府部门的投入和引导，并充分发挥科研院所在人才和资源上的优势作用。

经过长期的努力，中国新材料事业发展态势喜人，形成了以师昌绪院士等科学家为核心的宏大的新材料科研队伍。形成了“产、学、研、用”一体化的新材料创新体系。在微电子材料、光电子材料与器件、高温超导材料及应用等领域，获得了许多重大成果。一批具有资源优势和技术优势的关键新材料研制取得重大突破，实现了规模化生产，形成新材料产业发展的经济增长点。

2004 年到 2009 年，我国在新材料领域的发明专利数仅次于美国和日本，居世界第三位，正在实现从材料大国向材料强国的历史性转变。

纳米材料的创新技术正催生许多新兴产业，印刷业的变革是一个显著的例子。

目前国际上流行的印刷技术路径是从两步感光的激光照排到一次感光的计算机直接制版技术，这比铅与火的印刷时代进步多了，但在感光、显影、定影、冲洗的过程中，存在着化学品污染问题。中国是世界印刷大国，印刷业总产值达到 5746.2 亿元，但印刷污染也很严重。

解决印刷污染问题，不能走现有印刷路径。因为即使是声称已经环保优化的 CIP 制版机，冲洗每平方米版材也需要化学品约 300 毫升，其中金属银浓度为 6 克 / 升至 10 克 / 升，铝含量约为 0.5 克 / 升。

解决印刷污染问题，只能依靠纳米新材料。此前，我国在纳米材料的研制中取得两项重要的技术突破：一项是制备出具有优异光电特性、良好成膜性和稳定性的高质量纳米薄膜，另一项是成功实现具有特殊浸润性（超疏水 / 超亲水）的二元协同纳米界面材料的构筑。这两项基础研究的成果，为制备打印流畅的纳米转印材料奠定了坚实的技术基础。

中国科学家发明的纳米材料绿色印刷制版技术，摒弃了传统的感光成像技术思路，省略了曝光、显影、冲洗等烦琐工艺，从根本上消除了感光冲洗过程带来的化学污染问题，整个制版过程绿色环保，从而使印刷制版行业最终告别污染。

中国是最早发明印刷术的国家，创造了印刷史上的辉煌时代。今天，纳米材料绿色制版技术的发明及其产业化又将在世界印刷史上引起新的大变革。

我国碳纤维产业化是科技与经济结合的成功范例。碳纤维是高品质的复合材料，它的强度比钢大，密度比铝小，具有极好的电学、热学和力学性能，是航空航天、国防军工以及交通、纺织、医药领域大量应用的材料。

20 世纪 60 年代，我国科研单位即开始研制碳纤维，各单元技术在实验室已经成熟，一些国家重点实验室甚至试制出产品，但一直没有实现产业化，国家需要的大量碳纤维材料只能以垄断价格进口。

科研单位的成果不能产业化，根源是科研和经济脱节，缺乏产业化人才，没有资金研制相关设备，难以突破工艺难关。

鹰游纺机集团是国家级重点高新技术企业，拥有强大的纺织机械设计的技术实力和先进的制造水平。他们与相关科研单位联合，成立中复神鹰公司，集中力量推动碳纤维产业化。

中复神鹰成立仅 3 年，就实现了三级跳，先后建成 20 万吨、100 万吨、1000 万吨的碳纤维生产线。中复神鹰在很短的时间内实现碳纤维产业化，说明以企业为主体开展自主创新，是实现科技成果产业化的最佳途径。

2011 年 1 月 23 日，上海交通大学宣布，该校物理系李贻杰教授领导的科研团队，历时 3 年，采用独特的技术路线，成功研发一整套具有自主知识产权的百米级高温超导带材，实现了超导带材的新突破，使中国在这一领域跻身世界先进行列。

与传统的铜导线相比，相同横截面积超导带材的截流能力是铜导线的几百倍。现有电网传输系统在传输过程中损耗8%到10%，如果采用第二代高温超导电缆来传输，可以达到零损耗，极大提高了节能效果。第二代高温超导带材中的超导层属稀土氧化物系列，我国具有原材料资源优势。

中国科学家已成功研制出脉冲超宽带无线通信系统,有了这样的系统,电视机、显示器、多媒体终端等设备，都可以安装超宽带芯片，实现无线连接，不再使用复杂的信号线对设备进行连接，应用前景非常广泛。

装备制造创新

百年之前，中国人看到西方国家装备制造技术之高，不禁赞叹道:“轮船电报之速，瞬息千里；军器机事之精，功力百倍。”我们的先人可能没有想到，百年之后，他们的子孙已经把中国打造成名扬四海的装备制造大国。

英国《金融时报》2011年3月13日文章称，中国已成世界头号制造业大国。

美国经济咨询机构环球通视公司报告透露，2010年，中国占世界制造业产出的19.8%，略高于美国的19.4%。中国制造业1830年还占世界的30%，以后逐步下降，1900年为6%，1990年为3%，此后又逐步上升，直到重回世界第一。

1850年以前，中国在世界制造业中一直居于首位，后来被英国超过。但英国占据世界第一仅有50年，就被美国超过。现在中国重回历史高位，标志着一个世界经济史周期的结束。

中国装备制造业登上世界第一的宝座，是中国工人阶级在非常困难的条件下创造出来的伟大奇迹。

上世纪 90 年代初，我国研制的新一代潜艇需要装配高效能的十二相整流发电机，这种发电机是先进潜艇的“心脏”，世界上只有少数发达国家能够生产。

为了研制这种发电机，马伟明等工程技术人员出国考察相关技术。外国同行知道他们的来意后，竟冒出一句问话：“中国人也考察这个？”同时还表现出一种傲慢与蔑视的神情。这一幕深深地刺痛了中国科技人员的心。

马伟明回国后，找一间 20 平方米的洗脸间，砸掉水槽，改装成一个简陋的实验室，开始进行十二相整流发电机的实验研究。功夫不负有心人，经过连续 30 多个昼夜的苦战，我国首台十二相整流发电机原理样机就诞生了。

不仅如此，马伟明及其团队经过上千次试验、数万组参考运算，解决了十二相整流发电机的“世界难题”——“振荡现象”。当这一成果公之于世后，原先生产这种发电机的国外某大公司总裁亲自出马，将对外严密封锁的电机设计图纸交给马伟明，请他帮助修改和审查。

进入新世纪，我国研制的新型潜艇需要大容量高速发电机，而这种发电机世界上还没有一个国家搞出来。马伟明团队自告奋勇，主动承担了研制任务。经过 7 年攻关，跨越 7 大风险，成功研制出了大功率高速电机，既降低了舰船发电系统的体积重量，又减少了震动噪声，大大提升了潜艇的隐蔽性。

在中国宏大的装备制造大军中，正是有成千上万像马伟明团队这样的战斗集体，才使中国装备有了扬眉吐气的一天：外国人能做的，我们可以做得更好；外国人不能做的，我们也要做出来。

今天，中国装备制造业的条件已经比马伟明开始搞十二相整流发电机时好得太多。一般的机床厂，已经看不到“黑、脏、乱”的景象，都是现代化的厂房，标准化的生产线，信息化的操作，几分钟就会有一台高档机床下线。

我国高端装备自主创新成果全方位、大面积涌现，不仅在装备中国，而且开始装备世界。

世界上第一个 ±800 千伏特高压直流输电工程——云南至广东特高压直流输电工程已经成功实现投产，标志着我国电力技术和电力装备制造已在输变电领域攻占了世界制高点，是电力发展史上一个重要的里程碑。

2009 年 7 月 13 日，我国自主研制的世界首台 3.6 万吨黑色金属垂直挤压机试车成功，挤压出第一根合格的厚壁无缝钢管，标志着我国大口径厚壁无缝钢管制造技术取得重大突破。

大口径厚壁无缝钢管用于大型电站及石油化工等产业。按照传统技术，这种钢管是锻造而成。一块 120 吨的钢锭要经过 40 小时才能锻造成钢管，且产生大量铁屑，费工费时，效率很低，浪费材料。采用挤压工艺，同样一块 120 吨钢锭，只要 28 秒就可以挤压成一根 8 米多长的厚壁无缝钢管，实现了自动控制，节省了材料，而且不产生铁屑。

2013 年 1 月 22 日，科技部、银监会和浪潮集团在北京联合宣布：我国第一台基于自主核心技术的关键应用主机产品浪潮天梭 K1 系统研制成功并正式上市。这标志着中国成为美国和日本之后第三个掌握该技术的国家。我国信息化建设自主可控战略完成了关键布局，打破了信息网络核心装备受制于人的局面，对于保障我国经济安全、信息网络安全意义十分重大。

由于资金和技术积累雄厚，中国装备制造企业已在国际市场上获得非同一般的话语权，“走出去”的步伐迈得很稳健：大连机床集团并购了美国英格尔索尔公司和德国兹默曼公司，沈阳机床集团全资收购德国希斯公司，上海明精机床公司收购日本池贝公司，北京第一机床厂收购德国科堡机床厂，中联重科并购了排名世界第三的意大利 CIFA 公司。

上海“华锐风电”成立仅有 5 年，却因成功设计制造并成功运营上海东海大桥海上风电工程而令世界风电行业震惊。

据悉，2010 年中国新增风力发电装机量 1600 万千瓦，累积装机容量达到 4182.7 万千瓦，超过美国，成为世界上最大的风电装机国。

中国风电产业的高速发展，得力于“华锐风电”等一批高科技风电企业的崛起。华锐现已排名世界第三，到 2015 年，国际风电市场占有率将达到 50%，力争成为世界风电行业的龙头老大。

企业科技创新

一个国家的综合国力，很大程度上要看拥有多少创新能力很强的现代化企业。人们很难想象，没有微软、英特尔、苹果、惠普和 IBM 的美国能站在世界经济发展的潮头。我国要在 2020 年建成创新型国家，关键是要培育一大批拥有核心技术和国际竞争力的创新型企业。

1987 年，我国开始实施培育创新企业、推动高科技产业发展的“火炬计划”。邓小平当时给火炬计划的题词是：“发展高科技，实现产业化。”

“火炬计划”实施 20 多年，我们逐步完善高新技术开发区、孵化器、创新基金、软件园和创业风险投资等政策工具，促进联想、华为、中兴通讯、用友、东软、阿里巴巴、新浪、百度、启明星辰、尚德等创新型企业的成长，追上了全球高新技术产业发展的步伐，实现了我国高新技术产业的跨越式发展。

采取重大专项的方式推动和加快科技发展，是我国的一项成功经验。重大专项在实施过程中突出了企业的主体地位，促进创新要素向企业集聚。“十一五”期间，企业承担的专项课题共有 1063 项，国拨经费占总数的50%以上。

《中国创新型企业发展报告2010》数字显示，2009年，458家企业研发经费支出总额达到2434.9亿元，占全国研发经费总额的42%。

截至2009年底，创新型企业拥有的授权发明专利总量达49412件，占国内有效发明专利的23.1%。

企业界有这样一个广为流传的说法："三流企业卖产品，二流企业卖专利，一流企业卖标准。"

长期以来，国际标准的制定权一直把持在发达国家企业手中，中国企业被限制在"卖产品"的不利地位。

现在，情况已发生重大变化。我国已分别于2008年10月和2011年10月，成为世界范围内最有影响、最权威的两大国际标准化机构——ISO（国际标准化组织）和IEC（国际电工委员会）常任理事国。目前，我国担任两个机构的技术委员会主席、副主席达到33个，承担秘书处达到57个，担任工作组召集人达到72个，我国承担的项目组达到236个。我国在两大国际标准化机构中直接参与国际标准起草的注册专家，也已经超过1300人。

近年来，由我国提出并承担起草的国际标准，已立项237项，其中109项已被正式批准发布，涉及能源、环境、健康、海洋技术、空天技术等多个领域。

中国企业主导制定第三代移动通信国际标准ID—SCDMA，走出了一条攻克核心技术，确立国际标准，实现创新成果产业化、市场化的自主创新之路。

企业创新，自然要对准产业机遇和战略导向的制高点。在当今的高科技产业领域，激烈的市场竞争背后，实质上是对关键技术与核心标准掌控权的竞争。大唐电信等企业正是瞄准移动通信高科技产业所具有的巨大升级带动作用，在国家相关部门的引导整合下，组成产业联盟，集中优势资源，利用后发优势，掌握了第三代移动通信的核心技术，为产业标准的制定取得了主动权。

通过自主创新掌握产业国际标准制定的话语权，就为控制产业制高点和高附加值提供了难得的机遇。核心技术标准本身就具有资源吸纳能力与辐射带动效应，ID—SCDMA 产业联盟的成员企业已从 2002 年起步时的 8 家发展到 66 家，而加入产业链的相关企业已超过 200 家，并带动了软件、系统、终端、核心芯片、精密仪器仪表等高科技产业集群的整体发展。

中国企业的科技创新，已呈现遍地开花之势。例如，阳光凯迪公司的“柴变油”技术甚至领先发达国家 10 年左右。他们将木枝、秸秆等放入汽化塔，不到10分钟就可以炼出生物燃油。4.3吨秸秆可转变成1吨燃油。这种生物燃油无需做任何改型即可用在飞机和汽车上。实验表明，用这种生物柴油开车，可以比普通柴油车多跑 10% 的路程。

在中国，企业和产业创新可以实现核心技术和低成本制造双重优势的结合。我国拥有宏大而高素质劳动力供给，人工成本相对较低，基础设施比较完善等资源禀赋，自然成为世界性的制造业中心。将这些比较优势同高科技产业的核心标准结合起来，即可实现核心技术高端引领的总体成本最优，总体竞争力最强，这正是中国企业在国际市场上迅速壮大的重要原因。

科技论文和专利申请

科技论文和专利申请的增加，可以从一个侧面反映一个国家科研活动的成果。

据汤姆森路透集团 2009 年 11 月 2 日公布的报告，中国科技论文数已跃居全球第二，仅次于美国。

报告说："中国科技论文的相对增长幅度非常惊人，远远超过世界其他地方。"

1998年，中国研究人员仅发表科技论文2万篇，到2008年即激增至11.2万篇，超过了日本、英国和德国。

同一时期，美国的科技论文从26.5万篇增加到34万篇。

报告指出，中国的研究活动大多集中在材料及技术领域，可以看出中国是想在各个行业发挥主导作用。"中国牢牢控制创新材料领域，这可能会产生深远的影响。利用这些技术的工业领域大多直接或间接地来自中国的研究成果。"

截至2010年底，我国商标注册累计申请量、累计注册量和有效注册量均居世界第一位；累计受理马德里商标国际注册领土延伸申请154302件，连续6年位居世界第一，受理国内申请人商标国际注册申请累计11427件，在发展中国家排名第一；共注册和初步审定地理标志集体商标和证明商标1040件，其中外国地理标志36件。

中国已是世界商标大国。截至2009年6月30日，我国商标注册申请累计总量已达677万件，有效注册商标总量240万件，已连续7年位居世界第一。

在发明、实用新型和外观设计三种专利中，因为发明专利的创新水平较高，所以分量最重。同时，因为发明专利需经严格的审查，权利比较稳定，保护时间长，因此更能体现一个企业、一个国家的核心竞争力。

最近10年，我国专利申请量增速惊人，其中，发明专利申请量在三种专利申请量的比重翻了一番。2009年，国内发明专利申请量同比增长17.7%，占总量的比重升至72.8%。从中可见国内创新主体的创新能力和知识产权意识已有较大提高，运用专利制度参与市场竞争的能力不断增强。

英国路透社2011年12月21日报道，据汤森路透报告显示，2011年，中国的专利申请量接近50万件，其后是美国近40万件和日本近30万件。

汤森路透的全球专利指数显示，中国专利申请量从2006年的17.1万件升至2010年的近31.4万件，年均增长16.7%。

汤森路透的报告说，在中国申请的全部专利中，2010年近73%的申请来自中国国内，2006年时还不到52%，这表明中国蓬勃发展的专利申请上，中国公司已超过外国公司。

联合国世界知识产权组织2012年12月11日在日内瓦发布报告说，2011年全球专利申请数量增加了7.8%，达到214万件。其中，中国52.6万件，排名第一；美国50.3万件，排名第二；然后是日本34.3万件，韩国17.9万件，欧洲航天局14.3万件，分居第三、第四和第五。

历史上，曾经占上世界第一专利大国之位的只有美国、日本和德国。2006年以来，一直是美国高居榜首。2011年中国超越美国，登上世界第一专利大国的宝座。

世界知识产权组织总干事弗朗西斯·高锐在发表这份报告时说："这是一个历史性的转折点。"显示中国的经济和产业影响力具备了创新优势，这种优势将会越来越强。

有两家中国企业进入全球国际专利申请榜前10位。其中，中兴通讯凭借1863件，排名由2009年的第20位跃升至第二位，华为公司则以1528件排名第四位。

根据西班牙Scimago机构2010年度报告的统计，中国科学院目前已位居全球科研机构作品产量第一位。

排名指数在前三位的是中国科学院、法国国家科学研究中心和俄罗斯科学院。具体情况是：

中国科学院，130.267；

法国科研中心，125.475；

俄罗斯科学院，87.850。

在2009年9月由汤森路透发布的排名中，中国位列第二。相关报告显示，2004年至2005年间，中国发表的晶体、冶金等研究文章占全球总量的31%，多学科物理实用数等领域的作品占全球总量的20%，关于混合材料、陶瓷或聚合体的论文也接近20%。

第六节　世界惊叹中国科技创新

2013年春天，中国科学家首次发现量子反常霍尔效应，这是凝聚态物理学研究中一个里程碑式的成果。量子反常霍尔效应是133年前美国物理学家霍尔发现的，但一直没有实现量子化。中国科学家经过多年攻关，在磁性掺杂的拓扑绝缘体簿膜中，首次从实验上观测到量子反常霍尔效应。而且实验结果干净漂亮，数据完美得不可思议。

科学家指出，在常态中，芯片中的电子运动杂乱无章，经常相互碰撞，发生无谓的热量损耗，让计算机芯片的速度受到限制。而量子霍尔效应可对电子的运动制定规则，让它们在各自的跑道上同方向前进，可以有效地克服电脑的发热和能量耗散问题，为发展新一代低能耗晶体管和电子器件打开了广阔的空间，很可能带来下一次信息技术革命。

发现量子反常霍尔效应，是我国科学家为中国夺取新信息革命制高点作出的突破性贡献。这样的突破性贡献今后将会越来越多。

如今，中国科技事业规模之大、发展之快，已引起世界的重视和惊叹。

法国《解放报》评论说："全球科技界美日欧鼎立的霸主架构将逐步瓦解。换言之，一个半世纪以来构成世界格局及国际关系的一个重要元素正在消失。"

美国《大西洋月刊》的文章说，与过去10年相比，如今的产品研究和开发过程正以更快的速度发生变革。中国不满足于仅仅作为一个高效的制造机器。他们正迅速学会发明和创新技能……他们正在培养能这样做的人，他们正投资于电池、太阳能和软件的未来技术。

西班牙《世界报》说，中国正在进入创造奇迹的新阶段。不久前，中国的经济奇迹还完全建立在玩具、服装等廉价消费品的大规模生产上。但是现在，中国已开始在电信、太阳能板、高铁、电网等关键领域向欧洲和美国的竞争对手发起挑战。

2007年，德国还控制着机械出口市场。但到2009年，中国机械产品出口已经超过德国。太阳能板市场也发生了同样情况，不久前这个市场还掌握在德国人手中，但现在，中国已经控制了市场，获得了定价权。

虽然现在不少技术领域中国与发达国家还有差距，但最让欧洲和美国担心的是，中国的学习速度和在高技术方面上台阶的速度太快了。

美国智库环球通视有限公司预测，在15年内，中国制造的附加值可能3倍于美国。

文章说，在新的世界现实中，中国的创新力量仍被普遍低估。上世纪70年代日本和80年代韩国的创新能力及技术发展超出竞争对手的预期，令美国和世界震惊。但以专利申请来衡量，中国的创新速度已经令日本和韩国的一切黯然失色。

北京方面定下了到2015年专利申请达到年均200万件的目标。如果这一目标实现，中国将在其超级大国的履历表上加上"具有创新精神"这项内容。

一般来说，专利数量可以衡量一个国家的创新实力。自从中国1985年第一部专利法实施以来，中国的专利申请取得了令人难以置信的进步，特别是2008年爆发金融海啸之后，世界专利申请量进入历史上的最低值，日本同比下降1.3%，韩国下降1.1%，美国是零增长，唯独中国增长了

18.2%。2009 年，多数国家的专利申请量继续下滑，但是中国仍然保持了 8.5% 的增长率。由此不难发现，全球经济衰退在许多领域显示了中国意想不到的创新优势。

英国保守党议员提姆·伊欧认为，包括英国在内的西方国家在发展低碳技术上正被中国越抛越远。这位曾经担任环保大臣的议员说，中国在某种意义上来说是个“坏家伙”，因为中国一直给西方以“不注意环保”的印象，分散了西方的注意力，让西方在环保科技的研发上没有感到来自中国的竞争压力。伊欧建议英国政府必须要从中国同行那里学到雷厉风行的作风，在环保科技研发上加快脚步。而且应当要求国民也向中国学习，重新选择自己的生活方式。

法国《科学与未来》月刊 2010 年 5 月 号发表文章惊呼，中国正在展开强大的科技攻势，力争从根本上撼动欧美传统强国的地位，从发展的前景来看，中国的科研活力无人能比。

2011 年 1 月 26 日，英国《金融时报》发表了由其委托汤森路透完成的一个研究报告。报告显示，在过去 30 年里，中国在科学研究方面的发展比任何国家都要强劲，已成为全球第二大科学知识生产国。如果继续沿着这一轨道前进，那么到 2020 年，中国将会超过美国。

该研究报告说，尽管很久以来印度被认为会对美国的科学霸权地位形成最大威胁，但是现在看来，印度远远落后于中国，甚至几乎要被巴西超过。“中国近来的研究表现超过以前的最高预期，而印度却低于预期，而且也许已经失去了机会。”20 年前，俄罗斯还是一个科学超级大国，比中国、印度和巴西加在一起的研究成果还要多，但到 2008 年，俄罗斯的科研论文数量甚至不及巴西和印度。

美国《纽约时报》说，中国力争高科技的主导地位。该报 2011 年 12 月 5 日文章指出，中国互联网用户已经是美国的近两倍，在 IPV6 的建设上也比其他国家更快。

如果说互联网的未来已经在中国，那么电脑运算的未来是不是也在中国。美国许多专家说，很可能是这样。由于劳动力成本低，中国已经是全球电脑和其他消费电器的主要生产国。现在，这些专家说，中国繁荣的经济和日益发展的技术基础可能会使它在下一代计算机技术上处于领先地位。

美国总统科学顾问、白宫科技政策办公室主任约翰·霍尔德伦对《独立报》说，在赶上美国成为科技创新第一大国的竞争中，中国处于有利地位。如果美国不能加以重视，中国将实现赶超。

霍尔德伦特别强调，在数学和科学方面，中国中小学生的表现明显优于美国中小学生。

加拿大《环球邮报》说，中国基因科技令西方羡慕。在深圳华大基因研究院，一大批年轻的科学家用创记录的128台高端测序仪不但破译人类基因，还为大熊猫、水稻和黄瓜等众多生物的基因组排序。他们与沙特科学家一起为阿拉伯人基因组排序，与爱丁堡大学共同破解苏格兰植物、动物和人的基因组，美国和加拿大的研究团队也与他们进行广泛的合作。在这里，基因革命正以工业规模上演，这种情况令西方既羡慕又担忧。[①]

看到这样的发展态势，那些坚称中国在科技创新上永远赶不上美国的人，是不是需要换换脑筋呢？

①加拿大《环球邮报》2012年12月15日。

第十一章
中美军力消长

中美两国军力的消长会触动许多人的神经，会影响亚太地区乃至整个世界战争与和平的大格局。现实和未来的趋势是：中美常规军力各有优势，核能力可以相互抗衡，精端军事力你追我赶，逐渐走向平衡。

军事关系，是国与国关系的重要方面，也是美国与中国关系的重要方面。由于军事总是同战争，同千百万人的伤亡和许多城市村庄的毁灭联系在一起，因此，两个大国之间的军事关系就会给人一种非同寻常的尖锐性、刺激性和神秘性。中美两国军力的消长会触动许多人的神经，会影响亚太地区乃至整个世界地缘政治格局的变化。

观察中美军力的消长，我们要指出这样一个基本事实：美国是拥有霸权的超级大国，它一直在地球上的各个战略地区缔结军事同盟、建立军事基地、驻扎战斗部队和进行军事演习，把军力分布在全世界。中国则是爱好和平的国家，现在不称霸，永远不称霸，除了联合国交给的维和使命之外，不在别国土地上驻扎一兵一卒。就这一点说，中美两军存在着很大的差距，但中国完全无意于去消除这种差距。当然，无须否认的是，中国军力确实增长很快，但这是为了保障国家的主权和人民的安宁，是为了制服侵略战争，维护世界和平。就这一点说，任何人都不要幻想中国会容忍同美国长期存在军力差距。

第一节　中美两军知彼知己

一些人说，在中美两大国错综复杂而又日益紧密的关系之中，军事关系显然是一块短板，因为互相交流太少了。然而，从彼此了解的程度说，中美两军可谓互为知己：在世界各国军队中，美军对解放军研究得最深、了解得最多；解放军也对美军研究得最深、了解得最多。一方想出新战法，对方就会准备好应对之策；一方推出新武器，对方会研制更新的武器。

从历史上看，中美两军有过非常深入的交流。第二次世界大战时，中美两国是并肩抗日的盟友，美军飞行员支援过八路军、新四军的战斗，八路军、新四军将士曾不惜生命救护过美军飞行员。

新中国成立后，中国军队同美军曾有三次交战，但都是在国外。第一次在朝鲜，第二次在越南，第三次在老挝。在三次交战中，中国军队保持着不败记录。

朝鲜战争是美军与我军首次交锋。1950 年 10 月 19 日，彭德怀率志愿军开赴朝鲜，同以美军为首的“联合国军”进行了近 3 年的浴血奋战，取得了五战五胜的辉煌战果，迫使美国签订停战协定。

我军与美军的第二次交锋是 1965 年 6 月至 1973 年 8 月的援越抗美战争。中国人民解放军在援越抗美战争中，先后派高炮部队分 5 批开赴越南轮战，连同配属援越工程支队的高炮支队，共有 16 个支队（师），辖 63 个大队（团）及部分独立营、高射机枪连和勤务分队，共计 15 万余人。在与美军作战的时间里，我军共对空作战 2153 次，击落美机 1707 架，击伤 1608 架，俘虏美军飞行员 42 名。与此同时，中国人民解放军派出铁道兵、工程兵部队 10 多万人，帮助越南抢修被美军炸毁的桥梁、铁路、公路、涵洞等。在援越抗美战争中，中国人民解放军付出了很大代价，4200 多人负伤，1100 名壮烈牺牲，长眠在越南国土。

我军与美军的第三次交锋是 1969 年至 1973 年的支援老挝抗美防空作战。在老挝期间，我军对空作战 95 次，击落美军飞机 35 架，击伤 24 架。在援老抗美防空战中，中国人民解放军有 269 人献出了生命，其中 210 人被安葬在老挝孟塞和班南舍烈士陵园中。

以垄断资本为灵魂的帝国主义，是现代人类一切灾难的总根源。法西斯主义，是这种帝国主义的特殊形式。法西斯主义的灭亡，不是帝国主义的灭亡，而是为新型帝国主义的猖獗创造了有利的环境。

战后所谓“冷战时期”，实际上是美国和苏联两个帝国主义国家争霸的世界。

两大帝国争霸，没有失去控制，没有爆发新的世界大战，制约因素很多。比如，全世界人民坚决反对战争，美苏当权者都不敢冒天下之大不韪；再比如，美苏双方都有核武器，谁也不想成为毁灭世界的恶魔。但这些因素都是理论上的，只具有象征意义。因为战争狂人从来不在乎民意，一旦打急眼了，也不惜扔出原子弹。战争狂人只认铁拳，不认民意。真正让美苏两霸都不敢任意妄为的，是地球上已出现一个维护和平、反对霸权的伟大国家，这就是中华人民共和国。同时，地球上还出现了一大批爱好和平的发展中国家。

中华人民共和国能够挺身维护世界和平，不仅因为可以依靠反对战争的世界民意，而且由于自身拥有令帝国主义者胆寒的拳头。1950 年，美国挟二战胜利者的威风，在武装占领日本和南朝鲜之后，大举介入朝鲜半岛的内战，把战火烧到鸭绿江边。这是对中国安全和世界和平的愚蠢挑衅。新生的中国不得不站出来惩罚侵略者，派出英雄的志愿军，跨过鸭绿江，发动五大战役，把侵略军打得丢盔卸甲，使之退回到三八线，不敢再越雷池一步。

美帝国主义不甘心在朝鲜的失败，又转到中国南方，大举介入越南内战，这同样是对中国安全和世界和平发起的愚蠢挑衅。中国间接参与了越南抗美战争，使美国遭到惨重的失败。

朝鲜战争，是朝鲜人民争取民族解放的战争；越南战争，是越南人民争取民族解放的战争。中国直接参加了朝鲜战争，间接参加了越南战争，不但有力地支援了两国人民的解放事业，而且也保卫了自身的安全，维护了东亚地区和世界的和平。

朝鲜战争和越南战争之后，美国再也不敢在东亚地区任意启动战端，世界的东方大体上维持了近半个世纪的和平。

由于对中国军队和中国军力的深入了解，美国前国防部长罗伯特·盖茨曾在西点军校讲话时说，今后的任何一位国防部长在建议总统向亚洲、中东或非洲派遣大批美国陆军时，“都要像麦克阿瑟将军非常巧妙地表达的那样，应该检查一下他的脑子。”

英国《金融时报》对此评论说，作为美国国防部长，而且直接负责向伊拉克和阿富汗调派军队的盖茨发表此番言论非同寻常。

经过 10 年战争后的美国已今非昔比，它要与创纪录的财政赤字和贸易逆差作斗争，还患上了“干涉疲劳症”。盖茨的言论表明，美国不仅不那么能胜任世界警察一职，而且还削弱了当世界警察的欲望。

虽然罗伯特·盖茨对战争说法谨慎，但并不表明美国会放弃战争，因为美国比世界上任何国家更依赖军队、更依赖战争。

2006 年，美国国防支出占世界各国国防支出的 51%，换句话说，美国的军事支出超过了世界其他各国的总和。与此同时，美国的海外军事基地，不仅没有比冷战时期减少，相反还大幅度增加。

从 1989 年以来，美国虽然不敢发动世界大战，但没有停止过侵略他国的局部战争。请看美国以下的战争记录：

1989 年进攻巴拿马；

1991 年发动海湾战争；

1993 年进攻索马里；

1994 年进攻海地；

1995 年进攻波斯尼亚；

1999 年科索沃战争；

2001 年进攻阿富汗；

2003 年进攻伊拉克；

2010 年进攻利比亚。

美国的这种“战争爱好”必须加以制止，否则，我们生存的世界太危险了。

冷战时期，人们经历过这样的情况，美苏双方携带核武器的轰炸机每日 24 小时值班飞行，军队的战备随时保持在“确保相互摧毁”的水平上。

中美两大国的竞争会发展到重现这种危机状态吗？全人类都会举双手反对。既然如此，中美两大国就必须把合作放到首位。

冷战之后的单极时代一转眼就过去了，任何国家想“单飞”都行不通。

在 21 世纪，中美关系中对抗欲望如果压倒了合作追求，全球治理中任何一个难题都不可能得到解决。

现在，越来越多的美国人已经认识到，战争不但不能解决美国的问题，而且会加深美国的困难，也给世界人民带来灾难。

美国《外交政策》文章指出，美国领先优势并非坚不可摧。美国有世界一流的大学，那是美国的强大资产。“但如果美国经济产生不了更多工作岗位，那些在斯坦福大学和麻省理工学院就读的才华横溢的亚洲毕业生将大批回国。如果美国不再像过去那样与机会、繁荣和成功密切相关，美国的吸引力也可能下降。”这些情况现在实际上正在发生，使人有一种“无可奈何花落去”的伤感。

文章还说，美国军队天下无敌，远远强过任何对手。美国的军事开支几乎是世界其他所有国家和地区的总和。但是，“伊拉克战争和阿富汗战争的教训在于，美国的武力不像前国防部长唐纳德·拉姆斯菲尔德等人所想象的那么好用。”况且，美国军事预算在这个紧缩的新时代必然受到削减，正如美军参联会主席马伦上将所说，“迅速增长的国家债务是美国国家安全的最大威胁”。

美国军队现在还能自我安慰的是以为中国军队的装备比美国落后。

但是，这种情况正在发生变化。

中国工业还处于“8亿条裤子换一架飞机”的尴尬时代吗？当然不是了。因为中国已是世界第一制造业大国，中国不但可以生产裤子等日用百货，而且还大量生产各类高端设备。

美国学者马克在《外交》杂志发表文章宣称，中国国防工业大大落后于美国，而且近期不大可能赶超上来。中国军队的“诀窍”依旧不过是用数量来弥补质量的不足。

西方可能严重低估了中国制造业进步对武器研发和装备能力的促进作用。

最先进的隐形战机歼－20原型机一出来就是两架，而且装备的发动机显然极其强劲，这是令世人始料不及的。与歼－20搭配的歼－31也飞上了蓝天，这更是世人没有想到的。

人们必须考虑到以下这样的实际情况：中国已形成世界上规模最为宏大、品类最为齐全、设备最为精密的工业体系，中国工业的制造能力和工艺水平已在世界上处于领先地位，参与各项研发的科学家和工程师队伍数量很多，素质很高，国家和企业的资金都相当充裕。这些就是中国精端军事装备这几年能够井喷式亮相的雄厚基础。

2010年年底，一架1000吨级的龙门吊装船从上海运往英国，用于组装英国海军“伊丽莎白女王”号航母。昔日航母的发源地，其关键的组装工作，要依赖中国的机械设备，这件事是很有象征意义的。

美国发现学会创始人乔治·吉尔德2010年2月5日在《华尔街日报》上发表文章认为，美国与中国对抗无异于“自取灭亡”。问题提得很尖锐，但确实值得美国政客们深思。

文章提到2009年6月，美国财长盖特纳到北京访问，向中国提出了两个存在高度疑问的问题：“首先是以防止全球变暖的名义限制能源产量；其次是要中国推动美元贬值，很难想象他能说服拥有大量美元外汇储备的中国人这样做。”

文章说，过去30年，中国的发展是具有重要积极意义的事件。“它不仅将数亿人从贫困和压抑中解放出来，还将中国从美国的共产主义敌人变成了不可或缺的伙伴。”“在危机时期，如果在制定外交政策时秉着严肃认真的态度就会认识到，现在中国的政权是我们所能期待的最好的中国政权了。”

吉尔德认为，美国根本不可能成功地保护台湾。奥巴马政府“给台湾大约60亿美元的新武器是对中国一种不必要的挑衅，这对美国和台湾都没有好处”。

第二节 常规军力各有优势

美国及其追随者的军力报告大都低估中国的军力，认为中国解放军远远落后于美军，甚至不如日本军队。从军事上说，这种论调在世界上流行，对中国是有利的，因为敌方的错判就蕴涵着我方的胜算。

但中国军力远弱于美军的论调也有害处，过去相当长时间，中国奉行“韬光养晦”政策，强大的“杀手锏”武器往往深藏不露，这就使一些人误认为中国军队虽数量庞大，但装备落后，又缺乏实战经验，战力很有限。乃至有些小国拉美国大旗作虎皮，肆意抢占中国岛屿，盗窃中国资源。挑衅的胆子越来越大，他们会没完没了地惹事，让专心经济发展的中国人不胜其烦。

毫无疑问，中国军队的战斗精神是可以压倒一切敌人的。这在抗美援朝战争和中印边境战争中为世界所见证，但中国军队的装备确实曾经远远落后于美军。

1950年时中美国力之差可以说是天壤之别。国民生产总值（GDP）美国是3553亿美元，中国是180亿美元，中国只及美国的5%；钢产量美国是8785万吨，中国是613吨，中国只及美国的0.69%；发电量中国只相当于美国的1.1%；原油产量中国仅有美国的0.07%。中国工业产值居世界第26位，还不及葡萄牙。

在朝鲜战场上，中国军队与美国军队装备对比也有天壤之别。

	中国一个师	美国一个师
坦 克	0辆	149辆
装甲车	0辆	35辆
汽 车	0辆	3800辆
火 炮	66门	300门
火箭筒	27个	550个
战场制空权	无	有

进入21世纪，情况已经发生天翻地覆的变化，但中美两军的差距仍然是明显的。最明显的是美国军费比中国多。按照公布的数字，美国军费是世界上最高的，最多时占世界军费的50%以上，中国军费只相当于美国军费的八分之一。另外，美国在154个国家驻有军队，并设立了1200多个军事基地，而中国则没有任何海外军事基地，除联合国维和行动外，不在任何国家驻军。还有，美国有11个核航母战斗群和30多艘核潜艇，而中国尚没有核航母，核潜艇数量也不多。再有，美国一直在世界各地打仗，现代战争经验丰富，解放军则长期生活在和平环境中，缺乏高科技的实战锻炼。

必须指出，虽然中美两国军事差距明显，但中美两军是完全可以相互抗衡的。在常规军事领域，中美两军各有优势。

2012年10月28日，美国《华尔街日报》发表文章，对美国海军有可能被中国赶超非常忧虑。文章说，20 年前，中国只有一艘弹道导弹核潜艇，美国则拥有 34 艘；而现在，中国已拥有 5 艘，美国只剩下 14 艘。与此同时，中国的常规潜艇从 94 艘减少到 71 艘，美国则是从 121 艘减少到同样的 71 艘。双方潜艇上武器的质量差距也在缩小。

《华尔街日报》的文章还说，由于美国军费支出的缩减，“我们还面临一种具有潜在爆炸性的催化因素。现已解散的美国造船业协会曾统计美国有 6 家大型造船厂，而中国有 100 家大型造船厂。只要中国对其海军武器系统的成熟变得自信起来，它就能够大幅增加产量，从而把我们远远抛在后面。”

这份美国报纸的说法显然是在争取增加军费，但也大体反映了中美两国海军舰船差距缩小的事实。

中国目前有正规军 250 万人，数量之多，居世界第一。中国军队不仅数量庞大，而且纪律严明、专业性强、素质很高、战术灵活，这在全球维和行动中，在打击索马里海盗中，在两国和多国军演中都充分体现出来了，为联合国机构以及相关国家的军人和民众所公认，并给予高度评价。

中国还有庞大的后备役军人，一旦战争打响，可以毫不费力地动员 1000 多万军队上战场，可以迅速组织 2 亿以上的劳动力进行大规模的军工生产，这是世界上任何其他国家做不到的。

西方国家贬低中国军力，主要有两条，一是军事装备落后，二是缺乏战争经验。

中国的军事装备真的落后吗？这个问题需要进行分析。现在打仗，主要武器是导弹。中国是名副其实的“导弹王国”，导弹品种最齐全，并且实现了高低大小的搭配和远程、中程、近程的协调。洲际弹道导弹射程在 1 万公里以上，与美俄比肩，而且制导能力更强，误差范围美国是 250 米，俄罗斯是 150 米，中国则在 100 米以内。

航空母舰是美国强，中国弱，中美差距在20年以上。但中国拥有摧毁航母战斗群的强大能力，中国发明了专打航母的导弹，发明了消灭航母战斗群的战略战术，而且已经实验成功。若干年后，用最现代化武器装备起来的中国几大航母战斗群也将自由地巡弋在大洋之中，社会主义中国有这个雄心，也完全有这个能力。

“美中经济与安全评估委员会”是美国国会在2000年成立的一个跨党派组织，有12名成员，任务是跟踪研究中国的经济和军事力量发展对美国安全的影响，每年一份研究报告。

该委员会2010年报告宣称，中国军队的非核导弹能够重创美国在韩国和日本6处大型空军基地中的5处，可以迫使这些基地停止运转。

报告说，中国的弹道导弹和先进精确制导武器经过10年的发展，大大提升了阻碍美国在该地区实施军事行动及在战争中援助台湾的能力。

美国的“航母舰队”是不是真如美国人自己吹的那样“战无不胜、攻无不克”呢？非也。实际上，美国航母舰队有许多致命的缺陷。

一是目标大，兵力多，难以隐蔽。一个航母舰队，包括航母主舰，还有十几艘伴舰和后勤舰，在数十至数百海域内浮动，各种电磁和水声物理场很强，极易被敌方的卫星、雷达、声呐等探测器发现，处于很容易被攻击的地位。

二是防空网络有漏洞，易遭攻击。2000年10月17日，11月7日，“小鹰”号航母群在日本海演习期间，俄罗斯战机两次突破其防空航线，突然从“小鹰”号上空低空掠过。

三是防御超低空、超高速反舰导弹能力弱。美国航母舰队装备的先进反导系统，虽对防御一方或几方来袭导弹的能力很强，但要防御来自多个方向的超低空、超音速导弹的攻击就无能为力了。如果敌方从空中、水面、水下同时发动攻击，航母舰队就会遭到灭顶之灾。

另外，航母载有大量弹药和油料，舰面设备复杂而脆弱，自身事故或敌方的一两个导弹攻击都可能引起主舰大火或爆炸。再加上航母舰队作战消耗大、补给路线长，很难持久作战。

还有一个问题必须提醒世人高度重视，那就是核航母和核潜艇的反应堆安全问题。核航母和核潜艇虽然具有续航能力很强的优势，但主机安全的脆弱性是非常致命的。现代化的两军交战，核航母和核潜艇的主机都可能被击中，由此引起的核泄漏甚至核爆炸将会给人类带来巨大的灾难。

西方军事专家说中国军队装备落后，也有一定的道理，比如，中国军机数量庞大，但二代战机还占很大比例；中国战舰很多，但非常现代化的先进战舰很少；还有，中国战车很多，但还以59式坦克为主，等等。

这些看起来是中国军队的很大弱点。其实，这是中国军事战略的高明之举。无论是军机、军舰、军车，中国已少量装备的和正在研制的，往往都在世界上处于先进水平，但现在不能马上大量装备部队。因为现代科学技术进步很快，军事装备换代也很快。如果部队全部换上先进装备，不过几年，有了新的装备就得淘汰掉，浪费就太大了。考虑到此种情况，在非战争状态下，军队还是用传统的成熟武器进行装备和演习为好。同时加紧研制先进而强大的武器，在少数部队中进行试验装备，一旦战争爆发，主力部队立即用先进而成熟的武器装备起来，既节省了费用，又使部队装备走在世界前列，保证始终保有强大的战斗力。

国际军事专家对中国歼－20评价很高。美国詹姆斯敦基金会文章就认为歼－20“设计先进，潜力巨大，能力兼备，防范极强”。文章说，这种飞机的隐形性能优良，足以战胜L波段到Ku波段的防空雷达，能够轻而易举地突破目前部署在亚洲的所有防空系统。

按这个基金会的评估，由于隐形和超音速巡航性能兼备，歼－20如果从中国大陆东海岸的空军基地起飞，可以在途中不加油的情况下轻松飞临“第一岛链”一带的大部分目标，其中包括战略地位非常重要的关岛基地。

歼－31与歼－20形成轻重高低搭配，可形成完美的战略组合。歼－20和歼－31一经部署，必将改变亚洲空中战略平衡。

众所周知，飞机作为一个空中作战平台，可以提供良好的飞行性能和空中机动，但是要实现对敌方飞机或目标实施打击，必须依靠机载武器。

机载武器最重要的是空空导弹，而中国的空空导弹是出类拔萃的。

我国当前主力战机有歼－10、歼－11系列，它们携带的空空导弹包括中程的闪电－10、近程的霹雳－9等类型。

闪电－10属于主动雷达制导的空空导弹，采用双推力固体发动机，射程超过70公里，最大速度超过4马赫，制导精度很高，可以全天候、全方位攻击高机动目标，并有同时打击6个空中目标的能力。该导弹具有全程自控导航攻击性能，俗称"发射后不用管"的导弹。

闪电－10与美国AIM－120、俄罗斯R－77、法国"米卡"，都是同代的中距空空导弹，总体性能相当。

霹雳－9是近程空空导弹，其多元红外导引头具有优异的全向攻击能力，并有高效反红外对抗装置，目标一旦被导引头锁定，无论采取何种对抗措施，都将难以逃脱。据美国空军官员评估，霹雳－9若与头盔瞄准具配合使用，反应速度、命中概率都优于同代的美军AIM09L／M空空导弹。

现在，中国已研制成功最先进的第5代红外制导空空导弹。这种导弹拥有更灵敏的红外成像寻的器，这种寻的器整合了先进的反干扰和反诱骗技术，与先进头盔显示器的配合更完美。中国新一代的空空导弹射程是美国最新型AIM－9X空空导弹的两倍。这种最新型空空导弹可以使歼－20等新型战机战斗力倍增。

长期以来，人们都认为，美国拥有世界上最强大的军事机器。最近这些日子，美国“华盛顿号”航空母舰在西太平洋到处巡弋，耀武扬威；美国空天飞机也在大气层内外进出，展示太空战争的优势。这些又加深了美国军力强大、世界无敌的印象。

其实，美国军事机器也存在着许多难言之隐。

美国《国防》月刊最近发表文章说，美军正在走上衰败之路。文章举了两个例子，一是空军战机的技术水平每况愈下。F－22 战机的生产线已经废弃，F－35 战机又迟迟生产不出来，以至 2009 年共有 250 架旧战机退役，却没有新战机补充进来。为了打赢阿富汗战争，国防部很喜欢无人机，但这种飞机技术含量太低，很容易被敌方防空系统击落，不能成为一种实际的战力。

二是美军大多数武器系统的“大脑”——计算机芯片是落后的。现在连小孩子玩的 PS3 游戏机的芯片都非常先进，但军用电脑的软件大部分还是上世纪 70 年代的磁盘操作系统，比小孩子游戏机的芯片落后多了。

为什么不采购先进的技术呢？半导体工业协会负责军购的帕特里克·威尔逊抱怨说，“我们的采购体制太官僚了……这个体制太荒谬了”。因为国防部的采购程序十分烦琐，许多高科技公司不情愿与之打交道。

第三节　核能力相互抗衡

原子弹可以说是战争的终极武器之一。在核能力方面，美国曾经占有绝对的优势。当美国军队把两颗原子弹投放到日本国土上使数十万人死伤时，中国人只有手榴弹。但是，当朝鲜战争中美国总统杜鲁门威胁动用原子弹时，中国人敢于蔑视它，称之为“纸老虎”。

按照毛泽东的说法，原子弹是纸老虎，也是真老虎。既然美国经常用原子弹吓唬人，中国也必须拥有原子弹。毛泽东和周恩来等人在国家非常贫弱的情况下制定并实施了“两弹一星”战略计划，并获得了伟大的成功。中国人从此拥有自己的核保护伞，这是开天辟地的第一回。其后美苏两个超级大国不敢轻看中国，广大发展中国家往往高看中国，不能说与中国的核大国地位无关。

美国有些人狂妄自大，往往与无知有关。据说，曾经与奥巴马竞选美国总统的麦凯恩参议员竟然不知道中国拥有核武器，不知道中国是一个核大国，这太令人惊异了！如果美国某些政客居然无知到如此程度，那中美之间的“相互核威慑”就根本不存在，这些美国政客就会肆无忌惮地威逼中国、挑衅中国。就此而言，中国必须置“中国威胁论”于不顾，加快核威慑能力的提升和巩固，改善中国的核大国形象，并对中国强大的核能力有所披露，使中国真正成为不怒自威的伟大国家。

中美两国都是核大国，在分析中美两国核能力的相互制衡情况时，应对世界核态势有所了解。

核能力是各个相关国家的绝对机密，外人很难全窥。现在谈论的世界核态势，实际是军事研究机构的一些猜测和评估，准确度可疑，仅可作为参考。

据国际和平研究所报告，截至2010年底，世界8个核国家拥有的核武器超过2.05万件。

俄罗斯数量最多，共有1.1万枚核弹头。

美国次之，拥有8500枚核弹头。

法国、英国、中国、印度、巴基斯坦、以色列的核弹头在80枚至300枚之间。

BBC在2010年4月7日引用美国科学家联合会数据说，美国有战略核弹头2200枚，俄罗斯2800枚，法国300枚，中国180枚，英国160

枚，以色列 80 枚，巴基斯坦 60 枚，印度 60 枚，朝鲜不到 10 枚。

有研究机构说，世界核武库有 2.7 万个核弹头，目前美国处于戒备状态的战略核弹头有 3342 颗，俄罗斯有 5493 颗。

根据美国 2008 年到 2012 年核安全战略规划，美国将以每年 125 枚新型核武器的速度对现有核武器更新换代。俄罗斯也在淘汰陈旧核武器，研发部署生存和实战能力更强的新一代核武器。英国加速部署微型核武器，法国正在发展新型潜射弹道导弹、空射巡航导弹和小型核弹头。印度已装备了 50—60 颗核弹头，拥有中、近程核投送能力。日本贮存着能够生产数千个核弹头的核原料，很容易成为核大国。巴基斯坦、以色列、哈萨克斯坦、朝鲜已是有核国家。韩国等也具备研制核武器条件。

2010 年 5 月，美国国防部公报说，美国核弹头数目为 5113 枚，其中包括库存“非作战状态”核弹头数量。

1967 年，美国曾拥有 31225 枚核弹头。

2011 年 6 月 1 日，美国国务院公布了核武器情况报告。

美国已部署的核弹头总量为 1800 枚。

俄罗斯为 1537 枚。

美国部署的洲际弹道导弹、潜射弹道导弹以及重型轰炸机总量为 882 件。

俄罗斯为 521 件。

美国现有的导弹发射装置、部署与未部署的重型轰炸机总计 1124 件。

俄罗斯为 865 件。

在世界现有的核武器中，美俄两国占 95% 以上。美国大肆宣扬的所谓销毁核武器，只是状态转移而已。核武器有 4 种存在状态：待装状态、整装状态、散装状态、驻状态。美国“销毁核武器”，只是将处于前两种状态的核武器转移为后两种状态。一旦需要，就可以激活，使之武器化。实际上，削减核武器的谈判历经几十年，但人类所面对的核压力、核威胁从未减少。

2006年春天，美国《外交》季刊上发表了《美国核优势的崛起》一文，作者是名叫凯尔·莱伯和达利尔·普列斯的美国两位教授。文章认为，美国拥有无以匹敌的核优势，一旦发动突然核打击，就能彻底摧毁俄罗斯和中国的核反击力量。美国领导人可能利用其核优势，不仅在危机中迫使对方让步，而且可能在危机紧张的情况下，真正对其核竞争对手发动一次冷血的核打击。

有人说，这两位美国教授的见解，只是“书生之见”，不必太认真。其实，这两位美国教授正是传达了美国鹰派势力按捺不住的侵略狂想，不能不引起全世界的高度警觉。

人们不应忘记，美国是世界上唯一使用过原子弹的国家。冷战时期以来，美国的核战略一直是确保摧毁敌方70%—90%的核力量、常规武器、工业和指挥中心，主要方针是“先发制人”和“以第一次核打击取胜”。

对于美国这种近似丧心病狂的核战略方针，美国内部也一直在争论，因为它会导致美国自身的毁灭。

基本的事实是，如今的核大国都具有预警发射的能力，即一方能够侦测到另一方的核弹发射，并在20—30分钟的弹头飞行时间内迅速发动反击，从而导致被攻击者和攻击者都几乎同时陷于毁灭。

两位美国教授的立论根据有三条：一是美国对核系统进行了大规模改进，具有很强的精确打击能力；二是俄罗斯的核力量急剧下降；三是中国的核力量规模很小。

这三条根据似是而非。美国改进了核系统，俄罗斯和中国同样在改进核系统。公开资料显示，美国导弹的误差率在30%以上。论导弹的精确打击能力，中美俄基本处于同一水平。俄罗斯的核力量在苏联瓦解后有所下降，但近些年已得到很大的增强。中国的核力量规模不大，但技术精良，相当强大，足以给“先发制者”以毁灭性的反击。

实际上，美国两位教授没有说出来的根据可能是美国具有强大的反导能力。

有一些美国的战争狂人，扬言可以摧毁中国的核武库，这纯属无知者的吹牛。要是能摧毁，他们早就摧毁了。他们曾扬言把中国的核力量扼杀在摇篮里，结果是全世界都看到了的，中国的核力量越扼杀越强大。在当今世界的核大国中，中国的核武库是最坚固的。中国是唯一承诺“不首先使用核武器”的国家，但如果谁敢于对中国首先使用核武器，那他必定会遭受毁灭性核反击。可以告诉世界上的一切战争狂人，在国家和民族面临生死存亡的时刻，中国肯定会运用自己精心保护的核武器，把挑衅者的小命在阎王的生死簿上一笔勾销。

新加坡《海峡时报》2011 年 2 月 28 日文章披露，美国拥有 5113 个核弹头，俄罗斯与之相近。法国的核弹头是 300 个，英国则有 225 件。还说外界估计中国核武器有 240 个，其中 175 个核弹头处于现役模式，65 个是预备库存。

《海峡时报》称，中国部署了大约 130 枚可带核弹头的陆基弹道导弹，共有 6 种型号，大多数射程为 3300 公里，可以覆盖亚洲和美国在该地区的军事基地，最远的射程超过 13000 公里，可以打击世界上任何地区。

还有媒体说，中国核武器有 4000 多件，而且在不断的现代化，中国核武库规模最终会与美国相当。

俄罗斯政治和军事分析所副所长亚历山大·赫拉姆奇辛撰文说，中国军事实力被低估了，特别是解放军的核导实力、陆军坦克群、空军先进战机和高管火箭炮系统被严重低估了。

赫拉姆奇辛的文章说，中国一向刻意压低自己的整体军事实力，特别是刻意压低核导实力。西方和俄罗斯专家都认为中国核弹数量在 200—300 枚之间。实际上，上述数字可能未必达到中国核导实际规模的下限。可以认为，中国仅洲际弹道导弹就可能有上千枚，还有 1000 多枚中程弹道导弹。至于各种威力和用途的核弹头总数，未必会少于1万枚。

文章说，没有坦克，根本不能展开标准的战争，这是不变的真理。而正是中国，打造了世界上规模最大的坦克群。目前解放军装备的坦克数量稳定在8000—10000辆之间，其中有近4000辆是先进的96式和99式坦克。相比之下，美国拥有6200辆主战坦克，欧洲北约国家有2800辆坦克，俄罗斯有2000多辆坦克，越南有1300辆坦克，但性能先进的不到100辆。

赫拉姆奇辛指出，中国重型歼击机的数量已经赶上了美国和俄罗斯，大幅超过了印度和日本。至于轻型歼击机，仅歼－10就会在不长的时间内超过1000架。

赫拉姆奇辛还特别推崇中国的火箭炮。他说，中国制造了世界上火力最威猛、射程最远的WS－Z火箭炮，射程最远可达350—400公里。无论是美国的MRLS，还是俄罗斯的“龙卷风”，在战术技术上都无法与之相比。至于北约的欧洲国家，没有任何类似武器能与中国火箭炮相提并论。①

①俄罗斯《独立军事评论》2011年12月30日。

美国军事专家费舍尔在《华盛顿时报》上发表文章说，按照美俄《削减战略武器条约》规定，美俄要同等地将已部署的核弹头数量从2200枚减至1550枚，并将已部署的发射装置减至700个。

费舍尔说，中国自20世纪80年代开始部署洲际弹道导弹（KBM），但数量不多。到21世纪初，部署了大约20枚射程为13000公里、液体燃料推进、携带单弹头的东风5A导弹。

2010年，中国开始对核导部队现代化，研制出射程为8000公里、固体燃料推进、机动型新导弹东风－31，以及射程在11200公里的东风31A导弹。

五角大楼的报告认为，中国拥有一个12枚东风－31导弹的旅，有两个各自拥有12枚东风－31A导弹的旅。据说，这些新型洲际导弹都是多弹头的。

文章说，到2020年，中国核弹数量将达到500枚。

另外，中国新型拦截导弹已经实验成功，中国正在建设新型导弹防御网。

怎样看待中国的核力量，这一直是美国国内争论的问题。有的人认为中国是需要制衡的小一号的俄罗斯，有的人则认为中国是需要防范的大一号的朝鲜。这场争论涉及中美战略关系的这样一个焦点：是让两国关系建立在承认相互制衡的现实这一基础上，还是建立在寻求战略主导地位这一具有潜在不稳定性的因素之上。

奥巴马政府提出的《核态势评估》报告似乎解决了这个问题，即把中国列入与俄罗斯相同的范畴，提出美国“必须与俄罗斯和中国保持稳定的战略关系”。报告还说：“就战略稳定问题与中国开展的对话旨在提供一个平台与机制，让双方可以表达自己对于对方在核武器及其他战略能力方面的具体观点。这种对话的目的是加强信任、提高透明度、减少猜疑。”

中国是一个核大国，已经承诺，中国在任何时候、任何情况下，永远不首先使用核武器，永远不对无核国家和地区使用核武器。

必须肯定，我们的核战略应确立在“有效防卫”的基础上。我们的核武器质量要高、数量要适度，并且随时保持警戒状态。平时有强大的威慑力，战时能遏制核战争的爆发和升级，遭到核攻击时可以给对方以毁灭性的还击。

地上、空中、水下三位的核打击能力是所有核大国追求的战略目标。中国毫无疑问拥有三位一体的核打击能力，而且在不断增强这种战略能力。

中国早已具有强大的地上核打击能力，绵延数千公里的地下核长城举世无双，更有时程超过1万公里的新型战略核导弹不断入役，并能在高速铁路和高速公路上进行灵活机动的战略突击。

大飞机工程和空天工程的突飞猛进传达出一个重要信息：任何人怀疑中国空天核战力之强大都将大错将错。

至于打造可靠的水下核战力，中国更是没有一时松懈过。中国为什么不早打造航母战斗群，一个重要原因是打造可靠的水下核战力比发展航母舰队在战略上更紧迫更重要，换句话说，现在决定建设航空母舰，表明中国打造可靠的水下核战力战略目标已经实现了。有些观察家说，中国核潜舰噪音大，速度慢，容易被敌方侦知和摧毁。他们哪里知道，中国显示给外人的情况完全是一种战略伪装。实际上，中国战略核潜舰的先进性不输给任何国家，最新型的潜射导弹射程达到1.8万公里到两万公里，可以轻易打击世界上任何地方。

2009年2月28日，日本《每日新闻》报道说，美国战略司令部有一个一揽子作战计划，名为“OPLAN8010”，其中列举5个国家和1个非国家主体，作为美国潜在的核攻击对象。据美国科学家联合会的汉斯·克里斯滕森透露，这些潜在的核攻击对象是中国、伊朗、北朝鲜、俄罗斯、叙利亚和可能与国家合谋进行大规模杀伤性武器攻击的恐怖组织。

美国政府制定了一个定期修订的《核态势评估》，其中宣布美国的核政策是：“为了阻止他国对美国及其盟友发动袭击，美国保留率先使用核武器的权利。”

美国从推出“星球大战”计划以来，一直在打造不同类型的导弹防御系统，目的是让美国国民和海外盟友相信，美国是唯一具有强大的导弹攻击和导弹防御能力的核大国，它有能力毁灭任何一个军事大国，也有能力保护自己和盟友不被攻击。这就是美国敢于在世界上称王称霸的核威慑战略。

为了打破美国的核威慑，中俄等国有两手。一手是完善自己的导弹防御系统，一手是增强粉碎美国导弹防御网的能力。

这种“矛盾斗争”一直在激烈地展开着。

美国吹得神乎其神的导弹防御网实际上非常靠不住。

第一，美国花海量金钱打造的防御系统虽然已经过几十年的建设，但实验中成功率不高，只有50%左右。而这种实验是在了解靶弹的情况下进行的，真是遇到敌方的导弹来袭，能否发现、能否预警、能否拦截，那就只有天知道了。

第二，无论在美国本土，还是在盟国境内，能发射拦截武器的基地和导弹都是很有限的。据报道，美国自2004年以来，已在本土部署30部陆基导弹拦截装置。2013年3月15日，美国国防部长哈格尔宣布2017年前还将增加14部陆基导弹拦截装置。试想，美国国土那么广大，城市那么多，这44部拦截器够用吗？一旦敌方大量导弹同时来袭，零星的防御系统根本无法应付。

第三，与美国进行导弹对抗的都是军事大国，这些大国如果使用能够变轨的强力导弹突袭，并且携带多弹头、诱导弹头，美国的防御网就会被撕烂，被摧毁，变成一堆废铜烂铁。中国和俄罗斯都在发展超音速3倍、4倍、5倍的导弹，正如美国军事专家沃策尔所说："美国要防御这些飞弹，一点儿办法也没有。"

第四，美国的防御网是靠卫星通讯网和雷达网而运转的，敌方只要动用少量的太空武器，即可使这个网完全瘫痪。

第五，如果敌方使用在轨武器进行打击，从顶头砸下核弹，美国的防御网来不及反应就已灰飞烟灭了。

日本《外交学者》杂志文章说，美国对华"空海一体战"可能会触发核战争。

文章认为，按照"空海一体"的概念，由于耗资十分巨大，即使对处于经济巅峰时期的美国尚且很吃力，在金融紧缩的新时期，很可能难以支撑下去。"对华盛顿而言，采取这样的极端主义原则可能正中中国的下怀，美国也面临像苏联一样在巨大开支下变得贫困的危险。"

“然而，成本因素仅仅是危险的一部分。”

首先，一体战要求在西太平洋地区保持持续可见的军事存在和推行更具侵略性的监督方式，必然大大增加海军冲突的危险。

其次，一体战要求先发制人地打击解放军，“这可能在缓和事态的外交努力开始发挥作用之前将危机自动推向战争。”

最后，一体战要求对中国大陆实施更深层的打击，以消灭和压制解放军的监视系统并降低其远程打击能力，由此引起的冲突可能发生戏剧性升级，直至“越过核门槛”。[①]

英国《金融时报》发表该报专栏作家吉迪恩·拉赫曼的文章说，奥巴马提出要建立一个无核世界，这是虚伪的，虽然这一招可以让美国站上关于无核世界辩论的道德高地。

文章认为，“实际上一个没有核武器的世界将是危险的。没有人能证明1945年以来是核武器维护了世界和平。但貌似最为有理的解释就是：有核国家之间的冲突危险到难以想象。恐怖平衡起着制约作用。

“一个真正无核的世界将截然不同。大国之间的战争将再次成为可能。过往朝代，大国沉浮几乎都伴随着战争。希望中国崛起将不再适用这条恐怖规律的真正原因就在于美中两国都拥有核武器。它们必须找到其他方式进行竞争。”

《金融时报》的文章认为，无核世界是不能实现的，因为“只有成立一支强大到令人难以置信程度的国际核查团”进行核查才能让世界相信有核国家真正实现无核的承诺。即使有核国家完全消除了核武器，但人们认为这些国家仍然拥有迅速制造核武器的知识和能力。况且最强大的国家可能会加大人力物力的投入，去研制致命的化学武器和生物武器。因此，无核世界将变得更加危险。

①日本《外交学者》杂志2011年8月19日，作者是拉乌尔·海因里希斯。

第四节　尖端军事力你追我赶

现代科技革命不但在改变人们的生活方式，而且也在改变世界的战争样式，冷兵器被改造为热兵器，热兵器又被升级为光电子武器。就此而言，现代军力的消长，很大程度上依赖于现代工业制造能力和现代科技创新能力的巧妙融合。

中美两国是世界上最强的制造业大国和科技创新大国，在尖端军事科技的研发上已形成你追我赶的态势。

2012 年夏秋之间，正当中日钓鱼岛争端激化，美国派两个航母战斗群来到东亚为日本撑腰时，中国连续发射了三型重型导弹，一型是井式发射的多弹头洲际弹道导弹，射程达 14000 公里；一型是潜射弹道导弹，射程为 8000—12000 公里；一型是铁路公路机动发射的多弹头洲际弹道导弹，射程为 13000—15000 公里。所有这些导弹，都能在飞行中变轨，都是多弹头，完全能够突破美国的导弹防御网。中国密集试射这三型多弹头洲际弹道导弹，是要告诉一切挑衅者：在伟大中国面前耀武扬威是没有好处的。

人类战争形态，可以大体划分为陆战、海战、空战和太空战四大类型。有人还另外列出电磁战的类型，实际上，电磁战是依附于以上四种类型的。

历史发展到 21 世纪，太空战大有统领其他战争形态之势。

中华民族要全面振兴，我们要有在传统的陆战、海战、空战中不输给任何国家的充分准备，更要在太空战中争取主动地位。

中国的探月计划、神舟计划和深空探测计划，主要目的是和平利用太空，但也是要为太空战作精心准备。

神舟飞船能够在茫茫太空找到并对接天宫，表明中国的变轨技术十分精熟，将其用于导弹变轨，可以突破敌方防御系统，令其无法拦截，增强了我战略武器的威慑力。

飞船入轨时，神舟和天宫两个飞行器相距近万公里，通过12个测控站、3个飞控中心、3艘远洋测量船、3个中继卫星，形成完整的航天测控网，实现了远距导引，这表明中国已拥有对太空高速飞行体进行精准测量和导引的技术。有了这样的技术，美国的卫星、导弹，包括XB–37空天飞机，全部暴露在我们的精准测量网中，加上我们强大的激光武器，可以在太空一打一个准。美国如果再敢对中国进行战争威胁，我们的回击就会真正是毁灭性的。

关于卫星能力，实际情况是美国占有很大优势，但中国正快速赶上。

2011年中，有两家英美智库同时得出结论："中国卫星能力已基本与美国持平。"

英国《战略防务周刊》说，中国目前正在研发先进卫星，这是中国军力现代化的一个关键标志。先进侦察系统的快速发展使中国能够实时跟踪敌方部队，并且为弹道导弹进行制导。"当美国人习惯于在这一领域所向无敌的时候，中国人正在快速赶上。"中国卫星正在从只能收集大体战略信息的状态，发展到能像美国信息一样，可以支持具体的战术行动。"中国侦察已知的、固定的目标的能力或许已经与美国持平，并且将很可能在未来两年的发射计划上超过美国。""侦察卫星最直接也是战略上最令人不安的应用，是它协助反舰弹道导弹的定位和跟踪能力，这可能会对美国航母群形成威胁。"①

美国世界安全研究所的一份报告也说，中国快速扩充的卫星能力已改变亚太地区的力量平衡，并压缩美国在该地区的军事行动能力。10年前，解放军的卫星几乎不具备实时监视能力，"现在对实时行动的太空能力很可能已赶上美国"。中国侦察卫星现在

①英国《简氏防务周刊》2011年7月13日。路透社2011年7月12日电讯。

每天对特定目标的监视时间可达到6小时，而18个月前，这样的监视时间才3小时。报告认为，中国正在建造反舰弹道导弹、隐形战斗机和航母战斗群，快速扩充的侦察卫星网络将为解放军这些军事装备提供充分的情报支持。[①]

①英国《金融时报》2011年7月11日报道。

中国北斗卫星导航系统正在按照三步走的发展战略稳步推进，2000年建成北斗导航试验系统，使中国成为世界上第三个拥有自主卫星导航系统的国家；2012年前后使北斗导航系统形成覆盖亚太地区的服务能力；到2020年左右，北斗卫星导航系统将形成实现全球覆盖能力。

目前的这一套导航系统，配合地基增强系统，经过前期测试和试验评估表明，覆盖区域内专业领域实现厘米级定位精度，实时定位精度则达到1.5米，各项指标均优于美国GPS的增强系统。等到2020年左右北斗全球卫星导航系统建成以后，北斗系统所能提供的定位精度在全球范围内将与美国的GPS相抗衡。而在增强区域内，也就是在整个亚太地区，北斗卫星导航系统的定位精度，将大大超过GPS导航系统。

美国的军事优势，最关键的是无与伦比的太空能力。美国利用侦察卫星，能够分辨10厘米的目标，将对手侦察得一清二楚，无处遁形。通讯卫星可以实施快捷保密的通联，雷达卫星更可以全球定位进行精确打击。可以说，各类卫星是美国的眼睛、耳朵和神经，摧毁了美国卫星，就是点中了美国军事的死穴，可以使庞大的美国军队成为瞎子、聋子和瘫子。故此，美国特别害怕对手国家太空战能力的发展。

2007年1月11日，中国成功地一箭穿星，用导弹击碎了一颗已报废的卫星，引起美国极大震动。

2009年1月11日，中国中段反导实验又获成功。

2010年,中国又成功地进行了拉近两颗卫星的实验。从太空战角度看,此次实验成功意义非凡，说明中国可操纵卫星对敌国军事卫星进行定点猎杀，表明在太空战技术上，中美差距已经很小。

中国中段反导实验成功20天之后，美国也在太平洋上空进行了一次陆基中段反导实验。由于海基X波段雷达出现失误，试验以失败告终，此事备受国际关注。

美国国家弹道导弹防御系统中，陆基中段防御系统是关键一环，而海基X波段雷达是该系统的“千里眼”。“千里眼”看不清，中段反导就是无用的摆设。实际上，美国的这个“千里眼”失误已经不是第一次了。此前，美国和以色列搞联合反导实验，就是海基X波段出现异常，致使高空防御系统的拦截试验失败。

2013年1月27日，中国宣布成功完成了陆基中段导弹防御实验，在国际上引起很大震动。中段是导弹飞行最高、速度较快的阶段。导弹和拦截弹相对速度超过30马赫。这种高精度、零误差的军事技术，当今世界只有中美两国拥有。中国此次实验是在美国进行类似实验不到24小时的时间内进行的。这至少传达出两项重大的信息。第一，中国已掌握与美国同等的中段导弹防御技术；第二，中国已掌握美国重要的军事动向，并且准备好了有力的应对措施。

进入信息化时代以来，美国一直在进行网络战准备。美国智库兰德公司的研究报告认为，中美冲突很有可能在网络领域爆发。应该说，网络是美国的强项也是它的软肋。一旦网络战开打，美国受冲击的程度很可能大于中国。美军如果自鸣得意，以为拥有网络优势就会赢得网络战争，那是很天真的。

美国《华盛顿时报》说，中美两国的网络战系统“旗鼓相当”。

该报说，美国战略司令部顾问、电脑专家科尔曼在国会听证会上说，中国已经为自己研发出更安全的操作软件，并已经安装在政府和军队的系统中，旨在令美国军方和情报系统无法渗透进中国的网络。

科尔曼说，中国这个操作系统名为银河麒麟（kylin），2001年研发，2007年开始装备。这种系统与美国制造的芯片不一样，经过强化，能够抵御黑客和自动化操作的恶意软件的进入。如果加入一个强化的微芯片和一个强化的操作系统，能构成一个很好很牢固的平台，抵御外部侵略，捍卫基础设施。

这位电脑专家认为，在网络战争中，中美两国会打成平手。他表示，"在这种新式战争中，中国、美国和俄罗斯的力量旗鼓相当。"①

①美国《华盛顿时报》2010年5月12日文章：《中国阻止美国发动网络战争》。

空天飞机是一种新型战略武器。它以超高音速在大气层内飞行，并直接加速进入地球轨道，成为航天飞行器。返回大气层后，像飞机一样降落。

空天飞机可以把大的卫星送入轨道，而且一次可以投放多颗；能对轨道上运行的卫星进行维修或回收，可以将敌国卫星收为己有；能向空间站运送或接回宇航员和各种物资；能执行各种拦截、侦察、轰炸等军事任务。

美国空军的X－37B空天飞机已试飞成功。

中国的神龙一号据传也与歼－20同时完成首飞。

中国还研制成功远程探测跟踪雷达，探测距离1800公里，连续跟踪1300公里。"天宫"和"神八"的整个对接和分离过程实现了探测和跟踪。

这个系统为我国实现对空天飞机的早期预警提供了有力的技术支持。

2011年1月10日，美国海军宣布成功试射电磁炮，炮弹速度是5倍音速，射程200公里。

同年8月，中国电磁炮在内蒙古靶场试射获得成功，25公斤的炮弹被发射到250公里以外的预定区域。

据美国《华盛顿时报》披露，中国已拥有一种新“杀手锏”武器——电磁脉冲武器。

电磁脉冲武器模拟核爆炸产生的伽马射线脉冲，能毁坏大面积区域内的所有电子设备，包括计算机和手机。

2010年9月9日，美国《时代》周刊报道了中国突破量子技术的消息。5月间，中国科学家宣布实现16公里的“远距离量子态隐形传输”。

这种通讯技术比电子邮件和无线电通信更优越，因为从理论上说，它不能被破解或截获。如果是卫星和潜艇通信，潜艇无需浮出水面，也不需要冒打破无线电静默暴露位置的风险。

这种通信技术使中国站到了前沿，中国已取得量子级的飞跃。

2013年2月4日，英国《自然》杂志的子刊《自然——纳米技术》发表长文，介绍中国科学家在高品质单光子源研究上取得的杰出成就。根据这个研究成果，可以研制单光子探测器。有了这样的探测器，可以在几百公里、甚至几千公里之外发现隐身飞机。单光子探测网搭配远程导弹平台，将使中国也拥有全球感知、全球打击的能力。

第十二章 模式影响力消长

中国和美国的社会发展模式是不同的，中国走社会主义道路，美国走资本主义道路。从本质上说，中国模式以为人民服务为宗旨，美国模式以金融财团的利润为依归。随着历史的发展，中美两国发展模式所内蕴的政治力必然出现此消彼长的情况。

中国和美国的社会发展模式是不同的，中国走社会主义道路，美国走资本主义道路。从本质上说，中国模式以为人民服务为宗旨，美国模式以金融财团的利润为依归。随着历史的发展，中美两国发展模式所内蕴的政治力必然出现此消彼长的情况。

第一节　中国模式展现威力

模式内在的政治力往往会在国家盛衰兴亡中发挥决定性的作用，中国人民对此是有刻骨铭心的记忆的。

在19世纪40年代初到20世纪40年代末的100年中，由于当时中国的社会模式落后腐朽，中国政府贪腐无能，政治力几近于无，虽然人多兵多，经济总量也很大，但国家像一个重病之人，一点精气神都没有，一战就败，一败就投降求和，成了任大小帝国主义国家侵辱的“东亚病夫”。

1860年，中国的GDP大于英法GDP的总和，但却不能阻止英法侵略军火烧圆明园。1890年中国GDP约为日本的5倍，却在随后的甲午战争中一败涂地。即使是在抗日战争全面爆发前的1936年，中国GDP仍是日本的两倍多，但大半个中国还是遭到日本法西斯的铁蹄践踏，3000多万中国人死于日本侵略的战火之中。

1949年10月1日是中国历史上一个伟大的分水岭：共产党领导的人民共和国诞生了，世界上人口最多的国家一扫被动挨打的悲惨境况，精神焕发地开始建设社会主义社会。从那时以来的60多年间，全世界都见证了一个强大的社会主义国家像朝阳一样在东方地平线上冉冉升起。

这就是中国的政治力。中国政治力是从崭新的中国模式中生发出来的。

什么是中国模式?

本书作者在《中国模式论》一书中概括出“一、二、三、四、五”的中国模式图”:

“一”就是一条道路，即中国社会主义的科学发展之路;

“二”就是两大目标，即实现中华民族伟大振兴和社会主义胜利前进;

“三”就是三个统一，即实现先进生产力、先进文化和人民利益的有机统一，实现党的领导、人民当家做主和依法治国的有机统一，实现改革、发展、稳定的有机统一;

“四”就是坚持四大制度，即坚持人民代表大会制度、共产党领导的多党合作和政治协商制度、民族区域自治制度和基层民主自治制度;

“五”就是建设五大文明，即建设政治文明、经济文明、精神文明、社会文明和生态文明，这五大文明又总归于社会主义文明。

这样的中国模式是中国伟大革命胜利的自然成果，也是在中国共产党和中国各族人民几十年改革创新的伟大实践中逐步发展完善起来的。

有一些西方学者常说中国传统文化偏于保守，缺乏创新，这是一知半解之论。中国传统文化是一个博大精深的文明体系，既有保守的元素，又有创新的精神。从本质上说，中华文化是一个最具创造性的文明体系。儒家名言“苟日新，又日新，日日新”本身就是创新的颂歌，至于中国传统文化的集大成者《易经》，更是把阴阳对立统一推动的变易视为宇宙的最高法则。

中国共产党人和中国人民在吸收了来自西方的马克思主义之后，把传统文化中创新的精神升华到更高的境界，以人类历史上极为罕见的大改革、大创新来发展和完善中国社会主义的科学发展模式，使之生发出改天换地的政治力。

例如,民主是政治文明的表现形式,也可以说是现代政治的核心命题,但中国人没有把民主神话,没有把它绝对化,而是恰如其分地把民主当做治理好社会的手段。为了治理好社会,人民必须当家做主,必须使人民的愿望和意志完全表达出来,使人民的积极性、创造性充分发挥出来。同时,又要善于把群众分散的、不系统的意见集中起来,形成科学的决策,进行科学的实施,实现科学的发展。这就是贯穿在中国模式中的民主集中制。我们的"四大制度",都贯穿着民主集中制;我们建设"五大文明",也都将贯穿着民主集中制。

长期以来,把一人一票竞选的民主制捧上天的人们,对中国的民主集中制极尽歪曲污蔑之能事,把它说成是"专制",是"独裁"。由于西方国家掌握着国际话语权,对中国民主集中制的污蔑也影响了整个世界,这就在长时期内造成了人们高看美国模式、低看中国模式的局面;造成了似乎美国政治力大、中国政治力小的印象。

金子总是要发光的。中国模式的优越性和生命力是任何力量遮盖不了的。

当历史进入21世纪第一个10年的时候,越来越多的人开始正视这样一个重大的社会现实:美国模式开始褪色,中国模式光芒四射;美国政治力明显下滑,中国政治力明显上升。这里需要指出一点,有这样看法的人还不是中国人,多是美国人,或是其他西方国家的人。

美国学者弗朗西斯·福山为人所知是他提出过"历史终结论",把西方民主和自由市场经济吹上了天。

不久前,福山在英国《金融时报》发表文章,题为《美国民主没什么可教给中国的》。

福山认为,"21世纪头10年,人们对不同政治经济模式的看法发生了巨大逆转"。10年前,美国占优势;10年后,似乎中国发展更顺利。

福山对中美两国体制的优势进行了对比,他说,"中国的政治体制最重要的优点就是能够迅速作出众多复杂的决定，而且决策的结果还不错，至少在经济政策方面如此”，“中国共产党的权力不受选举的限制，但是，中国官员在压制民众批评的同时，的确努力了解民众的不满，并就此做出反应，改变自己的政策”，“中国共产党似乎认为，它可以通过领导层更加积极地对民众施加的压力做出反应来解决不平等问题。中国在过去两千年取得的巨大历史成就是创造一个高质量的中央集权政府，中国在这方面做得比大多数独裁国家要好得多”，“中国适应性强，能够作出艰难的决定，并有效地加以执行”。

福山又说，“民主的优点总是在逆境中表现得最为明显。然而，如果民主的，以市场为导向的模式占优势的话，美国人必须承认自己的错误与误解。”“美国人以宪法的制衡原则为豪，制衡原则基于不信任中央集权政府的政治文化。这种体制确保了个人自由和私营部门充满生机，但现在却变得两极分化、思想僵化。目前，美国无意解决其面临的长期财政挑战。美国民主可能拥有中国体制缺乏的与生俱来的合法性，但如果政府内部出现分裂，且无力治理国家，那么它对任何人来说都不是什么好模式。”

德国《日报》发表文章说，西方对中国体制多有指责，但中国的经济和有些福利政策确实比西方好，西方应该向中国学习。

文章说，中国从大危机中得到明确教训，放弃了银行业自由化的打算，将人民币掌握在国家手中。事实证明，这种与国际金融寡头保持距离的做法具有决定性的意义。无论是发达国家和发展中国家，都一再遭受汇率不稳和资本抽逃的痛苦打击，中国则善于保护自己免受严重的金融危机。

中国政府既防备过分追逐利润的投资者，也防备操作巨额资金的货币投机商，从而成为世界经济危机中的赢家。

中国政府还利用危机加大调整经济结构：脱离出口驱动的增长，转

①《德国日报》2011年5月5日。

向加强促进社会和生态平衡的国内经济。同时加强社会保障体制建设，现已实行的覆盖全国的医疗保险，堪称人类有史以来最大的社会福利计划。[①]

西方媒体说，中国不举行选举，其统治者的地位没有被人民认可。

但据美国皮尤研究中心2010年的调查，中国人对国家发展方向的满意度达到87%。其中有66%的人认为过去5年间生活得到了改善，有74%的人对未来5年的前景表示乐观。

过去几年皮尤调查的数字与此差不多。所有这些指标都远远高于美国和其他西方国家通过竞选产生的政府。根据这项调查，有80%的美国人认为他们的国家走在错误的道路上。

有些人将中国的政治制度视为一种“内部多元主义”制度。在这一制度下,各种政治力量的相互制衡是在党内和政府内完成的。最高决策层是23人组成的政治局，日常工作由9位常委组成的常委会负责。党内决策是民主的，总书记只是9名常委之一，决定事项时只有一票。作为会议主持者,总书记的影响力比其他常委大,但不能独断。所有这些党内生活中有党章约束，国家生活中有宪法和法律约束。并且都要接受党员和人民的监督。

《不受束缚的印度》一书的作者尔恰兰·达斯在《纽约时报》发表文章比较中印两国发展道路的不同。

达斯认为，中国的发展是政府主导的而印度的发展则与政府无关，就像印度人常说的一句话：“我们的经济是在夜里增长的，那时政府已经睡着了。”

为什么印度可以培育出世界级的公司？达斯说:“对于这一切，我没有令人满意的解释。但我认为，这也许与印度备受抨击的种姓制度有关。从事商业的种姓吠舍经过世世代代，学会了如何积累资金。他们使印度具有竞争优势。……毫不奇怪，吠舍仍然在福布斯印度亿万富豪排行榜中占主导地位。”

为什么世界上其他国家将中国的崛起视作威胁，却把印度的崛起视作精彩的成功故事？回答这个问题时，达斯引用了李光耀2007年发表的一篇文章，“答案是，印度是一个幅员辽阔、难以控制并且开放民主的国家。”

有些西方人士已经注意到，中国不是没有民主，但中国的民主同西方的民主形式不一样。正如西班牙皇家埃尔卡诺研究所文章所说，“在中国，当人们谈及民主和民主改革等概念时，一般来说指的不是多党制、自由选举或轮流执政。人们指的是深化对法律的尊重，执法者对公民的责任心，以及采取措施遏制滥用职权和腐败等现象。

实际上，有研究指出，大部分中国人认为，中国的政治制度是民主的。此外，中国人对未来也持乐观态度。”[①]

美国《纽约时报》发表文章认为，中国的政治制度比美国更优越。

文章说，许多人都把中美两个大国之间的竞争说成是民主和专制之间的冲突，但这是错误的。美国和中国以根本不同的方式看待自己的政治制度：美国认为民主政府本身就是目的，而中国则认为，政府形式或与此有关的政治制度，仅仅是一种实现更大的国家目标的手段而已。

在今天的美国，金钱是蛊惑人心的伟大推动者。正如诺贝尔奖得主、经济学家迈克尔·斯彭斯所说，美国已经从“每个有产者一票、每个男人一票、每人一票向一美元一票发展”。用任何标准来衡量，美国都是一个名存实亡的宪法共和国。选出的代表没有自己的思想，在寻求当选连任时，他们表现出响应舆论的心血

①西班牙皇家埃尔卡诺研究所网站2011年2月9日文章:《了解中国共产党的8个关键问题》。

来潮。在特殊利益集团的操纵下，人们支持不断降低税收和不断增加政府开支，有时甚至是支持带来自我毁灭的战争。[①]

美国人戈弗里·罗伯茨在香港亚洲时报在线发表文章说，“由于中国领导人不存在因为‘竞选捐献’而欠人情的问题，所以他们能从最有利国家利益的角度考虑问题。中国快速发展、日渐繁荣、社会凝聚力强大，这都证明其效果。”[②]

俄罗斯学者阿列克谢·米哈伊洛夫认为，中国是“改变世界的国家”。他在俄罗斯报纸网上发表文章说：“中国是如何成功的？中国没有复制任何模式。历史上没有这样的先例，中国搞出了自己的模式。这概括起来就是：第一，保持国家的强大，奉行有继承性的方针，逐渐而舒缓地实现民主化；第二，不搞激进的改革，逐渐调整价格，不搞大规模私有化，在发展国有经济的同时，从零开始逐渐提高私有经济的比重，吸收外国私人资本，成立经济特区，然后向周边地区推广；第三，人民币保持低汇率，搞外向型经济。”[③]

中国模式的威力是无比巨大的，它使曾经的“东亚病夫”完全恢复了元气，一变而为顶天立地的东方巨人；它使占人类五分之一的中国人改变了历史上没有一个政府能够解决吃饭问题的悲惨状况，过上了小康生活；它使贫穷落后的中国，只用60年时间就走完了西方发达国家两三百年的路程，成为经济力、金融力、科技力、军事力、政治力非常强大的国家；它开辟了现代化的崭新道路，为人类的文明进步作出越来越大的贡献。

①美国《纽约时报》2012年4月16日。

②香港亚洲时报在线2010年10月25日。

③《俄罗斯报纸网》2012年11月12日。

第二节　美国模式运转失灵

美国模式是西方民主的楷模，它的两党竞选执政、三权分离制衡和公民社会发达等政治设计曾经显示出很强的生命力，帮助美国资本主义社会蓬勃发展，直至登上世界发展之巅。

但是，到了20世纪和21世纪交替的时期，美国模式犹如一列年久失修的火车，出现运转失灵的迹象，而且日益严重。

法国《世界报》文章认为，美国的政治体系已经开始失灵。文章说："2009年本该是变革之年，但变革没有出现。奥巴马上台一年之后，美国人意识到，单靠一个人是不行的。受到质疑的是体制。很显然，美国的政治体制开始失灵了。"

文章提到，两位观点对立的评论员——《华盛顿邮报》的弗雷德·希亚尔和《纽约时报》的托马斯·弗里德曼同时提出一模一样的问题："美国的民主体制瘫痪了吗？"

政治家也提出同样的问题："权力制衡的政治体系使参议院有权过分阻挠政府；互联网和有线电视使各类极端分子可以制造与真实地位无关的影响；永远存在的竞选问题又让人没有多少时间去治理国家。"

美国政治机器失灵的关键是议会法案容易被阻挠。议会实行"绝对多数制"，比如参议院共有100个席位，必须获得60票的多数才能提出结束辩论进入投票。否则，议员们就得一直辩论下去。医疗改革法案在投票通过前，总共辩论了800多个小时。

如今的美国政坛，有两大特征给人印象深刻：一是难以作出正确的政治决定，二是由于政党恶斗干扰作出决定也难以实施。

美国《新闻周刊》2009年6月30日刊登文章说："现代民主制度

的弊病是：它不能为了长远利益而将短期痛苦强加于人。20年来，最严肃的结构性问题——社会保障、医疗保险、移民——一直没有解决。”议员们最关心的是自己下届还能不能当选，他们总是讨好选民，作出过多的许诺，其结果是政府债台高筑，市场竞争力下降，人民的长远利益被放在一边。

与此同时，两党恶斗几乎让国家瘫痪。《纽约时报》2012年4月22日文章说，“弗朗西斯·福山的研究引导他针对美国当今的政治秩序提出了一个非常激进的问题，即美国是否已从一个民主政体变成了一个‘否决政体’——从一种旨在防止当政者集中过多权力的制度，变成了一个谁都无法集中足够权力从而作出重要决定的制度”。

《世界是平的》一书作者托马斯·弗里德曼2010年在《纽约时报》上发表文章惊呼：美国“政治动荡”让世人不安。

弗里德曼说，“政治动荡”一词一般为俄罗斯、伊朗或洪都拉斯所专用。但如今，一名美国商人在达沃斯对我说：“人们向我问起有关美国国内‘政治动荡’的情况。在世人看来，我们已变得不可预测了。”

美国硅谷布卢姆能源公司的创始人K.R.斯里达尔说：“当所有事情都需要大改，而非小改时，就意味着美国两党制濒临崩溃。我说的是医保、基础设施、教育和能源问题。我们眼下需要一项马歇尔计划。”

弗里德曼赞成布卢姆的上述观点，他说，现在美国社会很多问题上都笼罩着乌云，“如果民主、共和两党能走到一起，消除笼罩在这些问题上的乌云和人们有关美国政治陷入瘫痪的日益强烈的感觉，那么每一分刺激经济的钱，我们都不需要。投资和贷款状况自会好转。但如果两党继续进行造成政治瘫痪的生死对决，那么一切刺激计划，不管其总额多大，都不会给我们带来我们所需的经济持续增长和工作机会”。[1]

美国政治上实行联邦制，各个州政府的权力大于中国的省区市政府，各州都有独特的法律法规。正因为各州法规各异，互相之间很难协调，内耗不少，效率不高，还往往形成人财物的不合理流动。

美国《华盛顿邮报》网站2010年3月31日发表该报专栏作家哈罗德·迈耶森的文章，对美式民主的缺陷深感忧虑。作者认为，当前，美国参议院机能失调，多数派的决定总是遭遇阻碍；而美国最高法院裁定，大笔金钱能以前所未有的方式主宰选举，让全世界看到，美式民主不过是富豪统治的幌子。“今天，中国已经崛起为全球的经济引擎和我们政治上的竞争者。……在同中国的激烈角逐中，我们首要的任务是表明民主依然有效。如果我们不这样做，那么，中国将会赢。”

美国最高法院2010年1月裁定，允许各个企业可以无限地投资选举。迈耶森认为，这样的裁决，就是在全世界面前嘲弄美国的民主价值观，让人相信中国关于西式民主的说法是正确的。中国人说，西方式的选举是富人的游戏，它们受到候选人能够利用的资源和资金的影响，设法赢得大选的人很可能站在他们党派或资助人的立场上行事，而不顾人民大众的利益。

美国对冲基金深度介入美国大选，这是公开的事实。据美国敏感问题中心介绍，在2006年中期选举期间，对冲基金的经理募集竞选费达600万美元。

在美国，对冲基金是富豪们手中的一个工具，他们既用对冲基金玩经济，也用对冲基金玩政治。

对冲基金行业管理的资产达1.4万亿美元，其投资范围很广，从买卖股票和债券到买卖商品、货币和新兴市场债券，收益非常

①美国《纽约时报》2010年1月31日文章：《闻所未闻》。

丰厚，而所受限制又很少。

有些政客为了骗取大众的选票，也会装腔作势地抨击对冲基金这类富豪经济，实际上他们自己就是富豪，或者是富豪们的代理人。

总统竞选人约翰·爱德华兹曾发表讲话，公开痛斥“一个美国、两种经济”，称一个是有钱有势的核心人物的美国，另一个是普通百姓的美国。

可是，发表这个讲话4个月后，他就到一家对冲基金去当顾问，从中领取高薪。这家对冲基金就是掌管300多亿美元的堡垒公司。这家对冲基金的注册地是开曼群岛，投资者和合伙人可以得到避税的方便。爱德华兹2008年竞选总统，堡垒公司给了16.746万美元的捐款。

实际上，希拉里·克林顿等人的竞选经费，也来自一些对冲基金。

据美国《华盛顿邮报》报道，希拉里·克林顿从法拉伦资本管理公司募到4.6万美元，纽约州前市长朱利安尼从埃利奥特公司募集到15.9万美元，另一位民主党候选人克里斯托弗·多德从SAC资本顾问公司募到17.54万美元捐款。以上这些公司都是著名的对冲基金。

经济学家约瑟夫·斯蒂格利茨说：“钱能生权，权又能生更多的钱。”这就是美国一人一票民主制的实质。

美国社会贫富差距非常大，目前最富有的1%的人拥有全部财富的37.1%；20%的人口拥有全部财富的87.7%。剩下80%的人口只能去瓜分可怜的12%的财富。换句话说，绝大多数人是微产者或是无产者。

经济上绝对的不平等，使一人一票的民主制显得就是一场骗局，是一场闹剧。

多年来，差不多有一半的美国选民不去投票，去投票的选民完全操纵在特殊利益集团的手里。这样选出来的美国总统只能是捐出政治献金最多的大财团手中的工具和傀儡，他的政策只是为使这个大财团“能生更多的钱”。

这样的大财团也并不多，据统计，美国超级政治行动委员会巨额捐款的25%以上来自5位亿万富翁。美国的所谓民主，就是这五大家玩来玩去。

《纽约时报》2010年11月27日发表文章说，两极分化令社会危机四伏。文章认为，在美国，阶级战争正在继续，而且会愈演愈烈。

据《泰晤士报》报道，美国企业在2010年第三季度获得了1.659万亿美元利润，这是60多年前开始记录以来的最高数字。

与此同时，数以百万计的失业者和其他穷人只能勒紧腰带过日子，许多家庭则因无力还贷而被赶出家门。

《纽约时报》指出，美国目前失业率居高不下，消费经济难以回到健康的轨道，任何有意义的、长期的复苏都是没有希望的。

严重的是，极度的经济不平等有可能导致社会的不稳定。贫困家庭面临越来越大的压力：要筹钱支付房租或是贷款，要躲避票据收款人，要应付疾病的突发情况，还要面对每天的极度焦虑。愤怒正在积累，矛盾日益尖锐，总有一天会有人借机煽动闹事。这几年，美国枪击案层出不穷，论者多指控枪不严。其实，这是美国社会矛盾激化的自然表现。

在美国，百姓和精英的极端化情绪日益突出，表现为两党的尖锐对峙。美国人自建国以来就引以为傲的那台能够促成妥协的政治机器失控了。提高美国债务上限和实行医疗改革的问题引起的冲突暴露出民主和共和两党的思想鸿沟，也反应出社会对急剧变化和越来越难以理解的现实极度失望并出现社会分裂。有些敏感的美国人认为“我国正在进行一场没有枪声的内战”。

美国《华盛顿邮报》文章认为“中国模式不是美国模式的答案”。

文章说，在美国，中国的“粉丝”们在提及中国惊人的基础设施项目时问道，为什么美国人不能齐心协力，取得如此大的成就，而美国人的人均收入是中国人的12倍以上。

他们提出这样的问题是有道理的，但是美国无需模仿中国的做法。自由市场和自由的社会总是看上去很混乱，而且效率低下。但是当说到创造现代化的世界时，迄今为止世界上出现的最佳模式就是民主资本主义。[①]

2007年6月，盖罗普公司在美国国内作了一次调查，在回答“总体而言，你对美国当前的情况满意不满意”时，只有24%的美国人满意，74%的美国人不满意。在金融海啸爆发前都有这么多的人对美国的情况表示不满意，说明美国社会出了大问题了，那么美国向何处去呢？

早在20世纪初，在资本主义暴发户的美国，一些人在自由市场上发大财，另一些人生活很艰难，社会矛盾越来越尖锐，1929年经济危机突然爆发，大萧条随之而至，国家陷入极大的混乱。

此时上台的罗斯福总统是民主党人，对广大劳工阶级有一定的同情心。他当时实行的“新政”，借鉴了社会主义的做法，主张政府干预市场，要对富人高额征税，鼓励企业家在平等基础上的竞争，开始建立社会福利制度。这些“新政”使美国逐渐走出经济和社会危机的深渊。

危机过后，统治美国的金融财团开始了反攻倒算。有一个保守主义者名叫格鲁夫·诺奎斯特，声称他要把美国带回到“社会主义夺权（罗斯福新政）前的时代。所得税、遗产税、管制，这一切统统取消”。

20世纪70年代，共和党人里根当总统，开始按诺奎斯特们的主张行事，实行给富人减税、减少福利、推行私有化和放松管制的新自由主义政策。虽然得逞于一时，但埋下了深深的经济和社会隐患。

2008年，金融海啸席卷全球，美国深刻的经济和社会隐患全

①美国《华盛顿邮报》2010年8月30日。

部暴露，美国向何处去的问题又一次尖锐地呈现在美国人面前。

此时，他们又推出一位民主党人做总统，他就是奥巴马。

2008年11月4日，奥巴马发表竞选演说，特意感谢一位106岁、经历过20世纪30年代大萧条的女选民出来投票。他说："当30年代的沙尘暴和大萧条引发人们的绝望之情时，她看到一个国家用罗斯福新政、新就业机会以及对新目标的共同追求战胜恐慌。"

奥巴马显然以21世纪的罗斯福自居，但他做得到吗？

据美国有线电视新闻网（CNN）和舆论调查公司联合民调结果，2010年，在接受调查的1023名美国人当中，有86%的人认为美国的政府体系已经破产，比2006年10月的民调结果上升了8个百分点。还有75%的美国人认为华盛顿的政府官员不配用"诚实"一词，这也比2006年调查的比例高了10个百分点。

美国历史学家迈克尔·坎辛对此评论说，美国总是一再重复历史，老是相信"自己的国家正处于衰退之中，然而尽力补救，重新振作就是了，似乎这是很容易的事情"。

关于民主自由与吃饭穿衣不可分割这个简单的关系，普通美国人比他们的政客看得更清楚。一个叫托马斯·巴尼特的知识分子在《世界政治评论》杂志上发表文章说："给民主的天使披上浪漫的外衣是很容易的事情，但西方近来的历史告诉我们，当收入的增长受到威胁时，民主以及政治上的宽容会是多么脆弱。简单讲，创造财富对于民主的生存来说是必要的。"①

美国向何处去的问题时时在困扰美国人。美国《福布斯》杂志发表文章认为"奥巴马和美国应向中国学习"。文章说，中国领导人并非直接民选，但十分顺应民意，关心百姓疾苦，比如中国政府对房价和物价的调控。

"另一方面，美国的政治体制越来越不为多数人着想，而是代

①美国《世界政治评论》杂志2012年2月20日。

表少数利益集团。就拿荒唐可笑的枪支法来说，我们的民选官员慑于国家步枪协会的压力，不愿采取措施满足大多数美国人限制武器扩散的愿望。类似的，多数美国人都知道，我们面临的问题源自华尔街的所作所为，但官员们不愿触犯高盛和摩根大通那些有钱的主。他们想要选举献金，且生怕日后离任时没有捞钱的好去处。奥巴马及政治精英必须向中国学习，开始为多数人的利益着想，不要被刻薄的评论家或少数有钱人左右。不然，我们的制度就算不上真正的民主。”[①]

①美国《福布斯》网站2011年1月24日。

第三节　模式对比案例

谈论两种模式的作用，会显得很抽象。如果用一个案例来说明模式的表现，那就会给人留下深刻的印象。

能否有效应对突如其来的灾难，是对一种社会模式优越性的重大考验。

现在我们把两场大灾难摆在面前，一场是中国的汶川大地震，一场是美国的卡特里娜飓风。

2008年汶川地震造成的受灾面积，相当于欧洲大国西班牙的全部国土,其中重灾区就达10万多平方公里。受灾人口达4600多万，比北欧5国总人口还多，其中伤亡者达40多万。震级达到里氏8.0级，烈度达到11度，并造成大量的滑坡、崩塌、泥石流、堰塞湖等次生灾害，不少城市和许多村镇被夷为平地，大量交通、电力、通讯、供水、供气系统被摧毁，基本上都陷于瘫痪。如此重大的灾难，在世界上是非常少见的。

2005年8月29日，威力强大的卡特里娜飓风横扫美国南部沿海地区，名城新奥尔良遭到“灭顶之灾”。1300多人失去生命，100多万人无家可归，灾区总面积为30多万平方公里。这场飓风之灾，被称为“美国历史上最严重的灾难”。

客观地说，汶川地震灾情远大于卡特里娜飓风。

现在回头看看中美两国怎样救灾。

从2008年5月12日开始，中国政府就发挥社会主义国家可以集中力量办大事的制度优势，启动了规模浩大的抗震救灾应急机制。十几万大军从全国各地直赴灾区，数百万吨救灾物资通过陆路、水路、空路调往灾区，成千上万的医生和各类救灾专业队伍集中到灾区。为了同死神赛跑，必须在最短的时间内解决灾区通路、通信、通电的难题，又必须使救援队伍突进到所有受灾的城市和农村，必须使数十万伤者得到及时救治，必须让几千万灾民安置到有吃、有住、又安全的地方，必须保持整个灾区的稳定，必须使数十万来自四面八方的国内志愿者和来自许多国家的救援队紧张有序地开展救援工作，必须使灾区不发生大的传染病……这里的每一项任务都是无比艰巨的，但全世界都看到，所有这些任务中国政府都完成了，而且完成得很好。这里展现了人民政府无与伦比的应急能力，更展示了共产党全心全意为人民服务的崇高精神。

面对美国历史上“最严重的灾难”，美国政府也尽了力，但行动有些慢，饱受民众批评。美国夏威夷大学教授杰瑞德·卡托指责说，风灾发生后，美国政府，不管是地方的州政府还是联邦一级政府的反应都没有到位，各级政府在突发的灾难面前，没有应急机制，而且显得很慌乱。

风灾爆发时，新奥尔良社会很混乱，甚至发生抢劫，天灾和人祸同时折磨当地居民，但政府的行动不仅缓慢，而且效率低下。当时的奥尔良市警察局局长W. S. 利雷接受美国媒体采访时愤怒地说：“在灾难发生后的头三天里，我们什么也没有得到。在灾难发生48小时之后，第一批国民警卫队员分乘40辆装甲车开进新奥尔良。然而，令我们震惊的是，他们抵达目的地后所做的第一桩事居然是找地方睡觉和打牌！在整整72个小时里，我们没有得到他们任何的帮助。我现在终于明白，我们为什么打不赢伊拉克战争了。”

救灾难，重建灾区更难；救灾可以考验一国政治力的强弱，重建灾区更能考验一国政治力的强弱。

卡特里娜飓风过去5年之后，美国新奥尔良的许多灾民还以临时安置的活动房车为家，还有1万多无家可归者只能以高速公路桥洞或者废弃的建筑栖身。风灾中失去住房的100多万人，仅仅有3万多家庭可以领取政府发放的临时租房补贴，而这种补贴到2009年2月就截止了。金融危机爆发后，美国经济陷于困境，又碰上墨西哥湾漏油事件，卡特里娜飓风的重建资金没有着落。更让奥尔良人普遍担心的是，当地价格低廉的住房急剧减少，许多低收入居民被迫离开，为开发商腾出地方。

汶川灾区则是另一番景象。

尽管汶川地震造成的无家可归者多于美国风灾的10倍，受灾区域也大于10倍，但中国政府最初决定3年完成的灾区重建任务，实际上两年就基本完成了。

这样的重建速度渗透着中国共产党和人民政府对灾区人民的深厚感情，也展现着中国社会主义制度明显的优越性。

全世界都见证了汶川灾区神奇的变化：

震后才10天，1500多万房屋倒塌的灾民就得到应急安置；

震后才100天，就完成了1200多万灾民的过渡性安置；

震后才一年，全面完成了350多万户震损房屋的修复加固；

震后一年半，150万户民房重建全部完成；

震后两年，25万户城市居民住房恢复全部完成，3002所学校全部建成，1362个医疗卫生机构完工95%，88条重要干线公路已完工43条。

仅仅过了两年，人们走进地震灾区，会看到最漂亮的是民居，最优美的是社区，最坚固的是学校和医院，最满意的当然是受灾群众。

汶川恢复重建规模之大、速度之快、效果之好史无前例，许多国际友人看了也感到震惊。法国医生贝尔纳·德勃雷在《现代价值》周刊发表文章《劫后重生的中国》一文写道：

我是汶川地震后第一个被允许进入震中地区的西方人。当时我看到的是满目疮痍的景象：道路塌陷阻断，房屋成片倒塌。

一年后，中国人邀请我重回震区看看。他们最先带我参观的是一所正在建设的医院。那是一幢高大的建筑，如此之快的建设速度令我愕然。一群工人正在干活，楼内楼外和屋顶上都有，我得知他们是几班倒，一周 7 天昼夜不停地施工。显然一切都是按照抗震标准在重建。学校和医院都是按照抗 8 级地震设计的。

……

整个地震灾区变成了一个巨大的工地：住宅楼、公共设施、学校、道路和工厂全都同时开工建设。

中方负责人告诉我，在地震中失去家园的灾民将优先获得住房。我吃惊地看到，他们的住房分配方法非常科学，按照家庭人口的多少来排队。房屋将按照成本价卖给他们，国家直接补贴四分之一。比如 100 平方米的一套房子造价 8 万元人民币，国家负担其中的 2 万元，他们还可以得到银行的低息贷款。

大家都说经济危机是全球性的，可是在这里，危机根本不像欧洲那么严重。

在城市规划图上，居民区的一切附属设施都考虑到并规划了进去，包括绿地、公园、道路和其他公共场所设施。人们用一年时间把一个老旧、散乱的居住区变成一座超级现代化的城市，这非常令人震惊。[①]

①法国《现代价值》周刊 2009 年 7 月 9 日。

诚如法国医生贝尔纳·德勃雷所说，在汶川地震灾区，“人们用一年时间把一个老旧、散乱的居住区变成一座超级现代化的城市，这非常令人震惊”。与此形成对照的是，卡特里娜飓风过去几年，灾区重建仍然既无规划，又缺资金，没有理出头绪。在日本，东京大地震灾后重建工作则整整花了10年。

人们当然不能以偏概全，但应对突如其来的大灾难确实可以全方位地考验一个社会模式，可以考验其内在的政治力。汶川地震和灾后重建的事实表明，中国模式蕴涵的政治力是十分巨大的，中国模式的优越性是任何人都不能否认的。

今天，面临日益深重的资本主义危机，中国模式和美国模式的比较，意义非同寻常。美国《大西洋》月刊提出了一个非常严肃的问题：为什么中国模式不会消失，文章说：“2008年和2009年的全球经济危机重创了几乎每一个主要民主国家的经济，而中国几乎毫发无损。……危机使许多西方国家领导人不仅质疑自己的经济制度，而且怀疑西方的政策制度存在着严重的、可能无法修复的缺陷。美国前财政部副部长罗杰·奥特曼说，这场经济危机使得美国模式陷入困境。”

《大西洋》月刊指出，现在西方国家领导人、决策者和记者质疑自己的制度是否已经失败的时候，“中国模式”成为成功的替代性样板。“中国模式”提供了取代主要民主国家的一项可行的选择，“由于许多发展中国家的民众对民主制度不满，亚洲、非洲和拉丁美洲国家的领导人正在更为仔细地学习中国的发展模式”，有的情况下，“人们是无意识地受到吸引而采纳中国模式的”。[②]

美国《大西洋》月刊确实提出了一个很严肃的问题。人们是否无意识地受到吸引而采纳中国模式尚待观察。但是，美国模式影响力下降，中国模式影响力上升则是不争的事实。

②美国《大西洋》月刊网站2013年3月21日文章。作者为美国外交学会研究员乔舒亚·柯兰齐克。

第十三章
能否制服战争

在21世纪头20年，中美关系面临着许多的挑战，最大的挑战是中美两国能否消除战争的风险。我们需要直面这样一些现实问题：

第一，能否消除一般战争风险？

第二，能否消除中美战争风险？

第三，能否消除世界大战风险？

最后是全人类能否联合起来制服战争？

我们已经看到，中美两国正在经历国力消长的关键时期。无论在经济和金融方面，还是在科技和军事方面，中国的发展都非常快，中美之间存在巨大差距的情况正在成为历史，双方差距迅速缩小乃至走向平衡的迹象越来越明显。在这种趋势的背后，中国模式的影响力不断扩大，美国模式则遇到日益增多的麻烦。这种情况令一些习惯于“老子天下第一”的美国人非常焦躁，他们很难理性地对待现实。为了维持唯一超级大国的霸权地位，他们有可能为冷战招魂，把一切的怨恨都撒在中国身上。在今后的若干年里，中美摩擦不会减少，只会增多，甚至还要注重防止战争的风险。

中美国力消长的关键时期，是同20世纪和21世纪的交替时间相重合的，这使人们可以从世纪交替的大视野中来研究消除战争风险的问题。

世纪交替时期，往往是机遇与风险并存的时期。19世纪和20世纪交替时期，发生了几件历史大事。第一件是美国抓住历史机遇，实现跨越式发展，一跃而为世界头号强国。第二件是爆发第一次世界大战，给全球发达地区带来前所未有的战争灾难。第三件是发生了俄国十月革命，诞生了第一个社会主义国家，社会主义成为世界发展的新潮流。

人类现在经历的20世纪和21世纪交替时期，蕴藏着更大的历史机遇和风险，大事件纷至沓来。第一件，金融资本主义开始主导世界，爆发了空前的金融危机，并演变为资本主义世界广泛的债务危机、经济危机和社会危机。第二件，中国抓住历史机遇，实现跨越式发展和中华全面振兴，重回世界上最大的文明国家地位。第三件，美国挑动的中东地区战争和动乱愈演愈烈，消耗美国国力，败坏美国形象，加快美国衰弱进程。第四件，世界重心东移，新兴国家崛起，旧的世界格局演变为新的世界格局，人类开始建设崭新的和谐世界。

上一个世纪交替，如果从美国南北战争结束算起，直到成为世界第一经济大国，大约是40年的时间。现在的世纪交替，如果从中国80年代开始改革开放算起，直到2020年左右成为世界头号经济大国，大约也是40年的时间。

这40年时间，有30年已经过去了，还有10年时间在后面。这肯定是中美关系最复杂的时期，中美两国同行多碰撞的局面不会改变。过去30年是这样，今后10年更会是这样。中美关系在这个时期面临着许多的挑战，最大的挑战是中美两国能否消除战争的风险。我们需要直面这样一些现实问题：第一，能否消除一般战争风险？第二，能否消除中美战争风险？第三，能否消除世界大战风险？最后是全人类能否联合起来制服战争？

第一节　能否消除战争风险

战争是解决人群之间利益冲突的最后手段。只要阶级之间、民族之间、国家之间存在难以调和的利益冲突，战争就是不可避免的。

当今时代，称霸世界的美国，其政治经济统治权完全操纵在金融军工集团的手中。在这个集团眼中，战争就是金钱，就是财富。只要发生战争，军火生意就非常兴隆，财源滚滚。

美国如此，英国、法国等帝国主义国家也如此。世界上只要存在着帝国主义，存在着金融军工集团，战争就是不能避免的。

在20世纪和21世纪交替的时代，我们特别需要高举和平的旗帜，需要高呼反对战争的口号，并联合世界一切进步力量，采取最坚决的行动去制止战争。这是因为，以美国为首的帝国主义国家常常以他们自己制造的借口，对一些弱小国家发动侵略战争，轰炸其城市，占领其领土，屠杀其军民，摧毁其政权，使其社会长期动荡，使其人民陷于灾难之中。

美国这些年在中东等地发动战争，往往打着人道主义的幌子，其实是为了维持霸权国家的生命。

人体生命的维持靠任督二脉通畅，美国霸权生命的维持则是靠美元和美军两大血脉的通畅。

美国最近发动的几场战争，都是用美军在保卫美元。

伊拉克的萨达姆企图把石油结算货币由美元转为欧元，一下触动了美帝国的血脉。请注意这个事实：战前，一桶石油是38美元，战后油价飙升到一桶150美元。仅此一项，美元的需求量就增加了3倍多。

1999年，欧元诞生，触动了美元独霸世界的格局。两个月后，就爆发了科索沃战争。由于欧洲投资环境恶化，7000多亿美元的热钱中，有4000多亿立刻从欧洲抽逃。其中2000多亿直接去了美国，2000多亿到香港。中国大使馆被炸后，到香港的2000多亿也流入美国。与此同时，欧元兑美元的汇率大跌30%。

波士顿大学教授安德鲁·巴切维奇在美国《基督教科学箴言报》上发文认为，美国“反恐战争”重点不在拉登而是石油。巴切维奇的这个分析是有道理的。

美国国内无法满足美国人对廉价能源的需求。廉价能源是个人流动的前提，而个人流动是美国人“自由”一词的核心内涵 。控制多产石油的大中东地区，就成为历届美国政府的当务之急。换句话说，控制中东石油，是维持美国生活方式的重要前提。反恐和追剿拉登，只是美国实施大中东计划的一个借口。没有恐怖主义，打死了拉登，美国会制造新的借口，会把中东战争继续打下去。

早在二战期间，罗斯福总统就承诺美国将确保沙特王室的安全和财富,此后的美国总统哪一个不是这样做呢？[①]

对美国来说，石油美元的问题，是生命攸关的大问题。为了捍卫石油美元，美国准备进行长期的战争。

美国《洛杉矶时报》发表前加利福尼亚州参议员汤姆·海登的文章透露说，美国确实有一个“长期战争”学说。这种学说宣称，从欧洲到南亚，各种叛乱组织造成的“不稳定之弧”将持续50至80年。正在进行战争的伊拉克、阿富汗和巴基斯坦只是“一场宏大战争中的小战争”。

海登认为，“长期战争”一词出现于2004年，是一小撮人在“五角大楼深处一系列没有窗户的办公室里”提炼出来的，并写入了2006年的《四年防务评估报告》。曾任美国参谋长联席会议主席的迈尔斯和中央司令部司令阿比扎伊德都使用了这个词。小布什总统在2006年的国情咨文中表示：“我们这一代人与顽强的敌人展开了一场长期战争。”

实际上，在美国，还有一个“大中东民主计划”，要求用许多任美国总统的几十年时间实现对中东伊斯兰世界的美国式民主改造。这个计划同“长期战争”计划应是同一个东西，世人不能小看了此点。

自然界有一种令人称奇的现象，越是有毒的动物和植物，越是善于用美丽的外表来装饰自己，不但能保护自己，还能迷惑和消灭敌人。

社会上也有这种情况，最阴险狠毒的罪犯，往往把自己打扮

①美国《基督教科学箴言报》2011年5月6日。

成老实而慈悲的人。

当今世界，美国和西方国家的一些政客，往往以保护人权为美丽外衣发动血腥的侵略战争，玩的就是这套把戏。他们以世界人权卫道士自居，却制造了世界最大的人权悲剧和人道主义灾难。

美国布什政府攻打伊拉克，就是以萨达姆拥有大杀伤性武器并且侵犯人权为借口的。后来证实，所谓伊拉克拥有大杀伤性武器，纯属谎言。至于萨达姆侵犯人权，这是完全可能的。问题在于，美国发动侵略战争对人权的侵犯实际上超过萨达姆十倍百倍。

《华盛顿邮报》曾经报道，美国约翰·霍普金斯大学研究小组通过对伊拉克全国 47 个区的调查，得出了这样的结论：美国发动伊拉克战争造成 65.5 万伊拉克人死亡，平均每天死亡 500 人。

另据《洛杉矶时报》统计，美国入侵期间，伊拉克平民死亡人数已经超过 100 万。

美军虐待和侮辱伊拉克战俘的行径举世皆知，其手段之残暴、行为之卑鄙，令人发指，严重违反了国际人权准则，引起世界公愤。国际红十字会发言人就此嘲讽道："美国让全世界看到了到底什么样的国家才是一个民主的、法治的国家。"

美国推行"大中东民主计划"，目的是要把中东伊斯兰国家都变成美式的民主国家，以便美国能够控制盛产石油的、可以掌控住欧、亚、非的大中东战略枢纽。

很显然，美国的"大中东民主计划"，收获了"事与愿违"的不良结果。这个计划的初衷是要打击伊斯兰原教旨主义，推进以基督教文化为核心的美式民主，扩大美国的世界影响力。但在这个计划推行的 20 年间，美国的影响力反而降到了历史的低点。

1992 年 2 月，当美国发动海湾战争，把伊拉克军队赶出科威特时，山姆大叔颇有一呼百应的气势。老布什的政策几乎得到所有阿拉伯国家的支持，叙利亚、埃及和摩洛哥的军队还同美国军队并肩作战。

海湾战争获胜后，白宫的主人成功迫使以色列和巴勒斯坦出席了一个规模宏大的国际和平会议，这次会议促成了以色列和巴勒斯坦在奥斯陆进行秘密会谈，并达成了一份和平协议。当然，拉宾和阿拉法特是在白宫的草坪上签署这份著名的《奥斯陆协议》的。那个时候，在中东的政治舞台上，谁敢与美国比肩？

从那时以来，美国乘胜前进，加快实施“大中东民主计划”，甚至发动了伊拉克战争。这场战争打了10年，花了1万亿美元，军队和平民死伤几十万，令人讽刺的是，美国最终在伊拉克收获了一个同情伊朗的什叶派政权。

屋漏偏逢连夜雨。美国起劲地鼓动西亚北非“颜色革命”，结果也是搬起石头砸了自己的脚，最突出的成果是被美国视同恐怖组织的穆斯林兄弟会在中东突然声势大涨。

在埃及，美国的忠实盟友穆巴拉克被推翻了，由穆斯林兄弟会推选出新的总统。

在加沙，巴勒斯坦的穆斯林兄弟会哈马斯掌握了统治权；

在黎巴嫩，黎巴嫩的穆斯林兄弟会真主党直接影响政权的运作。

以色列也公开羞辱美国。2009年春，奥巴马在开罗承诺，美国将尽快解决巴以冲突。如今，阿巴斯领导的巴勒斯坦已经按要求完全履行了自己的承诺，但以色列未作丝毫让步，美国却无可奈何。

2011年12月15日，美军在巴格达举行“终战仪式”。美国哥伦比亚广播公司报道说，终战仪式被安排在巴格达机场一处防御坚固的角落，周围都是混凝土防爆墙，座椅上几乎没有一个伊拉克人，贵宾标签上专门有一条提示：万一遭到袭击，他们应该跑向哪座碉堡。

这样的“终战仪式”，不仅是“静悄悄的”，而且充满了恐怖气氛。

问题远不在于仪式，而是人们怎样看这场战争。

美国《沙龙》杂志提出这样的问题："这场战争值得吗？"杂志自己回答说："伊拉克战争是小布什谎言导致的美国历史性恶行。"

《华尔街日报》网络民调显示，超过72%的美国人认为伊拉克战争"不值得"。

国际媒体的评论则更为刻薄。

俄罗斯《观点报》说，美国人像夹着尾巴的狗一样灰溜溜撤出伊拉克。

英国学者盖洛威的说法更为耸动。他说，伊拉克战争敲响了美国帝国的丧钟。美国人发动伊战为石油，为以色列，为推进中东民主，也为吓唬世界，尤其是为吓唬中国，但最终却让美国的敌人变得更胆大了。从入侵巴格达到最终撤走，美军其实从未控制过伊拉克的任何一条街道，只有巴格达的海法大街是例外，因为那里有数百名美军士兵的坟墓。盖洛威的结论是：对美国而言，入侵伊拉克是"万错之母"。

伊拉克战争对美国来说，实在是一场削弱其盟友、动摇其联盟、壮大其对手、损耗其国力、加速其衰落的愚蠢战争。

就中东地区来看，伊拉克萨达姆政权的倒台，使西方国家外交所倚重的逊尼派政权受到重大打击，而增强了以伊朗为代表的什叶派的力量。伊战使美国和土耳其之间出现了裂痕，而且还在不断扩大。伊战还使美国在巴以之间更难发挥调停作用。

美国在世纪交替时期发动的多场中东战争，都是超级大国侵略弱小国家，力量悬殊太大，军事上美国是成功的，战场上美国是胜利者。但美国的战略目标没有实现，美国的力量受到严重削弱，战争造成的困难比战争解决的问题大了无数倍，总体来说，美国的中东战争是失败的。

美国是否会因中东战略的失败而收手不战了呢？

回答是否定的，美国的中东战争不可能停下来。

中东是世界油气资源富集地区，企图通过控制油气资源而维持美元霸权地位的美国，决不会放弃对中东控制权的争夺。

中东是连接欧亚非三大洲的世界战略中枢地区，企图独霸世界的美国，决不会放弃对中东控制权的争夺。

中东是基督教族群和伊斯兰教族群恩怨情仇最集中的地区，作为基督教世界领袖的美国，决不会放弃其改造大中东的计划，也无法从中东地区脱身出来。

现在看来，在中东地区，最严酷的现实是美国无法从伊朗困境中脱身。

西班牙《起义报》认为，美国打压伊朗，真正原因不是核武器，还是为了捍卫美元霸权。

二次大战后，美元取得霸权地位，重要基础是石油美元。所有石油输出国组织成员一致同意只用美元收款，同时原油进口国必须用美元来储备贸易利润，以便购买石油。波斯湾国家在美国威逼下将其石油利润兑成美元，使其公共开支显著增大。

美国此前军事打击的伊拉克、利比亚都是想在美元问题上造反。2000年，萨达姆决定在“石油换粮食”时使用欧元结算。卡扎菲也曾提出，不在商品贸易中使用美元，而是使用利比亚自己的货币第纳尔。

伊朗走得更远，在波斯湾的基什岛注册了一家石油交易所，使用欧元买卖石油。这个交易所已成为继纽约、伦敦、新加坡和东京之后第五大石油交易所。

美国曾以萨达姆拥有“大规模杀伤性武器”的谎言入侵一个主权国家并将其摧毁。

“伊朗正在制造核武器”，是美国和以色列制造的又一个谎言。

伊朗早已签署了核不扩散条约。按照条约的规定，所有签约国都拥有和平利用核能的权利。但美国和以色列坚持说伊朗不是和平利用核能，而是在研制核武器。

没有任何证据支持美国和以色列的说法。

美国16家情报机构证实，2003年以来，伊朗没有任何实施核武器的计划。国际原子能机构也证实伊朗不存在核材料流向核武器研制计划的情况。

美国不但纠集北约盟国对伊朗制裁，而且把国际法抛在一边，以美国意愿为国际法，宣布任何与伊朗做生意和进口伊朗石油的国家，除非获得华盛顿的特许，否则都会受到美国的制裁。这些国家将被驱逐出美国市场，其银行系统也将无法使用从事国际支付业务的银行。换言之，美国对伊朗的制裁，不仅是针对伊朗，而且是针对所有敢于不听美国话的国家。

美国的伊朗战略包含着一个大阴谋，那就是操控阿拉伯人和波斯人的矛盾和战争，以转移基督教国家和伊斯兰国家的恩怨情仇。但这个阴谋很难实现，不但基督教国家和伊斯兰国家之间的千年恩怨和现代情仇无法化解，而且还会增强伊斯兰人民同美帝国主义者的深仇大恨。

"'9·11'事件是伊斯兰世界对基督教统治的反抗，发生这样的事件是历史的必然"。说出这番话的不是伊斯兰人士，也不是反美人士，而是日本自民党的干事长石原伸晃。实际上，以这种角度观察问题的，世界上相当普遍。

2012年夏天，美国出了一部侮辱伊斯兰教先知的影片，立刻激起伊斯兰世界的反美浪潮，在美国非常喜欢的象征"阿拉伯之春"的班加西，曾经直接策动阿拉伯之春的美国驻利比亚大使和几名美国外交官，被示威人群活活整死了。美国国务卿希拉里女士深感震惊、无奈和无辜，她表示不理解这些阿拉伯人为什么要把他们的"解放者"视为死敌，施加如此重手!

其实，希拉里只是假装不明白，她和她的美国统治集团的同仁们非常清楚，基督教国家和伊斯兰教国家间恩怨情仇太深了，最近几十年美国在中东实施的政策和发动的战争更是在阿拉伯民族中种下了深仇大恨，只要一点火星，仇恨之火就会燃遍天涯。

2010年美国纪念“9·11”九周年时，发生了两个引人注目的事件，一是佛罗里达州一位叫琼斯的牧师宣称要当众焚烧《古兰经》，引发很大的争端；二是有人提议在世贸中心遗址附近修建清真寺，也引发很大争端。

这两个事件的实质都是基督教和伊斯兰教矛盾的表现。

美国一直自认为是西方文化的代表，而西方文化的核心就是基督教文化，因此对外来宗教的挑战非常警惕。二战之后，美国确立超级大国地位，从政府到民间，几乎所有美国人都当仁不让地以“救世主”身份自居。在好莱坞大片中，凡是遇到外星人入侵或是巨大的自然灾害，拯救人类的一定是美国人。这种心态催生了厌恶伊斯兰的情绪。

美国虽是政教分离的世俗化国家，但在西方世界，美国是信教人口比例最高、教徒做礼拜最勤的国家，可以说美国是最信神的国家。

美国人的上帝信仰同爱国主义是相统一的，这是美国人国家认同的真正根基。他们认为，美国人是“上帝的选民”，天生赋有这样的使命：把资本主义社会自由民主的旗帜插遍全世界。

正是这种使命感使美国人在用西方民主改造其他国家方面表现得特别狂热。

发动1991年的海湾战争，美国民众的支持率高达96%。

发动阿富汗战争，支持率是94%。

发动伊拉克战争，支持率是70%。

调查显示，有92%的美国人支持攻打伊朗。

美国虽然没有国教，但正如美国神学家尼布尔说，“美国是世界上最世俗的国家，也是宗教性最强的国家”。很难说美国是世界上最世俗的国家，但确实是“宗教性最强的国家”之一。

美国社会中有多种宗教，但占主导地位的是基督教新教。

有人把美国主流社会的中坚分子形容为“WASP”，这个词专指“白人中信仰新教的盎格鲁－撒克逊人”。

正是“WASP”塑造了美国很强的宗教性。

美国国歌唱道：“上帝保佑美国！”

美国总统就职，要手按《圣经》宣誓。

美国钞票上也印着这样的文字：“我们信仰上帝！”

美国广播公司和《华盛顿邮报》公布的最新民调显示，有49%的美国人反感伊斯兰教。法新社称，美国在阿富汗深陷与塔利班和基地组织的战争，美国本土的恐怖袭击事件也时常发生，这使得一些美国人已经把伊斯兰世界视为敌人。

“9·11”事件后，美国官方和主流媒体很注意把恐怖分子同穆斯林分开，但在整个社会的潜意识中，穆斯林却经常被人们不自觉地与恐怖分子联系起来。

美国《时代》周刊讲述过一位穆斯林的遭遇。这位穆斯林叫米尔孔，是威斯康星州色波甘小城的一位医生，由于医术高超，深受当地民众的尊敬。然而有一天，在一次有关美国穆斯林的讨论会上，米尔孔听到朝夕相处的邻居、朋友和病人尖锐地攻击，“伊斯兰教是仇恨的宗教，是战争的宗教”，“美国各地有超过20处圣战训练营，下一次大规模的恐怖袭击正在酝酿中”……米尔孔对此真是目瞪口呆，不知所措。

美国统治集团深知，为了捍卫石油美元，一定要抓住中东地区；为了保住世界霸权，不能丧失中东地区这个战略枢纽。美国统治集团也深知，基督教和伊斯兰教国家的千年情仇和美国一些民众的反伊斯兰情绪是可资利用的。美国统治集团更深知，达到这个目的的手段很简单，就是在中东地区挑起部落之间或者国家之间的战争。

我们只要看看美国的霸权政策，看看中东地区错综复杂的现实状态，就可以得出结论：在20世纪和21世纪交替时期，地球上还存在着人群之间不可调和的利益冲突，还存在着帝国主义霸权国家，因此，世界上始终存在着战争的风险。

第二节　能否消除中美战争

在两个世纪交替的时期，不能消除一般的战争风险，那么能否消除中美之间的战争风险呢？

美国有一班人，一直在进行中美战争的准备。

据《华盛顿邮报》等美国媒体披露，五角大楼有个叫“净评估办公室”，是国防部的正式在编机构，已有40多年的历史，人数不多，领衔者叫安德鲁·马歇尔，已91岁高龄，但十分活跃。

最近20年，马歇尔的班子一直在做一件大事：策划一场与“邪恶、狂暴且全副武装的中国”的大规模新型战争。这种战争名为“空海战”。马歇尔的构想是美国使用隐形轰炸机和核潜艇，先发制人地攻击中国隐藏在内陆腹地的远程监视雷达和导弹系统，确保中国预警、指挥体系“致盲”，随后美国再发动大规模的空海联合攻击。

美国国防部和军方对“空海战”往往闪烁其词，即使不得不提及也要强调“并非针对特定对手”。这是当然的，美国舆论分析说，和中国这样的核大国为敌并准备开战，就算只是假想，也是非常敏感的。

2012年1月5日，美国总统奥巴马亲自到五角大楼，出席国防部关于新军事战略报告的发布会，以示这个报告的重要性。

冷战时期，美国的军事战略是随时准备打两场半战争：在欧洲对付苏联，在亚洲对付中国，外加一个中等强国。

1990 年冷战体系瓦解，当时的美军参联会主席鲍威尔等人把“两场半战争”改为“两场战争”，他们设定在中东和东亚可以同时对付两个中等强国，取得两场战争的胜利。

现在的新战略是“一场半战争”。美国《基督教科学箴言报》引用专家的话解释说，美国将参加并打赢针对主要敌人的一场战争，同时用各种方式扰乱一个次要敌人以赢得时间。打赢第一场战争后，再集结兵力打第二场战争。

谁是美国设想的新战争的敌手呢？官员和媒体提到最多的是中国和伊朗。

法新社援引列克星敦研究所专家汤普森的分析说，奥巴马新军事战略的焦点将主要是遏制中国和伊朗，中心内容是在西太平洋和波斯湾地区部署军队、巩固联盟和销售军火。

美国历史上都以具体国家为主要战略威胁。例如，二战时，以德国和日本为主要敌国，冷战时以苏联和中国为主要敌国。“9·11”之后，有 10 年时间，美国以无形的“恐怖主义”为主要战略威胁。

反恐战争已接近结束，美国显然作了战略调整。在主要战略威胁的名单上，近期似乎是伊朗，中远期则是中国和俄罗斯。

美国全球军事霸权是依靠一个庞大的军事基地网来维持和贯彻的。

目前，人们能在 156 个国家找到美国军事人员的影子；

美国在其中的 63 个国家建立了军事基地；

美国在海外驻军达 25 万人。

通常，美国是以六大司令部来统领这些军事人员和军事基地的。他们把兵力和武器重点部署在大陆交接地带或某地区的战略要地，用 1200 多个军事基地结成一张严密的军事网，以把整个世界牢牢地控制在手中。

这张军事网的主要对象之一是中国。

美军在关岛基地部署的 B – 2 隐形轰炸机、F – 22“猛禽”战斗机、

"洛杉矶"级核潜艇，都拥有打击中国腹地的能力。

驻扎在阿富汗的美军已来到中国边境，其巴格拉姆空军基地离中国边境仅 700 公里。这里 3000 多米长的跑道可以起降任何型号的空军战机，对中国已形成直接威胁。

此外，驻日、韩、东南亚和印度洋的美军也威胁着中国的海洋运输、资源通道。

对美国而言，中国问题具有不同一般的重要性，伊朗问题具有非同寻常的紧迫性，新军事战略就锁定了这两个国家。

中国人必须重视这种威胁，并准备好相应的防备措施。但我们自有定力，不会让它破坏振兴中华的大战略。实际上，美国的新军事战略并不表明它的强大，只是暴露了美国的虚弱。这种新军事战略是在 2012—2020 年必须缩减 4900 亿美元军费的窘境下提出来的。

我们知道，各国制定军事战略，总要设定出现最坏的情况。美国设想中国是最主要的对手，并不表明美国已经开始准备同中国打仗。

在新的历史时期，中美两国必须共同努力，坚决消除中美之间的战争风险。而且我们应当相信，中美之间的战争风险是可以消除的。我们的这种信心，建立在什么根据之上呢?

第一，中美两国没有根本性的重大的领土主权之争。历史上中国没有大规模入侵过美国，美国也没有大规模入侵过中国，现实中双方也没有侵略对方的意愿和可能。

美国的对台错误政策曾经蕴藏着中美战争的风险，但美台军事条约的废除，美国承认台湾是中国的一部分，美国承诺不支持台湾独立之后，因台湾问题而发生中美冲突的风险就越来越小了。

第二，中美两国存在着广泛的共同利益。

在经济全球化时代，中美两个最大经济体之间利益联系的广泛性和深刻性超出一般人的想象，不要说是战争，即使是一般性的冲突，都不但会冲击中美两国，而且会影响世界很多国家和地区。在这种关系之网中，向对方开战，就相当于向自己开战，战争发动者是占不到任何便宜的。

第三，中美两国人民都反对战争。

中美两国人民历史上建立过战略同盟，有过战友之情，现实中相互交往最多，了解也最深。而且美国人民代表西方文明，中国人民代表东方文明，双方存在着最深层次的相互欣赏和相互尊重。到了21世纪，任何战争狂人若想挑动中美战争，必遭两国人民坚决的反对。

第四，中国已是最强大的和平捍卫者。

社会主义中国肯定不会对美国发动战争，但美国是存在着战争挑动者的。他们在中国大门口耀武扬威，派航母战斗群和核潜艇窜来窜去，派各式战斗机飞来飞去，还怂恿日本、菲律宾等国向中国挑衅。实际上这类做法都是惹麻烦的，吓唬人的，真要动刀动枪，他们未必有那个胆量。

中国对美国战争狂人的战争叫嚣是测试过的。

1958年台海炮战时，美国海军为蒋军护航，毛泽东下令照打不误，但注意只打蒋军，不打美军。解放军大炮一开，蒋舰被击沉击伤，美国海军舰队立刻撤到外海，蒋介石见此情景，大为沮丧。

1996年，解放军在台海军演，美国时任总统克林顿派两个航母战斗群前来示威，给台独分子壮胆。解放军照常军演，并派核潜艇舰队出海。美国一看此阵势，立刻命令航母战斗群从台湾附近东撤几百海里。

现在中国的强大，已非1958年和1996年时可比。中美两国的常规战力各有优势，高科技战力你追我赶，核毁灭战力相互可以抗衡。任何人都会看到，像中国这样强大的和平保卫者是美国从来没有碰到过的。只要不想自我毁灭，哪怕是最疯狂的帝国主义者，也不敢随意对社会主义中国发起挑战。

第五，美国已衰弱到不能再打一场大战。

任何战争都是要死人和要烧钱的。

美国这些年发动的战争都是小战争，阿富汗也好，伊拉克也好，都是小国、弱国，但美国都动用了“牛刀”，都烧了大钱。

美国为拉登花了多少钱呢？

为击毙拉登共耗资100亿美元。其中包括这样一些支出：9·11后美国悬赏2500万美元捉拿拉丹，2007年后又提高到5000万美元，先后向60名“线人”支付了多少不等的赏金；为“海豹”突击队所在的特种作战司令部每年拨付预算10亿美元；9·11后新成立的国土安全部花费了4240亿美元。

CNN称，根据不同的计算方法，拉登给美国造成的经济损失在2800亿美元和5万亿美元之间，具体数字很难算清楚。

美国布朗大学瓦特森国际研究所研究报告称，美国发动的阿富汗、伊拉克以及在巴基斯坦对付“基地”组织和塔利班的战斗，累计开销将在3.67万亿到4.44万亿美元之间，并造成22万人死亡。

此份研究报告说，在过去10年的战争中，有6000多名美军官兵和2300名承包商死亡，还有12.5万名伊拉克平民和上万名萨达姆军人死亡，阿富汗有1万多平民死亡。另有36.5万人受伤，780万民众被迫逃难。

报告还说，到2010年，已有参加这几场战争的55万人向美国退伍老兵部申领残疾福利，预期今后40年，给退伍老兵支付的各种福利将达5890亿美元。

美国前副国务卿阿米蒂奇承认，“9·11”事件之后，美国被两大洋守护的历史性安全思想完全崩溃。这个冲击让美国丧失了从前的天真无邪。从此，美国开始向世界输出怒火和恐怖，而不再是从前的传统价值观——希望和机会。[①]

这位美国高官把“9·11”之前的美国描述为是“天真无邪”

①日本《朝日新闻》2011年9月8日。

的国家是很可笑的，但他承认美国向世界输出的是怒火和恐怖，而不是希望和机会，这相当接近于现实。让人感到一向亲日反华的这位美国政客有时候还是有点可爱的。

在今天的美国，也有越来越多的人质疑战争是否是解决世界问题的最好办法，越来越多的人看出五角大楼的战争机器正在吞食对人类生存至关重要的科技创新所需要的有限的资本和自然资源，越来越多的人认为中美之间的战争是必须避免也是可以避免的。

美国《外交》双月刊在2011年3、4月号刊出一篇引人关注的文章:《美国可以让中国崛起变得和平》。作者是美国乔治·华盛顿大学政治学教授查尔斯·格拉泽。

文章的结论如下："总而言之，中国的崛起可以是和平的，但是这种结果远非板上钉钉。与标准的现实主义观点相左，国际体系制造的基本压力将不会迫使美国和中国发生冲突。核武器、太平洋的阻隔以及目前还算相对良好的政治关系应该会让两国维持高度的安全状态并避免推行使两国关系极为紧绷的军事政策。美国面临的挑战将是：在不那么重大的利益（比如台湾）或许会引发问题的情形下，调整政策，确保自己不夸大中国日益增强的实力和军力所带来的风险。"

这篇文章之所以引人关注，是作者触到了美国政治中很敏感的问题，即台湾政策。作者认为中美两国避免激烈的军事竞争和战争的前景是好的，但有可能被台湾的某种政治势力牵着鼻子走，在对美国不那么重要的台湾问题上就可能陷入风险很大的美中冲突。

有鉴于此，作者建议"美国应当考虑逐步收回对台湾的承诺。此举将消除美中两国间最明显、争议最大的爆发点，并为今后数十年两国关系铺平道路"。

约翰·米尔斯海默写过《大国政治的悲剧》，创造了"进攻现实主义学说"，从理论逻辑上论证了大国争霸的必然性，被认为是"中国威胁论"

的鼓吹者。当有人问米尔斯海默，未来几年，中美两国会否发生直接冲突，他回答说："我认为这期间美中不大可能发生武力冲突。中国和美国都希望确保没有战争。我的一个学生问我，你认为如果中国和菲律宾发生战争，美国将会作出什么反应？我的回答是，美国将立即对菲律宾施压阻止战争，并同中国一道努力尽快结束战争。我认为，无论如何，美国都不希望看见中菲发生战争。美国非常希望确保中菲相安无事。因此，我看不出美国对'麻烦'会有任何兴趣。尽量避免战争，这既是美国的心态，也是中国的心态。但未来8年或10年，如果我们的关系出现很多危机，我也不会惊讶。"①

布鲁金斯学会约翰·桑顿中心主任李侃如认为，美国重返亚太战略"并非遏制中国或建立反华堡垒。美国仍致力于与中国发展合作关系，但同时也要回应其亚洲盟友和朋友对中国的一些关切。相信美中关系不是零和关系，双方可以互利共赢"。

李侃如分析说："美国希望在亚太继续发挥领导作用，但美国未来在亚太的影响力取决于能否成功克服美国国内的经济问题。如果美国从危机中复原，美国将在亚太地区长期发挥重要作用，区内国家会尊重美国并想与之建设性接触；如果美国国内无法就解决经济问题达成政治协议，那么言辞就失去意义，美国就无法维持在亚洲的重要存在，亚太各国也会认为美国将在亚太日益边缘化。"②

美国战争狂人现在对中国不敢言战，非不愿也，而是有一个难言之苦：缺钱。美国前总统助理道格·班多2010年4月19日在《国家利益》双月刊上撰文说，美国是一个"破产的帝国"。

班多认为，正是美国政府穷兵黩武，才导致国家破产。美国的人均军费开支为2200美元，而欧洲大多数国家都低于1000美元。

①《环球时报》2012年5月25日第7版。

②《人民日报》2011年12月23日。

如果加上拨给五角大楼之外的其他防务开支——国土安全、退伍军人事务及核武器等，美国2008年的军费开支为8351亿美元，占国内生产总值的5.9%，人均2700美元。

伊拉克战争的开支在军队回国后还将持续几十年，政府必须为受重伤的军人治病，总开支将超过2万亿美元。

美国目前的国债是12.7万亿美元，更糟糕的是，社会保险和老年医疗保险的资金缺口约107万亿美元，再加上阿富汗战争的开支，当前全美国的净负债已经超过美国人的净资产。

班多最后写道："美国联邦政府的国库已经一无所有。如果山姆大叔是一个人，他会宣布破产。"

约瑟夫·奈指出，巧实力是硬实力和软实力的结合。美国必须运用巧实力从输出恐惧转向激发乐观精神和希望。

约瑟夫·奈认为美国每年的军费有5000亿美元，这还不包括在伊拉克和阿富汗的开支。显然，五角大楼是资源最丰富的政府部门（国务院的预算仅为360亿美元），但只靠硬实力就能实现的目标是有限的。枪杆子不是传播民主和人权以及发展公民社会的最佳手段。

经过多年的反恐战争，美国应"通过致力于全球公益事业，通过为世界人民和各国政府提供他们想要得到但因为缺少最强大国家的领导而没能得到的东西，美国能变成一个灵巧的美国——一个灵巧的大国。发展公共卫生、应对气候变化都是很好的例子。通过对软实力的投入，着眼于全球公益事业，以此来补充美国的军事和经济实力，美国就能重建它应对全球严峻挑战所需的框架"。

仅就烧钱的角度说，美国确实很难发动对中国的战争。美国人罗伯特·加洛斯在美国《芝加哥论坛报》上发表文章，题为《与中国交战》，宣称中国会轻松赢得"第三次世界大战"，很耸人听闻。文章内容如下：

我们正身处在第三次世界大战之中，可我们却还没有意识到。

战场并不是在伊拉克或阿富汗，战斗也没有枪响。这是一场与中国的经济战。我们即将战败。

伤亡的代价不是一具具尸体，而是我们生活水平的降低。当中国认为给美国提供金融援助不再为其利益服务时，它就会停止购买我们的债券，而我们的生活水平会因此加速下降。

我们购买中国的电视机、电冰箱和其他很多商品。中国则用换来的钱买我们的债券。我们在印更多钱的同时避免了通胀。这还允许我们保持高质量的生活水平：独立住宅、多辆汽车、家用电器和更多闲暇。

以现在的赤字水平，中国已经对我们还债的能力产生担忧。不久，中国会想要一些更实在的东西。而我们的国会肯定会尖叫，然后通过法案避免这一切发生。但是中国会报复，会停止购买我们的债券并开始抛售。中国的行为将引爆一场全球连锁反应，最终严重削弱美元价值。

我们就无法支付高水平生活的开销了，政府也无法再以很低的利息借钱，然后用新的“刺激计划”偿还。美联储将无法控制飞涨的利率。再也没有新汽车、新房子、新电视机、新手机、假期及便宜食品和衣服。公众压力将迫使国会变温和，允许中国购买我们的大公司以换取更多贷款。

我们的军队将大裁军。我们将无法在世界施展我们的力量。我们将沦为二等国家，就像今天的俄罗斯一样。中国将接替我们的位置，不放一枪一炮赢得第三次世界大战。[①]

①美国《芝加哥论坛报》2007 年 12 月 2 日。

美国“重返亚太”，是对世界重心东移的自然反应。

美国已经判定，亚太地区的人口、市场、经济实力和发展潜力都是举世无双。因此，在 21 世纪，美国的机遇与挑战主要在亚

太地区。

美国已制定了“返回亚太”的大战略，正在展开的是所谓“六条关键的行动线路”：强化双边安全同盟、深化与新兴大国的工作关系、参与地区多边机构、拓展贸易和投资、推动广泛的军事存在、增进民主与人权。

美国前国务卿希拉里·克林顿在美国《外交政策》杂志上发表了一篇长文，题目是《美国的太平洋世纪》。文章说，美国现在希望在亚太地区“大幅增加投资”，因为“未来的政治将取决于亚洲，而不是阿富汗或伊拉克。美国将置身于行动的正中央”。

美国总统奥巴马声称美国是亚洲的领导者，时任国务卿的希拉里说，美国将置身于亚洲“行动的正中央”。

世人都听到了这些郑重其事的声明，但无论是美国的拥护者或美国的反对者都没有把它看得太认真。连一些美国学者也不以为然，正如华盛顿智库的斯蒂芬·里克特撰文指出，“外界看到的是，一个没有穿衣服的黄帝在洋洋自得”，“任何一名精神分析学家都可以告诉你，美国的自吹自擂主要表明了一件事，那就是美国旨在掌控世界和各种选择（不论是在金融、经济还是外交领域）的强烈欲望已经不在美国的实际能力之内。尽管美国仍然具有强大的实力，尤其是在军事领域，但美国倾向于发表过于炫耀自负的言论的做法削弱了其国家实力。”①

1972年，毛泽东告诉尼克松，说他喜欢右派。这是因为尼克松是美国的右派，而这个右派懂哲学，知道美国国力扩张的限界，而且知道这个限界何在。

现在美国的右派懂哲学吗？似乎不懂。今天美国右派的战略思维又走上了凯南的遏制老路。这是很可怜的，要知道，当时美国国力如日中天，有这个遏制的能量，如今则不可同日而语。说

①新加坡《海峡时报》2011年11月9日。

得形象一点，一个超级乞丐还能去“遏制”谁呢？再说了，遏制苏联的结果为美国带来的不是喜而是忧。苏联是崩溃了，但美国也衰落了。与此同时，在西方，欧洲壮大了；在东方，中国崛起了。

如此看来，今天的美国右派，确实应当学一点哲学。

从美国大张旗鼓推行的“重返亚太战略”，人们看到的不是一种缜密的哲学思考，不是深远的战略设计，而是因国力衰弱的战略焦虑，是随波逐流的思维混乱。

美国从来没有离开过亚太，何来“重返”？

美国声称不遏制中国，为什么要把60%的军力部署到中国周边？

既然认识到美国的利益和机遇在亚太地区，为什么要挑动亚太的局势动荡，为什么不是同亚太国家扩大经济合作而是加强亚太的军事对抗？

美国“重返亚太”还遇到四大难题。

难题之一：美国称霸世界的根基是有其“大西洋联盟”。美国“重返亚太”，背对“老欧洲”，没有传统盟国的支持，一个光杆司令能有什么作为。

难题之二：美国称霸世界的枢纽在中东地区，它在那里已陷进各种战争和动乱的漩涡之中，阿富汗和伊拉克的烂摊子还未收拾好，又面临叙利亚和伊朗的复杂困境，美国非常有限的军力又如何向东亚分身呢？

难题之三：美国“重返亚太”，最要倚重的是日本，但日美两国曾经是死敌，日本的忍气吞声完全是伪装的、被迫的。如果美国国力衰弱了，并且失去了欧洲大国的坚定支持，日本就可能要摆脱美国的压迫，会要求美国撤出军队、撤销军事基地。有军国主义阴魂附身的日本右翼一旦时机有利，难免不发动第二次珍珠港突袭。

难题之四：如何对待菲律宾等小盟国？

美国“重返亚太”一定程度上是受了李光耀等亲美反华人士的蛊惑，说是东亚各国都害怕中国崛起，希望美国作为“仁慈的帝国”增加存在，

①美国《外交政策》双月刊网站2011年7月11日。

以实现力量的平衡。美国人对李光耀把美国捧为“仁慈的帝国”非常受用，对李光耀关于力量平衡的建议也非常赞赏。但是，美国人把李光耀和阿基诺三世的蛊惑当做亚洲国家的普遍愿望就完全错了。东亚地区已非美国当年拼凑“东南亚条约组织”时可比，大多数国家反对冷战作为，反对在中美两大国中间选边站。美国想利用菲律宾挑起南海事端，给中国制造麻烦。菲律宾则想借美国支持来抢夺中国南海岛礁，这种搞法既鲁莽，又危险。

美国《外交政策》双月刊在2011年7月11日发表莱尔·戈尔茨坦的文章，题为《南中国海的格鲁吉亚》，观点比较理性。

戈尔茨坦认为，希拉里宣称南海的“航行自由”事关美国利益，以此为借口介入南海争端是“荒唐的”。因为“无论按照何种标准衡量，中国都是世界上最大的海上贸易国，因此中国对航行自由构成威胁的可能性是非常小的——中国经济几乎全部仰仗着航行自由”。

戈尔茨坦还驳斥了关于是中国“侵略”导致目前紧张关系的说法。“事实上，不论是在目前还是历史环境中，中国的南海政策大体上一直是被动的，遇到事情才作出反应”。

戈尔茨坦的文章还认为，“残酷的事实是，东南亚在全球力量对比中一点也不重要。该地区的绝大部分国家都很小，很穷，没有任何重要性”。有些东南亚国家对美国的每一次干涉都欢呼雀跃，但他们应当记住2008年格鲁吉亚的遭遇。

“在这个令人遗憾的例子中，美国起初对格鲁吉亚这个新盟友给予高度的关注，并派出大量军事顾问。然而，当俄罗斯坦克开进格鲁吉亚，实际吞并大量领土并彻底歼灭格鲁吉亚政府的军队时，美国政府的反应只不过是抱怨了一下，美国最终还是不愿意为了很小的战略利益而冒险与俄罗斯政府发生更大规模的冲突。”①

美国战略学者布热津斯基发文认为：中美为争霸而战的可能性不大。因为现实世界与历史上任何时候都不同：“核武器令霸权战争破坏性太大，即便胜出也毫无意义；在日益交织的全球经济中，某个国家若要取得一边倒的胜利，必然会给所有人造成灾难性后果；全世界的人在政治上已觉醒，不会轻易屈服，哪怕面对的是最强大的国家；最后，同样重要的是，美国和中国都没有受到敌对意识形态的驱使。”布热津斯基指出，若美国不以世界警察自居，若中国强而不霸，因争霸而战的历史就不会重演。[①]

①美国《国际先驱论坛报》2013年2月14日。

总起来说，中美两国之间的战争风险是有可能消除的。

第三节　能否消除世界大战风险

在经济全球化时代，和平和发展已经成为整个世界的主旋律。反对战争、保卫和平的力量空前强大，人类社会已经具备了消除世界大战风险的现实可能性。

我们已经分析了消除中美战争风险的各方面情况。在当今世界，只有中美两国具有全球性对抗的能力，如果中美两国不爆发战争，世界大战的风险也是可以消除的，

消除战争风险，根本上不是一个理论的推测问题，更不依人们的善良愿望，而是决定于当时当地环境中和平力量和战争势力的激烈较量。对于中国来说，我们必须立足于发展无比强大的综合国力，必须具备可以给一切侵略者以致命打击的强大军力和坚

定意志，而且要善于在现代条件下运用好毛泽东军事思想和人民战争战略战术。

第四节　人类将制服战争

我们已经说过，只要存在着阶级之间、民族之间、国家之间根本的利害冲突，就存在着战争的风险，就可能爆发战争。我们同时指出，由于历史条件和现实环境的发展，中美之间的战争和世界大战是有可能消除的。但是，“可能消除”不等于完全消除或肯定消除。由于历史条件和现实环境的变化，也许有一天我们会不得不面对战争。只要存在着帝国主义和霸权主义，就存在着战争的根源，就可能爆发战争。实际上，当今世界上，许多国家的人民正在承受着惨烈的战争之苦。

全人类面临着一个共同的任务：制服战争。

在几千年的历史上，人类都是被动地应付战争，而21世纪的人类应当联合起来，以主动的方式去制服战争。就是说，各国人民都要坚定和平和发展的信念，自觉地去推动国内的和平和发展，推动地区的和平和发展，推动世界的和平和发展。如果有帝国主义者发动侵略战争，全世界人民即以排山倒海的正义战争之力，将其完全压倒，完全制服。

中美两国是世界上最强大的国家，理应成为制服战争的中流砥柱。

然而，今日之美国，盛行金融资本主义，金融军事集团控制着美国的政治和军事机器，并在国际上推行霸权主义。这个嗜血成性的金融军事集团，是当代侵略战争的总根源。它们在世界各地制造事端、挑起冲突、发动战争，不仅是为了大卖军火，赚取超额利润，而且是为了维持美元霸权和美国霸权。由于中国有可能打破美元霸权和美国霸权，这个金融军事集团对社会主义中国又恨又怕，必欲整垮打灭而后快。为达此目的，它们集中一切资源来打造空前强大的军事机器。如此严酷的情况让世人明白，制服战争，寄希望于美国是靠不住的。

制服战争的希望，掌握在世界人民的手中，掌握在世界正义力量的手中，掌握在爱好和平国家的手中。

美国金融军事集团对中国又恨又怕不是一件坏事，它表明人类历史已经来到一个伟大的转折点，表明制服侵略战争的正义力量即将压倒发动侵略战争的邪恶力量。这种正义力量的承担者是爱好和平的世界人民。社会主义中国是这种正义力量中最强大的方面军和最勇敢的先锋队。

再过若干年，中国的经济总量就会超过美国。中国的军事力量、科技力量、金融力量和政治影响力也将更加强大。而且中国的朋友已经遍及天下，中国人民的利益同世界人民的利益日益融为一体，这就必将形成一个制服战争的难得局面。

社会主义中国要为人类制服战争作出最大贡献，不是出于一般的良好意愿，根本上是为了消除对中华民族生存和发展的严峻威胁。必须看到强敌环伺的局面尚未解除，必须看到侵略成性的帝国主义集团以打灭中国为最大战略目标。

制服战争首先是不怕战争。

越怕鬼越见鬼，这是一个生活常识。战争也是这样，你怕战争，战争就要压到你的头上。你不怕战争，并且做好了战斗的准备，充满战斗的精神，战争之鬼就会离你远去。

中国老一辈无产阶级革命家是不怕战争的好榜样。他们是彻底的唯物主义者，为了人民的解放，为了祖国的安全，为了世界的和平，他们无所畏惧，当然也不怕战争。当代的和后世的中国共产党人，永远要继承和发扬这种崇高的革命精神。

不怕战争的极致是不怕打核大战，不怕打世界大战。

新中国历史上面临过不止一次霸权帝国的核大战威胁。

1950 年冬天，当志愿军在第二次战役中痛打美军，解放平壤，迫使联合军在朝鲜战场上全线溃退的时候，气急败坏的美国总统杜鲁门于 11 月 13 日召开记者会宣称：美国不排除在朝鲜使用原子弹的可能。获悉美国要发动核大战，毛泽东淡然对之，指令彭德怀按计划发起第三次战役，占领南朝鲜首都汉城，迫使美军退回到三八线。由于担心扔原子弹会挑起新的世界大战，杜鲁门自己先害怕了，不敢扔原子弹。

1969 年秋天，珍宝岛之战后，苏联勃列日涅夫统治集团不甘心失败，立即策划对中国实施核打击，并将此意图通报给长期与中国为敌的美国政府，希望获得谅解和支持。然而，美国政府明确表示反对发动核战争。时任总统的尼克松让基辛格将相关信息巧妙地透露给与美国没有外交关系的中国政府。

1969 年国庆节前的某日，周恩来带着核战争威胁的相关信息到中南海毛泽东住处。听了周恩来的汇报，毛泽东淡然一笑后说道："不就是要打核大战嘛！原子弹很厉害，但鄙人不怕。勃列日涅夫怕不怕？尼克松怕不怕？我不晓得，我想摸摸他们的底哩！"

周恩来提到，陈毅、叶剑英、徐向前、聂荣臻等四位老帅认为，为了防止苏联在国庆节时偷袭，建议考虑不搞 10 月 1 日国庆节天安门群众集会。

"哦！不搞集会，我看不太好吧！这是不是告诉人家，我们有点怕？集会还是要搞的，我还要上天安门。我倒想开开眼，看看原子弹的威力究竟有多大？"毛泽东否定了这个建议。

周恩来不免显出为难之情，毛泽东很解意地说："如果实在不放心，可不可以放两颗原子弹吓唬吓唬他们呀？让他们也紧张两天，等明白过来，我们的节也过完了。"毛泽东进一步说，我们放原子弹的时间"不能早，也不能晚，28、29 两天就可以。这事还要和荣臻、爱萍同志商量一下”。[1]

最终是勃列日涅夫害怕了，不但不敢对中国发动核战争，还主动寻求和中国谈判，以降低两国的紧张关系。

毛泽东关于不怕核战争的思想是一贯的，从原子弹一问世，就对它表示了蔑视。针对霸权大国的核战争威胁，毛泽东在党的高级干部会上说：“原子弹能决定战争的胜负吗？不能，绝对不能。我们的同志为什么把原子弹看得那么神奇呢？是资产阶级影响，是资产阶级武器决定一切的思想在我们队伍中的影响。”他还极而言之说：“原子弹只不过是纸老虎，美国可以在中国投下一万颗原子弹，但我们还会剩下足够多的人民作战到底，获得最后胜利。”[2]

毛泽东关于不要害怕核战争的观点，在国内外很多场合都讲过，有的人听懂了，有的人没有听懂。

苏联领导人赫鲁晓夫就没有听懂，他在回忆录中还引用毛泽东的相关谈话，诬蔑毛泽东是“战争狂人”。

美国总统艾森豪威尔则听懂了，他曾叹息着对白宫办公厅主任杰里·珀森将军说：“原子弹的最大威力是在发射架上，而不是飞出去之后。毛泽东是一个极难对付的人物，恐吓、威胁对他没有用。”

毛泽东一再说，我们希望和平，但是帝国主义硬要打仗，硬要扔原子弹，我们只好横下一条心，打了仗再建设。毛泽东关于原子弹的极端设想，实际上是对待核战争的一种辩证思维：帝国主义要我们怕核战争，正是因为他们害怕。我们越不怕，他们就越害怕，越不敢发动核战争。归根到底，毛泽东坚信历史规律是不会因为原子弹而改变的，他坚信人民的力量大于天，任何用原子弹之类的武器祸害人类者都会遭到人民的无情审判。

①炎勇：《遏制与反遏制》，时事出版社，第623—624页。

②黎永泰：《毛泽东与美国》，云南人民出版社，第484页。

作为彻底的唯物主义者，毛泽东知道批判的武器不能代替武器的批判。帝国主义手中有核武器，人民手中也必须有核武器。他不但领导了“两弹一星”的伟业，而且该亮剑时即亮剑，当苏联统治者妄图对中国发动核打击时，中国也“放了两颗原子弹”，让挑衅者的乌龟头缩回去了。

制服战争必须有宏大而又切实的战略。

这样的战略中国早已有之，这就是毛泽东提出的三句话：“深挖洞，广积粮，不称霸。”

《明史·朱升传》说，元末天下大乱，群雄并起，朱元璋向智者朱升求教，得三句话：“高筑墙，广积粮，缓称王。”朱元璋信而行之，果得天下。

毛泽东借用朱升的话，并把它改造为“深挖洞，广积粮，不称霸”。

1969 年国庆节前，周恩来与毛泽东商讨应对苏联核威胁战略。毛泽东问道：“恩来，你读过《明史》没有？我看朱升是个有贡献的人。他为明太祖成就帝业立了头功。对了，他有九字国策定江山，‘高筑墙，广积粮，缓称王’。我也有九个字能不能对付核大战？听好，这九字就是‘深挖洞，广积粮，不称霸’。”

毛泽东关于对付核大战的九字战略实际上就是制服战争的宏大而又切实的战略。

“深挖洞”就是要加快推进国防和军队现代化建设，做好应对战争的充分准备，特别是要做好应对美国挑动核战争的准备。我们对此不能有任何侥幸心理，因为美国一直在推进核武器的现代化，而且把中国作为核打击对象国。2013 年 1 月 2 日，奥巴马签署美国新的《国防授权法案》，其中有条款指出，美国军队必须考虑用常规军事力量或核力量“消除”中国地下核武器库。我们坚决地相信：共产党绝对领导的、坚持毛泽东军事思想的、有最现代化军事装备的人民解放军，在 13 亿人民的支持下，可以战胜一切侵略者，有能力维护中国的安宁和世界的和平。

“广积粮”就是要坚持中国特色社会主义道路，建设综合国力最强大的国家，实现中华民族的伟大复兴。

制服战争是以力量为基础的，不但要有强大的军事力，而且要有强大的政治力、经济力、文化力。在综合国力的全球竞赛中，中国要有全面超越美国的雄心壮志。早在1956年，毛泽东就表达了这种雄心壮志。他说，世界上最强大的资本主义国家，就是美国。美国只有一亿七千万人口，我国人口比他多几倍，资源也丰富，气候条件跟它差不多，赶上是可能的。应不应该赶上呢？完全应该。你六亿人口干什么呢？在睡觉呀？是睡觉应该，还是做工作应该？如果说做工作应该，人家一亿七千万人口一万万吨钢，你六亿人口不能搞它两万万吨、三万万吨钢呀！你赶不上，那你就没有理由，那你就不那么光荣，也就不那么十分伟大。美国建国只有一百八十年，它的钢在六十年前也只有四百万吨，我们比它落后六十年。假如我们再有五十年、六十年，就完全应该赶过它。这是一种责任。你有那么多人，你有那么一块大地方，资源又那么丰富，又听说搞了社会主义，据说是有优越性，结果你搞五六十年还不能超过美国，你像个什么样子呢？那就要从地球上开除你的球籍！所以，超过美国，不仅有可能，而且完全有必要，完全应该。如果不这样，那我们中华民族就对不起全世界各族人民，我们对人类的贡献就不大。[①]

毛泽东1956年预言60年后中国的钢产量将超过美国。这个预言是完全实现了，不到60年，中国的钢产量就远远超过美国，还有绝大多数农产品和200多种工业品都超过了美国。这使中国拥有越来越大的制服战争的能力。

“不称霸”就是要高举和平、发展、合作、共赢的旗帜，坚定不移地致力于维护世界和平，促进共同发展，促进世界和谐。就是要改善和发展同发达国家的关系，拓宽合作领域，妥善处理分

①黎永泰：《毛泽东与美国》，云南人民出版社，第487—488页。

歧，推动建立长期稳定健康发展的新型大国关系；就是要坚持以邻为善、以邻为伴，巩固睦邻友好，深化同周边国家的互利合作关系；就是要加强同广大发展中国家的团结合作，维护发展中国家利益，支持扩大发展中国家在国际事务中的代表性和发言权，永远做发展中国家的可靠朋友和真诚伙伴；就是要积极推动国际政治、经济秩序的改革，建设平等公正合理的新型国际体系，以孤立战争势力，壮大和平力量，创造制服战争的国际大环境。

第十四章
建设文明大国

今天的中国，是人类文明发展的成果。今天的美国，也是人类文明发展的成果。今天的世界所有国家，都是人类文明发展的成果。由于中国是东方文明大国，美国是西方文明大国，世界人民有理由要求中美两国为人类文明作出最大贡献，有理由要求中美两国要当好文明国家，共创文明关系。

在20世纪和21世纪的交替时期，美国和中国成为相互比肩的世界大国。这是一个伟大的历史奇观。自人类诞生以来，自国家出现以来，还从未看到过这样的奇观：东方最大之国和西方最大之国牵手站立在地球之上。

今天的中国，是人类文明发展的成果。今天的美国，也是人类文明发展的成果。今天的世界所有国家，都是人类文明发展的成果。由于中国代表东方文明，美国代表西方文明，世界人民有理由要求中美两国为人类文明发展作出最大的贡献，有理由要求中美两国要当好文明国家，共创文明关系。

人们应当正视如下的客观情况：最近几十年，中美两国实际上走着不同的文明发展之路，中国坚持社会主义文明之路，美国坚持资本主义文明之路。

新中国是在贫穷落后的社会基础上开始发展的，社会主义又是开创性的事业，容易发生错误，经常遇到挫折。因此中国总是小心谨慎地去发展自己的政治文明、经济文明、精神文明、社会文明和生态文明，着力于改革创新，集中精力办好国内的事情，总体上发展比较快，国力越来越强，人民比较满意。

美国长期处于超级大国地位，国强民富，自认为美国制度天下第一好，从不思改革创新。甚至认为是上帝挑选美国领导世界，拯救人类。总是以居高临下的神态看待其他国家，动辄制裁惩罚，或者干脆派美国大兵抓捕其他国家领导人，把别国政权灭掉，挑起一场又一场战争。结果是战线越拉越长，国力在过度扩张中被消耗，国库已经空虚，无奈之下，只好拼命借钱，苦度时光，弄得国内国外，多有怨恨。

这不是文明国家应有的形象。

无论是中国还是美国，既然已经是世界大国，那就应当对历史负起责任，努力推进文明建设，做一个堂堂正正的文明大国。

第一节　政治要民主

政治文明，不是什么神秘之物，只是良好的社会治理方式，或者说是良好的国家运行机制。

政治文明，第一要义是人民当家做主。在这个根本问题上，中国固然需要继续努力，美国也完全没有教训他人的资格。

美国的政治文明，包括一人一票的选举，两党竞争执政，三权分立制衡等等，设计精巧，形制完整，可以称之为美式民主，代表了迄今为止西方政治文明的最高水平。

这样的政治文明是符合美国的社会历史情况的，曾经推动美国成为世界上最富强的国家，其优越性很明显，生命力很旺盛。像奥巴马这样一个非洲裔的黑人，可以在以盎格鲁——撒克逊白人为主体的大国中竞选总统成功，就是美国民主制具有非凡魅力的生动例证。

但是能不能把美国民主制捧上天呢？显然不能。可不可以把美国民主制强加给其他国家呢？当然不可以。

原因不多，只有两点。第一点，美国民主制本身具有多方面的缺陷，如不改革，国家困难无解。第二点，世界上其他国家的社会历史情况都与美国不同，强行推广会造成世界混乱。

任何资本主义国家，掌权者都是资产阶级。这样的国家本质不会因政权形式的差别而有变化。美国和英国的政权形式各有特点，但掌权者都是大金融财团，这一点则是完全相同的。

正因为是大金融财团控制着国家政权，因此，人民大众除了选举日可以“平等”地投出一票之外，国家的一切事务他们都做不了主。所谓“民主”，是形式的，不是实际的；是虚幻的，不是真实的。美国民主制的全部缺陷，都根源于此。

美国民主毛病很多，只要指出两次选举之间民主运转失灵就够了。按照权力制衡，多数统治的原则，在宪法范围内，只要超过一半的人同意，这件事就可以办了。但是美国政治实行的权利制衡是重重叠叠的，多数人同意完全办不成事。一个提案要获得通过，必须参议院、众议院、总统都点头才行。但三家之间往往互相拆台，而且参议院和众议院内两党又互相拆台，对一个议案很难达成一致。换句话说，只要民主党或共和党在行政、立法、司法三权中掌握一半以上的席次，也就是只要控制了六分之一的权利，就可以让六分之五的多数人办不成事。美国国会议员都是所在政党或选举赞助者的奴隶，党派纷争和两极分化非常严重，即使是面对重大危机，国家治理的决策，也是在无谓的辩论中空转，经常出现决策瘫痪。以致美国的车轮如今不可阻遏地向着“财政悬崖”和“经济悬崖”滚落。美国民主制中政党恶斗已经严重损害着国家和人民的利益。这种情况使美国统治集团内的一些人也感到愤怒。利昂·帕内塔担任过数十年国会议员，又在两届美国政府中担任国防部长。他愤怒地指责一些议员经常以一种贬损民主的方式表达意见。他说：“我认为，眼下的状况太卑鄙了。”[①]

①《参考消息》2013年2月15日。

美国有一些政客，无意克服美式民主的缺陷，反而很狂妄地要把这种民主强加给世界其他国家，实在是违天之行。

中国的民主制对美国民主是有借鉴的。最主要的是中国不仅注重民主的形式，而且注重民主的实质，坚持探索真正实现人民当家做主的正确道路。民主不是绝对的东西，它只是实现人民利益的手段，必须与集中相结合，实行民主集中制，才能使国家政权得到良好的运转。中国13亿人民实行最普遍、最切实的基层民主，以民主集中制的方式管理涉及自身利益的各项事务。同时选出代表，出席各级人民代表大会，以民主集中制方式选举政府组成人员，制定法律法规，确定国家发展大计，并监督政府实行。

在中国的民主集中制中，各项权力既有分工，又有协调，总的原则是决策的制定和实施都要符合全国人民的利益，这就是社会主义民主的优越性。

过去的很长时间，美国民主制被美化了，中国民主制被丑化了，严重影响了世界人民的观感和判断。但是，实践是伟大的教师，它教一些西方人士摘掉有色眼镜，好正视现实。

英国广播公司网站发表文章说，“中国过去30年来经济腾飞，年增长率高达10%左右，这一切是在中国政府的策划下取得的。……中国政府是世界上最称职的政府”，“现在新的游戏已经开始。西方国家经济一团糟，中国正令人吃惊地崛起，中国政府的执政能力不能再被忽略了。我们的模式已陷入危机。中国的模式正带来佳绩。……以前我们把中国政府视为他们最大的弱点，但我们很快就会知道中国模式其实是他们最大的优势。……世界正越来越多地被中国改变。如果说在过去两个世纪，世界看西方，那么将来会呈现的是，世界看东方。”[①]

美国哈佛大学政治学院的托尼·赛奇发表研究报告说：“80%

①英国广播公司网站2012年10月3日文章:《下周将是大事连连的周》。

到95%的中国人对中央政府比较满意或相当满意。”美国皮尤研究中心2010年的调查也显示，“91%的中国的受访者认为政府对经济事务的处理不错，相比之下，英国的这一数字只有45%”。[①]

①英国广播公司网站2012年3月3日文章：《中国政府比西方国家政府享有更大的合法性》。

实现真正的民主，是人类的崇高理想，是人类政治文明的最高境界。美国和中国都走出了各自的民主道路，但还只是土毛路，不是沥青路，更不是高速路。在这条不断向上的道路上，好似逆水行舟，不进则退。任何国家都没有资格教训他国，任何国家也不用妄自菲薄。中美两国很有必要在治国理政的领域中，放下身段，互相学习，取长补短，为实现真正的民主多作贡献。

在政治文明建设中，中美两国都面临一个紧迫而重大的问题，那就是反腐倡廉。

中国老百姓对政府的执政能力基本是肯定的，但对反腐倡廉的状况相当不满意。

在美国，权钱交易的腐败行为比中国有过之而无不及。美国的民主制被人戏称为“钱主制”。总统、州长、议员的官位官帽都是用钱买来的。谁给的捐款多，当官上任后就要回报，总统可以拿部长、大使的职位回报，议员则以提出有利于“钱主”的提案回报。这是公开的秘密。这种权钱交易在美国是合法的。

美国最高法院于2010年初废除了63年来对公司和工会在美国国会、总统选举中利用钱财助选的上限，对公司和工会在初选前30天或大选前60天禁止播放竞选广告的禁令也同时取消。

其实，禁也好，不禁也好，都是表面文章。在欧美国家和其他搞一人一票选举制的国家，没有金钱操控的竞选根本不存在。正如英国《经济学家》杂志所说，用金钱换取的政治影响同民主政体本身一样古老。惩处利用公职牟利相对容易，而阻止回报政治献金行为则非常困难。“种蒺藜者得其刺”，滥施淫威的金钱贿害无穷。

贪腐的问题在美国社会中是很普遍的。

2009 年 7 月，联邦调查局出动 300 名特工，分别在纽约市和附近的新泽西州采取行动，总共有 44 人因涉嫌官员贪污腐败、国际洗钱和人体器官走私而被捕，其中包括新泽西州的 3 名市长、两名州议员、多位政府官员和数名犹太教神职人员。为了这次抓捕行动，联邦调查局进行了多年的调查，掌握了充分的证据。

负责这次行动的联邦调查局探员埃德・卡雷尔表示，新泽西州一直是全美腐败问题最严重的州之一，“腐败问题就像癌症一样，已经深深地嵌入了新泽西的政治文化之中”。在新泽西，行贿受贿到处可见，权钱交易无处不在，对权利的控制欲望以及行贿者承诺的报酬甚至能瓦解最坚定的改革者的意志。

美国乔治梅森大学教授卡洛斯・拉米雷斯是研究腐败问题的专家。2012 年 10 月 17 日，他在“中国开放新阶段交锋论坛”上发表演讲时说，从我的研究看，世界上没有哪个国家是完全不存在腐败问题的。但是会随着国家的发展出现一个腐败周期。如果以人均国民生产总值为横轴，以腐败程度为纵轴，可能形成一个曲线。在发展的早期，腐败日益严重，曲线向上，随着经济发展，社会成熟，腐败会受到遏制，曲线向下。

拉米雷斯说，比较美国和中国相似发展阶段的腐败问题是我研究的主要内容。我们研究表明，在中国和美国人均收入水平相似的时候，中国的腐败程度远远低于美国。考虑到人们对中国的腐败有夸大的成分，而对美国的腐败有所低估，实际上美国的腐败要比中国严重得多。

美国《华盛顿邮报》曾大篇幅报道美国两党花巨资吃喝玩乐。最新公布的数据显示，民主党和共和党全国委员会都把三分之二的资金用在委员会成员的奢侈享受以及筹集更多的资金上，这些人花大笔的钱，坐豪华轿车，住高档酒店，吃大餐和付小费。

两党表示，要筹集到资金，它们就必须花钱。它们通过提供豪华度假地和送大礼的方式来取悦潜在的捐款人。

根据美国敏感问题中心进行的分析，在2010年2月截止的年度内，民主党的行政和募款花费为6000万美元，占总收入的59%。共和党的支出是7400万美元，占总收入的68%。

众所周知，美国有一个奇妙的“旋转门”。说的是这样一种社会交流机制：大公司总裁、大学教授可以摇身一变，成为政府和军队的高官；这些高官挂职之后，又可以去做总裁和教授。这个“旋转门”转出了两大怪胎，一个是政治金融集团，一个是金融军工集团。这两个集团外表有差异，内里是一体。

美国社会如今的一切乱根，都跟这两个怪胎有关。

2008年金融危机爆发后，就有美国媒体和议员指出，曾任高盛集团总裁的美国财政部长保尔森，涉嫌帮助高盛操纵股市。《石油战争》一书的作者威廉·恩达尔撰文指出，2006年少数大金融公司和大石油公司联手，推高了世界油价，“刚从高盛来到华盛顿的财政部长保尔森对此要么知道，要么协助他人对当时居于高位的油价进行了操纵”。

2000年，美国国会通过了《商品期货交易现代化法》。该法案规定了上世纪80年代以来金融衍生品交易监管领域最为激进的放松管制的措施。这个法案就是安然公司给国会议员们送了数百万美元以后通过的，因而被称为“安然漏洞法”。

美国国防和军事部门高官离职后，就转到大军火公司，从而形成势力庞大的军事工业集团。正是这个军事工业集团给军事黩武主义提供了深厚的社会土壤，推使美国在全世界进行“帝国的过度扩张”。

“华盛顿的腐败正在扼杀美国的未来”。这句话不是西方民主制的反对者说的，而是美国《独立报》2010年1月29日文章的大字标题。

100多年来，在美国，对大公司贿赂政界人士的钱款是有些限制的，但这种限制非常少，非常无力。现在则将这样的一点点限制也扫除了。2010 年 1 月 26 日，美国最高法院裁定，公司可以在竞选时间打政治广告，而且不会给它们为此花费的资金设定上限。

这样的裁定等于正式宣布，大银行、大公司给竞选公职的政客不管提供多少资金都是合法的。正如众议员艾伦·格雷森所说："从根本上说，这将人们所想象的最大规模的贿赂行为制度化、合法化。现在公司可以酬谢与它们合作的政客，同时置不合作的政治家于死地，以后甚至不会再听到来自堪萨斯州的参议员这样的称谓了，取而代之的是来自通用电气的参议员或是来自微软的参议员。"

《独立报》认为，美国的政治体制完全是在公司的掌控下运作，大公司用微不足道的一点钱就已经控制了美国的民主政治。政客们要想竞选政府公职，就要拿公司的钱，从而也就要为公司的利益服务。现在已经到了大财团、大公司的游说人员往往能够草拟国家法律的地步。

在中国，人民大众对腐败深恶痛绝，社会上人人喊打。执政的共产党在反腐问题上是与人民完全同心的。习近平说，"反对腐败，建设廉洁政治，保持党的机体健康，始终是我们党一贯坚持的鲜明政治立场"，"大量事实告诉我们，腐败问题越演越烈，最终必然会亡党亡国！我们要警醒啊！近年来我们党内发生的严重违纪违法案件，性质非常恶劣，政治影响极坏，令人触目惊心。各级党委要旗帜鲜明地反对腐败，更加科学有效地防治腐败，做到干部清正、政府清廉、政治清明，永葆共产党人清正廉洁的政治本色。各级领导干部特别是高级干部要自觉遵守廉政准则，既严于律己，又加强对家属和身边工作人员的教育和约束，决不允许以权谋私，决不允许搞特权。对一切违反党纪国法的行为，都必须严惩不贷，决不能手软。"[①] 世人已经看到，十八大之后，中

①《经济日报》2012 年 11 月 19 日。

国反腐败斗争已经取得新的成果。

也许可以这样说，在今后的世代里，中美两国在反腐倡廉中谁能获得人民的最高满意度，它就有可能赢得世界大国政治文明的桂冠。

第二节　经济要繁荣

一个文明的大国必定是经济繁荣的大国，因为只有经济繁荣，人民的幸福生活才有坚实的基础。

中美两国已在世界经济大国排行榜上占着第一第二的位置，还能说经济不繁荣吗？

实际上，中美两国的经济难题比任何国家都大。尤其是美国经济，在繁荣的表象下面，隐藏着深刻的危机。

在美国纽约第六大道和西 44 街角，国债时钟的电子显示牌上显示着美国每天增长的国债。最新的显示表明，美国公共债务已经接近 17 万亿美元，相当于国内生产总值的 105%，人均负债 5 万美元。

美国这么大的经济体，以平均每月 1000 亿美元的速度向“财政悬崖”逼近，向更深的“经济悬崖”逼近，国际货币基金组织主席拉加德近日发出警告，如果美债违约，那对美国乃至世界经济来说，后果都是非常“恐怖”的。

美国习惯于在负债经济中生活，不断地推高“财政悬崖”，令全世界经济动荡，令世界人民感到“恐怖”，这本身是很不文明的行为。美国为了避免滚下“财政悬崖”，一轮又一轮地大印钞票，这种赖账做法更是不文明。美国把巨量金融衍生品推向全世界，掠夺全球财富，制造金融危机，则是特殊的侵略方式，完全撕下了文明大国的假象。

美国经济弄到形成令人恐怖的“财政悬崖”，不能怨天，不能怨地，更不能怪别人，只能从自身经济体制上找原因。说到底，美国经济的病根是因为实行了金融资本主义。这种金融资本主义表现在社会经济生活的方方面面，从根本上损害了文明本身。

金融原本是为实业服务的，但它一经出现就形成了自己的特性和发展规律。

金融业经营的资本，处于产业利益链的高端，具有超强的获利能力。在比较利益的驱使下，大量资本从实业中游离出来，成为靠投机获利的金融资本。任其发展，实体经济会因血脉枯竭而衰弱。这是对实体经济的摧残。

金融业拥有许多收入丰厚的高端职位，才俊之士热衷于学金融。搞金融投机，在金融创新中轻松获利，不愿到实体产业中艰苦创业，这是对实体人才的摧残。

金融是资本投机的天堂。在金融大亨们利用投机诈骗攫取天下财富的社会里，诚实劳动、善良待人的精神被个人主义的劣根性所压制，这是对人类文明的摧残。

马克·吐温曾经为美国资本主义大发展时代创造了一个响亮的名词：镀金时代。他的本意是说，在那样的时代里，只有表面金光灿灿，下面却掩盖着大规模失业、贫困和被撕裂的社会。

今天的美国，也被作家们称为“镀金时代”。

两个“镀金时代”实际上存在着重大的差别。在马克·吐温的时代，金光灿灿的是石油和铁路大亨们，站在塔尖的，是约翰·D. 洛克菲勒、安德鲁·卡内基和 J.P. 摩根这些工业巨头。

当今美国的超级富豪已经不是工业大亨，而是对冲基金经理，是金融巨头。

金融寡头们基本上实现了使他们的产业很大程度上不受国家的监管。只有这样，对冲基金的经理们才能很轻易地每年挣几十亿美元。人们应当记得这样一个场景：花旗银行的董事长和首席执行官桑福德·韦尔把一支镶在框子里的金笔挂在办公室的墙上，他曾要求比尔·克林顿总统用这支笔签字，取消了已实施几十年的投资银行业务与普通银行业务的分野。正是金融寡头们的此类影响力，使金融衍生品像洪水一样泛滥开来。

在金融寡头大显身手的新镀金时代，美国已发展为一个“赢家通吃”的经济体，这样的经济体必然使社会严重扭曲。这种情况正如美国经济学家哈克斯所说：“在这一代人之前，美国还是‘强大的经济增长能惠及全社会’的民主国家阵营的一分子。”但是现在“正慢慢地，但一直在往资本主义寡头政治国家的方向滑落……出现了经济成果高度集中的局面”。

英国经济学家斯特兰奇撰写了一部《赌场资本主义》。她指出，现代资本主义体系已成为一个巨大的赌场，而美国是这个赌场中的导演和决策者。资本主义在过去三十年已发展到这样一个阶段：大资本家不再用他们的资本生产让人们使用的产品，而是花在股票、衍生品、外汇市场等赌博性投资上。

从资本运作的角度看，在美国，金融资本家无往而不胜。赢利的时候，他们无需多交税；发生亏损和危机时，可以等待政府用人民的税款来救助。

大大小小的金融危机，都是人为的金融浩劫。那些善于创造金融衍生品的金融资本家，是各种经济泡沫的制造者，他们从本国民众和其他国家抓取金钱的智商和手段，大大超过了广大民众和一般国家自我保护的智慧和手段。他们利用只有他们自己才深知其妙的金融规则，毫无良知地进行巧取豪夺，把千百万人民推入金融危机的灾难之中。

美国金融资本主义的大本营是简称“美联储”的金融机构。

美联储是美国联邦储备委员会的简称，其职能实际上就是“美国中央银行”。美联储总部设在华盛顿，它把全国划分为12个储备区，每区设立一个储备银行。纽约储备银行是最重要、最具影响力的储备银行，在其地下有一个半足球场大小的黄金储存库。

美联储这个“中央银行”实际上是私有银行。它成立于1913年，在货币金融政策上有独立决定权，直接向美国国会负责。在某种程度上，美联储的作用超越美国总统。

作为私有的“中央银行”，华尔街的金融寡头们直接操控着美联储，并通过美联储，操控着美国的金融命脉、工商命脉和政治命脉。

美国众议员麦克法登曾经披露说：“美联储是世界上最腐败的机构之一。有些人以为联邦储备银行是美国政府的机构，它们不是，它们是私有的信贷垄断者，美联储为了自己和外国骗子的利益盘剥着美国人民。”

格林斯潘曾是美国经济的真正掌舵人。

1987年，由里根提名，格林斯潘开始担任美联储主席。在这个任上，他先后辅佐过4位美国总统，连续掌管美联储19年，创造了许多所谓的经济奇迹，获得了很高的威望。

在格林斯潘任职时期，因金融衍生品的大膨胀而造成的经济繁荣假象把他推向了神的地位。《时代》周刊把格氏评为“全球最有影响力的当代伟人”。还有媒体说他是“美国经济和货币政策的决策人”、“全世界最有权威的银行家”、“经济学家中的顶尖大师”等等。1996年和2000年大选，美国有的选民宣称：“谁当总统都无所谓，只要让格林斯潘当美联储主席就行了。”还有人建议将印在美元纸币上的“我们信仰上帝”改为“我们信仰上帝和格林斯潘”。

2006年，格林斯潘卸任。2007年夏天，次贷危机爆发并演变为全球金融危机。许多美国人立刻把怒火喷向这位80岁的退休老者。除了铺天盖地的批判文章，还推出了声讨格式的三部大书：《格林斯潘的泡沫：美联储的无知年代》、《泡沫先生：格林斯潘与7万亿美元的流失》、《格林斯潘的骗局：20年的政策如何损害全球经济》。

格林斯潘冤枉吗？不见得。

对金融衍生品放任自流是早就有人批评过的。股神巴菲特曾经指出，金融衍生工具是“大规模毁灭性金融武器”。“金融大鳄”索罗斯虽然身怀股市投资绝技，但却不敢碰金融衍生工具，认为这种东西过于复杂，后患无穷。国会议员也提出过意见，但格林斯潘滥用权威，多次在国会作证，反对监管金融衍生工具，甚至为之大唱赞歌。

格林斯潘退休后写了一本回忆录，题为《动荡时代：新世界中的冒险》。

这本书的价值有两点。一是格林斯潘对美式民主进行了不自觉的批判。为了推卸美联储在金融危机中的罪责，格氏用大量的篇幅抨击布什政府的经济政策。书中写到，布什政府的经济政策，完全着眼于选举政治，不考虑它会造成长远的社会后果。共和党人为了获得更多的政治利益，在他们控制国会的情况下，放任联邦政府的过度财政支出，实际上通过了多项使财政支出失控的法案。格林斯潘说，没有让布什总统否决这些法案，是“我最大的挫折”。人所共知，在美国，政府和美联储是通过“旋转门”联为一体的，美联储听命于政府和国会，政府和国会又受美联储等大财团控制。总统也好，议员也好，美联储主席也好，都是金融财团手中的工具。所谓民主，只是金融大鳄们巧取豪夺的遮羞布。格林斯潘的辩解是虚伪的，但透露了美国民主制度脆弱的实情。

二是格林斯潘透露了美国发动伊拉克战争的邪恶企图。美国发动伊拉克战争的借口是编造出来的，全世界的人都看清了这一点，而且都知道是为了石油，但由美国统治集团的核心人物自己供认出来，还是有价值的。格林斯潘在他的回忆录中这样说：“发动伊拉克战争主要是为了石油，对此我感到难过。”

格氏真是为此难过吗？未必。人们都记得，当时美国人说，拥有大杀伤性武器的伊拉克暴政必须推翻，然后在中东大地上建立民主的样板。战争过后，大杀伤性武器根本不存在，10多万伊拉克人死于战火之中，所有的伊拉克人在无穷的恐怖和血腥之中度日如年。将近10年的伊拉克战争给当地人民造成的灾难超过了历史上的几千年。

美国金融财团为了控制石油利润而发动的伊拉克战争彻底撕去了美国民主制度的漂亮外衣，把它极其丑恶、极其虚弱的真身暴露在光天化日之下，不可一世的美帝国从此走向衰亡的深渊，这才应该是格林斯潘真正感到“难过”的。

《纽约时报》专栏作家托马斯·弗里德曼谈到美国无限制地借钱消费时说：“这就是洗钱。我们从中国借钱寄往沙特，于是我们就有了填满汽车油箱的东西。”

在美国现在的经济环境中，华尔街金融机构盛行的企业文化可以用贪婪来标示。

2010年4月26日，《华尔街日报》发表一篇评论，专谈高盛公司等投资银行的企业文化。该评论说，高盛的企业文化是一种“take—no—prisoners”文化。该词源于战争，意思是对于敌方的军人，无论是投降还是受伤，都格杀勿论，赶尽杀绝。华尔街银行的赶尽杀绝针对一切人，员工、客户、对手。只要能赚钱，只要能获得利润，不在乎为谁做，也不在乎怎么做。

从披露的公司往来的邮件和内幕消息看，高盛的每个交易员都把跻身公司大佬的希望寄托在成功的投机上。为此，他们必须没日没夜地工作，否则就会被淘汰。高盛公司副总裁托雷在2007年1月31日的邮件中说：“晚上10点了，我还被拖在办公室。我已经过了六年这种狗屁日子……我觉得自己快疯了。”

正是这个“过着狗屁日子”的托雷，设计了次贷担保债务凭证（CDO），为保尔森对冲基金赚了10亿美元。

托雷在给女朋友的邮件中说，这种CDO是在次贷泡沫快到头的时候设计出来的。当时，“整座大厦随时可能崩塌。一堆复杂的高风险的古怪交易，连我自己都搞不明白……不过不管怎么样，我没有感到有什么负罪感”。出于“赶尽杀绝”的企业文化惯性，高盛的交易员们在全世界向一切对象推销这类“复杂的高风险”的古怪债券。在另一封邮件中，托雷声称自己刚抵达比利时，“在机场我给一些孤儿寡妇卖了点债券”！高盛曾宣称购买其产品的客户都是有经验的投资者，难道这些孤儿寡妇也是有经验的投资者吗？

知情人揭露，2007年，高盛抵押证券部押注抵押品价格将下跌，却在投资人不知情的情况下推出大量与抵押有关的债券，让投资者上当，公司因而发了近40亿美元的横财。

金融资本主义市场中的投机是很残酷的，往往是人的生命承受不起的。

有人说，交易员的死法有两种，一种是心脏病，一种是自杀。此种说法也许有些夸张，但离真情也不太远。

2008年10月16日早晨，44岁的CBOT交易员约瑟夫·路易斯在芝加哥西郊自己寓所附近开枪结束了生命。

路易斯做的是标准普尔500股指期货。由于此前美国国会刚刚通过了7000亿美元的救市计划，而全球央行又联手注资，多重利好促使这位交易员重仓做多标普股指期货，然而由于市场当天暴跌，超出了他的心理承受能力，被迫平仓出局，亏损300万美元。但更为要命的是，就在第二天，股指又大举反弹。

对于这位在期货池里混了20多年的老交易员来说，300万美元的损失，并非不可承受。但他赌输了，他对市场绝望了，这是他的生命不能承受的。

期货交易员，股票交易者，都是投机者。他们投机时，必须对经济信息和市场走势进行分析判断，但当危机恶化时，很多基本面和技术面的消息和指标都已经失灵了，惯常的分析判断方法已经很难运用，因为大家都处在恐慌状态。

一般来说，考虑到资本的逐利本性，股市和债市呈“跷跷板效应”，即股市低迷时，资本更多地流向风险较低的债市避险，反之则弃债市而入股市，以求利益最大化。而在危机爆发时期，这一效应也失灵了，取而代之的是股市债市双双下跌。这时，投资者对市场已经失去了信心，唯一让他们感到安全的就是手里牢牢抓住现金，即所谓“现金为王”。2008 年金融危机爆发后，尽管美国经济非常糟糕，但是美元依然会大幅上涨，就是“现金为王”的表现。

金融危机以来，人们对西方企业管理思想进行反思，有很多争论。争论的焦点是企业或公司的使命，究竟是增加企业所有者的价值，还是满足客户的需要。

从实践情况看，西方企业都是以为股东增值为主要目的。

上市公司属于股东所有，同时又由公司的首席执行官和公司高层进行经营和管理。西方企业管理层的工作是为股东的利益服务，是为增加公司股票价格服务。公司的股票涨跌不定，公司管理层必然倾向于短期目标，而等不及长远发展目标的实现。西方管理机制中主要靠股票期权来激励管理层的业绩。如果他们在短期内能提高股票价格，他们就赚得了利益。至于公司 5 年后、10 年后会怎么样发展，实际经营管理者都不会上心的。

金融寡头的“金融创新”隐藏着金融诈骗的伎俩。美国的次贷危机，实际上是政府参与的诈骗活动。

据说，在美国，生活的目标是获得稳定和繁荣，而建设“所有权社会”，就是实现这个目标的最佳途径。

2004年10月，美国总统布什在一次演讲中说："每次每个美国家庭搬进他们自己的房子，美国就变得更强大一些。"在布什看来，所有权社会的核心是有家庭住房，这跟美国的强大是连在一起的。

为了鼓励美国家庭拥有住房，美国政府推出了一系列新政策。首先是"零首付计划"，随后是五花八门的抵押贷款形式，其中包括12个月不用付月供的贷款，还有只要借款人的口头承诺而无需书面文件的贷款。

这些贷款形式听起来很可笑，但与围绕这些抵押贷款出现的各种金融创新产品相比，那就是小巫见大巫了。

这些金融衍生产品经过美式包装和再包装，最终变得面目全非，没有人知道它们到底包含什么内容，更不知道它们真正值多少钱。

这样的美国梦，这样的所有权社会，由于金融海啸的爆发而破灭了。

现在美国人看到的结果不是稳定和繁荣，而是动荡和空虚，正如奥巴马所说："在华盛顿，他们称这是所有权社会，但它的真正含义却是，没人管你，你要靠自己……现在是他们承认自己失败的时候了。"

美国家庭怎样靠自己呢?《新闻周刊》2008年10月20日发表文章说："金融危机将让许多家庭承受巨大压力。许多人手头紧张，而且要做出一些选择，尤其是丈夫。因为许多丈夫的自豪感全来自于自己的工作，他们的整个身心都投入到工作当中。当男人失去工作后，他们通常觉得失去了作为男人的自信，而这一点将对婚姻产生巨大的冲击。"由于危机和失业，许多人分居或离婚，以家庭的稳定为目标的"所有权社会"失败了。

国家的经济活动包含着诈骗的元素，金融业的经营者更是明目张胆地实行诈骗活动。这种诈骗活动已经渗透在社会生活的一切领域之中。

美国的医保诈骗活动可以说已达到"无法无天"的地步。2010年7月，美国联邦政府在5个州进行了一次打击医保诈骗行动，有94名嫌犯受到指控，36人被逮捕，涉案金额近900亿美元。

这种诈骗行为往往形成一个包括医生、护士、病人、诊所业主、医疗机构管理人员组成的网络。在纽约布鲁克林区，诊所业主找来一些老年俄罗斯移民，使用他们的医疗保险账号，捏造了高达7000万美元的治疗账单。诊所内有一间“回扣室”，假病人在此领取酬金。诊所业主给这些假病人每次支付100美元回扣。如果能招揽更多的“新病人”，可以获得更多“奖金”。

更加危险的是，一些暴力犯罪团伙也涉足医疗诈骗，因为这比贩卖毒品利润更高，案发后面临的法律惩处却要轻得多。

伯纳德·麦道夫是美国社会金融骗子的代表人物。

麦道夫曾任纳斯达克股票市场公司董事会主席，地位高，名声大，受到美国社会乃至国际社会的信任。但正是这个道貌岸然的贵人，竟是一个诈骗成性的恶徒。麦道夫设计了一个骗局，就是以一些投资人的本金作为回报，支付给另一些投资者。麦道夫基金就这样玩了差不多13年，吸引了4000多位投资者，骗取了648亿美元的巨额资金。

被骗的4000多个投资者中，包括美国、欧洲、亚洲众多的著名金融机构以及一些“精明”的高级投资者。

70岁的麦道夫在法庭上面对证券欺诈、作伪证等11项指控，不得不承认说 “我有罪”！还说：“我难以形容自己有多么的抱歉，我今天将为我所犯下的罪行承担责任。”

法院最后判麦道夫要服监150年。

诈骗活动弥漫在经济和社会生活的方方面面，这样的社会能说是文明的社会吗？

2010年以来，逼近美国的“财政悬崖”正吸引全世界的目光，实际上，真正危险的是经济悬崖，财政悬崖只是经济悬崖的影子和表象。

20世纪70年代以来，新自由主义潮流在美国开始泛滥，五花八门的“金融创新”使美国经济虚拟化，可以轻而易举地从世界各地捞取高额利润，也获得最高端的享受和服务。与此同时，实体经济萎缩了，外迁了，劳动者被大量裁员或削减工资。社会财富分配越来越畸形，贫富差距扩大到非常危险的程度。加州大学伯克利分校经济学家伊曼纽尔·赛斯根据美国财政部国内税收署的统计，发现2010年美国收入最高的1%的家庭收入增长占到全国收入增长的93%！

“占领华尔街”的人们揭露的事实是“99%反1%”，正好反映了当今美国社会贫富分化的情况。

亚伯拉罕·林肯说过，分裂成两半的家庭是不可能存续的，今天的美国正因为财富分配的严重畸形而分裂为“99%和1%”的两大阶级。有人说，这种情况蕴涵着美国自19世纪60年代南北战争以来最大的危机。

美国经济研究所公布的研究报告显示，美国1%最富有家庭所拥有的财富是美国普通家庭的225倍，今日美国的贫富差距是1962年开始调查以来最大的。

20世纪60年代，这个数字是125倍。

2007年，这个数字增加到181倍。

冰冻三尺，非一日之寒。美国社会经济生活中处处表现出来的金融资本主义的不文明行为，是对人类文明的根本侵害，也是对美国人民和世界人民的严重侵害。如果不克服金融资本主义，美国是不可能成为一个名副其实的文明大国的。

中国现在的经济发展态势优于美国，特别是建立了为人民服务的政治经济制度，正在探索一条建设文明大国的崭新道路。但是，中国经济中不协调、不均衡、不可持续的问题仍然严重地存在着。虽然经过多年的改革开放，创造了新型的社会主义经济体制，但还处于初级阶段，还很不成熟，很不完善，还需要坚持改革开放，才能开辟繁荣发展的文明大道。

第三节　社会要文明

一个文明大国，必须有高度的社会文明。必须形成良好而成熟的公民社会，平日里秩序井然，祥和安宁，文明礼让；遇节庆精神焕发，欢乐有度；遭灾难万众一心，化危为机。

客观地说，中美两国的社会文明程度都还不高，都面临着许多重大的挑战。

在世界大国中，美国出现的历史最短，但是它有一个特点：先有公民社会，后有国家政权。

自我组织是美国社会的基本内容。组织者的职责不是迫使人群去做什么，也无需实行领导。他的职责是：第一，让人们认识到面临的问题；第二，引导人们承认共同努力解决问题的必要性；第三，自我组织起来。20 世纪 30 年代芝加哥的工会运动领袖阿林斯基指出，组织者的任务是将人群的潜在冲突转变成一致对外的行动，以谋求共同目标。

奥巴马的政治生涯就是从芝加哥的社区工作开始的。这是一项团结居民的工作，公民们需要共同努力去完成某项义务，同时他们又是分散而没有共同目标的个体。

奥巴马的“社区组织”策略帮助他改善了芝加哥黑人社区的住房条件，但在华盛顿和国际政治中这一套很不灵。

2009 年 12 月，奥巴马在诺贝尔和平奖的颁奖典礼上说：“在美国，有两种人一直在辩论，一种人自称是现实主义者，另一种人自称是理想主义者，辩论反映出必须要在狭隘地追求自己的利益或没完没了地培植自己的价值观之间作出选择。我反对这样做。”奥巴马不想选择，试图让盟友和对手协商一致，但他的方针模糊不清，结果在国内舞台和国际舞台上都不断受挫。

无论如何，公民社会比较成熟，运转比较有力，是美国社会的一大优势。曾经出现过这样的情况，华盛顿的政权内部争吵不休，两党互相攻击，谁也不愿妥协，联邦政府甚至因财政困境而好几日停摆，但社会经济活动照常进行，民众该做什么还做什么，整个社会还在如常运转。

值得注意的是，美国的公民社会是强调自我组织，反对领导和管理。资产阶级理论家们从中找到了宣扬个人主义的根据，他们宣称组成社会的人都是有理性的个人，是追求自由的个人，实行领导和管理是对个人自由的侵害，是不可接受的。

这是一种好听而有害的理论。公民社会的个人多数固然是有理性的，但也会有少数人是无理性的；一个人多数时候是有理性的，但有时候也会做出无理性的事情。至于自由，也不能绝对化，不能没有纪律的约束。任何人追求自由无可厚非，但应以不妨碍他人自由、不损害社会利益为限，否则社会就会混乱不堪。

我们看到，西方资本主义社会是以个人主义为核心的，应当历史地看待这种个人主义。在反封建、反神权的斗争中形成的这种个人主义曾经是一种进步的精神力量，它体现了个人对封建特权的反抗、对宗教神权的蔑视。新生的资产阶级依靠这种个人主义去争取个人创业致富的自由和法律规范下的民主，充分发挥自己的聪明才智去改变自己的命运。与此同时，社会发展了，时代进步了。

但个人主义本身就是自私自利的，是与社会整体精神相矛盾的。在资本主义社会中，个人主义像一把双刃剑，给人类社会带来空前的繁荣和发展，也带来了殖民地、奴隶买卖、世界大战和环境灾难。

2008 年金融危机爆发后，人们对华尔街的贪婪怒不可遏。但是，华尔街的金融大亨们这种只顾个人发财而陷全人类于灾难的行为不就是个人主义的正当操作吗？

在个人主义盛行的资本主义社会中，在所谓“理性经济人”的世界中，几乎天地间的一切都被变成了商品，甚至一切高雅的、尊贵的、贞洁的东西都会拿到市场上去，被冷酷无情地进行交换。

《纽约时报》发表文章认定：“美国早已进入个人主义时代。”

文章分析说，个人主义盛行的内在原因是人们想“对才能充分利用。人们希望获得更多的空间以发展各自的才能。他们想要更灵活地探究自己的兴趣所在，发展自己的个性，改进自己的生活方式并开发自己的能力。他们对自认为沉闷的境况变得更不耐心”。

个人主义盛行的社会条件是“信息革命，互联网和智能手机令建立范围广泛、灵活的网络更为容易”。还有“富足，人们有更多的钱可以过上想要的安居生活”。

在旧的社会结构中，许多充满创造力的人感到沉闷压抑，而那些缺乏才能的弱势人群则能够依靠相互依存的各种关系生存下去。

今天，迅速变得灵活多样的网络使雄心勃勃、极富才华的人得以在惊人的机会中驰骋。他们能够构建更加富有和多样化的生活。他们能够在信息时代有趣的工作场所里享受美好时光，然后回家在一居室的公寓里寻找一份宁静。

与此同时，缺乏社会资本的人则被忽视了，他们会陷于贫困无助的境况，更可能离群索居。特别是孤独的儿童们生活会非常艰难。

《纽约时报》指出，“我们正生活在惊人的个人主义时代”。以前，非婚生子还令人不耻。如今，30 岁以下妇女生育的孩子超过一半都是非婚生子女。超过 50% 的成年人都是单身，全国 28% 的家庭只有一名成员。在丹佛、华盛顿和亚特兰大等城市，有 40% 多的家庭仅有一个人。在曼哈顿，约有一半的人属于单身人士。

与家庭生活类似，社会生活也是追求不受任何约束的“自由”，喜欢当“无党派人士”。很少加入工会团体，甚至甘为“不信教派”。人们不愿意扮演母亲、父亲等持久性的家庭角色，更愿意挣脱一切稳定、紧密、具有约束力的社会关系。

当今的美国社会，人们把个人自由放在高于一切的地位，他们信仰的是天马行空、独来独往的个人主义。

个人主义至上的地方，难免出现“个人恐怖主义”。实际上，西方社会现在正被“个人恐怖主义”所折磨。最典型的，挪威有布雷维克，法国有梅拉赫，美国有霍尔姆斯……这样的名字可以列出一大串。这些人被证实不是什么恐怖组织的成员，但他们可以按个人意志一口气杀死几十人，上百人，被称为“个人恐怖主义”。

这种个人恐怖主义与西方社会盛行的个人自由或个人主义有没有精神渊源呢？美国国土安全部有一份报告，称许多恐怖行动的动机变得越来越“个人化”。像霍尔姆斯这类采取恐怖行动的人，很可能仅仅是一个“过分热爱自由”的人、一个憎恶政府法令或讨厌华盛顿官僚主义的普通人。报告指出，在西方社会中，在自由的旗号下，各种极端思想使更多的人容易受到刺激，认为“只有自己的想法才是对的”，而且“为捍卫自己正确的想法可以不惜一切手段”。

西方文化实际上也在助长这种极端行为。美国电影塑造了几十名这类独往独来的“超级英雄”，他们毫无顾忌地根据自己的思维来给世界和其他人判决，以体现自己超级英雄的神威。很多普通人非常喜欢这类超级英雄，并且模仿他们。由于美国社会对枪支管理松弛，使一些人把自己脑海中的英雄行为很容易地转化为实际行为。

2012 年 7 月 20 日，美国丹佛市发生重大血案。一名 24 岁的神经学博士生在电影院里进行疯狂的枪击，12 人当场死亡，58 人受伤。死亡者中包括多名妇孺。此枪击案震惊了美国社会，也为世界感叹。

人们被告知，犯案者名叫霍尔姆斯，他一个人拥有 4 支枪和 6000 发子弹，均为合法购得。

霍尔姆斯射杀那么多无辜的人动机何在，尚不得而知。但他一个人竟拥有那么多的杀人凶器，是一个令人恐怖的事实。更令人恐怖的是美国三亿人口握有两亿支枪。对如此巨大的杀人凶器要不要实行监管，是美国社会一个具有爆炸性的问题。对这样一个人命关天的大问题，参选总统的奥巴马和罗姆尼都不敢表明自己的态度。他们知道，美国枪民手中的枪不一定像霍尔姆斯那样会伤人，但他们手里的选票却可能击败任何试图夺去他们枪支的政客。担任过副总统的戈尔说，他在2000年败给小布什的原因之一，就是因为他表明了管制枪支的立场。

丹佛的枪击案又一次暴露了美国特色的法律悖论，也凸显美国社会的制度性不作为。当冤死者的血迹逐渐淡去，人们的无奈也随之化为一声叹息。有一点是可以肯定的，在今后的岁月里，人们将会在美国面对一起又一起凶残的枪击血案。

美国近年血案频发，反映了经济危机导致社会矛盾激化，也与美国社会缺乏枪支管理的不作为有关。

枪支管理的制度性不作为之所以在美国能够长期存在，除了“枪民”手中的选票足以让敢于拿枪支管理说事的人丧失政治前途之外，还有其他社会因素。

反对管理枪支的人有一套说辞，他们除了强调美国宪法第二修正案保护民众拥有并佩带枪支的基本权利，还用“事实”说明严格的枪支管理和枪击血案的减少之间没有直接关系。他们说，挪威有着严格的枪支管理制度，可是布雷维克还是搞到了枪支，制造了大屠杀。

这套说辞的核心就是，一个人一旦打定主意做坏事，无论什么措施都阻止不了。而在更深的层次上，这套说辞所依据的是个人自由和个人责任至上的观念：个人的成功和失败，善良或者邪恶，唯一的原因在于自己的选择，与群体和社会没有关系。

把个人原子化，使之脱离群体和社会的观念只是一种狡辩。就以枪支管理和枪击案为例，研究显示，美国发生枪支致死事件的概率是高收入国家的15倍，是北约其他国家的10倍。

美国社会呈现出一种非常矛盾的景象：一面是个人自由的天堂，一面是个人自由的地狱。

美国人生活在自由社会中吗？不要以为这是个奇怪的问题。

2011年12月底，美国颁布了《国防授权法》，准许政府可以不顾公民享有的公正的司法程序权利，对那些被认定为“恐怖分子”或者同情他们的人，包括美国公民进行无限期的拘押。如果这些美国公民身处国外，他们会受到无人机“定点清除”。

“恐怖分子同情者”的定义是如此广泛，可能让所有的公民都陷入危险的境地。不仅在美国国内，而且在世界许多地方都可能因此种罪名被追捕、被残杀。

在如此恐怖的环境中，美国人的自由何在呢？

普利策奖获得者，美国《纽约时报》记者克里斯·赫奇斯就此对美国政府提起法律诉讼。

赫奇斯撰文说，实施这样的法律就意味着政府将拥有“逮捕不顺从国家的任何公民的权力”，将“允许安全和监管部门将他们认为与‘基地’组织有关联的示威人员和政治批评人士划定为恐怖分子”。这必将在社会上制造怀疑和恐怖气氛，让持不同政见者受到广泛的打压。

赫奇斯说：“我们国家16个情报机构和私人雇佣军队成天疑神疑鬼，听信谣言……将自由的批评言论或编造的故事妖魔化，甚至于将最普通常见的事情夸大成潜在威胁。长此以往，这个国家必将成为集中营。”

《华盛顿邮报》曾经报道，美国有1271个政府机构和1931家私营公司从事与“国家安全”和情报有关的活动，在全国各地从事相关工作的人员达数十万。2001年开始“反恐怖战争”之后，以前只用来对付敌人的反恐战争手段和武器越来越多地被施加到美国公民的身上。

美国政府自称是一个法治国家，实际上，它在国内违法行为骇人听闻，它在国外更是无法无天。

美国前助理国防部长保罗·克雷格·罗伯茨尖锐地指出，“美国政府官员经常以反民主和侵犯人权为由，批评其他政府。然而，除以色列外，没有任何其他国家会向别的主权国家投掷炸弹或者发射导弹，杀害这些国家的平民。阿布格里卜、关塔那摩以及中央情报局的其他秘密监狱，就是美国政府对人权的贡献”，“华盛顿还侵犯本国公民的人权。华盛顿剥夺了美国宪法赋予民众的自由权，可以不履行必要法律程序就无限期拘捕美国公民，并表示将谋杀被认为对美国构成威胁的美国公民。”[①]

美国有个特种作战司令部，简称JSOC。这个组织很少为人所知，但却是霸权国家凶恶嘴脸的注解。

JSOC的一个成员不无自豪地这样谈到他们的组织：“我们是暗物质。我们就是这种力量：看不见，却掌控着整个宇宙。”

总统授予JSOC罕有的权力，可以自行选择要击毙的人——去干掉他们，而不是抓捕他们。

JSOC成立于1980年。首次执行的任务代号为“鹰爪行动”。目的是拯救被伊朗学生挟持的美国驻德黑兰大使馆外交高官。直升机在伊朗沙漠坠毁，8名成员死亡，行动以失败告终。

“9·11”后，JSOC急剧扩编，从以前的1800人增加到2.5万人。其核心部队包括陆军的“三角洲特种部队”、海军的“海豹突击队”、空军的第24特种战术中队。

2003年9月16日，国防部长拉姆斯菲尔德签署命令，授权JSOC成为全球反恐中心。命令列出了15个国家以及允许在不同

①西班牙《起义报》2012年4月28日。

情形下采取的行动，JSOC 有权先斩后奏。

“9·11”以来，被 JSOC 打死的人比中情局无人机打死的人多得多。2001 年 12 月 13 日和 14 日夜间，JSOC 在阿富汗托拉——博拉地区的一次行动中，被打死的人堆满了一大卡车。JSOC 的高级指挥官承认，在最好的情况下，他们成功的比例仅为 50%，很多人被误杀了。所造成的负面影响则留给普通美军部队，让他们去“收拾残局”。

美国社会尖锐的矛盾和深重的危机令“美国梦”黯然失色。

什么是“美国梦”？回答是多种多样的。上世纪 20 年代，胡佛竞选总统时，用一句通俗的口号来解释“美国梦”：“家家炖鸡肉，户户有汽车。”1931 年，美国历史学家詹姆斯·亚当斯在其《美国世纪》中这样描述“美国梦”：“它是让这片土地每个人生活得更好、更富裕的梦想，让每个人都有施展才能的机会，并取得相应成就。”

2010 年底，美国社会活动家弗莱斯特·伍德布里奇发布了一个关于“美国梦”的报告。他说，自 1776 年以来，一代又一代的美国人都为各自的美国梦奋斗。美国梦独一无二，让其他国家人羡慕，让美国人自豪。但现在这一切似乎正在丧失，领袖欺骗国民，发动了不该发动的战争；政府破产，背上了 13 万亿美元的债务；银行家和企业家欺骗国民，将美国拖入次贷危机。现在，美国有 4180 万人领取食品救济券，另外有 1500 万人完全失业，700 万人只能做点兼职工作，每天有 7000 名高中生辍学，72% 的黑人女孩生的孩子没有父亲。

伍德布里奇最后说：“美国梦不会幸存，将成为一个幻境。”

美国人的幸福感骤降似乎也印证了“美国梦”的破灭。香港《镜报》报道说，根据英国“新经济基金”组织公布的 2009 年度“幸福星球报告”，美国人名列 114 位。中国人排第 20 位，比美国高得多。不管这个研究幸福指数的英国基金组织的结论是否准确，但“美国梦”好景不再确是事实。

一般认为，经济不景气和贫富拉大是让“美国梦”黯然失色的重要原因。据路透社报道，2009 年，美国贫富差距达到 1967 年开始追踪家庭收入数据以来的最大值，美国已成贫富差距最大的发达国家。战后 40 年间，美国最富裕的 1% 人口的收入占国民收入的比重，从 10% 上升到 25%。三分之二的美国人认为过去几年美国政府的政策是以牺牲穷人和中产阶级的利益为代价来帮助富人。58 岁的前电信公司经理科尔曼已经两年没有工作了，她对路透社的记者说：“我一无所有了，华尔街的富人却一点没受影响，你说我气不气？”

乐观和自信是美国人追逐梦想的动力，但眼下这股精气神却不见了。《威尔明顿新闻报》报道说，无论是经济、就业、学校状况、财政赤字，还是无休无止的海外战争，这个国家整个是一副悲伤的形象，生活水平在下降，美国不仅在走向经济危机，也在走向文化破产。德国《明星》杂志也发表评论说，“美国梦”的神话正在萎缩，美国难以改变世界，恐惧犹豫，甚至冷漠占据了美国人心灵的主导地位。所有这一切都表明，美国社会的文明程度令人担忧。

西方国家人士过去对中国社会的文明程度评价很低。但 2008 年与中国有关的三件大事使他们大开眼界，使他们深感震撼。有些西方媒体把 2008 年誉为“中国元年”，不是没有道理的。

第一件大事是汶川地震。汶川抗震救灾过程中，中华民族自然流露的大爱之情可以惊天地、泣鬼神。中国社会表现出来的抗灾力之强，动员力之广，组织力之严令人惊叹。美国、日本等发达国家也望尘莫及。联合国秘书长潘基文不禁感叹是“人类救灾的楷模”。

第二件大事是金融海啸。当金融危机向全球蔓延时，中国不像世界其他一些地方惊慌失措，任危机折磨，而是冷静应对，筹资 4 万亿元，稳定经济，保障就业并给世界以信心。

第三件大事是举办北京奥运。这是中国沉沦两百年之后，重新展示大国风采的一次辉煌演出。

2008年8月8日，承载着亿万中国人百年梦想的奥运会终于来到北京。

北京奥运会场馆之现代、组织之严密、待客之热情、开闭幕式之精彩，超越了以往的任何一届。这确实是一个见证中华民族光荣与梦想的时刻，是一个绽放社会主义中国风采与辉煌的时刻。

5000年的中华文明和2000年的奥林匹克精神交相辉映，演绎出人类文明气势磅礴的崭新篇章。

来自204个国家和地区的1万余名运动员参加了比赛，中国运动员取得了51枚金牌和100枚奖牌的优异成绩，金牌总数列各国之首。

“美国之音”报道说，“北京奥运会各方面组织工作受到高度赞扬”。报道讲到俄罗斯田径运动员萨米托娃，她在女子3000米障碍跑决赛中获得金牌并打破世界纪录。她在赛后说，“我没有期待打破世界纪录。但天气这么好，所有条件都很有利，体育场这么棒，观众又这么热情，这就是我打破世界纪录的原因”。“美国之音”就此发表评论说，萨米托娃似乎代表了绝大多数运动员对北京奥运会场馆设施、赛事安排、赛场气氛及竞技水平的看法。先进的场馆和设施，热情和公平的观众，促使运动员全力以赴投入竞赛，新世界纪录和奥运会纪录不断涌现。这一切映射出中国社会内在的文明光辉。

北京奥运会开幕之后，美国《纽约时报》发表评论说，“这个世界有许多种划分方式，贫穷的和富有的，民主的和专制的。不过最显著的一种划分方式是，具有个人主义精神的社会和具有集体主义精神的社会”。“中国的崛起不仅仅是经济事件，还是文化事件。和谐集体的理想可能变得像‘美国梦’理想那样有吸引力”。《纽约时报》看到中国的崛起不仅仅是单纯的经济事件，而且是重大的文明现象；它还看到世界上有个人主义精神的社会和集体主义精神的社会，都是很有见地的。但必须指出，中国社会虽然崇尚集体主义，但也看重个人自由，以求进入和谐的境界。

汶川抗震的壮举，应对金融海啸冲击的能力，北京奥运会和上海世博会的辉煌，展示了中国社会文明发展的伟大成就。但这只是中国文明发展的一个方面，在社会文明程度还比较低的另外一个方面，中国面临的困难和问题，要比美国多得多。人均国民生产总值，只相当于世界中下水平。国民收入差距和地区发展差距之严重，令人非常担忧。资源缺乏的程度、环境治理的难度，为世界之最。分裂主义者闹事，群体性事件频发，非常影响社会稳定。诸如此类的难题，鞭策中国必须分秒必争地提高社会文明的发展程度。

无论在中国还是在美国，建设社会文明，灵魂是精神文明，核心是人的素质。

中国社会和美国社会都各有自己的精神支柱，各有自己的立国之本。同时，中国社会和美国社会都有许多才华出众、品德高尚的人，有勤劳、智慧、善良的人民大众，这是各自国家的脊梁。中国能成为东方文明大国，美国能成为西方文明大国，根源就在这里。

但是，一个严酷的现实摆在我们面前：中国社会的精神支柱和立国之本，正受到严重的腐蚀；美国社会的精神支柱和立国之本已经受到更为严重的腐蚀。

还有一个严酷的现实摆在我们面前：中国社会中，有不少人文明素质很低；美国社会中，也有不少人的文明素质很低。

有媒体报道，不少国家的民众反映，在言行不文明且令人讨厌的各国游客中，美国人居第一位，其次就是中国人。

近日，两个美国军人强奸日本妇女，引起轩然大波。

近日，两个中国乘客在瑞士航班上打架，在天上展示了中国人不文明的丑行。

这些都是个案，是报道出来的个案。在实际生活中，在社会的各个角落中，令人深恶痛绝的丑行恶事不计其数。中国和美国都面临着提高国民素质的非常艰巨的任务。

在未来的时间里，中美两个大国将会继续在政治、经济、文化、社会和生态领域里展开文明建设的竞赛，但真正具有决定意义的是人的文明素养的竞赛。无论是中国、美国还是其他国家，只有国民的文明素养很高，才能真正成为引领世界发展潮流的文明大国。

第十五章 发展文明关系

在 20 世纪和 21 世纪交替的历史时期，中美两国处于国力消长的关键阶段，两国之间经常碰到矛盾和冲突，但战争风险是可以避免的。就此而言，两国关系中最大的不文明因素有可能消除。值得高度关注的是，如果美国某些当权者不消除霸权心态和冷战思维，中美两国就很难建立战略互信，国家之间的文明关系建设就会困难重重。

中美两个文明大国，理应发展文明的关系。

但在现实生活中，在中美两国关系中，却存在着许多不文明的因素。

我们在前面曾经论述过，在20世纪和21世纪交替的时期，中美两国处于国力消长的关键时期，两国之间经常碰到矛盾和冲突，但战争的风险是可以消除的。就此而言，两国关系中最大的不文明因素就可以排除在外。值得高度关注的是，如果美国某些当权者不消除霸权心态和冷战思维，中美两国就很难建立战略互信，国家之间的文明关系建设就会困难重重。

从现在起，到2020年，中国和美国国力的消长进入从量变到质变的飞跃时期。也就是说，两国国力差距越来越小，直至在世界经济体的排位上，中国将超越美国，重新登上世界第一经济大国的宝座。

就像太阳每天都会从东方升起一样，中国经济总量超越美国的那一年，肯定要到来的。至于这一天是在2019年，还是在2020年，或者是2030年，这并不重要，重要的是这一天必然会到来。

最近100多年中，美国一直是世界第一经济大国。因此，在美国人的意识里，美国高居世界大国榜首是天经地义的。世界上的许多事情必须美国说了算，否则就是不正常的。有意思的是，过去2000多年历史中，中国大部分时间都是世界最大的经济体。在中国人的意识里，中国重新登上世界第一经济大国宝座是天经地义的。中国的平等权利受到侵犯，美国或其他国家在国际关系中推行霸权主义是不正常的。

中国人和美国人源于经济基础的意识对立，必然渗透在两国关系的一切方面，并且制造出许多的摩擦和冲突。

但这只是一方面的情况。中美两国都是文明大国，两国人民在经济利益上有着紧密的联系，中国人和美国人源于经济基础的文明相通，也必然渗透在两国关系的一切方面，并且推动广泛的交流和合作，创造文明的大国关系。

第一节　加强中美战略互信

中国人观察美国，应当避免两种片面的倾向，一种是崇美，恐美；一种是轻美，鄙美。

改革开放以后，中国人放开眼界看世界，一些人觉得美国很精彩。民主自由不用说，经济无比庞大，美元犹如黄金。军队想打谁就打谁，想怎么打就怎么打。美国的电影、音乐、饮料、快餐风靡世界。就是奥运会上，美国选手也是随手可拿到冠军……试看全球国家生态，美国绝对是珠穆朗玛峰。

某些中国人确实相当崇美、恐美，就是某些国家战略制定者，也难免受到影响。凡是美国挑事或中美冲突，能忍即忍，能让就让，总是息事宁人为好。这样做赢得了和平发展的时间，但也损害了社会主义国家主持正义的高大形象，人民和朋友并不满意。

从确立健康的民族精神来说，崇美、恐美情绪是一种毛病。为了医治崇美、恐美的毛病，我们在前面几章中用很大的篇幅评述了中美国力消长的具体情况。但新的情况又会使一些人盲目自大，产生轻美、鄙美的情绪。如果这种情绪影响国家战略决策，那将是很有害的。

我们应当永远记住这样一个事实：中国人民和美国人民都是伟大的人民，中国和美国都是伟大的国家。过去是这样，现在是这样，将来也仍将是这样。只有真正认清这个现实，中美两国才能建立战略互信，才能发展文明的大国关系。

现在，美国衰落论在世界上非常盛行，我们中国人对此应有非常清醒的认识。

就国家的自然禀赋和发展潜力而言，美国还有向上发展的很大空间。

得天独厚的自然条件和地理位置是美国发展的“硬条件”。

移民社会和人才优势，法制精神，创新机制，自由、民主、人权的价值观，分权制衡的联邦制，主流文化和多元文化并行，庞大的中产阶级，相对开放的国内市场和推动全球化等等，是美国发展的“软环境”。

美国发展的这些“硬条件”和“软环境”现在依然存在，并未发生根本性的变化。

我们必须看到，美国的经济实力是非同一般的。

依据世界银行发表的世界发展指标，在2008年，美国GDP占世界的23.4%，日本占8.1%，德国占6%。同年美国的人均国民总收入为46360美元，日本只及其83%，德法为其92%。在1980年到2008年的28年中，美国经济的年均增长速度都高于其他发达国家。这三项重要的经济指标显示美国在发达国家中的地位是牢固的。

美国的劳动生产率在发达国家中最高，有些美国经济学家自己认为，中国的劳动生产率只及美国的15%。

在发达国家中，美国是人丁兴旺的国家。2010年的人口达到3.07亿。其中，65岁以上的老人只占12%，平均年龄为36岁，这种年龄结构有利于美国经济的发展。

美国是世界第一债务国，但还不是资不抵债的国家。美国是世界第一资产大国，也是优质资产最多的国家，是创新能力最强的国家。

实际上，美国仍是重要的债权国。美国私人机构遍及世界的资产有十几万亿美元，能够立刻汇回国内的现金资产也超过一万亿美元，救急是够用的，何况可以印美元，债务违约在短期内不会发生。

美国虽然正走向衰落，但仍然可以运用许多资源来维持其霸权。比如，美国利用美元、美债和金融杠杆的流动性迅速吸收全球财富，美国财富实际还在增大；美国占据着全球企业利润和物资供应链的顶端；美国控制着全球资本市场的信用分配和交易规则；美国掌握着最强大的军事机器；美国拥有全球性的联盟关系；美国的粮食和能源基础巩固，制造业强大；美国有很强的科技创新能力和雄厚的人力资源；美国疆域广大，区位优越，身边的麻烦和干扰比较少。

同欧洲和日本不同，美国的衰退是相对的和有耐受性的。美国是唯一拥有活跃人口的发达大国，从现在起到2050年，美国可能会增加一亿多人口。投资和储蓄正在增加，金融活动依然强劲，美国社会对企业和人才的吸引力依然强大。社会的灵活性和革新意识有可能促使经济方式的转变得以实现。

近些年来，美国开始了一场关于衰落的国家大辩论，这证明了这个国家具有自我质疑和自我创新的非凡能力。实际上，美国从伊拉克、阿富汗等地撤军，卸下不堪重负的帝国负担，对它是很有好处的。

2009年，赢得或分享诺贝尔奖项的11人中，有9人是美国人。

自诺贝尔奖1901年诞生以来，总共816名获奖者中有309人来自美国。英国紧随其后，有114名获诺贝尔奖。这个事实表明，美国拥有人才优势和创新能力这个无价之宝，这是美国可以长远立于不败之地的重要因素。

一、怎样看“G2”？

中美两国的“G2”概念是美国人提出来的，在美国政界和学界都有影响，有的人赞成，有的人不赞成，赞成的也是各有侧重，意涵很多。

需要指出的是，“G2”概念的提出，是在奥巴马政府上台前后。先是哈佛大学教授尼尔·弗格森创造了“中美国”一词，呼吁召开中美两国峰会。后是 2009 年 1 月中旬，曾任国家安全事务助理的布热津斯基发表关于 G2 特别关系的论文，呼吁中美两国在经济、反恐、气候变化、防止核扩散、解决中东冲突等全球问题上加强合作。差不多同时，世行行长罗伯特·佐利克也在一篇名为“经济复苏需要 G2 来支撑”的论文中，极力主张美中两国必须发挥引导性的作用以解决全球经济问题。佐利克甚至写道：“如果没有强大的 G2，20 国集团最终还是会令人失望。”

但是 G2 理论在美国也是争议很大的。布什政府东亚事务高级顾问丹尼斯·怀尔德表示，“虽然美国和中国的关系的确重要，但如果把美中关系称为 G2，就会深深地伤害美国与日本、印度等亚洲盟国和友好国家的关系”。另外一位亚洲问题专家莫顿·阿布拉莫维茨也有同样的看法，他说：“在美中两国掌握世界所有问题的意义上构建 G2 将是非常不幸的，这会给美国的盟国日本带来重大打击。”

反对 G2 理论最有力的论据是说中美两国的政治体制、价值观存在基本差异。美国外交学会的研究员伊丽莎白·伊科诺米和亚当·西格尔联名发表《G2 幻想》的论文就持这种观点。他们认为，不顾这些基本差异而强行合作是不会有结果的。

G2 理论的最早提出者之一是美国彼德森国际经济所所长、曾担任过美国财政部副部长的弗雷德·伯格斯登。此人曾被《今日美国报》评为“全球十位改变人们生活的人物”之一，在国际经济界有比较大的影响。

伯格斯登说，他关于 G2 的想法是在 2005 年形成的，因为他清楚地看到，美国和中国是当今世界两个主要的经济大国。欧盟经济规模也很大，但内部结构混乱，不能形成一个声音。经济危机爆发后，中美两国更是历史性地被推到了世界的最前沿，两国需要建立和谐而密切的关系，进而带领世界走出经济危机。

伯格斯登说，虽然布热津斯基也讲G2，但他的G2与布氏不同。因为布氏指的是政治领域，而他讲的是经济领域。政治太敏感，G2在政治领域能否行得通没有把握。但在经济领域，讲G2是有充分理由的。“因为美国具有在世界上占主导地位的工业经济，中国则具有正在崛起的、蒸蒸日上的经济，这两大部分合起来占了世界经济的一半”。而且“中国和美国具有低收入和高收入、西方和亚洲等不同特征，两者都是代表世界经济关键部分的领先国家。所以中美合作不仅是强强合作，而且是互利合作”。“基于此，我认为中美双方可将政治差异放在一旁，集中精力、行之有效地充当世界经济领导者，求同存异，将世界经济看做双方的最大利益。”

伯格斯登认为，考虑到其他国家的感受，在G2问题上，最好是不张扬，不太公开化，不要光说不练，夸夸其谈，而是说干就干。怎么干？“我认为双方最切合实际的做法、有希望的领域是处理新问题，如全球变暖等，因为新问题不存在固有束缚，双方可以放手寻求新问题的新解决办法。”这样，G2的设想就会活跃起来，发挥重大的作用。

与“G2”一起，还有一个“中美国”的概念被提了出来。

“中美国”（Chimerica）的创始者弗格森本是历史学教授，却在哈佛大学教经济和金融史。

弗格森积极支持布什发动伊拉克战争，金融危机爆发后，他反对美国政府实施大规模的经济刺激计划和发行大量国债。

弗格森认为，从两国是互利的角度看，“G2”同“Chimerica”的提法是一样的。“Chimerica”是一个将中国的储蓄同美国的消费联系在一起的经济概念。

弗格森说，中美两国或许会结为同盟关系，但也可能会分道扬镳。如果以10年、20年为单位来预测的话，两国今后的分歧将会越来越大。

2009年1月，美国前国家安全顾问布热津斯基在北京又把“中美国”的概念提出来讨论。他建议成立一个“非正式的两国集团”，讨论的话题不仅涉及双边关系，而且还涉及整个世界的事务。

据说，这一概念得到了赞成实施中美合作战略的一些美国政治家和学者的支持。这部分人不像保守派那样坚持“中国威胁论”。

设在巴黎的亚洲研究中心副总裁让—弗朗索瓦·迪·梅利奥说：“在很多问题上，只有两个真正的伙伴，那就是中国和美国。”

但梅利奥也指出，人民币问题会妨碍中美两个伙伴关系的发展。“一个是世界债权大国（中国），一个是世界债务大国（美国），但是债权大国的货币却不可以兑换。这个问题会扼杀两国集团。”

据分析，中美两国合作的战略之所以诱人，是因为八国集团已经过时，而20国集团又过于弱化，无法应对各种全球性挑战。

中国人对“G2”和“中美国”的讨论冷淡且警觉。

有人指出，外国持有大约一半的美国公债，其中约四分之一在中国手中，是美债的最大买家。中国不断增加贸易顺差，不断购买对外投资的美元，然后用美元购买美国公债，并让美元资金流回美国市场。这种美中共生关系的副产品是美元与人民币的泡沫。G2实际上是美中两国的泡沫同盟。对美国来说，讲G2，讲把火炬传给中国，只是“捧杀”中国的权宜之计。

还有人指出，美国人讲“G2”完全是功利主义的。就是在美国独霸世界力不从心的情况下，拉上中国的力量来巩固霸权主义地位。由此造成中美共享霸权的假象，坚决不称霸的中国不能上这个当。

我们其实不应把“G2”的讨论引到阴谋论的黑暗方向。美国谈论“G2”或“中美国”的战略家中，会有功利主义的算计，甚至会有“捧杀”中国的图谋，但更多的是对中美平等地位的肯定，是希望探寻中美战略合作的适当途径。

如果坚决排除中美“共管世界”的涵义，“G2”之论只不过是中美两国的关系而已。或者可以这样说，地球上任何两个国家的关系都是特定的“G2”。只是因为中美两国非常大，这种“G2”非同一般，会或轻或重地影响到其他国家，甚至会牵动世界的大格局，人们才会特别关注中美这个“G2”。

无论如何，共管世界的中美“G2”是不存在的，但影响世界大局的中美“G2”确实存在，而且将长期存在，越来越多的人都看到存在着这个客观事实。

新加坡《联合早报》文章认为，中国和美国已经形成事实上的“G2”格局。

文章说“中美两国关系不是一般的双边关系，而是两个最大国家的关系。……中美两国如何选择，影响的不仅仅是双边关系，而是整个国际关系。不管怎样看，中美两国关系就是当今世界的国际关系结构。所谓的事实上的G2结构正是在这个意义上而言的”。[①]

2012年，美国总统选举和中国共产党十八大领导层换届，几乎在同一个时间。德国《法兰克福评论报》评论说，美国和中国的领导人换届碰巧时间上接近，迫使人们得出这样一种认识：眼下又有两个超级大国，它们的关系决定着我们这个星球的命运。

2009年夏天，中美首次战略与经济对话在华盛顿举行，引起国际社会的高度关注。

英国《独立报》8月2日发表玛格丽塔·帕加诺的文章，题为“奥巴马首肯新的全球超级大国”。更有意思的是文章的副题：“随着中国开始挑战西方在世界上的主导地位，‘请善待我们’是美国总

①新加坡《联合早报》，郑永年文章，2011年1月25日。

统的潜台词。”

帕加诺甚至认为，我们正处于发生彻底颠覆世界秩序的变化早期阶段。在这个阶段“中国在东方再次崛起，欧美则日落西山。不过，很少见到权力在握的大国把指挥棒在光天化日之下交给继任者。然而，美国总统奥巴马现在实际上就是这么做的”。

奥巴马“宣称两个超级大国进入了‘合作而非对抗’的新时代。然而，美国总统真正想说的是：请善待我们，我们真的需要你们拿钱购买美国国债，而且我们真的承诺会尽快解决我国财政赤字和不断扩大的贸易逆差”。[①]

日本人则从另外一个角度观察中美两国的关系。8 月 2 日，日本《产经新闻》发表田村秀男的一篇报道，题目是“美中 G2 实为‘美中泡沫同盟’”。文章分析说，美中两国在资金和物资上各有优势。1995 年至 2007 年期间，美国金融机构创造的金融衍生品余额增长了 8.7 倍，而中国的出口总额增长了 8.5 倍。在此期间，美国的 GDP 只增长了 0.86 倍。由此可见，中国的物资增长同美国金融泡沫的增长是互动的。[②]

2011 年初中国国家主席胡锦涛访问美国，美方的礼遇实属罕有：从白宫盛装礼宾乐队的行进演奏，到奥巴马总统的家庭私宴；从希拉里、盖特纳、骆家辉等政府重要阁僚的烘托讲话，到基辛格、布热津斯基、巴尔舍夫斯基等多位前政要的撰文访谈；从拜登副总统亲赴机场迎接到奥巴马总统与胡锦涛主席长达 12 小时的共同活动，处处体现出美国官方对这次访问成功的挖空心思、打破常规的安排。

全世界都注意到，一向自视高人一等的美国对中国主席的接待是最高规格的。这是一个重要的象征，表明美国从心里接受了中国这个平等的伙伴。

①英国《独立报》2009 年 8 月 2 日。

②日本《产经新闻》2009 年 8 月 2 日。

2011 年的中美联合声明既着眼中美关系，又涵盖世界重大课题，凸显出中美关系牵动世界全局的大景象。

可以肯定，世界各国都在品味中美互动，都在思考这种大格局下各自的外交活动空间。

欧洲各国乐见中美和解，因为它们最关注的全球气候和能源合作只有在中美达成共识的条件下才能得到实质性的推进。如果美国政府有意承认中国市场经济地位和放宽高科技产品的出口，欧盟解除对华武器禁运和承认中国市场经济地位也就没有障碍了。

亚洲许多国家乐见中美和解，因为他们可以免除在两大国之间“选边站”的苦恼。

中美关系越健康，东北亚局势就会越稳定。只要美国不敌视中国，日本就会减少同中国的摩擦，朝鲜半岛也不会剑拔弩张。

中美关系越健康，东南亚的合作趋势就不会逆转。只要美国不敌视中国，南海就掀不起大浪，中国和东盟的自由贸易区就会越来越繁荣。

中国国家主席访美结束时，中美两国发表了联合宣言，宣布两国要“致力于共同努力建设相互尊重、互利、共赢的合作伙伴关系”。

两国关系的新定位在国际舆论中得到了积极评价。

《今日美国报》称，两国元首的会晤是成功的，中美关系正走向新的成熟阶段，两国意识到，如果没有双方的合作，任何一方都不可能长久繁荣。报道说，美国此次动用超乎寻常的礼仪，本身就意味着对中国这个平等竞争伙伴的认可。美国已经意识到，1989 年柏林墙倒塌之后形成的世界单极局面已经结束，虽然这让美国人难以接受，但已是不争的事实；中国也意识到，尽管中国变得越来越强大和富有，但是美国的地位仍是不可取代的。

日本《朝日新闻》说，回想起冷战时期，美国和苏联支配的两极格局是一个零和世界。很庆幸的是，中美领导的 21 世纪与过去的时代不同，今天中国和美国之间相互需要。经济全球化的背景下，各国的相互依存成为阻止世界退回到冷战时代的防波堤。

德国《每日镜报》评论说，胡锦涛对美国的访问表明世界政治秩序走入新时代，标志着两极世界秩序的回归，但当时美国对苏联的座右铭是“遏制”，而对中国则不是，两国不是咄咄逼人的对手。

法国前总理拉法兰说，中美两国在文化等方面存在差异，但通过沟通与交流，两个大国可以在一定程度上达成共识，这对维护世界和平稳定具有积极意义。他认为，当今世界的发展趋势是多极化，而在实现多极化的过程中，中、美、欧以及非洲、拉丁美洲等各方面力量的平衡至关重要。从这一角度看来，胡锦涛主席与奥巴马总统的会面也是具有积极作用的。

美国总统与国会研究中心的丹·马哈菲说，胡锦涛此次访美期间签署的《中美联合声明》为双方在广泛框架下的一系列具体问题上开展合作迈出了积极的一步。美中两国致力于建设相互尊重、互利共赢的合作伙伴关系的新定位对亚洲和世界都具有重要的影响。这一定位表明美国重视同中国的关系并希望维护亚洲地区的和平与安全，这将有助于缓解这一地区的紧张局势。

哈萨克斯坦阿里—法拉比哈萨克民族大学的马卡舍娃教授认为，中美双方关系的发展状况是当代国际关系的“晴雨表”。去年因美国对台军售，中美关系曾一度趋冷，胡锦涛的访问不仅是两国关系重返正常发展轨道的“点睛之笔”，也是国际舞台上一次重大外交行动，对于全球多边关系平衡、良性发展具有深远的意义。

日本共同社多语言报道室室长河野彻说，胡锦涛此次访美期间签署的《中美联合声明》，表明两国有加强合作和为国际社会作贡献的愿望。对日本来说，中国和美国分别是第一和第二大贸易伙伴，日本欢迎中美加强合作。期待中美两国在世界积极发展、朝鲜半岛等问题上发挥更大的作用。

俄罗斯科学学院远东研究所副所长、中国问题专家卢贾宁认为，胡锦涛访美取得了包括签署《中美联合声明》在内的一系列积极成果。中美要进一步深化两国经贸互助，推动世界货币金融体系的改革和发展。他说，俄罗斯愿意看到中美关系健康发展，这将有利于俄美中 3 国关系的健康发展。

新加坡国立大学东亚研究所资深研究员薄智跃认为，胡锦涛访美非常成功，双方发表联合声明充分表达了各自意愿，涵盖中美关系各个方面，为今后十年乃至二十年的中美关系发展提供了一个基本成型的合作框架。

印尼中国论坛主席余麦风说，胡锦涛访美具有历史性意义。中美两个大国的互信，对于稳定世界局势，推动世界发展有着深远影响。对于亚太地区和东盟来说，中美关系的改善可促使本地区形势步入良性发展，同时为和平解决朝鲜半岛等地区问题打下基础。

叙利亚阿拉伯复兴社会党中央委员会委员、叙统一报业集团总裁米夫塔哈说，胡锦涛此次访美是国际关系的重点。中国未来一片光明，世界经济中心开始向东方的国家和东亚国家转移,中国的国际地位得到提高，有利于发展中国家。

加拿大阿尔伯塔大学中国学院院长侯秉东说，贸易和经济问题在访美期间受到很大的关注，反映出两国政府将支持全球经济持续复苏。在美国经济增长仍很疲弱之时，中国的快速增长为美国企业提供了急需的贸易机会。中美双方强调中美“全面互惠经济伙伴关系”提醒世人，在一个经济联系日益紧密的时代，合作和互利对于世界经济稳定最为重要。

二、霸权心态要不得

霸权行为，就是野蛮行为。中美两国要发展文明的国家关系，就必须反对霸权，必须消除霸权心态。

中国人在国际交往中长期遭受霸权之害，自己不做霸权国家，也反对别的国家搞霸权。即使只是霸权心态的表现，中国人也非常厌恶。

美国是世界公认的霸权国家，美国习惯了霸权地位和霸权行为，即使同中国这样强大的国家打交道，也会自觉不自觉地表现出霸权心态，从而影响了两国关系的正常发展。在今后的中美关系中，美国方面应当十分注意这种情况。

美国的霸权心态同其中国战略息息相关。美国的中国战略实际上一直在演变。

克林顿政府时期，美国军力如日中天，经济也出现了有史以来最强劲的增长。美国的信息技术改变了世界。而中国刚从落后中崛起，面临着很多困难。此时，美国人认为，中美关系只是单纯的两国关系。美国可以凭借自己强大的力量强迫中国改变市场和金融等方面的政策。两国决定设立商务贸易联合委员会和金融事务论坛，美国政府认为以这两个机构来处理双方关系就可以了。

到小布什政府时期，反恐压倒一切。反恐战争花费极大，美国难以支撑。经济上对中国的依赖开始显现，不得不把中国当成“利益攸关方”，创立了中国和美国的“战略与经济对话”机制。这个对话机制涵盖的问题相当广泛，参加讨论的官员也更多，但仍然限制在两国关系范围内，而且山姆大叔仍然认为他可以迫使中国调整自己的政策。例如，可以迫使人民币升值。

奥巴马政府上台后，发现中美两国的地位已经今非昔比。正如美国人自己说的，他们财政状况失控，银行系统声名狼藉，军队因为两场漫长的战争而超负荷运转，就是长期引以为傲的意识形态优势也已丧失。反观中国，经济迅速发展，国力惊人崛起，数亿人脱离贫困，在全球贸易中发挥着越来越大的作用。中国同亚洲、非洲、拉丁美洲和其他地方的外交纽带也日益增强，特别是坐拥庞大的外汇储备，成为美国最大的债权国。

美国人深刻地感受到这种变化。他们认识到要在两国范围内强迫中国改变政策已经不可能了，因此，他们现在的努力就是要用多边框架来“约束”中国，使中国的行为符合美国的意志。

当然，美国是一个多元化的社会，各个政党的对华政策会不一样。即使在同一个党内，也会形成不同派别，出现不同的对华战略思想。

2011 年出版的两本书在美国的外交界和学术界引起热议。一本是亨利·基辛格的《论中国》，一本是阿伦·弗里德伯格的《争夺霸权——中美东亚控制权之争》。基辛格是大家很熟悉的外交大师，弗里德伯格也非等闲之辈，曾任美国副总统切尼的外交顾问，现在是普林斯顿大学教授。

基辛格和弗里德伯格都是美国共和党内的外交大师，但他们的对华战略思想就很不一样。基辛格立论的前提是要避免中美冲突，主张建立一个环太平洋共同体，中美及其他相关国家都加入其中。

弗里德伯格说，如果中国实力不断增强，如果中国继续实行一党专制，中美关系将变得越来越紧张。弗里德伯格的这种论调是荒唐而霸道的，难道为了不同美国关系紧张，中国必须停止发展，必须推翻共产党领导的社会主义制度!

弗氏还宣称，美国在坚持资本主义核心价值观问题上不能示弱，“在自由问题上唯唯诺诺，只会让中国领导人胆子更大”。

弗氏的政策建议是，美国要为中国的发展适当设限。要维持亚洲地区有利于美国的势力均衡，必须加强与日本和韩国的联盟，增强与中国邻国的关系，继续提升美国在亚太的军力。这个政策的实质就是维持美国的霸权。

人们应当不会感到惊讶，因为当今美国民主党政府的对华政策与这位共和党外交家提的建议几乎一模一样。希拉里当国务卿时推行的“重

①美国《市场观察网》2010年5月5日。

返亚洲”政策完全是重拾布什和切尼包含着冷战思维的老套。

在美国政治中，所谓新保守主义势力相当强大。这派人有一个共同点，他们对和平的经济竞争力没有信心，但对美国军力又过分自信。他们看到，美国经济占全球国内生产总值的比重已经从1960年的39%下降到2010年的23%。而且竞争力越来越弱，他们已经无力回天，必须把资源投放到占有压倒优势的军事领域。

所谓新保守主义势力，其核心和主宰是现代金融寡头。他们的超额利润，主要来源于战争，来源于军工，来源于压倒性的军事威力。

现在，有些美国战略家在思考中美关系时仍然有霸权心态，一个重要原因是他们认为中国永远赶不上美国，特别是美国军事力量会永远压倒中国。

曾任美国国防部长的约瑟夫·奈就认为，中国很难挑战美国。约瑟夫·奈在美国市场观察网上发表文章表达了这个观点。

约瑟夫·奈认为，说“中国崛起”并不确切，应该是“中国再次崛起”，因为中国在历史上一直是东亚的主要强国。

约瑟夫·奈还认为，即使中国的GDP到2030年时超过美国，中国的竞争力还是敌不过美国，因为中国的强国资源不如美国。

约瑟夫·奈还指出，美国人的主要担忧是这样，中国在短期内取代美国，成为东亚地区的主导力量，并在长期内挑战美国作为世界主导国的地位。在约瑟夫·奈看来，这样的担忧也并不现实，因为中国没有达成这个目标的军力。“事实上，从全球角度讲，中国不太可能成为美国的竞争者。”[①]

美国的对华战略是其全球战略的重要一环。1996年夏天，由美国共和党和民主党的24名战略思想家和政治领导人组成了一个委员会，他们在研讨之后，发表了一份名为《美国国家利益》的报告，主旨是要确定哪些是必须保卫的美国“切身利益”。

该委员会认为，人们通常以为的“切身利益”多数经不起检验。美国在世界上的各种利益中，符合“切身利益”要求的，只有五项。其中包括以下两项：第一项是防止他国以核、生物和化学武器对美国进行摧毁性打击；第二项是有必要“防止欧洲和亚洲出现敌对的霸权国家”。①

请注意，美国共和、民主两党的核心战略是“防止欧洲和亚洲出现敌对的霸权国家”。也就是说，美国必须维持唯一霸权国家的地位。

美国的这种霸权心态在奥巴马政府“重返亚洲”战略中已经表露无遗。

《纽约时报》说，如今中国和美国的关系，就像20世纪初美国同英国的关系。当年美国试图取代称霸全球的大英帝国的地位时，引起了许多摩擦。尽管英美这两个国家说着同一种语言，拥有类似的文化传统，而且同为自由民主国家。反观中国，在文化传统、社会制度方面，同美国没有任何共同之处，这会不会引起太平洋两岸的强烈对抗呢？

实际上，美国政客们对中国怀有强烈的戒备情绪。而且不仅是戒备情绪，更有许多戒备行动。据摩根士丹利亚洲区主席斯蒂芬·罗奇统计，从2005年到2007年，美国国会就提出了45项反华提案。

美国《外交》双月刊发表文章宣称，20年来，美国对华一直采取接触和制衡并举的战略。接触部分的目标是使中国融入全球贸易和国际机构，并且希望贸易和对话有助于最终使中国成为一个自由民主国家。华盛顿对华战略的另一半是制衡，其目标是维护稳定，阻止中国侵略和恐吓。②这里说得非常清楚，美国对华战略是四个字：接触、制衡。制衡是防止中国强大起来挑战美国霸权，

①（美）理查德·伯恩斯坦、罗斯·芒罗：《即将到来的美中冲突》，新华出版社，第179页。

②美国《外交》杂志2012年9月10日。

接触是为了把中国演变成美式的“自由民主国家”。时间已经进行到21世纪的第二个10年，美国人还抱着这种变相的冷战思维，真是匪夷所思！

《外交》杂志发表这篇文章的同时，国务卿希拉里到美国海军军官学校发表演讲，宣称美国不寻求与崛起的中国发生冲突，但呼吁中国和其他新兴国家能更“具有建设性地”在全球展开行动。

希拉里说：“我们不是在寻求新的敌人。今天的中国不是苏联。我们不是站在亚洲新冷战的边缘。”

希拉里和奥巴马经常说这样的话：“一个繁荣昌盛的中国对美国而言是一件好事，一个繁荣昌盛的美国对中国而言也是一件好事——只要我们都是以对地区和全球事务有贡献的方式繁荣昌盛。”

希拉里承认美国现在遇到一些困难，但她强烈捍卫美国的领导地位。她说：“只有美国拥有的全球影响力、资源和决心才能阻止侵略、召集同盟，在充满危险、威胁和机遇的多样化及不断变化的地区中注入稳定。我们扮演的角色真正是史无前例的，除了美国没有别人能胜任。”

希拉里还宣称，中国等新兴国家“拥有成功的能力多亏有了美国在背后支持的国际体系”。

希拉里和奥巴马的这类讲法无不表露出超级大国的霸权心态，也表明了美国的对华政策是接触加遏制。这种政策在美国政界和学界似乎已成为共识。布热津斯基曾发表一篇呼应美国对华政策的文章，题为《随着中国崛起，美国制定新战略》。这位前国家安全事务顾问给美国设计的战略包含两个方面，一是要推动扩大化的西方，二是要尊重中国在亚洲的独特作用。

关于推动扩大化的西方，布氏是这样设想的：“一个合作的扩大化的西方将从北美延伸到欧洲，穿过欧亚大陆（最终将包括俄罗斯和土耳其），直到日本和韩国。它会加强西方核心规范对其他文化的吸引力，逐步推动出现广泛的民主政治文化。”

布热津斯基“新战略”一点也不新，许多年前亨廷顿的“文明冲突论”讲的就是这个东西。这些年来美国攻打伊拉克、阿富汗、利比亚和“重返亚洲”搞的也是这个东西，就是要把美国式的民主推向全世界。

布氏的新战略为中国留下了一小点空间，即确保美国作为亚洲平衡者及调解者的情况下，“应该尊重中国在维持远东大陆稳定方面特殊的历史和地缘政治作用”。[①]

英国《卫报》文章认为，从美国的角度看中国崛起，就会认为是一种“威胁”。西方很多讲中国崛起的文章都存在着美国式的臆断。从华盛顿的角度看，美国及其盟友垄断的霸权对于世界来说是好事，中国崛起也会像美国一样成为一个帝国，而这个帝国不像美国那样“友善”。[②]

美国与西方国家对中国的强势崛起表示担忧是可以理解的，但是，以霸权心态和冷战思维来对待这种不可阻挡的大趋势就不合时宜了。

近百年来，美国从未与一个像中国这样富裕和强大的国家打交道。美国真正应当做的是与中国平等合作，互利共赢。如果美国只想当无可争辩的领导者，只想在亚洲和太平洋地区独享霸权地位，那势必引发冲突。不是与中国冲突，就是与其他亚太大国冲突。

美国的军事重新转向亚洲，很明显有强化美国能力、抗击中国挑战美国在亚洲领导地位的意图。历史将会证明，美国用军事力量来遏制中国发展，来压制中国力量壮大的做法是错误的，最终只会是美国自取其害。

①美国《华尔街日报》网站2011年12月14日。

②英国《卫报》2011年12月27日。

三、战略互信很重要

中美两国建立战略互信，是发展文明大国关系的基础和前提。

中美建立战略互信，就是双方都要用一以贯之的政策宣示和相应的具体行动使对方确信，对方对自己不构成根本性的威胁或挑战。

中美两国现在实际上没有这样的战略互信。

美国前国务卿希拉里曾经“七问中国”，涉及外交政策、热点问题、军事透明度、国际海事规则、网络安全、人权和自由等。中国也要提出“七问美国”：

——美国在中国周边增设军事基地，加强部署攻击型核潜艇和制空战斗机、远程无人侦察机以及强化同盟关系，是不是针对中国的“局部围堵”？

——美国高调宣布“重返亚太”，发表防务战略评估文件指责“中国、伊朗等国家继续寻求旨在制约美国军事投送能力的非对称手段”，以朝鲜发射卫星为由宣称将仿效欧洲模式在亚洲建立反导系统，有没有考虑中国的感受和对中美互信、地区战略稳定的影响？

——美国准备何时“逐步减少它对台湾的武器出售，并经过一段时间导致最后的解决”，让中方相信美国不是要利用台湾长期搞制衡？

——对于中美经贸摩擦，美方要以保护主义方式处理，还是希望在世界经济调整中用加强中美合作的方式来解决？准备何时放宽对华高技术产品出口限制？

——如果美国在政治上不以促使中国改旗易帜为目的，怎样解释美方对中国“异见人士”的特别关注？难道只要中国实行与美国不同的政治模式，中美就要永远“互疑”？

——美方谈及中国时常强调的“国际规则”有无“霸王条款”？中国一贯主张的不干涉内政、平等协商等原则为国际社会所公认，美国持何态度？

——对于伊朗、朝鲜半岛核问题等热点，中国怎样做才算“负责任”，美国的利益是唯一标尺？①

中国和美国存在着这么多重大的“互疑”，表明现在双方确实没有战略互信。

中美两国现在虽然还没有战略互信，但是，我们可以相信，中美两国政府最终将抛弃相互对抗的各种诱惑，以两国人民的根本利益为重，以人类的发展进步为重，以世界和平为重，建立战略互信，走合作共赢之路。

人类以往的大国对抗造成的悲剧已给中美两国足够的警示。双方的政府和人民都应当认识到，只要不走向对抗，中美两国和世界都不是输家。

毫无疑问，中美两国正处在国力消长的历史时期，双方之间矛盾重重，恩怨无尽，“战斗”的力量都特别巨大，如果激烈碰撞，地球都会为之动荡。

避免如此悲剧的机会还是有的。最根本的是，中国是热爱和平的社会主义国家，天生反对霸权主义。人们已经可以看到，没有一个旧时代的崛起大国像中国这样与既有国际体系如此和平相处，尽可能避免挑战或伤害它。同时也应给美国以肯定的评价，没有一个以往的霸权主义国家像美国这样较为务实、温和、小心翼翼地避免把崛起大国推向敌对的位置。

关于双方减少战略互疑，增加战略互信，中美两国的宣示并不少。

中国领导人多次向美国领导人重申中国与美国共建合作伙伴关系的诚意和政策延续性，强调宽广的太平洋有足够的空间容纳中美两国和其他相关国家。

美国领导人也多次表示，欢迎强大、繁荣、稳定和在国际事

①《环球时报》2012年4月18日。

务中发挥更大作用的中国。

奥巴马竞选连任成功后第一次出访亚洲时表示："美方坚信，中国的和平崛起，中国的成功对全球的安全与繁荣至关重要。美中应加强合作，共同应对全球挑战与威胁。美方希望通过和平方式解决地区热点问题。在主权和领土争议问题上，美国不选边站。"[①] 我们欢迎这样的声明，希望美方言而有信，不要说一套，做一套。

在国家关系中，有所谓的零和游戏，就是一国获得所有的好处，另一国则承担所有的损失。

在经济全球化时代，作为世界上两个最大的经济体和两个国力最强大的国家，玩零和游戏不可取，而且不可能。唯一的生路是互相尊重、管控摩擦、扩大合作、争取共赢。

中美两国之间，由于历史和现实的原因，存在矛盾，发生摩擦是很自然的。但是，矛盾和摩擦千万不能失控。拥有如此巨大能量的两个国家如果互相敌对甚至爆发重大冲突，结果只能是相互毁灭，陷全人类于巨大的劫难。

中美两国必须建立战略互信，走合作共赢之路，是时势之必然。这不仅是中国政界和学界的共识，也是美国政界和学界的主流意见。

基辛格说："我相信，世界的未来取决于中国和美国之间和平的合作，这是未来的关键。我希望，如果我们共同努力，在未来的30年，甚至更长时间，比如60年，我们将建立一个更加和平、更加繁荣的世界。我确信，中国的贡献将是巨大的。"[②]

美国现任国务卿克里曾参与2004年总统竞选。2010年12月8日，他在华盛顿智库"美国进步中心"就中美关系发表演讲，强调今天的中国虽然不是美国的盟友，但美国不能像对待敌人那样

①新华网2010年11月20日关于温家宝和奥巴马会见的报道。

②《参考消息》2009年10月15日。

对待中国。美中利益已经并将继续相互交织，中国失败，美国也会受害。

克里在列举了近期中国让美国担忧的行为后指出，不管美中之间有多大分歧，一个简单的事实是，“我们需要中国，中国也需要我们，我们必须正确处理这个关系”。

克里说，全球性挑战没有美中合作就无法解决，美中利益相互交织，如果中国失败了或者变坏了，我们大家都会遭殃。他表示赞成前美驻华大使洛德的看法：“美国不应当妖魔化中国，也不应当害怕中国。”

克里还说：“美国不愿意回到战争，要与崛起的大国接触。很显然，美国必须与中国接触，把中国完全纳入国际体系。”

关于汇率问题，克里指出，美国要保持世界领导地位，关键是把自己的事情做好。人民币即便马上大幅升值，工作机会也不会轻易回到美国，美国经济也不会很快恢复平衡。

克里强调，如果美国采取行动增强自身的竞争力，中国崛起就与美国国力的削弱无关，相反能增加两个大国合作的机会。双方都要克服把美中关系定义为冲突而不是合作的不良情绪。

克里对中美关系的认识是现实的，也是有远见的。在奥巴马的第二任期内，克里已经接替希拉里出任国务卿，但愿他在处理中美关系时，表现出真正的远见。

苏珊·舍克是美国加州大学的教授，是研究全球冲突与合作的专家。1971 年，她参加美国大学生代表团访问中国，受到周恩来总理的接见。后来长期注意研究中国问题，曾任负责东亚事务的副助理国务卿。

苏珊一向肯定中国经济发展的奇迹，并不认为中国的发展是威胁，而且认为“美国跟中国已经坐在同一条船上”。

苏珊最新的著作是《中国：脆弱的超级大国》。

苏珊认为中国不会主动向美国挑起冲突，如果将来两国发生冲突，那一定是美国对中国国情发生了误判。

苏珊指出，美国如果真想让中国成为负责任的大国，那就应当把民主和人权问题搁置一边，美国对中国的说教与惩罚只能适得其反。

美国不要对中国炫耀武力，也不要把日本建成军事强权。2006 年民调，有三分之二的美国人反对卷入台海冲突，中美两国应当进行坦诚会谈，把台湾问题搁置起来，以利于增进中美合作。

苏珊·舍克的书在美国政界得到积极评价。前国务卿奥尔布赖特和前国家安全事务助理斯考克罗夫特都认为，美国需要一种能与崛起的中国打交道的现实主义政策，苏珊·舍克的著作是一本必读的书。

“美国鹰能拥抱中国的熊猫吗”？这是美国《时代》周刊一篇文章的标题，作者是弗雷德·阿尔克管理公司副总裁兼首席经济学家扎卡里·卡拉贝尔。

这位美国企业家认为，中美两国经济是相互依存、互惠互利的。他甚至认为，2008 年爆发的金融危机没有导致全球大萧条的主要原因就是中美两大国存在着相互依存、互惠互利的关系。

卡拉贝尔举例说，最近二三十年来，美国企业一直在中国投资、修建工厂、开办从雅芳到肯德基的各种门店，生产汽车、销售涡轮机和半导体——这一切对中国快速城市化和现代化以及中产阶级的形成至关重要。

当然，好处是相互流动的。以沃尔玛为例，这家零售商过去几年从中国进口的商品占美国从中国进口商品总额的 15%，仅 2009 年就达到 300 亿美元。这些商品运抵加利福尼亚州的长滩时需要美国工人卸货，需要美国火车和卡车运输，需要美国工人销售，这些事实在贸易统计数字中看不见，但给美国人带来了真真切切的好处。再以俄勒冈州废铁公司 Schnitzer 为例，由于中国需求提高了废铁价格，公司利润骤增，还创造了 3000 个工作岗位。2009 年，耐克体育用品在中国增长了 22%，而在美国本土仅增长 20%。

这位经济学家很希望中美相互依存的关系能够应对挑战，继续发展下去。他说："中国的冉冉升起将决定世界的发展方向，正如美国在19世纪末的影响。尚不明确的是，中国的崛起会帮助还是损害美国，未来是会出现一种合作互惠的经济新秩序还是新老强国交替局面重演。这个充满挑战的未来要靠我们来创造。"

美国前白宫国家安全委员会亚洲事务主任杰弗里·贝德坦言，"我本人对中美关系存有担忧，因为这是一个对双方来说都很复杂的关系，部分原因是由于美中作为20世纪最强大的两个国家，很多人对两国关系有着基于历史经验的'冲突预期'"。同时，贝德也看到了问题的另一个方面。他说，"从根本上说，中美两国的利益大多是共同的而非冲突的，中国也没有与美国的全球目标相冲突的帝国野心。中美经济的高度互补、中美人民之间深厚的友情最小化了发生冲突的机会，中美之间虽然存在战略竞争，但事实证明双方能够适应彼此利益在全球的拓展。"①

前面提到过的克里先生在担任美国参议院外交委员会主席时就中美关系问题发表演讲时称："在中国和美国，有些人似乎很喜欢一种以冲突而非合作来界定的关系，我们必须抵制这些人的诱惑。尽管存在分歧，但世界上最强大的这两个国家必须找到共同点。"

美国很多政界人士也赞同克里的意见。前驻华大使芮效俭说："我完全同意克里参议员发表的声明。该讲话承认我们之间的关系的确存在某些问题，但是他相信这些问题不应该阻挡我们建立一个更加强大、更加积极的关系。"芮效俭认为，国内的稳定、世界的稳定关系中美两国人民的根本利益，因此，"没有哪个国家比美国和中国更加确信，要努力确保在稳定的前提下维持一个公正合理的国际秩序"。我们不能只关注小问题，而是要关注世界稳定的这个大问题。"我们能够借助我们之间的合作方式来展示，在当前

①《人民日报》2011年12月23日。

的世界格局中，两个最大的经济体之间、两个最强大的国家之间的合作正在创造一个国际上的先例，即存在分歧的国家之间仍然能够找到足够的共同利益，从而建立起一种合作而不是对抗的关系，而其他国家也能够在这样一个世界格局中向前发展。”中美两国只能合作不能对抗，芮效俭的依据很实际，很直白，他说：“中国怎么可能从与美国的争斗中获利，美国又怎么可能从与中国的争斗中获利呢？所有认为我们正走向冲突的人都没有提到接下来会发生什么——冲突对美国意味着什么，我们的税收如何能支持与中国的战争？许多国家曾试图打败中国，它们都失败了。中国太大，不可能占领。美国要做什么，诋毁中国吗？我的意思是这些想法都是愚蠢的。”

许多美国军人也很支持中美两国要走合作之路。美国参谋长联席会议副主席、四星上将比尔·欧文斯认为，中美两国带有敌意的竞争会让双方付出沉重的代价，比如发生又一场冷战或其他更为严重的事情。合作则意味着给两国和整个世界带来机遇，比如更多的财富、健康、和平和安全。

欧文斯说，推动中美合作应当有新思维，应当从共有利益领域起步。

第一，可以首先就相互不发动网络袭击来达成协议。

第二，可以相互协作打击海盗，共同维护自由航行。

第三，可以建立协作的、以太空为基础的信息体系，以实现全球军事透明。

第四，承诺不拥有太空武器，先减少，最终彻底消除核武器。

第五，共同减少因用煤发电造成的污染，中美两国在这个领域的合作可以带来翻天覆地的变化。[1]

美国助理国务卿詹姆斯·斯坦伯格对近60年的中美关系有这

①英国《金融时代》2008年2月19日。

样的概括:“当我们回顾这60年时,却有一半的时间美中之间的关系并不好,从最为敌对的时期到长期根本没有关系……但现在,美国在许多领域早已欣然接受中国。”

斯坦伯格讲的主要是国家之间的关系,但人民之间的关系也大致如此。因为在两国相互敌对和长期根本没有关系的期间,人民之间也几乎没有什么交往。

许多美国人至今对中国一无所知。前不久,《环球时报》记者在得克萨斯州的路边加油站同一位偶遇的农场主闲谈。那位农场主居然提出这样的问题:“中国能用上自来水吗?家里有厨房和厕所吗?你们的领导人是不是姓毛……”原来,这位农场主平时不看报、不上网,了解时事只看当地电视台,而当地电视台很少播报外国新闻。在听完记者的回答后,这位老兄很热情地递上一大袋苹果,很为自己的孤陋寡闻表示歉意。这样的情况所在多有,普通美国人了解了中国,他就会表现出善意。

进入新世纪,情况正在变化,有关中国的新闻报道和出版物越来越多,美国人的中国观也越来越复杂。一般说来,受媒体影响深的人,中国观比较负面;到过中国和了解中国的人,更看重发展机遇,更愿意同中国友好合作。

美国《赫芬顿邮报》发表麦姆·卡谢尔的文章,题目是《感谢中国的七个理由》。

文章认为,西方媒体总是不停地批评中国,这些批评有合理的地方,但许多批评都是老一套、简单化的东西,甚至显得非常幼稚,让人不屑一顾。

作为一个美国人,卡谢尔认为,世界可以批评中国,但更应该感谢中国。作者罗列了感谢中国的“七项理由”:

1. 减少贫困:据世界银行估算,1981年以来已有超过5亿中国人脱离赤贫。地球上没有其他政府或计划能取得如此成功,这就是巨大成就。

2. 稳定：总的来说，中国是一个非常稳定的、十分有序的国家。一些地区是有紧张感，但在中国生活和旅行，会感到一种井然有序、相对富足的环境。如果中国像巴基斯坦一样动荡，世界会变得可怕得多。

3. 人口控制：中国自上世纪70年代末开始实施计划生育政策。据估计，到2010年这一政策导致少生4亿人。很少有国家能制定这类政策，但所有国家都受益于此。

4. 军力适度：中国的军力日益强大，包括世界最大规模的军队和数量不小的核武器库。不过，2008年中国军费为850亿美元（美国是6070亿美元），没有海外军事基地（美国超过700个），而且军费的增幅（2010年为7.5%）已降至低于经济增长率。

5. 环保措施：关于中国的环境问题，媒体（包括中国媒体）屡有报道。不过，中国如今是绿色技术的最大投资国（是美国的两倍），中国领导层将绿色项目列为头等大事。在我生活的成都，许多人骑电动车，出租车和公交车基本上使用天然气，许多人出行坐公共交通。

6. 经济增长：20多年来，中国经济平均每年增长逾9%。这给地球新增一大笔财富。

7. 顶呱呱的产品：说实在的——我们美国人大大受益于中国制造的价廉物美的产品。我喜欢耐克、宽屏显示器，我也离不开iphone手机。

中国人理所当然对这些感到自豪。美中之间存在合理而严肃的互相不满，上述成就不能掩盖这个事实，但将那些不满置于更广泛背景下来考虑才算妥当。对中国做得对的地方，我们该称赞就要称赞。

美国前总统卡特是中国人民会永远记住的一位朋友。他对中国记者说过这样的话："我的生日是10月1日，和中国国庆节是同一天。所以，邓小平和其他中国领导人总是说，我成为中国的朋友简直是命中注定。"

卡特当总统后，就开始同邓小平联系，秘密进行建交谈判。这样做对卡特是有风险的，因为多数国会议员倾向于台湾，在政界和舆论界，许多人是反华的。1987 年 12 月 15 日，北京和华盛顿同时宣布了建交公报，这在美国，在世界上都非常出乎意料。

卡特记得很清楚，中美宣布建交三天后的 12 月 18 日，邓小平就在中国共产党十一届三中全会上宣布对经济和社会制度进行改革。这两个重大历史事件几乎同时发生，既是偶然，也是必然，因为它们注定会深深地影响世界，

两国宣布建交后，卡特邀请邓小平访美。美方估计邓小平访问时间会在 6 月份左右，但邓小平决定 1 月份就去。并且说去就去，决定大年初一那一天启程。这些细节体现了一个创造历史的大人物非凡的智慧和决断。

30 年之后，卡特回忆往事时说，“我必须承认在 1979 年，即 30 年前，我没有预见到在中国国内及中国与外部世界发生的重大事件会带来如此大的变化”。“我压根没有想到中国将成为世界上发展和扩展最快的经济体，年均增长 10%，这在全球是最大的。我从来没有想到我们与中国会出现如此大的贸易不平衡。我从未想到中国会持有数以千万计的美国债券，不曾想到中国通过宣布 5860 亿美元的经济刺激计划而成为当前稳定经济危机的主要力量”，“我们在当时从未梦想到这些事情。尽管邓小平充满智慧，但我不确信他预见到了这会带来如此巨大的好处。所以我想我们低估了这些变化将带来的益处。我想我们低估了中国人民自己及他们的领袖的能力和雄心。”

卡特最后说：“我认为与中国的关系现在是美国最重要的外交关系。我的国家和你们国家之间建立了友谊和相互尊重。我对此感到自豪。”

卡特说得很对，中国和美国之间建立了友谊和相互尊重，所有希望世界和平的中国人和美国人都会对此感到自豪。

四、亚太合作是考验

中美两国能否建立战略互信，发展文明大国关系，考验之点在亚太地区，尤其是在东亚地区。今日的东亚，显然是社会比较安定、经济快速发展的地区。但矛盾和冲突也不少，存在着和平安宁被破坏、繁荣发展被打断的危险。

东亚局势如何发展，受多种因素的影响，但起主导作用的是中美关系。

新中国诞生后，美国为了对抗共产主义革命的骨牌效应，推行强烈的反共政策，对新中国实施围堵和打压，搞了多个军事同盟，发动了多场战争。中国也视美国为最危险的敌人，针锋相对，决心与“美国侵略者”战斗到底。

20 世纪 70 年代，中国的毛泽东和周恩来，美国的尼克松和基辛格，以大战略家的眼光和气魄，排除国际国内的巨大干扰，决定打开中美合作之门。此一举，改变了世界的大格局，也创造了东亚地区和平发展的新时代。

今天中美两国的战略家们，理应有更远的眼光，更大的气魄，创造一个长期和平发展的亚太地区。很可惜，来自美国方面的信息不是令人乐观，而是让人忧虑。

美国政府的主要顾问之一何汉理（Harry Harding）认为，管理对华关系是美国重要目标。

在美国，过去几十年，对华政策的争论一直没有停过。主流的对华政策主要包含以下几点：

一、“一个中国”政策；

二、“全面接触”政策；

三、鼓励中国融入世界；

四、确保一个“让美国放心”的中国。

反对以上政策的人主要有这样一些主张：一是美国应该在经济上制

裁中国；二是实行“遏制”政策；三是重新与台湾“建交”。

奥巴马政府继续执行上面的主流政策，希望实现这样一个目标：“一个强大的美国、有效的国际制度和坚定的制衡政策，将有助于中国崛起继续保持和平，也有助于中美关系继续保持必不可少的合作态势。”①

不错，奥巴马政府确实坚持了美国两党认可的主流的对华政策，但往往是说一套，做一套。

所谓“重返亚洲”战略，在政治安全领域，冷战思维和霸权心态表露无遗。

理查德·伯恩斯坦和罗斯·芒罗的《即将到来的美中冲突》是为美国“重返亚洲”战略张目的。这两位作者声称：“美国在亚洲的首要目标非常明确：防止中国成为一个干扰美国在亚洲追求其利益的敌对霸权国家。”

为了实现美国在亚洲的“首要目标”，两位作者提出了四条战略措施：

第一，首先要做的是维持美国在亚洲的驻军，使它在力量和效率方面大大超过中国军队。……美国的技术优势很大，只要采取行动保持这种优势，中国也许永远赶不上。

第二，应该明确地把防止中国加强核武器力量作为目标。因为中美关系最坏的结果可能是再次出现冷战时期那种核对峙的局面，双方都依靠互相确有把握摧毁对方的理论来防止对方攻击。

第三，最重要的措施是确保台湾有可靠的防御威慑力量。……不管中国人怎样威胁、警告和抗议，美国必须继续向台湾提供它需要的武器；空防和反潜系统对防备中国可能的封锁特别重要。

第四，加强日本的力量。一个真正与美国结成伙伴关系的强大的日本对亚洲的力量对比关系重大。美国的相对力量在下降，

①《环球时报》2009年2月17日。

如果它认为自己能继续保证整个亚洲的和平与秩序而不用日本更加积极的支持，那它就是欺骗自己。两国的海军，比方说，应该计划在太平洋进行联合军事演习，演习的范围逐渐扩大，从阿拉斯加和西伯利亚扩大到密克罗尼西亚，最终到东南亚。这种合作可以稳住东亚新的局势。[①]

美国是一个太平洋国家，与同样濒临太平洋的很多亚洲国家有着千丝万缕的联系。美国关注亚洲发展，希望更多分享亚洲发展成果，合情合理。没有哪个国家要把美国挤出亚洲。相反，包括中国在内的亚洲国家普遍希望美国能更积极地投入到亚洲的发展与合作中来。但是，请听清楚，亚洲国家欢迎的是平等友好的参与者和合作者，而不是高人一等的“领导者”。

美国这几年的一些做法是可笑的，也是令人憎恶的。到处搞军演，建基地，增驻军，把地区局势搞得很紧张；到处挑矛盾，搞盟友，拉偏架，把冷战阴魂又召唤回来；到处吹民主，喊人权，叫自由，想用意识形态之刀砍断经济合作潮流。

2011年10月14日，时任美国国务卿希拉里在纽约经济俱乐部发表演讲，明确提出，要建立“公正、自由、透明和公开”的全球体系，呼吁“经济价值观相同的国家需要制定和落实新的协定和机制，以确保公平竞争”。

话说得冠冕堂皇，如果只是找“经济价值观相同的国家”制定新的机制，这种带着意识形态色彩的机制能“确保公平竞争”吗?

美国想搞什么样的新机制呢？美国国务院负责经济、能源和农业事务的副国务卿罗伯特·霍马茨提出了“竞争中立”的概念。

霍马茨说，冷战结束后，以国家为后盾的企业如国有企业、主权基金等进入了市场，且竞争越来越强，已成为全球强有力的竞争者，其发展速度在国际金融危机后变得更快。中国在这方面

①（美）理查德·伯恩斯坦、罗斯·芒罗：《即将到来的美中冲突》，新华出版社，第180—183页。

最为成功，具体表现为中国国有企业借力政策支持，实现了规模经济，降低了运行成本，提高了销售和投资新技术的能力，因而提高了总体竞争力。与此相对应，美国公司不仅在中国市场与中国国企竞争处于不利地位，而且在美国市场甚至第三国市场中也面临被动局面。霍马茨的结论是中国模式扭曲了竞争，对西方自由资本主义模式构成了严峻挑战，也对美国的就业和竞争力构成了直接威胁。

霍马茨透露："针对中国模式对我们的竞争力和全球体系的挑战，国务院最近进行了许多思考。"

美国的"思考"，实质上就是通过挤压中国国企来影响中国政治经济体制。为此，美国还在积极拼凑国际联盟，为其通过多边途径"修理"中国提供舆论和法理支撑。

奥巴马总统和希拉里国务卿推行的"重返亚洲"战略，政治安全领域充满冷战思维和霸权心态，就是在经济合作上，也要以意识形态画线。如此作为的美国，与亚太地区和平合作的大势是格格不入的。

美国"重返亚太"战略，完全是一个矛盾体，一方面想合作，一方面搞对抗；一方面害怕中国越来越强大，一方面又相信中国即将崩溃。

美国企业研究所是一个保守的智库。卜大年是这个保守智库中最保守的研究员，他 2011 年 10 月 3 日在美国《外交政策》杂志网站上发表文章说，只要去除美国对华政策的各种虚幻观点，"可能会得出一种结论，即美国注定会与中国开战"。

美国有人说，中国是美国的银行家，美国不能惹恼自己的银行家。卜大年认为这就是"虚幻观点"。事实上，中国更像一个储户，它把钱存在美国国债之中，因为它的经济让投资者无法把钱放在别处。除非它从根本上改变自己的金融体系，否则在其盈余问题上，它就没有别的计策可施。如果美国开始减少债务和赤字，中国的选择就会更少。中国急于获得美国的投资、国债和市场。力量对比朝着有利于美国的方向倾斜。

美国还有人说，美国面临的最大挑战是中国的崛起。卜大年认为这也是一个“虚幻观点”。实际上，美国面临的最大挑战可能是应对中国的长期衰落。如果中国不实行大规模改革的话，其经济增长模式可能很快就会熄火。在其人口灾难问题上，中国几乎无计可施。

美国有许多有识之士不赞成这种矛盾的做法，主张唯有中美合作，才是亚太地区之福。

美国著名学者戴维·兰普顿告诫美国决策者，千万不能低估中国的实力。1950年，美国政府低估中国实力，认定中国不敢干预朝鲜战争，结果造成了灾难性后果。1993年，克林顿低估中国实力，威胁说，如果北京不在一年内改善人权记录，美国将取消中国最惠国待遇。结果是中国比预想的要强硬，克林顿政府被迫令人尴尬地改变了立场，严重影响了美国的可信度。

兰普顿指出，中国不止是重要的出口国，而且是重要的进口国和投资国，特别是在经济和知识领域实力增长最快，领导、外交和文化实力也很强。如果美国决策者低估中国的这些实力，结果是很危险的。

兰普顿的忠告是：“对美国来说，中国的崛起只意味着一点：接触。华盛顿别无选择。中国太大、太重要也太富有生机了，有太多别的国家需要与它合作。”①

美国前常务副国务卿詹姆斯·斯坦伯格著文认为，为稳定东亚地区局势，中美之间互有重要原则。“美国两党的领导人在言辞和行动上表示：一个强大和繁荣的中国的崛起有利于地区和全球的发展与稳定。中国的领导人接受美国一如既往在东亚扮演中心角色，承认美国在该地区的存在同样有利于和平和发展。”

斯坦伯格认为，近年来，美中两国都有人向主导中美亚太合

①美国《外交》双月刊，2007年1—2月号。

作原则发难。他们以历史和理论教训，宣称即使以最乐观的看法，美中注定成为对手，甚至变成敌手。“在美国，这种看法的支持者认为，中国崛起从一开始就是美国的威胁，国家关系是零和游戏。在中国，这种看法的支持者视美国在东亚的存在，天生就是中国安全的威胁，而美国和该地区其他安全伙伴的关系，是平衡和围堵中国的伪装。”“基于这些判断，怂恿者得出清晰的政策措施：对美国来说，反对和抵抗中国崛起；对中国来说，尝试削弱并最终消除美国在东亚的存在。”

布热津斯基认为，美国亚洲政策的关键是要认识“中国是亚洲大陆的支配性力量，是决定美国在太平洋立场的根本因素”。

布氏还说：“中国在世界事务中的影响力和越来越大的作用是一个事实。美国人必须适应这一事实，而不是将其妖魔化，或是几乎不加掩饰地幻想中国会失败。”

这位美国战略学者还献计说，“为努力使中国尽可能成为全球事务的主要参与者，美国应当默默接受中国在亚洲大陆的地缘政治中心地位，以及中国长期把持亚洲头号经济大国地位的事实”。“美国在世界新东方的地缘政治角色将必须立足于斡旋、和解与均衡，而不是对亚洲大陆的武力介入。美国如果能以合作的姿态参与多边架构，谨慎支持印度的发展，坚决维护与日韩的关系，并耐心扩大与中国的双边及全球性合作，就会在新的东方崛起于世界舞台的过程中，成为当地维持稳定所必需的均衡力量。”[①]

布热津斯基的说法是有根据的。在漫长的历史中，中国一直在东亚占着主导地位。19世纪中期以后，中国虽然是一个巨人，但只是一个生病的巨人，连日本这个小岛国都可以在中国巨人身上任意撒野。日本的这种狂妄之举在第二次世界大战中以战败投降告终。在亚洲战场上占着主导地位的美国，自然取得了在东亚

①日本《外交学者》杂志2012年2月16日。

地区无与伦比的影响力。

历史当然不会定格在二战之后的状况，东亚地区后来的变化是巨大的。其中，出乎所有人意料的是中国的复兴或重新崛起。经过共产党领导的极为彻底而深刻的大革命，中国巨人的病根消除了，开始“站起来了”，开始在现代化的大道上练跑。虽然跌了几跤，但筋骨得到了锻炼，元气逐渐恢复，自己开辟道路，自己把握节奏，终于夺取了现代化长跑的冠军，堂堂正正地登上了世界舞台的中心园地。

这种巨大的变化使日本等周边国家一时很难适应，处在遥远美洲的美国更不适应。它习惯了东亚地区的霸主地位，不能接受中国影响力扩大的现实，于是大声宣称美国要“重返东亚”，而且说干就干，决定把60%的军力派到亚洲，修补冷战时期的军事同盟，拉着日本、韩国打造亚洲小北约；怂恿菲律宾、越南挑起南海事端；鼓动印度、澳大利亚同中国对抗；而且公然卖武器给中国一个闹独立的台湾省，直捣中国的核心利益。美国的政策要员一再表白这些行动都不针对中国，美国的政策绝不是要遏制中国。这样的表白不仅惨白无力，而且是公然欺骗，做得也太拙劣了。

现在的形势是这样，中国作为一个巨人正在成长壮大，他要恢复自己在东亚的影响力。美国则要继续称霸东亚地区，将中国的壮大看成是对美国霸权的直接挑战和严重威胁。

形势比人强，和平发展的潮流不可违。美国实施“重返亚太”战略以来，冲突骤起，风云诡谲，大有太平洋海啸即将爆发之势。其实，局势还是可控的，中美协调的大格局并未改变。无论是现在还是将来，在几个热点问题上，美国肯定还会有各种背后动作，但它毕竟已向全世界宣示过：台湾是中国的一部分，美国不支持台湾独立，不支持“两个中国”或“一中一台”；美国在钓鱼岛主权争议上不选边站；美国在南海主权争议中也不选边站。在这些热点问题上，只要美国言而有信，谨言慎行，中美在亚太地区的战略互信就能经受考验，中美平等合作的局面就会有新的境界。

第二节　扩大中美经济合作

中美两国发展文明的大国关系，必须以扩大经济上的共同利益为基础。

2011 年 5 月，中美战略经济对话在华盛顿举行，双方制定了经济合作的《全面框架》。在包括 5 个方面 20 条的框架中，双方承诺：中美两国共同推动经济合作，致力于促进经济强劲、可持续、平衡增长；采取综合措施，促使更加平衡的中美贸易，并努力营造开放、公平的投资环境；进一步深化在金融部门发展、投资和监管领域的双边和多边合作，促使两国金融市场的效率与稳定；美方欢迎中方在国际经济事务中发挥更大作用，中国承认美国在国际经济和亚太地区重要作用，并欢迎美国参与亚太地区经济稳定与繁荣并为其作出贡献。

这个《全面框架》是符合中美两国发展文明大国关系的方向的。

2010 年 9 月 16 日，美国时任财政部长盖特纳在国会参众两院听证会上作证时，赞扬中国对世界经济复苏作出的重要贡献。强调中国增长对美国至关重要，中美贸易给美国带来巨大经济效益。

盖特纳引用大量数据来支持他的观点。他说，“2010 年初至今，美国对中国的商品和服务出口总额超过 530 亿美元，其中，商品出口额比 2009 年同期高 36%，比 2008 年同期高 18%。与之相比，美国对世界其他地区的商品出口额依旧比 2008 年同期水平低 8%”，“2010 年，美国大豆对中国的进口额超过90亿美元，中国是美国大豆最大的市场。在制造领域，仅2010年，美国已经向中国出口价值接近35亿美元的飞机而美国对中国的汽车及零部件出口增幅超过200%。奥巴马政府的政策就是要确保美国公司尽可能地扩大在中国市场的机会。”

盖特纳指出：“中国很早就积极制定了大规模刺激计划，以扩大国内需求来弥补出口放缓。通过这些努力，中国2009年经济增长8%左右，配合中国进口的增长，为全球经济复苏作出了巨大贡献。”

这位美国财长作证时也批评人民币升值“步伐过于缓慢，幅度过于有限”，呼吁人民币持续快速升值。他表示，美国不将中国列为“货币操纵国”，是因为“这于事无补”。当有议员提议对中国实施惩罚性措施时，盖特纳表示，任何惩罚性立法都不能违背世贸组织及其他国际经济机构的规则。同时，其实施获得的好处应大于其风险。

中美两国的经济合作是从商品贸易开始的，发展很快。

中美建交之初，双边贸易额只有24.5亿美元，2011年已达4464亿美元，增长180多倍。双方人员往来也从每年1万人次增加到如今几乎是每天1万人次。建交之初，中美之间留学人员非常少，现在中国在美留学生超过15.8万人，美国在华留学生已达2.4万人。

美国在对华经贸合作中获得了巨大的利益。

首先，美国企业在华投资获利巨大。

在全球化发展和国际分工深化的过程中，许多美国企业苦于本国高成本的折磨，却在中国找到了发展的广阔空间。美国企业以其资金、技术和管理的优势同中国高素质的劳动力和广阔的市场相结合，不仅提高了美国产品的国际竞争力，市场占有率，而且得到了丰厚的利润。据统计，截至2010年，美国企业在华投资项目累计5.9万多个，实际投入资金652.23亿美元。据中美商会发布的调研报告，2009年美国企业在欧美地区多有亏损，但在中国，71%的美国企业是盈利的，46%的企业在中国的利润高于其全球利润率。不仅如此，中国加入世贸组织时承诺开放的100个服务业部门中，都有美国企业投资。据他们自己说“赚头很大”，业绩良好。正因为现实的利润大，发展前景好，美国许多企业纷纷亮出增加对华投资的新计划：通用电气将投入总计20多亿美元，用于在中国建设多个研发中心，并开办新的合资企业。宝洁宣布未来5年内追加投资10亿美元。福特宣布扩大在华规模。卡特彼勒要创建新的合资公司。星巴克确认到2015年，在中国的门店增至1500家。凯雷宣布成立中国投资基金，加大对中国产业的投资……中国正在成为众多美国企业的投资重地和利润中心。

其次，中国输美商品增大了美国消费者的福利。

据统计，在进入美国市场的中国商品中，服装鞋袜、玩具箱包、电子电器等日用品占75%左右。这些价廉物美的中国产品极大丰富了美国人的生活，扩展了美国消费者的选择范围，给美国居民特别是中低收入者带来了很大的实惠。

按照美国摩根斯坦利公司的研究推算，美国人通过购买中国商品仅2009年平均每人就节省了300多美元的开支。根据美中贸易全国委员会研究结果，到2010年美国GDP会因为对华贸易及投资的增加而多增长0.7%，而同期物价则会下降0.8%。两者相加，相当于每个美国家庭可支配收入每年增加1000美元。事实证明，中国商品符合美国消费者需求，有利于美国稳定市场价格水平，降低通胀风险，保持经济平稳运行。

第三，中国对美投资给美国人创造大量就业机会。

失业率高居不下，是美国经济的一大病患。中国企业对美直接投资近年增势强劲，为当地改善就业状况作出了积极贡献。中国海尔集团自1999年在南卡罗来纳州建立工业园以来，已为坎登市创造了上千个就业岗位。该市每10个家庭中，就有一个家庭有海尔的员工。坎登市也发展成一座年产20多万台家电的“家电城”。万象集团在美投资的近30多个项目为美国创造了5000个就业岗位。在2009年美国本土企业大举裁员的情况下,万象还通过新建设投资为伊利诺伊州创造了一批新的就业机会。中运、中海油、联想等大集团也为当地增加了许多"饭碗",效益可观。

第四,中国已经成为美国的重要出口市场。目前,中国是美国第一大贸易伙伴,也是美国增长最快的出口市场。据美国商务部统计,2001年至2008年,美对华货物出口由192亿美元扩大到715亿美元,增长272%。而同期美国对其他国家和地区的出口仅增长72%;服务贸易方面,美国近年来一直对华保持顺差。2009年美方顺差达到74.3亿美元,是2001年的近4倍。

对华出口的快速增长,给美国各州都带来了实实在在的利益。美国50个州中有40个州的前5大出口市场均包括中国。近10年来,美国制造业和农产品对华出口增长330%,远高于美国对世界其他地区29%的出口增速。2010年美中贸易全国委员会发布的报告称:"在全球经济的衰退中,中国继续成为美国制造商品和农产品的重要出口国。"如果没有对华出口的迅速增长,奥巴马提出的出口5年倍增计划将成为泡影。

第五,中国持有大量美债对美国意义重大。

中国早已经是美国公债的第一大持有国。国际金融危机期间,中国不仅没有抛售美国国债,反而不断增持,这对美国保持金融市场稳定,增强流动性,缓解信贷紧缩,促进贸易融资起到了重要作用,有利于美国宏观调控目标的实现。美国国会研究局2009年7月发表的报告指出,如果中国没有大规模购买美国国债,美国利率将提高0.5个百分点。据此估算,美国一年可以节省国债利息支出约616亿美元。仅此一项,美国就从对华经贸合作中获得了巨大的利益。

美国一些人,包括政府官员、议会议员和经济学家经常拿中国的贸易顺差说事。其实,中国有贸易顺差的时间并不长,规模也不大,占GDP的比重多数年份都在3%以下。与德国、日本等国家相比,中国贸易顺差不能算多。例如，德国自 1952 年以来，连续 58 年保持贸易顺差，顺差占其 GDP 最高时达 8%。一些石油输出国也长期保持大额贸易顺差。

还必须指出，中国对美国贸易顺差，并不损害美国利益。事实上，还是美国企业获得了从中国进口产品的绝大部分增加值。2010 年美国智库凯托研究所发表报告指出："中美国际分工呈'微笑曲线'模式，即美方控制了高利润的商标、概念设计等前期生产过程，又控制物流、销售和市场开发等后期服务，而中方仅承担附加值的中期生产加工。从双方获利比例来看，美方才是经贸合作的最大受益者。"据该研究所计算，中国创造的产品附加值，仅仅占其对美出口总额的三分之一至二分之一。

英国《经济学家》杂志也刊文分析说，标有"中国制造"的美国苹果公司的 ipod 播放机，在发达国家市场零售价为 299 美元。其中中国出口组装一只赚取 4 美元的加工费，而 166 美元被美国设计、运储、销售等环节的企业获得。

美国一些人，包括政府官员、国会议员和经济学家还喜欢拿人民币汇率说事。认为人民币币值被严重低估，这是导致中美贸易不平衡的主因，他们希望通过人民币大幅升值，美元贬值，扩大美国出口，刺激本国经济发展。

真实情况是这样吗？自 2005 年中国实行汇改以来，人民币汇率累计上升约 25%。与美元、欧元、日元、英镑相比，人民币升值幅度都是最大的。2005 年至 2008 年，中国外贸顺差迅速增大，而这几年正是人民币升值最快的时期，累计上升 21.02%。事实证明人民币币值同中国外贸顺差增大不存在必然的联系。

中美关系的基础深深植根于经济之中。正如美国凯托学会网站文章所说，扩大中美贸易符合美国利益，"与此同时，贸易还推动了和平，传播了美国的影响力和价值观"。

凯托学会的文章说，所有美国人民都从进口中国商品中获益。"在美国2010年从中国进口的价值3650亿美元商品中，超过四分之三是改善我们生活和办公条件的消费品。这些商品对于工人阶级和在沃尔玛购物的家庭来说尤为重要，这些家庭拿出了更大一部分收入来购买我们从中国进口的价格适中的耐用品。研究发现，从中国进口的商品让穷人可能购买的商品价格上涨速度放慢。”[①]

中国市场对美国也非常重要，而且越来越重要。2010年美国对中国出口比上一年大幅增长30%，增速远远快于对其他地区的出口。不仅向中国出口大豆、玉米等农产品，还向中国出口波音飞机在内的大量工业品。向中国出口商品的不仅是《财富》500强的企业，还有2.7万家美国中小企业，中国大市场已经成为美国企业的“摇钱树”。

20世纪80年代初，美国进行第三次产业结构调整，大批劳动密集型产业向外国转移，正赶上中国改革开放，吸引外资，发展加工贸易，中美之间就形成了产业互利关系。

中美之间的产业关系对双方都是有利的，中国制造业迅速发展，美国消费者获得了物美价廉的产品。据摩根斯坦利统计和测算，1996年至2003年，中国对美国贸易顺差2292亿美元，而中国方面则让美国消费者节约了6000多亿美元，并使美国制造商降低成本，帮助美国控制通货膨胀。

中国已是美国出口增长最快的大市场，据中美贸易全国委员会统计，从2000到2010年，美国对中国出口额增长465%，而对中国以外贸易伙伴平均增长只有56%。

2010年美国商务部设计未来5年对十大出口国倍增计划，其中对加拿大出口年均增长2.4%，对墨西哥出口年均增长3.7%，而对中国年均增长16.7%。实际上，2010年，美国出口中国增长了32%。

①美国凯托学会网站2011年3月30日。

美国总有人说中国抢走了美国工人的饭碗，这是似是而非的。美国从中国进口的多为服装、玩具等日用百货，这些东西的生产线早已转至国外，许多是在中国之前就从别的国家进口了。只是改为从中国进口后，美国消费者更能享受“物美价廉”的好处。举一个切近的例子：2009年9月奥巴马政府对中国轮胎征收35%的高关税，为的是要保护美国轮胎业。结果如何呢？美中贸易调查委员会调查发现，中国的轮胎进口是减少了，但并未推动美国自己的轮胎生产，只是其他低成本的轮胎进口激增，美国市场上轮胎的价格上涨了10%到20%，对低收入的开车者打击最为沉重。

美国刘易斯—克拉克学院经济学教授兰兹伯格对中美贸易逆差有一个独特的分析。美国工人说，是中国工人偷走了他们的就业岗位。实际上，中国工人和美国工人都是国际资本的受害者，是资本主义的运作造成了当前不合理的情况。

资本主义的本质决定了商品的生产和交易必须是最低的成本，最高的利润。

以信息和通信产业为例，跨国企业制定了一套战略，旨在降低半导体等电子材料的生产成本。这一战略包括对垂直生产线的越来越细的划分，以及有两个或多个国家来负责不同的生产阶段，由此形成全球性的生产网络。在庞大的跨国界生产网络中，各种零部件的国际贸易大为增长。

由于各种优越条件的自然组合，中国逐渐成为这个生产网络的战略枢纽。正如亚洲开发银行所说：“在东南亚地区存在一个高度相互依存的、开放的和具有活力的经济集团。中国在主要面向欧美市场的总装和出口过程中居于核心的位置。”

中国进口东亚邻国的工业产品中，零部件的份额已经从1994—1995年的18%增长到2006—2007年的46%，机械和运输的零部件进口份额在同期也从46.1%跃升至73.3%。

中国成为成品出口的区域中心地位反映了这样一个事实，即中国是东亚地区唯一在零部件和主要出口成品贸易中保持赤字的国家。实际情况是，其他东亚国家已经基本放弃了生产出口美国的成品，取而代之的是用于出口中国的零部件，中国则成为出口美国市场的成品总装中心。因此，美国与其他东亚地区国家的贸易逆差都已经缩小，唯独与中国的逆差在扩大。

从表面上看，中美两国的贸易逆差是扩大了，但这种贸易，实际是跨国企业生产网络之间的贸易。中国出口到美国的90%的高科技产品，都是由跨国公司生产的，其中大多数还是由美国的跨国公司购买和销售的。

跨国公司在美国要求降低工人的工资，否则迁走企业。跨国公司到了中国也希望工人的工资尽可能低，否则就把企业迁到成本更低的地方。中美两国工人的困境同是跨国资本家造成的。

全球化时代，在制造业上很难区分“我们”和“他们”。苹果公司的iphone手机可以清楚地说明这一点。这种手机在中国组装，然后出口到美国及世界其他地方。然而，手机的零部件来自许多国家。据亚洲开发银行研究所最近公布的一份报告，使用传统的原产国的概念，这样手机造成了19亿美元的美国对华贸易赤字。但是，如果以附加值衡量中国对美国的iphone出口，那其出口额仅为7350万美元。

一部苹果手机卖600美元，其中10.75美元的零部件来自美国，另外172.46美元的零部件来自韩日德等国，中国工厂能赚得的只是微不足道的6.5美元！近70%的价值流入美国，赚得盆满钵盈的苹果公司可以慷慨犒赏其股东，还为美国人提供大量高薪工作。

世贸总干事帕斯卡尔·拉米在英国《金融时报》上撰文指出，把商品的市场价值归于最后一个生产国，会扭曲双边贸易不平衡的真实经济因素。这会影响政治辩论，导致认知错误。以中美贸易逆差为例，依据国内真实数字的一系列估计，可能会把中美的贸易逆差——2010年11月为2520亿美元——减少一半，甚至更多。

据测算，2009年的中美贸易逆差中，有20亿美元与苹果公司有关。如果除去苹果公司内部的产品交换，美国对中国的实际逆差要小得多，而且美国获得了很大的利益。

2010年美国对华贸易逆差为2600亿美元，超过美国当年贸易逆差总额的一半。但倘若以附加值计算，美国实际有700亿美元顺差。

美国《福布斯》杂志算了这笔账以后还写道："没有'中国制造'，美国人一天也活不下去。鉴于中国人不辞辛苦地为我们提供几乎所有商品，并使我们的公司能为大量美国人提供高薪工作，我们应心存感激。那些只顾一己私利而指责中国的政客们却公然与美国基本价值观作对。别羞于买中国货，更没有必要对'美国制造'青睐有加。买中国货其实就等于买美国货。"①

美国对中国的一些抱怨情有可原，但实在没有道理。比如，美国《华尔街日报》指责中国支持发展多晶硅产业就是胡说八道。②

2007年的时候，太阳能电池板的主要原料多晶硅生产技术掌握在美国企业手中。但产量很少，价格不断飙升，一年之内涨价9倍之多，使中国太阳能产业的发展受到很大威胁。在此情况下，中国一些企业投资进入多晶硅产业。企业家朱共山投资10亿美元用15个月就建成一个规模很大的多晶硅生产企业——保利协鑫能源控股有限公司。除此而外，还有不少多晶硅企业建成投产。这样一来，产品格局迅速发生变化，中国生产的多晶硅超过了世界总产量的四分之一，并控制着全球太阳能电力设备约50%的市场。

据说，在西方，建多晶硅工厂需要几年的时间，需要经过漫

①美国《福布斯》网站2011年12月22日。

②美国《华尔街日报》网站，2010年11月16日。

长的审批手续。而在中国说干就干，很快就可以建成投产。这就是中国速度。但这有什么可抱怨的呢？

今后 10 年，从经济上说，美国对中国的依赖只会加强。美国市场需要大量物美价廉的东西，这些产品的供应者主要是中国。美国财政赤字只会越来越大，为了维持庞大的开支，美国仍然要发公债，美国公债的最大拥有者也是中国。几乎美国所有的先进电子产品都依赖于稀土（其作用是提高微芯片的性能），而全球的稀土生产几乎都被中国垄断了。实际上，中国（包括台湾）是微芯片、电脑和互联网生存所需要网络设备的世界头号生产者和组装者，是美国所必须依赖的。

美国《世界政治评论》认为，美国经济福祉取决于中国。文章写道："美国的经济福祉——以及通常为共和党提供支持的企业利益——都取决于与中国之间的亲密关系。双方关系出现任何严重的问题，哪怕远不像战争那么严重，都会对美国经济产生灾难性影响。对于在中国有着巨额投资和把中国视为重要的实际或潜在市场的大企业来说，后果尤为严重。"①

近期，华盛顿上演的一个公案引起世界广泛关注。2010 年 10 月上旬的一天，美国众议院情报委员会宣称中国的两家电信公司华为和中兴危及美国国家安全，要求美国企业慎重对待同这两家公司的交易，要求美国政府拒绝采用这两家公司的设备。

美国议会在众目睽睽之下，作出这样的裁决，却又拿不出可信的证据，这一点连许多美国人都表示质疑。

很显然，这是美国贸易保护主义在作怪。然而，事情还远不止如此，这件公案折射出中国科技企业的强势崛起，而美国科技企业则深感焦虑。

华为从很早就开始将眼光瞄准高速数据通信等尖端技术。在

①美国《世界政治评论》2011 年 7 月 20 日。

欧美各国正在大力推进的新一代无线通信技术 LIE 中，华为持有 15%以上的基本专利，竞争力非常强。2011 年华为的销售额高达 324 亿美元，居全球第 2 位。2012 年上半年的业绩更是超过了全球第一大电信设备巨头瑞典的爱立信公司。

华为还通过商业活动进军高清视频会议系统竞争，威胁到了在这一领域处于领先地位的美国思科系统公司。越来越多的事实表明，正是思科等美国高科技企业联手向华为和中兴发难，以“危害国家安全”的挡箭牌避免和中国公司直接竞争。

中美关系太复杂了，最复杂的是中美经贸关系。一方面是激烈的相互竞争，一方面是广泛的相互合作。一方面是不放弃贸易保护主义，一方面在推进全球化。一方面是直接的利益冲突，一方面是深层的相互依存……

但是，一个坚硬无比的现实告诉人们：在过去的时代，中美两国人民都从双方的合作中获得了巨大的利益。在将来的时代，中美两国人民将从双方合作中获得更为巨大的利益，中美两大国文明关系的经济基础将会更加深厚。

第十六章
共创文明世界

中国是举世无双的千年文明古国，中国治国治世之经验是几千年历史中锤炼出来的，其中蕴涵的人类智慧博大精深。美国是荟萃西方文明的强盛大国，在人类智慧的创新中作出了宝贵的贡献。在世界从不平衡走向平衡的21世纪，中美两大国带着东方文明和西方文明展开空前规模的交流互动，和平共处，平等合作，必然推动人类文明发展到前所未有的高度。

我们现在论述的中美关系，是同世界历史发展的新阶段相联系的，而这个新阶段又是同现代科技和社会发展的大变革密不可分的。

科技革命和社会发展已经把人类推入一个前所未有的大变革之中。

这场大变革有三大特征：

第一个特征是前所未有的深入性。此前的变革都发生在物质世界的宏观层次和社会生活人身之外，现今的变革正在深入到物质世界的量子层次和社会生活的人身之内。遗传学、干细胞技术、纳米技术、神经系统科学等等虽然还处于初级阶段，但发展速度非常快，以至于在某一天，人们会发现自己"脱胎换骨"了。甚至会发生这样的情况，某个美国人的有病器官，被中国制造的好器官代替了。对于人类来说，这种变革的深入性势必影响人类的文明形态。

第二个特征是前所未有的多极性。一两个超级大国，或者七八个发达国家垄断国际政治经济事务的局面已经成为历史。在全球化浪潮中，一大批新兴国家乘潮而起，成为推动全球发展变格的主角，成为多极化的塑造者。如今时代， 全球超过一半的经济增长都是新兴国家创造的。到 2025 年，全球五大经济体中将有四个是非西方经济体，世界 500 强企业多数也将来自非西方经济体。这些新兴经济体不但改变了经济实力的版图，而且带来了新的生产方式和生活方式，带来了全新的价值观和发展模式。在如此的多样性面前，8 国集团只能靠边站，20 国集团也无能为力了，这种变革的多极性也势必影响人类的文明形态。

第三个特征是前所未有的互联性。哲学上人们早就知道世界上一切事物都是普遍联系在一起的，但现在人们可以亲眼看见，亲身感受这种普遍联系。互联网只是一个工具，但它已经成为DNA的一部分，无论对个人、对企业、对国家都是如此。这种变革的互联性同样会影响人类的文明形态。

这场大变革，现在还只是开始阶段，但它的发展趋势决定了世界各国必须和平共处，全人类将会在相互依存中创造新的文明世界。

新文明世界的重要特征表现为中美两大国的和平共处。中美两国的和平共处与历史上任何大国关系都不同。

首先，这是社会主义国家和资本主义国家和平共处。

在人类历史上，国家之间意识形态不同，社会制度不同，就只有对立、冲突乃至战争，不能在同一个天地中生存。几十年冷战期间，资本主义国家想消灭社会主义国家，社会主义国家也要打倒资本主义国家，双方水火不容，总体冷战，局部热战。

当今世界，美国是最大的资本主义国家，中国是最大的社会主义国家，双方意识形态和社会制度的鸿沟，其深度，其广度，堪比太平洋。然而，在大约40年前，中国伟大的战略家毛泽东、周恩来，美国伟大的战略家尼克松、基辛格却超越太平洋，相互握住了对方伸出来的手，开启了两个伟大国家合作的新纪元。这不是一般的大国合作，而是最大的资本主义国家同最大的社会主义国家的合作，因而具有特殊意义。

其次，这是传统大国和新兴大国的和平共处。

一部人类历史，几乎就是传统大国和新兴大国争取生存空间的斗争史。刚刚过去的20世纪，因为传统大国和新兴大国互不相容，爆发了两次导致数千万人死伤的世界大战和无数的局部战争。如今，传统大国强势仍在，新兴大国成批崛起，人类莫非又要陷入万劫不复的灾难之中？

世界期待着中美两国作出决定，因为美国是最强的传统大国，中国是最强的新兴大国，两国若能合作共处，那真是人类的福气。

经过几十年的磨合，中美两国已走上合作共处之正道。越来越多的美国人认识到，遏制与对抗之路不能走，只有合作，才能双赢。中国人也体会到，中美关系正常化，有利于中国大踏步走进国际舞台的中心位置。

第三，这是发达国家同发展中国家的和平共处。

20 世纪的大部分时间里，世界上的主要问题都是少数发达国家包办处理的，既不公正，也不合理。中美两国的深入合作已经证明，世界上最大的发达国家和最大的发展中国家携起手来，就可以联合大小国家共同应对人类面临的各种危机，推动建立更加民主、更加文明的国际体系和人类大家庭。

最后，这是东方国家和西方国家的和平共处。

中国是举世无双的千年文明古国，中国治国治世之经验是在几千年历史中锤炼出来的，其中蕴涵的人类智慧极为博大精深。美国是代表西方文明的大国，虽然建国时间不长，但传承了欧洲悠久的文明，并能在一两百年中海纳百川，创造新的人类智慧。双方如能相互尊重，相互学习，取长补短，共同进步，乃是两国人民之大幸，也是世界人民之大幸。

第一节　创造和平民主的世界

文明世界的要义，第一是争取世界永久和平，第二是实现国际关系民主化。中国和美国，作为世界上最有力量的两个国家，理应对维护世界和平作出最大的贡献，并为创造平等民主的国际关系作出最大的努力。

一、争取世界永久和平

我们已经知道，资本主义总是生存在不同周期的危机之中。从历史上看，资本主义大国往往通过发动战争为资本主义危机寻找出口，这个规律今后也不会改变。

只要存在着资本主义社会，只要存在帝国主义和霸权主义，战争就不可避免，这是历史和现实告诉人们的。

但是，我们不能得出这样的结论，只要存在着资本主义，只要存在着资本主义强国，世界大战就不可避免。争取世界永久和平，当务之急是防止发生新的世界大战。

21 世纪的头 10 年刚刚过去，我们看到，这个世纪的头 10 年与上一个世纪的头 10 年既相似又不同。

老牌帝国不可避免地走向衰落，新兴强国引人注目地崛起，这是相似的。由于金融危机、经济危机和社会危机日益深重，西方国家许多人都有资本主义“制度末日感”，这也是相似的。

不同之处也很明显。

上世纪初的各种矛盾导致了两次世界大战，但本世纪初，虽然矛盾同样复杂尖锐，却没有爆发新的世界大战，原因何在呢？

第一，经济全球化使世界各国都处在同一个经济利益大网中，你中有我，我中有你，难解难分，爆发战争只会使所有人同样受害。

第二，东西方主要大国手中都有核武器，只要投入战争，任何武器都会拿出来使用。如此一来，分出胜负之前，双方都将毁灭，谁敢冒天下之大不韪呢！

第三，20 世纪初的强国争霸和权力更迭，发生在西方国家之间，而且是发生在同样的资本主义国家之间。21 世纪初的情况完全不同，是西方强国衰落，东方强国崛起。在东方强国之中，还有一个社会主义中国。

正在不可阻挡地崛起的这个东方社会主义国家，同历史上出现过的任何大国都不一样。首先是她太大。土地面积相当于整个欧洲，人口超过所有西方大国人口之和，实体经济也是世界第一。其次是她有悠久文明。她的文明在5000年的时间中延续不断，最为博大精深。这样的文明大国不同于突然暴发的强国，她的行事不会那么粗俗，不会那么残暴，不会无端地把战争施加给弱国、小国。对于其他强国，她坚持的原则是“人不犯我，我不犯人，人若犯我，我必犯人”。万一为了维护国家核心利益，不得不出手，也是注意做到“有理、有利、有节”，避免伤及世界大局。例如，新中国刚刚成立，美国就发动侵略朝鲜的战争，并实际上占领了中国领土台湾。在这种极为不利的情势下，中国毅然出手，把美国为首的联合国军赶到“三八线”，不准再北进一步，并就此停战，随后把志愿军撤回国内。中国的节制，避免了第三次世界大战的爆发。再比如，上世纪60年代初期，中国陷入三年困难时期，印度仗着美苏两个超级大国的支持，不仅强占非法的麦克马洪线以南的中国大片领土，而且不断向北吞食，挑起严重的边界冲突。中国政府虽一再忍让，好言相劝，但印度政府反认为中国软弱可欺，变本加厉地挑起冲突。中国被迫发起自卫反击战，仅调动西南地区的边防军，就在很短的时间内击溃歼灭了印军主力部队，追击印军溃逃部队到离新德里50公里的地方。然而，为了中印人民的长期友谊，中国没有利用这种势如破竹的战争形势，而是单方面宣布停战、撤军，甚至撤回到战前的实际控制线中方一侧。对于被俘的印军，从高级将领到普通士兵，都给予善待，全部送回。所有缴获的印军武器，清理整齐后，全部还给印方。如此仁至义尽的善待交战失败方，在人类战争史上是极为罕见的，只有文明中国才能做到这一点。还有，中国是一个社会主义大国，社会主义国家有一个崇高的理想：人民幸福。不仅追求本国人民的幸福，而且希望世界人民都幸福。因此，中国不像当年英、美、法、德、日等帝国主义大国那样，总是为争夺霸权和资源而不惜发动战争，甚至发动世界大战。社会主义中国强大之后，更会成为维护世界和平的强大力量。任何想发动世界大战的狂人，当他面对强大的社会主义中国时，都会三思而行，不敢轻举妄动。

尽管世界大势有利于和平，但人们也不可掉以轻心。只要存在着帝国主义和霸权主义，世界大战的威胁就不能完全消除。

当今世界，美国确实有一些人醉心于帝国主义和霸权主义。过去一两百年间，美国人自我宣扬，美国的追随者也在起劲地宣扬这样一些观念：美国是一个无比正直善良的国家，它爱好和平、崇尚自由、尊重人权、施行法制。还宣称美国是"自由帝国"，是"地球上最崇高美好的希望"。罗纳德·里根在演讲时宣称"某种天意"给了美国现有地位。他还曾经引用罗马教皇庇护十二世的话说："上帝把受苦受难的人类的命运交到了美国手里。"小布什在2004年演讲时也宣称："我们接到来自九天之外的感召要伸张自由。"

但是，正是自认为肩负上帝使命的美国，现在是发动战争最多的国家。人们会问，为什么满口"和平"和"人道"的美国总是要发动战争呢？从表面上看，因为美国要维持世界霸权，它必须争夺基本原材料、市场、战略通道和军事基地的控制权；从深层次看，因为主宰美国社会的是金融军工集团。对这个阶级来说，战争带来的经济效益是迅速而可靠的，而且不受战争结果的影响。只要战争爆发，大量资金就会流入军工企业，金融军工集团就会获得高额利润，从而诱使它们不计成本地去制造更多的冲突，去推动更多的战争，哪怕这会波及自己的国家。

战争中获利的，不只是军工企业，统治阶级的所有集团都可以分到好处。在入侵、占领、抢劫之后，还有"重建"，资产阶级的不同集团活跃在其中的不同环节。最起码，可以确保以最低的价格和最优惠的条件参与各种资源的分割。

美国拥有最强大的经济和军事力量，美国力量又受靠战争发财的金融军工集团控制，因此，美国就成为发动战争最多的国家。

要制止美国霸权主义者发动世界大战，至少必须有两个条件。一个条件是世界力量对比发生重大变化，美国的经济和军事力量已经削弱，并为美国统治者和人民所认识；第二个条件是世界上出现一个综合国力与美国相当，并且是爱好和平和主持正义的强大国家。

现在，这两个条件都已经具备了。

世界重心正在东移，以美国为首的资本主义大国走向衰落，一大批新兴国家日益强大，美国人已经对发展趋势深有感受。

《自大的终结：全球思想竞争的美国》一书指出，美国必须适应新兴大国的崛起。此前，“几条重要的美国思想一度支配全球：和平好于战争，霸权好于均势，资本主义好于社会主义，西方文化好于其他文化。”

如今，由于阿富汗和伊拉克战争的失利，美国的军事优势受到严重破坏，美国经济已从增长的引擎转变为全球金融灾难的根源，美国无力解决贫困、疾病和全球变暖的重大问题，甚至无法保护本国公民不受突如其来的大灾难……在此情况下，上述的美国思想正受到严重的挑战。为了保持竞争力和影响力，美国必须接受“哥白尼式”的现实，即必须清醒地认识到，美国已经不再占据宇宙的中心。

美国之音报道说，国际货币基金组织预测，至2016年，中国就会超过美国，成为世界最大经济体。

该组织认为，按照购买力平价（PPP）计算，2010年中国经济规模是11.2万亿美元。按照目前经济的增长速度，到2016年，将增加到19万亿美元。而与此同时，美国的GDP将从现在的15.2万亿美元增加到18.8万亿美元，略低于中国。美中两国在世界经济中所占份额也会发生变化。中国的比例会从现在的14%增长到18%，而美国的份额将会从现在的20%下降到17.7%，稍低于中国，居世界第二。

阿文德·萨勃拉曼尼亚是美国彼得森国际经济研究所的资深研究员，他认为将来最强大的国家不是美国，而是中国。他说：“在我看来，一个国家的经济能不能主导世界，可以从三个方面进行判断：经济的规模，贸易的规模，以及对于外部世界来说它有多么强大。我把这三个因素结合起来做了一个指数，从1870年一直到2030年。这一指数表明，到2010年时，中国和美国的主导指数基本相同；而到2020年时，中国已经远远领先于美国……到2030年时，我们讨论的已经不是G20，也不是G2，而只有中国这一个国家。中国在经济上主导世界的时间要比大家预想的快得多，程度要深得多。”[①]

①《环球时报》，2012年3月11日。

中美力量消长的速度、深度和广度都是超乎人们想象的。怎样适应这样一种状况，美国人和中国人为难，东方人和西方人都感到紧张和困惑。

美国历史上碰到过像中国这样的对手吗？人口那么多，国土那么大，历史那么悠久，经济规模那么宏伟，文化那么灿烂，军队战斗力那么强，政治制度那么稳固而有力，国家发展战略那么清晰，无论人民还是政府都那么有自信，发展潜力之大，速度之快都是无与伦比的。

美国怎样跟这样的对手在小小的地球上共处和同行呢？这对美国普通老百姓和政治精英们都是一大考验。

中国历史上碰到过像美国这样的对手吗？同样是人口众多而且国土广大，经济力和军事力比中国强大，文化影响力远超中国，盟友比中国多，科技比中国发达，而且有一股遏制中国、孤立中国的强大势力。

中国怎样跟这样的对手在小小的地球上共处和同行呢？这对中国普通老百姓和政治精英们也是一大考验。

我们必须正视这样一种情况，无论在美国还是在中国，都有一些人坚持中美两国将会发生冲突的立场。

美国一些战略思想家认为中美关系必定会走向冲突。而且责任在中国方面。因为中国的战略目标是在亚洲建立一个以中国为核心的排他性集团。具体说，中国将以外围岛链为屏障，确立压制性的海军地位，让那些依靠中国贸易，不确信美国反击力量的亚洲国家按照中国的偏好来调整政策，从而排除美国的势力。

为了防止这种局面出现，美国必须展现强大的领导力，加强联盟，建立基地，频繁军演，支持日本、越南、菲律宾等国与中国争海岛，挑动这些国家同中国的新仇旧恨，以消耗中国国力，最终实现遏制中国的目的。

这些美国人提出的这类战略思想并不是就事论事，而是受一种强烈的意识形态支配。他们有一种压制整个非西方民主世界的使命感。他们坚信，世界和平只能来自西方民主的全球性胜利。像中国这样的专制政权，从骨子里就难以相处。只要这样的政权还存在着，中美冲突就很难避免。

中国一些战略思想家也认为中美关系必定会走向冲突，而且责任在美国方面。他们将美国看做是决心挫败任何挑战者的走向衰败的超级大国。由于中国是最无悬念的挑战者，美国必定会使出浑身解数来对付中国。无论中国怎么真诚地希望加强合作，华盛顿都不会相信，而是通过军力部署和条约承诺，把中国包围起来，决不让中国恢复历史上长期拥有的“中央王国”的崇高地位。

虽然中国战略思想家中有人认为中美冲突不可避免，但这种看法并不符合中国坚持和平发展的战略思想。习近平曾经强调指出：“中华民族是爱好和平的民族。消除战争，实现和平，是近代以后中国人民最迫切、最深厚的愿望。走和平发展道路，是中华民族优秀文化传统的传承和发展，也是中国人民从近代以后苦难遭遇中得出的必然结论。中国人民对战争带来的苦难有着刻骨铭心的记忆，对和平有着孜孜不倦的追求，十分珍惜和平安定的生活。中国人民怕的就是动荡，求的就是稳定，盼的就是天下太平。”

中国坚持走和平发展的道路，这就决定了“中国绝不以牺牲别国利益为代价，我们绝不做损人利己、以邻为壑的事情，将坚定不移地做和平发展的实践者、共同发展的推动者、全球经济治理的参与者”。[①]

中国已经确立和平发展的战略思想。美国是否也有和平发展的战略思想呢？

21世纪的第二个10年，将是中国经济总量日益接近美国并超越美国的关键时期。在同一时期，中国的金融力、科技力、军事力也将日益接近美国，并能够与之抗衡。中国模式会在世界上扩大其影响力。

美国人肯定很难接受这样一个事实。

罗伯特·卡根是美国新保守主义的理论家，他前些时出版了一本书，名为《美国打造的世界》，奥巴马读过后表示赞许。奥巴马赞许什么呢？赞许他驳斥了美国衰落论。

卡根宣称，美国现在是，而且几十年后仍将是世界上最强大的国家，美国衰落论纯属陈词滥调。

卡根坚持美国必须做世界警察。他说，美国的实力对于民主和自由贸易的传播和世界列强之间保持和平发挥了至关重要的作用。其他国家承认美国霸权的合法性，迫切希望永保美国强权下的和平。对于美国仁慈的霸权，其他国家不只是忍受，而且是支持、鼓励和参与其中。还频繁地通过北约和联合国等多边组织以及不太正式的联盟使之合法化。

卡根的这些论调太狂妄、偏执，许多西方人士也不赞同。英国《金融时报》首席评论员克迪恩·拉赫曼发表评论说：“作为记者和专栏作家，我一直在周游世界。我发现，美国经济和政治力

①习近平在中共中央政治局第三次集体学习时的讲话。新华社北京2013年1月20日电。

量的消退以及重心向中国的转移已经很容易察觉。美国正在从两场没有获胜的战争中黯然退出——并发现自己的影响力受到阿拉伯之春的威胁。欧洲领导人正在请求北京而不是华盛顿提供紧急金融援助。整个非洲大陆正在被中国投资所改变。即便是在美洲，中国的影响力也在增长：巴西与中国的贸易额现在超过了它与美国的贸易额。当我被卡根文字的力量所震慑的时候，我突然想起已故著名喜剧演员格劳乔·马克思的一句玩笑话——‘你会相信哪一个，是我还是你自己的眼睛？’而在这件事情上，眼睛占有优势。”

从卡根唯美国为大为强的论调和奥巴马对卡根论调的赞许，人们可以想象到今后中美关系中不会缺少遏制与反遏制的摩擦。但卡根之流的保守主义者在美国社会中也只是少数，他们阻止不了中美两大国走向和平共处的大趋势。

在21世纪第二个10年，人们将能够见证新的大国易位这个历史时刻的到来。

在西方世界，强国易位的历史过程向来都很凶险。西班牙曾是16世纪西方超级大国，后来法国强大起来，经历了几代人的战争。后来是英国强大起来，并超越法国，双方经历了几十年的战争。20世纪初，德国挑战英国的霸权，爆发了两次世界大战。

美国取代英国的过程比较复杂，但也未能避免战争。整个19世纪，美国都将英国视为最危险的敌人。两国最后一次战争是在1812年至1814年，英国在加拿大驻军一直到1870年。

应该说，在应对强国易位的问题上，英国人比较老练。考虑到美国越来越强大，英国无力打赢战争，主动从加拿大撤走了军队。英国还认为，大量英国海军驻守北美海域，必然形成英美展开海军竞赛的局面，英国必输无疑，也是主动减少了在北美沿岸的军舰数量。美国也心领神会，没有再入侵加拿大，也没有危及英国在北美的关键利益。霸主国换位后，英美还成为亲密盟国。

英国《金融时报》文章认为，中国的发展将结束西方霸权不受质疑的时代。东方和西方要么合作，要么灭亡。“到目前为止，针对中国崛起的调整异常成功，尤其是如果考虑到中国和现有强国之间在文化、历史和政治体制方面存在的鸿沟。中国经济充满活力，日益受市场驱动。另一方面，西方也已接纳中国，这种做法是明智的。”

中国早已向世界宣示：中国坚持走和平发展的道路。对于中国的宣示，相信的人越来越多。

人们已经注意到这样一个事实：二次大战结束已经快 70 年了，虽然世界上冲突很多，小战频发，但第三次世界大战并没有发生。而这期间，许多国家没有通过战争征服土地和人口，发展成了大国、强国。最明显的是德国和日本，它们原先想发动战争，大规模挑战原有国际秩序而崛起，结果是一败涂地。二次大战后，这两个国家在现有的国际秩序中发展为经济大国。中国、印度、巴西、俄罗斯等金砖国家也是这样。中国和平崛起更是确定无疑的。

鉴于美国长期居于唯一超级大国的地位，如果中国实现和平崛起，这不仅是中国对世界和平的贡献，也是美国对世界和平的贡献。

在新的大国易位过程中，始终保持中美两国和平共处的大局，这将创造奇迹，创造历史，创造世界永久和平的基础。

如果颁发世界和平奖，中美两国应当共同上台领奖，全世界人民都会为之欢呼鼓掌。

二、实现国际关系民主化

实现中国和平崛起，是中美两国为创造新的文明世界共同作出的伟大贡献。推进世界各国的平等和国际关系的民主化，将是中美两国为创造新的文明世界共同作出的更伟大的贡献。

几千年来，地球上的大国和小国，强国和弱国，富国和穷国，从来都不平等。大国、强国总是对小国、弱国实施霸权主义，要实现国际关系民主化，必须坚决反对霸权主义，必须坚持大小国家完全平等。

现实世界中，美国凭借超强的政治、经济和军事实力，不仅侵略过南斯拉夫、阿富汗、伊拉克、利比亚等小国，就是对中国，也经常拿出制裁和施压的大棒。现行的国际体系，是按美国的意图设计和运行的，许多国家即使吃亏受苦也只能忍受。国家的不平等非常严重，国际关系的不民主也非常严重，世界各国都非常痛恨美国的霸权主义。

美国有些人搞霸权成了习惯，甚至以充当“世界政府”洋洋自得。美国霍普金斯大学教授曼德尔鲍姆宣称，美国是事实上的“世界政府”。为了维持这种地位，美国不能消减赤字。

这位美国教授说：“美国将继续是老大，我认为没有哪个国家或是国家集团将取代美国提供巩固安全与繁荣的全球公共产品。美国的作用是充当世界事实上的政府，一个变弱的美国并不意味着其他某个大国将取代美国成为世界的政府，它更多地意味着世界受到的管理将减少。”

另一位霍普金斯大学教授孟德邦写过一本书，名为《在21世纪，美国如何作为世界的政府》。孟德邦认为，美国是唯一的超级大国，但不是帝国，因为被帝国统治的国家没有主权，并且经济上要向帝国缴纳捐税。美国在150个国家驻军，但这些国家都是主权国家，经济上与美国只是契约关系。

孟德邦说，联合国只是一个国际协调机构，没有政府的管理职能。而美国则在国际上提供了这样的职能和服务,比如军事安全和金融服务等。政府是靠税收来提供服务的，而美国并不向世界各国收税却提供了国际性的服务。

如果美国人都有这样的世界观，都像孟德邦那样认为美国就是世界政府，那我们这个世界的麻烦就大了。

现在，情况正在发生深刻而重大的变化。虽然美国还有人喜欢充当“世界政府”和推行霸权主义，但美国国力的相对衰弱和中国的强势崛起，已经对美国霸权和不平等国际关系形成了非常有力而有效的冲击。大多数美国人也不赞同孟德邦那样的世界观，都愿意顺应时代潮流，同中国等新兴国家平等合作，去创造比现在更好的国际关系。

美国前国家安全顾问布热津斯基在《纽约时报》上发表文章论述“如何与中国为友”。布氏认为，“对亚洲的长期稳定和美中关系来说，最糟糕的情况是两国进入一种不断变本加厉地相互妖魔化的状态”。

布氏指出，美中两方都应当清楚，如果不能“巩固并扩大两国之间的合作，将不仅有损于两国自己，而且有损于整个世界。两国都不应自欺欺人地认为，自己能够避免由相互对抗加剧所导致的伤害。双方都要知道，一方有危机可能损害到另一方”。

布氏建议，中美两国元首会晤时应竭力达成一项联合声明，“说明富有成效的美中合作的历史潜力。他们应当概括这一合作的指导原则。他们应当拥护美中伙伴关系的使命超出本国利益这一概念。指导这种伙伴关系的应该是21世纪全球空前互相依赖的道德原则。”

中国正是考虑到21世纪全球空前互相依赖的道德原则，坚决反对霸权国家的战争行为，主张通过和平谈判解决国际争端。

中国的这种正义举动已得到国际社会广泛支持。英国共产党总书记罗伯特·格里菲恩在伦敦接受记者采访时说：“在国际上，许多人把中国看成世界上的和平力量，始终主张以和平方式解决国际问题，反对战争而选择调解。中国立场坚定地反对帝国主义干涉别国事务，这是中国在国际舞台上扮演的一个非常重要的角色。虽然中国的立场在西方备受指责，但事实上有许多人说，中国做得好。总得有人站出来维护国家主权，寻找和平解决方式。”[1]

对于中国来说，在国际关系中主持正义，提倡和平协商，反对用战争解决问题是重要的。更重要的是团结广大发展中国家，推动改革不合理的国际政治秩序，包括改革联合国，以适应时代发展的需要。

近些年来，中国参与创建的一些国际组织，包括上海合作组织、亚太经合组织和金砖国家组织等，都坚持了平等相待、民主协商的原则。都贯穿着互利共赢的精神，为国际政治秩序的改革提供了有益的经验和模式。

亚太经合组织(Apec)成立于1989年11月14日。而此前两天，是柏林墙倒塌的日子。这两件事情时间上如此紧密相连，似乎要告诉人们：长期统治世界的大西洋文明正在走向衰落，即将主导世界的太平洋文明正在兴起。

Apec最初构想是澳大利亚当时的总理霍克于1989年初提出来的。同年11月，首届会议在堪培拉举行，最初只是部长级会议，1993年转化为各国峰会。

经过20多年的发展，Apec已经发展成为一个拥有21个成员，占全球40%人口，54%国内生产总值和44%贸易额的经济合作论坛。

对于Apec的作用，存在着不同看法。美国有线电视新闻网（CNN）曾提出这样的问题：Apec还有用吗？

当然，更多的人肯定Apec的作用。Apec采取的是自主自愿，协商一致的合作方式。会上达成的决议对各成员不具法律约束力。有人质疑这种方式的有效性，有人则认为这正是Apec的特色。由于亚太地区各国的价值观、政治经济体制、社会理解方式和民族追求差异很大,唯有这样的协商合作方式才能最好地推进自由贸易。

①《参考消息》，2012年10月18日。

它跟欧盟和北美自由贸易协定的做法不同，因而很有吸引力。

Apec 在茂物会议上确定一个目标：发达经济体到 2010 年，发展中经济体到 2020 年，在亚太地区实现自由开放的贸易和投资。

Apec 的政治作用也是不容忽视的。

2004 年，Apec 会议在智利首都圣地亚哥举行，胡锦涛和布什的交谈很轻松。布什似乎对台湾分裂势力的种种鼓噪并不清楚。当他听说台独分子甚至发出战争叫嚣，扬言要攻击大陆的城市和三峡大坝时，布什颇显诧异，耸耸肩膀不解地叹道：荒唐！这不是蚊子想攻击大象吗？

谈到 Apec 的作用，人们往往同“亚太崛起”的概念联系起来。布什曾在秘鲁峰会上表示：“我们正在见证一个戏剧性的历史潮流，世界经济舞台的中心从西方转移到东方，从大西洋转移到太平洋。有人抱着怀疑和恐惧来看待亚太地区的崛起，美国不这样认为，美国欢迎亚太区域新兴经济体取得成功。”

Apec 的发展确是反映了世界格局的重大变化。它成立时正值冷战结束之际，当时的西方处于强势地位，亚太还是不受重视的边缘地区。Apec 的出现，强化了人们的亚太观念，使国际舞台上出现了亚太地区强势的身影。而且，Apec 把亚洲、美洲和大洋洲联系起来，创造了一个合作共赢的广大舞台。

亚太崛起中的重大因素是中国的发展壮大，正如澳大利亚的一份研究报告所说：“Apec 的故事就是亚洲崛起的故事，今天则主要是中国崛起的故事。”

三、增进民间友好感情

中国的和平崛起，中美两国和平共处，有利于创建和平民主的新世界，有利于建设人类的新文明。尽管国际上有人散布“中国威胁论”，并且恶意挑拨中国与其他国家的友好关系，但越来越多的外国朋友亲身看到中国发展带给世界的好处，亲身感受到中国走和平发展道路的坚定和真诚。中国的朋友越来越多，中国人民同世界人民的友谊越来越深。

鲍勃·霍克曾连任四届澳大利亚总理，并于1989年提出了亚洲太平洋经济合作组织（Apec）的概念，被称为“Apec之父”。

当澳大利亚一些报纸炒作中国崛起的威胁时，霍克很不以为然。他说，“中国的发展给世界带来了很多的好处和机会。我认为，中国未来的巨大成就将会更加广泛和深入地鼓舞和激励中国以及全世界人民”。至于澳大利亚，“业已同中国建立了良好的外交关系，而且也一定会继续保持良好的外交关系。我曾说过，没有哪个国家比中国对澳大利亚的经济和未来发展更为重要”。你若问我如何看待中国的进步和崛起，“我们应该说：‘感谢上帝，中国强大了’。因为中国的强盛对澳经济发展意义非凡。特别是在去年的金融和经济危机中，澳大利亚得益于对华贸易，成为了经济合作与发展组织中唯一没有遭受经济衰退的国家，我们为此感谢中国。所以说，我们不应该对中国的发展感到不安，而是应该为中国持续发展而感到骄傲。”

据俄罗斯《商业咨询日报》报道，俄罗斯superJob·ru调查中心于2010年初对2000名俄罗斯居民进行问卷调查，中国位居俄罗斯人认为最友好国家榜首，美国则被认为是主要敌人。

日本媒体所作的舆论调查表明，多数日美民众希望深化对华关系。《朝日新闻》于2010年12月24日发表了这份调查结果。对于“考虑到日本安全保障和东亚和平稳定，应该怎样面对中国”的提问，选项之一是“加强日美同盟对抗中国”，其二是“日美中三国在经济等方面深化相互关系”。只有31%的日本受访者和18%的美国受访者选择前者。64%的日本受访者和70%的美国受访者选择后者。

对于“日本和中国哪个国家对美国更重要”的提问，50%的美国受访者回答“中国”，33% 的美国受访者回答“日本”。而在 11 年前，即 1999 年，面对相同提问，曾有 47% 的美国受访者回答“日本”，36% 的美国受访者回答“中国”。

2011 年初，胡锦涛访美，《华尔街日报》发表评论说：“当中国国家主席胡锦涛下周访问华盛顿时，他所面对的美国公众把亚洲而非欧洲视为对美国利益最为重要的地区。这比二十世纪九十年代大有变化，当时美国人仍认为欧洲比亚洲更重要。尽管他们对当时所谓的日本崛起也有担忧。”

与此同时，美国皮尤中心公布的调查报告，也佐证了美国公众的新认识是亚洲比欧洲更重要。皮尤调查数据表明，有 58% 的美国人认为加强中美关系很重要。

当问到对来自哪个国家的新闻感兴趣时，34% 的人认为，是中国新闻，这是最高的。对法国新闻，只有 6% 的人感兴趣；对德国新闻，只有 11% 的人感兴趣；对英国新闻，因为有英美“特殊关系”，有 17% 的人感兴趣。

许多国家的人士说，他们同中国接触越多，就会越喜欢中国。

基辛格就有这方面的生动感受。他说，坦率地说，当我第一次到中国时，我对中国了解甚少。我对于与苏联打交道很有经验。最初我以为中国与苏联会有许多相似之处，因为都是共产党国家。随着我与中国和中国人民接触增多，中国的历史、中国人民强烈的家庭观念、忠诚等美德和机智的思维都让我景仰。我对中国人民充满深情。

在中国共产党庆祝建党 90 周年之际，中国举办了一个全球化的研讨会。年已 88 岁高龄的亨利 · 基辛格在会上把当今的中国比做 1947 年的美国。基辛格指出，1947 年，英国外交大臣欧内斯特 · 贝文曾对美国国务卿说：“作为最大的债权国，美国现在必须在建立新秩序方面承担领导责任。”

作为当今世界最大的债权国，中国也处于下一个世界秩序建立的起点。基辛格说，尽管这种从一种体制到另一种体制的转变可能需要30年，但是中国的作用只会扩大，从自身利益考虑，在改变全球体制的问题上，中国责无旁贷。

在基辛格看来，中国进入领导角色的步伐将加快，因为西方已经停滞不前。美国《基督教科学箴言报》发表文章说，中国应当听取基辛格的建议。

第二节　共同促进世界经济发展

中美两国是数一数二的世界经济大国，两国经济在世界经济总额中占有很大比重。只要中美两国保持平稳增长，世界经济就会有良好的态势；只要中美两国保持交流合作，世界经济就会出现增长和繁荣。

中国经济强劲增长已有几十年，虽然今后增速不会像以前那样高，但还会有几十年的平稳增长期。由于经济结构更加优化，新兴产业不断成熟，中国经济增长的质量将会明显提升。

美国经济现在遇到很大困难，使美国呈现衰落的景象，但我们对此要有客观的估计。

从经济方面看，美国的衰落是相对的。即是说，其他一些国家赶上来了，缩小了同美国的差距。但美国经济优势的一些基本面还是存在的。比如，美国的国土面积没有减少，美国仍然是资源丰富的大国；美国经济总规模仍是世界第一，占世界总量约25%；美国是主要储备货币的发行者，美元的威力胜过其他任何货币；美国是世界上人口最多的国家之一，而且还在增长，这在发达国家中是绝无仅有的；美国有最发达的教育体系，能培养并吸引世界上的杰出人才；美国的科技创新能力在世界上长期处于领先地位；美国企业很多拥有自主知识产权，财务状况不错，市场竞争力很强。应该看到，美国经济的成功，很大程度上源于制度安排因素，特别是法制和对产权的保护制度，这些基本制度安排依然存在。还应当看到，美国已形成一种以互联网为基础的新经济创新活动，在贸易和服务领域，信息技术已占着主导地位。现在，重振制造业在美国已形成共识，由于页岩气开发技术的创新，非常规天然气产量大增。美国能源进口大量减少，能源价格大幅下降，为制造业的振兴创造了有利条件。从历史上看，美国具有超强的发展韧劲，在几乎每10年一次的危机中，都能恢复生机活力。也许可以预期，在今后的年月里，美国的经济总量和贸易份额将会减少，技术创新方面的优势将会丧失，美元作为全球储备货币的地位将会动摇，但美国仍将是世界最大经济体之一，美国仍将是一个值得尊敬的强盛之国。

德国《时代》周刊认为，陷于困境的世界经济怎样走出旋涡，很大程度上要看中美两国。“美国人必须能重新借到钱，而中国人必须能把产品卖到美国。因此我们不需要什么二十国峰会，七国峰会，我们需要的是两国峰会。最大的债权人中国必须和最大的债务人美国一起坐下来。目前每个美国人都欠中国4000美元。”

“会谈应该只有一个目标：令过去的循环重新焕发活力并对其进行巩固。中国人应当购买尽可能多的美国国债。相应地，美国必须宣布，愿意放弃对华的保护主义措施。这才是世界需要的信号。”

德国《时代》周刊的说法有些夸张，而且把中美经济关系简化为债权人和债务人的关系也很片面。但文章对中美经济合作的扩大和深化抱有期待则是表达了世界各国共同的愿望。

为了不辜负世界各国的期待，中美两国首先要搞好本国的经济，以实现平稳的可持续发展。同时，两国必须加强合作，推进国际经济体制的改革，特别是要加快国际金融体系改革的步伐。

当前世界经济最突出的问题是国际金融体系不合理。要实现全球经济健康发展，必须下决心改革不合理的国际金融体系。

美元既是一国主权货币，又是实际上的世界货币。这是一个矛盾的畸形的现象。这种现象注定国际金融体系不能稳定，不可持续，蕴藏着重大的危机。这种现象正是 20 世纪 70 年代以来世界经济不断遇到灾难的一个重要原因。

美国利用特殊的霸权地位，可以自由发行美元，来支付国际贸易和债务。而其他国家，尤其是第三世界国家，在国际交易中无法使用本国货币，被迫用美元或其他几种国际货币。

当美国对外逆差膨胀时，美国就会大肆印钞，使美元和美元资产大幅贬值，从而冲销掉相当一部分美国外债。一旦失衡调整结束，美元又开始升值，驱动新的更大逆差，造成新的国际金融危机和世界经济动荡。世界人民的财富就这样被掠走，使美元金融帝国更加贪婪。

如此不正常的国际金融体系必须改变。

现行国际金融体系，即以美元为主导的金融体系是历史形成的，是在二战后美国在经济上、政治上、军事上在西方占有主导地位的特殊情况下形成的。

以美元为主导的金融体系存在着根本性的矛盾。进入经济全球化时代以来，这个矛盾日益尖锐和突出。世界经济格局已经发生了重大变化，但金融格局没有变化，必然导致频繁的金融和经济危机。2008 年爆发的金融危机对世界经济的冲击特别大，迫使金融体系的改革提前到来。

改革现行国际金融体系，中国是主要的推动者，美国是主要的障碍者。中美两国的互动关系将在很大程度上左右着国际金融体系改革的进程和结果。

美国成为现行国际金融体系改革的障碍者是很自然的，因为美国是金融资本主义的大本营，美元充当着世界货币。全世界人民看得很清楚，正是美元霸权为特征的金融资本主义，不但损害了美国经济，也严重地损害了全球经济，造成连续不断的经济危机，搅得“周天寒彻”。

本来，即使在美国，银行和证券也是分业经营的。1933 年，美国颁布《格拉斯—斯蒂格尔法案》，规定银行必须分业经营。即将投资银行业务和商业银行业务严格地划分开，商业银行不能从事证券业而只能提供存贷款的金融公共服务，由投资银行来专门经营证券业务。从此，美国金融业形成了银行和证券分业经营的模式。

后来，金融资本主义猖獗，大搞金融衍生品，实行银行和证券混合经营。1999 年，克林顿签署《金融服务现代化法案》，废除上述法案，美国银行重开混业经营。这是无奈之举，因为银行的钱太多，形成严重的资本过剩，银行间的互相竞争导致银行利息越来越低，商业银行很难获利，于是向政府施压，允许它们经营证券业务。

美元与黄金脱钩，银行混业经营和创造大量金融衍生品使美国经济空壳化。美国金融财团从全世界忽悠来的大量的资本在国内投资是消化不了的，只能在金融系统内部玩花样。无非是钱玩钱，钱生钱。金融资本主义由此在美国和世界上大行其道。

金融财团的活动中心在华尔街，因此，华尔街成了金融财团、金融寡头的代名词。

金融资本主义剥夺世界人民的主要手段是通过所谓“金融创新”推出海量的金融衍生品。华尔街就是搞金融创新、推广金融衍生品的总策源地。

美国次贷债券是典型的金融衍生品。这类债券本来是一钱不值的垃圾债券，但却被炒成投资者争相购买的金边债券。这种变废为宝的魔力来自哪里呢？来自三个东西：舆论、咨询和评级。

舆论，包括报纸、电视、电台、网络、图书等等。这些东西实际上都是华尔街出钱办的，当然要传播华尔街特制的信息和观念。这种信息和观念最吸引人的地方是：参与金融游戏，实现一夜暴富。最高级的金融游戏就是搞金融创新，投资金融衍生品。一个人不必等待，无需劳动，不用竞争，只要投资金融衍生品，就可以立刻成为富豪。比如，一个甚至没有正常工作、没有稳定收入的人，只要你愿意，银行就会贷款给你买房子，你就有好房子住，就有价值几十万、几百万的房产，你一夜之间就成了富豪。收入不多也不要紧，银行可以贷款给你买好车子坐，并且可以大吃大喝。这么多的贷款你还不起银行怕不怕？不怕，因为银行可以把这些“次贷”打包成债券卖给其他投资者。就这样，通过舆论工具，华尔街把人身上一夜暴富的贪婪本性挑动起来，成为燎原之火，创造了贩卖金融衍生品的社会环境。

金融衍生品是个复杂的玩意儿，一般人搞不懂。华尔街证券商送到你手上的说明书很厚，充满了奇形怪状的图表，横看竖看都莫名其妙，多少有些神秘色彩。这样设计，正是一种推销手法，把简单的东西复杂化，才能掩盖虚幻电子符号背后的垃圾本质。此时，华尔街培植的投资咨询师就出场了，他们把那些图表和隐语解释得头头是道，分析得有条有理，让人佩服得五体投地。于是便心甘情愿地、争先恐后地去购买华尔街的债券。

咨询师说得再好听，也只是个人的意见。有经验的投资者不满足于此，他要求有社会机构的权威评判。美国的评级机构，如标普、惠誉等等，早已名声大振，投资者对它们的专业充满了钦佩和信任。评级机构凭借这种钦佩和信任，大把大把地收取好处费，就按华尔街老板的意思，把垃圾都不如的次级债券打上“5A”的标签，使之通行天下，欺骗世人。

从 20 世纪 80 年代以来，金融业的发展令人眼花缭乱。世界各大城市最宏大的建筑几乎都是金融公司的：纽约的大都会保险大厦、伦敦的瑞士再保险大厦、香港的国际金融中心……

高速发展的金融业蕴藏着巨大的风险，风险的根源是它脱离了自己的正道——融通资金、服务经济和民生。

以华尔街为代表的金融业，就像是自己跟自己玩的一种游戏。这种游戏不止是好玩，根本上是能骗到钱，能骗到天文数字的钱。

游戏的规则看起来很复杂，但实质是很简单的：想办法把外面的资金骗进来，然后告诉你，你的钱没了。这是最现代的骗子，这是最“文明”的强盗。

这种骗法有一个好听的名字，叫做“金融创新”。就是在原有的货币、债券之外，搞出了债务抵押债券（CDO），资产抵押证券（ABS），信用违约掉期（CDS），还有自动化交易。这些金融创新把普通的投资者搞得晕头转向，但他们又抱着投机赚钱的心理，就只好乖乖地让交易员们牵着鼻子走。

华尔街代表的金融创新，已经变成滥用智力资本和金融资本的平台。其中流动的大量资金同社会经济的增长和人民生活的改善完全没有关系，成了金融资本家通过高额杠杆掠取非法利润的工具。

像高盛公司这样的投资银行，最擅长用客户的资金进行风险交易，更确切地说，最擅长搞金融赌博。由于交易员们都是用别人的钱进行赌博，他们总是倾向于风险更大的那个选择。即使失败也只是拍屁股走人，风险不大，何况说不定还能赚大钱。这样的投机活动势必把泡沫吹得越来越大。但是，在西方现行的政治经济体制下，就算泡沫最终破灭，承担后果的也不会是金融资本家。

注意！金融资本家们用美元投机，美国政府也用美元投机，美元给美国带来了大量的不义之财。

由于美元成了世界货币，美国无需通过国际贸易来挣美元，因为它自己可以印美元。这使美国在国外的支出可以远远超过它的收入。例如：

美国在国外建立那么多的军事基地，完全不必顾忌外汇的限制。

美国可以大量购买外国公司的股票，或进行其他形式的对外直接投资，没有支付方面的制约。

美国已经积累了巨额的贸易逆差，但它并不担心，因为这些逆差都可以用美元来消除。

美国政府的这些作为会造成许多经济风险，但美国不用承担，都丢给其他国家的人民。这就是美国的“大战略”，这就是美国霸权的实质。

美国金融资本家通过美元霸权，操控大宗商品的价格，制造了大大小小的经济灾难。例如，美国对世界粮食市场就拥有垄断力。为什么呢？首先，美国本身是全世界最重要的粮食生产国和出口国；其次，大宗粮食交易都是通过美元进行的；第三，掌握全球粮食运销的四家跨国公司有三家是美国公司；第四，全球粮价是美国农业集团和金融集团在芝加哥粮食期货市场上勾兑出来的；第五，美国操纵了全球的粮食资讯，操纵了世贸组织内农业谈判的各项议程。

世界粮食危机，很大程度上是国际金融财团投机操控造成的。

以2010年为例，全球粮食总产量接近22亿吨，以全球69亿人计算，平均每人可消费的粮食为320公斤。从1990年到现在的20多年间，世界粮食年产量平均增长1.4%，而同期粮食消费增长则为1.3%。虽然并不充裕，但理应有所结余，不至于出现粮食危机。

必须看到这样一个现实，粮价非理性猛涨，幕后的黑手就是以华尔街为大本营的国际金融财团。长期以来，粮食、石油和美元三者合一，组成了美国打压其他国家经济，挑动他国内乱的三道利器。全球大约有15亿人每天消费额在1美元以下，其中一半以上用来购买食物，即使是小幅的粮价上涨对他们来说也是灾难性的。目前中东、北非的大动荡，就与新一轮粮价高企有直接关系。

《石油战争：石油政治决定世界新秩序》一书的作者威廉·恩达尔认为，

高油价中至少有60%是极少数金融公司与英美石油巨头联手操纵市场的结果。比如，从2007年4月每桶65美元到现在，油价涨了几倍，但美国、中国乃至全球的石油需求的增长很少。同时沙特等国的石油产量还增长30%，这就是投机操作的结果。

在美国精英人士看来，石油就像五角大楼战争机器一样，完全是一种施加控制的武器。正如基辛格所说："如果你控制了石油，你就控制了整个国家或国家集团。"

所谓控制石油，当然是直接控制油田，控制产油国，但更隐蔽更重要的是操控用美元结算的油价。

2000年，美国通过《商品期货交易现代化法》，完全放松对石油衍生品交易的监管。这项法案据说是臭名昭著的安然公司给议员们几百万美元献金后通过的。有了这项法律，金融财团和英美石油巨头就可以联手操纵油价的上涨和下跌。

通过上述法律的同时，包括高盛公司的几家从事衍生品交易的银行共同搭建了一个平台——国际商品交易所。大量石油衍生品就是在这个平台进行交易，而且不受监管。

石油是以美元定价的。

美元是以超强的美国军事力量支撑的。

所有这一切，保证美国获得了操控石油价格的权力。

世界上的事情，有一利就有一弊，美元霸权也是如此。美国的金融霸权地位，可以帮助美国企业控制重要的技术、资金、战略性原料，可以在海外为美国资本开辟市场，美国人由此捞到了很大的好处，但结果却是美国人不愿意看到的。

美元的统治地位和美国的金融优势使美国的资金和人才纷纷聚集到金融部门，而冷淡了运行周期长、成本很高、获利微小的实体经济。久而久之，美国工业的国际竞争力逐步下滑，经济结构严重畸形。

深重的经济危机促使美国民众清醒，让他们看清了金融资本家的贪婪和丑恶。他们希望变革，一位非洲裔黑人当选美国总统，是美国民众希望变革的一种无奈之举。

奥巴马是在金融危机中当上美国总统的，或者说奥巴马是被痛恨华尔街金融大亨的美国民众用选票抬上总统宝座的。不管是真心还是假意，奥巴马都必须推动金融改革，以兑现在选民面前的承诺。

2010 年 4 月 22 日，奥巴马走进纽约库珀联合学院发表关于金融改革的演讲。这个学院不远处，就是金融危机的引爆点——华尔街。奥巴马将金融衍生工具称为“复杂且黑暗的”。他说，2008 年金融危机以来，已有 800 万个就业岗位和数以亿计的美元财富损失。如果不改变导致危机的根源，我们注定会重蹈覆辙。在金融大亨们看来，奥巴马库珀演讲的主旨是要给华尔街戴上“镣铐”，他要求的全面监管预防危机，是“自上世纪 30 年代以来最为广泛的改革美国金融体系的尝试。一旦方案通过，90% 的衍生工具将置于监管之下，高盛摩根大通和美国银行等华尔街巨头都将成为最大的输家”。

很多人说，美国政府与金融巨鳄的战争打响了。白宫对华尔街，谁会成为胜利者呢?

瑞典学者尼尔森说，这是“权杖”同“金条”的比拼。“可惜的是，美国政府的权杖从某种意义上来说也是金条做的”。尼尔森说得不错，在“金钱为主”的资本主义社会，靠华尔街的捐助获得总统大位的奥巴马不会跳得很高。

华尔街已经开始了保卫战。首先跳出来的是纽约市长彭博，这位著名的亿万富翁表示，对华尔街的过多束缚将损害美国经济。金融财团控制的皮尤公司 4 月 18 日公布的民调显示，近 80% 的美国人表示不相信联邦政府，也不相信政府能解决美国面临的问题，这个数字是半个世纪以来最高的。

CNN援引皮尤报告说，“经济低迷，公众不满，基于党派的激烈反弹，对国会和当选官员的巨大不满——种种因素造成对政府不信任的完美风暴”。《纽约时报》的评论也说，“双方的分歧非常深。其中有一股无名的怒火，一种新的暴力倾向”。

金融巨头无需露面，但这些“民调”，这些“评论”与社会的“焦虑症”相互激荡，使美国社会走向分裂。4月15日，由茶党组织的数万人示威游行，人们喊出了“奥巴马——马克思主义者”的抗议声。有些媒体报道称，“对政府愤怒，11月选民可能起义”，抛弃民主党。中期选举后，民主党确实失去了对美国众议院的多数席位。

如果说在美国国内，民众的愤怒短时间内还不能撼动金融巨头的统治地位，那么在国际金融体系中，美元的地位确是越来越恶劣了。

世界银行预计，到2025年，美元将在全球经济中丧失其独一无二的主宰地位。欧元和人民币将在一种多种货币并存的新型货币体系中，确立与美元平起平坐的地位。

另据彭博新闻社调查，人民币将在2016年前实现与其他货币间的自由兑换，并在10年内成为一种储备货币。

美国靠借债度日的作为和不断实行量化宽松的货币政策，正在从反面推动国际货币体系的改革进程。

美国的定量宽松货币政策说是平衡经济，其实是为了赖账，也是为了赚钱。

美元一直在贬值，但美国的贸易赤字一直在增加。因为美国企业已经把生产大量转移到国外去了，美国本土已经不生产这些东西，但美国社会无论如何要消费这些东西，所以美元贬值只是让美元的购买力下降，但不会影响到这些商品的进口。

美元贬值最直接的结果是减轻债务。

美元贬值的另一个目的是赚钱。美国拿借来的钱消费人家的商品，又到生产这些商品的国家投资。在那里，投资的回报远远高于美国本土。如果能逼这些国家的货币升值，美国资本在这些国家的投资收益就更大了。

但美元量化宽松的最终指向是贬值和丧失信誉。3 至 5 年后，美元的安全性将不复存在。由于贬值加速，公众对美元的长期价值已没有信心。这样，美元将无法担当国际交易货币的重任。

美国开始新一轮量化宽松货币政策后，大公国际下调美国信用等级，将其本、外币国家信用等级由 AA 降至 A+，展望均为负面，反映了美国实际偿债能力恶化和政府偿债意愿的急剧下降。

大公认为，美国信用危机的发生和发展过程是其经济体制矛盾长期积累的结果。通过大规模印制发行美元仅能在一定程度上减缓其债务负担，但由此带来的美元地位和国家信用的下降在很大程度上阻碍美国赖以生存的债务收入通道。

美国《纽约每日新闻》发表文章认为，美国接受中国援助的代价非常大。文章说："当你意识到为救助 AIG 等金融机构里那些将美国带入金融危机的千万富翁，你不得不缴纳更高的税款时会火冒三丈吗？当你得知辛辛苦苦工作了一辈子，却要帮那些无法无天的房产投机者收拾烂摊子时，你会被激怒吗？"

此时，请想想中国人民的感受吧。年均收入仅 3000 美元的中国人，却要救助年均收入 4.8 万美元的美国人。以前有过这种大规模的长时间的穷人援助富人的情况吗？从来没有。

存在这种情况的一个关键是美元的世界货币地位。美国今天的作为不能不激怒世界，最终丧失美元作为世界货币的地位，这就是美国靠借债度日的代价。

为了改变美元独大的病态的国际货币体系，联合国贸易和发展会议《2009 年贸易和发展报告》呼吁建立布雷顿森林体系式的新体系，推出新货币取代美元为主要国际储备货币。

报告作者之一德特勒夫·科特说："用人造货币取代美元能够解决一些与各国可能出现庞大贸易赤字有关的问题，并且还有助于稳定。不过，我们正需要一个控制汇率的体系。各国应该使实际汇率保持稳定。各国央行必须干预汇率，不然的话，国际货币基金组织等多边机构必须要求它们这样做。"

国际货币体系的改革，最现实的办法是改造国际货币基金组织的"特别提款权"，使之成为纸黄金，成为世界货币。

建立国际货币或世界货币的主张，最早是英国经济学家米勒在100多年前提出来的。60多年前，英国经济学家凯恩斯又再次提出，想搞一个"纸黄金"作为国际货币。凯恩斯的提议在布雷顿森林会议上被美国否定了。这次会议通过的文件使美元成为世界的主要储备货币。

布雷顿森林会议虽然没有创造出"纸黄金"，但是留下一个"特别提款权"可以利用。

特别提款权是国际货币基金组织（IMF）创设的一种储备资产和记账单位。它是IMF分配给会员国的一种使用资金的权力。会员国发生国际收支逆差时，可用它向IMF指定的其他会员国换取外汇，以偿付国际收支逆差或偿还IMF贷款，还可与黄金、自由兑换货币一样充作国际储备。但由于它只是一种记账单位，不是真正货币，使用时必须换成其他货币，不能直接用于贸易或非贸易的支付。

特别提款权定值是和"一篮子"货币挂钩，市值并不是固定的。

关于用特别提款权作为新储备货币的提议早在1969年就有人提出来了，他是美国商人乔治·绍罗什。

2009年春天，中国人民银行发表文章赞同这种提议。

俄罗斯、哈萨克也表示响应。

由经济学家组成的一个联合国小组提出研究报告，提议扩大特别提款权，以构建新的全球储备系统。领导该小组的是美国经济学家约瑟夫·施蒂格利茨，他于2001年获诺贝尔经济学奖。这位经济学家说，以美元为主导的国际金融体系“容易波动、不稳定，会造成通货紧缩以及与之相关的不平等”。例如，“发展中国家在自己非常需要的时候，几乎以零利率借给美国数万亿美元。这反映了问题的实质。从某种意义上说，这是对美国的净转移，是外援的一种形式”。

联合国小组说，新的全球储备体系“将是可行的，也是容易实施的”。而且它“能促进全球稳定，增强经济实力以及全球公平”。

中国央行行长周小川提出要创造一种“超主权储备货币”，刺痛了美国的神经。总统奥巴马于2009年3月24日回应说，“我必须特别指出，美元现在格外地强劲”，“我不认为有创立新的全球货币的必要性”。

奥巴马还亲自主持在包括利雅得、香港、新德里在内的全球31家报纸上发表社论，试图保住美国和美元的领导地位。

前国际货币基金组织总裁卡恩在2009年春天会见法国议员时，也明确表态说，用新的储备货币代替美元的建议是合理的，“我认为，未来数日将可能就此问题进行讨论”。卡恩的这种态度深深刺痛了美国，他后来在美国的离奇而屈辱的遭遇是否与此有关呢？

除了改造“特别提款权”为“纸黄金”，使之充任世界货币之外，国际金融体系改革的一个重要方面是推进人民币国际化。

中国是经济大国，中国经济国际化了，中国货币也要国际化。

中国已是全球第二大经济体和第一大债权国，第一大外汇储备国，第一大贸易国。中国未来20年的经济增长可期，各国政府和国际投资者对人民币充满了信心。这些都是人民币国际化的强大基础和动力。

人民币国际化，在国际货币体系中占一席之地，对世界经济的稳定和发展是有利的，对中国经济的稳定和发展更是有利的。因为可以减少现有国际货币体制弊病的不利影响，可以促进国际贸易和投资的发展，可以获得国际铸币税收入，可以为资金利用开辟一条新通道。

俄罗斯副总理兼财政部长表示："如果中国能保障人民币自由兑换，人民币将会非常受欢迎，虽然这可能需要10年左右的时间，但这是建立新型国际储备货币的最佳途径，因为中国经济调节方式和法规都远远优于其他国家。"

人民币国际化起步于2009年，拟分三步走：2011年实现"周边化"，即在周边国家内流通；2016年实现与周边国家贸易使用人民币结算；2021年在东亚形成贸易和投资都使用人民币结算的"人民币区"。2025年纳入各国外汇储备。

当前，人民币国际化遇到了制度性的约束：一是经济结构转型任重道远，中国在全球产业链中的低端位置严重制约了企业对外贸易定价权、货币选择权及企业在"走出去"方面的博弈。二是国内金融市场缺乏广度和深度，股票和债券市场仍不成熟，衍生品市场更为迟滞，难以为境外人民币持有者提供多元化的金融投资产品，影响了境外人民持有人民币的积极性。三是人民币国际化的深入将伴随着资本账户的逐步开放，这要求更加灵活的汇率制度和市场化的利率体系。而我国汇率、利率体系仍未市场化，资本账户也没有实现完全自由兑换，制约了人民币国际化的快速推进。

由此可见，加快国内金融改革是推进人民币国际化的当务之急。只有把以上这些制度性约束消除了，人民币国际化才是水到渠成的事情。

人民币国际化可以借鉴其他国家的经验教训。

日本货币国际化起步于20世纪70年代。日本于1980年推出《外汇与外贸法》，取消资本账下的外汇管制。1990年，日元超过英镑，与美元、德国马克并称三大国际货币。1998年，日元真正实现完全自由兑换。

1980年至1987年，世界贸易往来用德国马克计价的交易额比重从10.2%上升至12.4%。1980年，德国马克在国际货币基金组织特别提款权的比重上升为19%，仅次于美元。1985年《广场协议》时，德国坚持独立的货币政策制定权，还通过汇率联动机制减轻货币升值压力。欧元诞生后，马克作为核心货币融入其中。

日本《经济学人》周刊文章认为，美元之所以成为基础货币，一个很大因素就是美元是世界重要的大宗商品石油的结算货币。基于此，其他资源和原材料也以美元结算。全球各国也才对美元有大量需求，美元从而能够保值。如果中国开始使用人民币结算石油贸易，美元的地位将大大动摇。

国际金融领域有一个“特里芬难题”，讲的是这样一种情况：一个发行国际货币的国家，如果要保持收支平衡，则其他国家使用这种货币作为官方储备的需求增长将得不到满足，从而产生国际清偿能力不足问题；如果要保证其他国家储备要求和国际清偿能力，则国际收支不平衡会不利于该国际货币发行国的经济发展和货币稳定。

美元现今遇到的就是这个“特里芬难题”。人民币国际化也必须破解“特里芬难题”。

目前，人民币国际化正在稳步推进，发展势头良好。

2011年，跨境贸易人民币结算业务累计发生2.08万亿元，占我国货物进出口份额的7%，人民币作为贸易结算货币的地位已经确立。

香港两岸人民币业务也呈现明显增长。2011年，经香港银行处理的跨境人民币贸易结算交易量近1.92万亿元，比2010年增长4.19倍。人民币债券发行量1079亿元，比上年增长2倍。人民币贷款余额达308亿元，是2010年的16倍。在香港，人民币同美元和港币一样，成为三大通行货币之一。

央行间货币合作不断扩大。到2012年，中国人民银行已同韩国、马来西亚、白俄罗斯、俄罗斯、巴西、阿根廷、土耳其等近20个国家或地区的中央银行或货币当局签署了本币互换协议。

第三节 共建文明和谐世界

文明世界，和谐世界，是人们的一种理想，只要世界人民共同努力，这种理想是可以变为现实的。

中美合作,共建和谐文明的世界,是中美两国人民崇高的责任，也是中美关系发展的最高境界。

“宇宙之间，和谐为美，畸形为丑。”

我们这个世界，分为东方和西方。东西方和谐为美，东西方畸形为丑，这是确定无疑的。

远古洪荒时代，交通困难，人们被高山大海分隔在东西两方，独立发展自己的文明，那是一种自然的和谐，表现为朴实之美。

中古时期，东方进步得早一些，发展得快一些，形成了许多文明古国。……综观历史，中国、印度这些文明古国虽然很强大，但从来没有侵略过任何一个西方国家。因此，中古时期虽然并不平衡，但大的和谐没有打破，整个世界还是基本平衡的。

世界平衡被打破，要归罪于实行资本主义的西方国家。

“在东西方不平衡的时代，盛行西方中心主义，国际关系一直是丑陋的和野蛮的。”[①]

随着世界重心东移和中国强势崛起，东西方将会重新恢复平衡。世界格局变化的这个大趋势已越来越明显，这是中美合作、共建和谐世界的现实前提。

2012 年 11 月 9 日，世界经合组织（OECD）发布报告称，美国将在 2016 年被中国超过，失去其世界第一大国的地位。报告说，2011 年中国的 GDP 占世界的 17%，与欧洲持平，但低于美国的 23%。世界银行估计，2012 年美国的经济增长率仅为 2%，而中

①王天玺：《中国模式论》，红旗出版社 2012 年 10 月版，第 586–587 页。

国经济增速是美国的4倍，国际货币基金组织也预测说，到2017年，中国GDP将超过美国，位居世界第一。

世界几大权威组织同时发布研究报告，宣称中国将在四五年之内超过美国，成为世界第一经济大国。这让世人感到世界重心东移的步伐在加快，东西方平衡的时代会来得比人们预料的为早。

这种情况让习惯了“西方中心”的人们很难适应。他们有的焦躁，有的冷静，绞尽脑汁探寻应对之策。其中一些看法还是很有远见的。

美国《时代》周刊提出一个问题：“为什么我们惧怕崛起的中国？”

文章写道：“显然中国的崛起整体而言对全球经济是有益的。中国13亿人获得新的财富，意味着多了13亿可以从世界其他国家购物的人，为美国的实验室、日本的工业区乃至巴西的矿井创造就业。不再完全依赖于美国消费者的全球经济可能会更加稳定和繁荣。”

“但几乎没有人这样看待中国的，许多人根本不承认中国在世界经济中的积极作用”。“即便是那些意识到、甚至直接受益于中国发展的人，也无法不对中国的发展感到不安。但为什么会这样，我们为什么会这样担心崛起的中国，却不担心崛起的印度？或者说为什么一个经济强大的中国比一个强大的欧洲更难让人接受？”

《时代》周刊的文章自己回答说，“因为中国的发展模式对西方形成了真正的挑战”，“最糟糕的是，中国不仅在世界市场上与美国竞争，还推出了一个完全不同的经济和政治体系，这个体系有时候似乎更能够带来增长和就业，同时限制了宝贵的国民自由”，“中国正利用其经济影响力越来越多地提出由美国领导的政治经济体系的替代者”，“同时中国也正在成为更加强大的军事国家，这让其邻居们极为紧张。中国的GDP每增长10%，其政府就会在武装部队上花费更多的钱”，“换言之，中国挑战的似乎不仅是当今的经济正统和秩序，还有世界的政治和军事框架。”

“当美国取代衰落的不列颠帝国成为全球领导者的时候，全世界很清楚会发生什么——总体而言，美国会继续坚持自由企业和民主的理念。现在，一个同样重大的转变正在发生——东方的崛起——但人们不知道这对于世界文明的发展方向意味着什么。或许这是我们最担心的，一个正发生根本性改变的世界的不确定性。”[①]

英国《星期日泰晤士报》文章认为，西方不必担心中国主导世界。

文章说，40年前，中国的经济规模比英国小得多。现在，中国的经济规模是英国的5倍以上。国际货币基金组织报告认为，到2016年，中国有可能超过美国成为世界最大的经济体。

一些西方人为中国的快速崛起不知所措，甚至有人说要准备好在中国主导的世界秩序中做奴隶。《星期日泰晤士报》的文章完全不赞成这种说法，认为“中国的崛起对我们而言是好消息。至少中国巨大的购买力部分将流向西方公司。中国拥有3万亿美元外汇储备，以及有2000亿美元资产的主权财富基金，因此是西方经济体的潜在大型投资者”。“到2020年，中国在全球总消费中所占的比例将达到22%。星巴克、耐克和宝洁等西方公司已经在不遗余力地向中国消费者销售产品。中国的新富阶层是路易威登和古驰等奢侈品牌最大的希望。我们的政府希望中国投资于英国的基础设施更新项目。我们需要中国。”[②]

美国前助理国务卿阿布拉莫维茨在美国《国家利益》杂志上发表了一篇题为《红色黎明》的文章。文章的主题是中国必将与美国“共管世界事务”。“共管世界事务”论反映了美国统治集团在对华关系上陷入了真正的困境。

面对中国的强势崛起，美国真是有些不知所措。

阿布拉莫维茨写道：“我们这些民主制度的拥护者总是难以直面中国在共产党政府领导下实现了异乎寻常的经济增长这一事实。

①美国《时代》周刊2011年6月7日，迈克尔·舒曼文章。

②英国《泰晤士报》2012年3月1日。

我们认为这种现象不应当发生。只有自由国家才能实现持续增长。这必定是侥幸使然——一个长达 30 年的反常现象。”

既然中国的快速增长只是一种侥幸的反常现象，那肯定长不了，中国会因自身存在的种种问题而走向崩溃。这是民主制度的拥护者们一直抱有的一种希望。

可惜，他们的希望越来越渺茫，而中国的发展则更加势不可挡。这种情况在美国及其盟友之间“催生了一种旨在改变中国政府内外政策并使其更好地融入世界的新观点：如果中国希望真正地参与世界事务，就必须成为一个‘负责任的利益攸关方’。中国能够通过接受西方政府的基本政策和国际标准来做到这一点”。

请注意，所谓“负责任的利益攸关方”，就是中国政府必须改变自己的内外政策，在参与国际事务的时候要接受美国和西方国家的基本政策。具体说，中国应当同意西方军事干涉叙利亚，应当同西方一起对伊朗施压，中国应当容忍钓鱼岛及南海岛礁被其他国家“实际控制”，并且必须大幅升值人民币币值，必须大大减少军事支出，如此等等。

这完全是痴人说梦！中国坚持和平发展道路是有原则的。“我们要坚持走和平发展道路，但绝不能放弃我们的正当利益，决不能牺牲国家核心利益。任何一个国家不要指望我们会拿自己的核心利益做交易，不要指望我们会吞下损害我国主权、安全、发展利益的苦果。”①

为了使中国沦为美国的附庸，阿布拉莫维茨不但给中国冠以“负责任的利益攸关方”的美名，还给中国送上一块“共管世界事务”的牌子。他说，“我们不必也不应抛弃我们的盟友、理想和对中国的劝诫，以及让中国改变政策和在我们的利益面临威胁时与中国对抗的努力，我们只需要承认（无论从心理上来说有多么困难），

①习近平在中共中央政治局第三次集体学习时的讲话。新华社北京 2013 年 1 月 29 日电。

中国将成为与我们一起管理世界事务的伙伴”。

中美“共同管理世界事务”，这是一项比“负责任的利益攸关方”更高的大帽子。中国人觉得自己的头上戴不起这样的大帽子。更何况，谁给了美国管理世界事务的权利，谁又给了让美国拉中国共管世界事务的权利呢？

世界属于世界人民，世界属于世界各国。美国的说法反映了霸权国家的变态心理。

美国《纽约时报》发表文章说：“中国既是西方最大的希望，也是最大的担忧。”

“对于中国这样快的崛起速度，谁也没有做好充分的准备。现在大家都想弄清楚，他们会与之打交道的到底是一个什么样的中国。”

文章说，现在越来越多的人谈论“北京共识”。“到底什么是‘北京共识’？有人认为这是政府加强参与的经济管理方式，如今这种做法在世界各地变得更加常见。还有一些人认为，‘北京共识’意味着对资本市场实行更加严格的控制。就连巴西这样过去开放的国家如今也再次加强了对资本市场的控制。马来西亚和迪拜的决策者着重于复制中国的经济特区模式，通过建立特区，在可控的一些区域给外国投资者提供优厚的条件。”[①]

美国《大西洋》月刊认为，共生关系让世界依赖中国。同19世纪的殖民国家一样，为确保获得足够资源，中国的足迹已遍布全世界。但中国与西方殖民国家又完全不同，它的战略并非是掠夺别国的财富，而是向对方提供长期援助并签署贸易协议。

过去几十年，中国已完成非同寻常的角色转变：从借款国变为出类拔萃的全球放款国。

无论从任何一个角度看，中国的全球商品战略均具有共生关系的所有特征，双方相互依赖且能共同生存。中国向其他国家提

①美国《纽约时报》，2010年1月26日。

供对方所需资金以换取中国急需的资源。如此一来，这种源自商品的共生均势就形成一种能蓬勃发展的长期关系。

所谓的“中美国”就是这样的关系。中国将大量资金借给美国政府以换取进入美国消费者市场。[①]

金融危机期间，日本《呼声》月刊访问美国著名投资家吉姆·罗杰斯。其中有一些有趣的对话：

《呼声》：在雷曼兄弟公司破产引发金融危机之后，以美国为首的资本主义国家相继采取了包括银行国有化和企业救济在内的一系列政策，似乎在走一条“社会主义化”的道路。然而，这些都是中国过去确立的制度。中国股市急剧反弹，在某种程度上是否应该归功于中国“最先进的经济模式”？

罗杰斯：现在的中国越来越像资本主义，而美国反而变得越来越像社会主义。从全世界来看，这是一种巨大的转变。

最近30年里，中国变成了一个开放的市场。一个如此开放和资本主义化的市场，远远胜过封闭和社会主义化的市场。中国变化的方向非常正确。因此我认为今后将是“中国时代”。

《呼声》：您在接受其他采访时曾经讲过，从长期来看，人民币将取代美元成为基础货币。

罗杰斯：我曾经讲过美元基础货币的地位早晚会被其他货币取代，现在出现在地平线上的是人民币。目前，人民币还是一种管理下的货币，因此认为人民币会很快取代美元是不现实的。但从长远来看，今后会发生什么样的事情，谁也无法预测。

正如前面所讲的，中国市场的日益开放，从长远来看，完全有这种可能。事实上巴西总统卢拉已经向中国提出了用人民币结算的建议。或许中国与台湾的贸易不久将会使用人

①美国《大西洋》月刊网站，2012年6月4日。

民币。如果这种趋势发展下去，那么人民币就有必要变成自由流通的货币。届时，人民币对美元将会急剧升值。

英国是美国的核心盟友，从英国人的眼光中反映出来的中美关系是什么样子的呢?

《经济学人》是一本很有影响的英国杂志。2010年岁末，该刊发表了长达14页的封面故事《中国崛起之威胁》。据说，刊登如此大规模的特别报道在《经济学人》历史上尚属首次。

文章从越王勾践卧薪尝胆的故事讲起，认为新中国的发展就是卧薪尝胆的现代版。但是文章引用哈佛大学教授保罗·科恩的话告诉世人，当代的“勾践”只是在自我发展和奉献，而不是要对鸦片战争以来的西方列强报仇雪恨。

《经济学人》称，经历了金融危机的美国和欧洲国家发现，中国越来越富有，比预想的还要强大。

中国的上升与美国的下滑形成强烈对比，这让全世界敏锐地觉察到中国强盛的国力，并且由此使中美两国关系变得尖锐起来。美国试图阻止中国崛起。

《经济学人》认为，美国人在对华政策上已经陷入困境。它一方面希望中国成为美国商品的出口市场，希望中国成为国际事务中一个积极的负责任的力量。另一方面，中国经济、外交、文化和军事力量的上升又让美国感到威胁。

美国打算在中国变得更加强大之前进行围堵。冷战时期，美国孤立苏联经济，实施武力对抗，它赢了。但是现在用这一套已经不管用了。

《经济学人》认为，中美两国注定是对手，但不是敌人。美国是世界上最大的发达国家，中国是最大的发展中国家，经济总量分居前两位。两国现在是冠军国家和潜在冠军国家的关系。一个要卫冕，一个要夺冠。一个要迎战，一个要挑战，实际上就是这样一种对手关系。

亚洲是中美两国展开竞争的主战场。中国已经在全球很多地区成了“首席贸易伙伴”，在亚洲市场上更是占有绝对的主导地位。中国的军事力量也开始否定美国在西太平洋几十年的主导权。

但是中美两国存在许许多多的利益共同点，双方的关系并不是“决斗”式的，而是“竞合”式的，即既竞争，又合作。

在中美“竞合”关系中，中国更占优势。因为在经济领域，中国需要西方国家，但西方国家更需要中国。21世纪的中美竞合关系，将为世界进步提供巨大的活力和机遇，而不是相反。

英国前首相托尼·布莱尔因为同小布什合伙发动残酷的伊拉克战争，中国人对他印象不佳。北京奥运会之后，他在美国《华尔街日报》发表文章，宣称北京奥运会标志着一个新纪元。

布莱尔说：“北京奥运会之壮观强有力地震撼了人们的视听。不过，给我留下最深刻印象的是在开幕式前对一家新成立的中国互联网公司的非正式访问，以及与一些中国年轻企业家的交谈。”

西方政客通常认为中国是专制国家，人们生活在恐惧之中，不能自由表达意见，存在着严重的人权问题。

事情真是这样吗？布莱尔谈他亲眼所见时说，“这些中国人，无论男女，都非常聪明、敏锐和坦率，不怕就中国及其未来发表自己的看法。尤其是，他们充满自信和乐观，不愤世嫉俗，表现出积极进取的精神，这使我想起鼎盛时期的美国和奋勇向前的其他国家。这些人没有恐惧，而是满怀希望地憧憬未来。”

看到这一切之后，布莱尔不免要思考如何同中国打交道。

他说，“20世纪前，权力曾属于西方。到了20世纪，权力属于美国。现在，我们必须适应一个新世界，与远东地区分享权力”，“这意味着西方需要与中国建立牢固的伙伴关系，这种关系不仅要深入经济，而且还要深入到政治和文化领域。事实是，如果没有中国的参与，21世纪的任何事情都无法良好运行。我们今天面临的挑战是全球性的。中国现在是一个全球大国。因此，无论是气候变暖问题、非洲问题、世界贸易，还是各种各样的安全问题，我们都需要中国发挥建设性的作用，我们需要中国利用其影响力与我们融合。这并不意味着我们不应该再提出中国的人权、宗教自由以及民主改革的问题。”

在20世纪70年代，基辛格是对中美关系的转折发挥过重要作用的政治家。他同中国四代领导人和美国八任总统打过交道，对中美关系的风风雨雨、起起伏伏有着全面的观察和深入的思考。在21世纪开始第二个10年的时刻，听听年近90的基辛格对中美关系的“老谋深算”应是很有价值的。

中国《财经》杂志2011年第二期刊登了记者张燕冬对基辛格的采访。基辛格坦承，40年前，当他秘密访华的飞机在北京降落时，实在不知道会有什么结果。他说：“40年前，我们主要考虑苏联因素。1971年至1972年，尼克松总统和毛泽东主席恢复美中两国外交接触不是因为美国和中国的意识形态有共同点，而是出于地缘政治的需要。美中两国之所以交往，是因为两国领导人认识到他们面临的共同威胁。”

“上世纪80年代末，老布什和克林顿两届行政当局期间，发展战略性中美关系的政治和心理基础逐渐减弱。尽管克林顿政府巩固了美中两国的经济关系，支持中国加入世界贸易组织并恢复美中正常贸易关系，但他从来没有提出过一种令人信服的地缘政治理由。

小布什行政当局期间，美国对华政策仍然受到国内政治的左右，也就难以理顺处于世纪之交的错综复杂的中美关系。”

以上基辛格对中美关系40年发展历程的描述是客观的。

当有人提到美国政府正在实行遏制中国的政策时，基辛格表示了不同的意见。他说：“我很了解美国政府，也熟悉政府中的主要领导人，他们都非常希望美国与中国保持良好的关系。他们也许不是所有情况和条件下都知道该怎么做，但他们的初衷和愿望是积极的。我不希望两国之间产生一种不信任。……我认为两国的政府层面不存在一种不信任。”

对于中美关系的未来发展，基辛格的设想是可行的。他说：“中美关系起源于美中双方从战略利益考虑来遏制一个共同对手的初衷，但经过几十年的关系演变已形成国际体系的一个支柱。

太平洋两岸的任何一方都需要另一方的合作来处理目前全球经济危机带来的影响和后果，而全球经济秩序的最终形成将在很大程度上取决于今后几年美中两国如何处理彼此的关系。

在我看来，这一代领导人有机会塑造涉及各国共同命运的跨太平洋关系体系，就如‘二战’结束后塑造跨大西洋体系一样。但是，区别于‘二战’后的国际格局，现在面临的挑战更多地来自于政治和经济领域，而非军事领域。”

我们已经看到，面对世界重心东移和中国强势崛起，西方政界、学界、商界人士和各大媒体兴起了一场怎样应对世界新格局的热烈讨论。虽然其中夹杂着怨恨和对抗的杂音，但主流意见还是中美要合作，东西方要平衡，世界要和谐，这种情况是令人欣慰的。

2013年6月7日，习近平主席和奥巴马总统会晤时指出：我们双方应该从两国人民根本利益出发，从人类发展进步着眼，创新思维，积极行动，共同推动构建新型大国关系。中美两国合作好了，就可以做全球稳定的压舱石、世界和平的助推器。奥巴马回应道，美中合作而不对抗，就更可能实现各自安全和繁荣的目标。美中双方面临着把两国关系推向更高水平的独一无二的机遇，我们将不错失这一良机。这样的战略共识弥足珍贵，意义深远。全世界都为中美两国元首会晤的成功感到高兴。[①]

我们已经说过，中美合作，不是一般国家之间的合作，而是

①《人民日报》，2013年6月9日。

东方文明大国和西方文明大国的合作、社会主义大国和资本主义大国的合作、传统强势大国和新兴发展大国的合作、最大发达国家和最大发展中国家的合作。

中国古人创造了表现宇宙大道的太极图。中美两国就像是太极的两仪，互相对立，又在地球上连为一体。

正因为它们处在太极的两边，而且一边黑，一边白，它们之间自然和地理、历史和文化、人种和民族、社会和经济等等方面都存在着明显的、巨大的差异，它们之间的矛盾和冲突是客观存在的。但正因为它们是太极的两仪，又彼此相依、互相渗透，才共同组成一个完整的太极。两国共生在一个小小的地球上，相互依存的程度几乎是无限的。

这里说的两极就是东方文明和西方文明。我们研究中美关系，在最高层次上就是研究东西方文明的关系。美国人亨廷顿写的《文明冲突论》，很受西方人的欣赏。亨廷顿的文明冲突论有很多机智的见解，但根本立论不正确。只专注“文明冲突”的思想，本身就不文明，而只是野蛮。因为凡属文明，无论它是东方文明还是西方文明，都是人类本质的优秀者，在最深、最高的境界里，它们必定是相通、相同、相融的。换句话说，东方文明和西方文明本质上是相通、相同、相融的，中国和美国不仅应当和平共处，而且完全能够和平共处，因为双方都是文明发展程度很高的世界大国。

亨廷顿已经陷进“西方文明唯我独尊”的惯性思维中。他的“文明冲突论”，非常缺乏文明的风度，实际上是一件为新的冷战思维乔装打扮的学术外衣。且看他是怎么说的：“对西方利益而言，它在短期内显然应推动文明内部，尤其是欧洲与北美成员的大合作、大统一；将在文化上接近西方的东欧与拉美接纳进西方社会；促进维护与俄国、日本的合作关系；防止地区性的文明内部冲突升级为文明内的大战；限制儒教和伊斯兰国家军事力量的膨胀；减缓西方消减军事能力，维持在东亚和西南亚的军事优势；利用儒教和伊斯兰国家的差异和冲突，支持其他文明中对西方价值观和利益表示同情的集团；加强能使西方利益和价值观得以表达、合法化的国际机构组织并推动非西方国家参与这些机构组织。”[①]

①《现代外国哲学社会科学文摘》（沪），1994年8月24日。

显然，这是要把整个西方国家纠集起来，以文明的名义压制“儒教和伊斯兰国家”。这是新的冷战大战略。我们从中看到的不是文明，而是野蛮。这样的“文明理论”实在是既害人又误已。

中美两国的战略家们已经看到，在冷战思维驱使下拉帮结伙、争强好胜的人虽然一时还自鸣得意，但他们逆和平发展潮流而动的过时之举已在文明世界日益显得丑陋不堪和令人生厌。

中美两国的战略家们已经看到，时间到了21世纪，人类的智慧和能力正在突破历史经验的限制，东西方文明合力应对全球难题的需要压倒一切。

中美两国有责任联合世界各国，共同去破解以下这些难题：

世界人口已超过70亿，而且还在每天增长着。每人都有一张嘴，每天要吃三餐饭。但地球的淡水和耕地有限，许多地方粮食靠天吃饭，世界粮食危机是现实存在的。中美两国是生产粮食最多的国家，也是农业科技最发达的国家，有责任合作探讨最终克服世界粮食危机的有效途径。

核原理的发现是人类重大的科学成就。但核技术既能造福人类，也会毁灭人类。中美两国都是拥有核武器的大国，又是核科技超强的国家，有责任合作探讨和平利用核能和最终消除核武器的有效途径。

气候和环境的恶化严重危害人类的生存和发展，中美两国有技术、有资金、有创新的理念，有责任率先改变传统的生产生活方式，并开展多领域的合作，以推进各自国家和全球的生态文明建设。

数字革命大大降低了参与政治的门槛，一个非国家组织，一小群人，就可以同世界上最强大的国家相抗衡，乃至展开“非对称战争”。在世贸大厦袭击案中，远在阿富汗的基地组织杀死的美国人，比日本军队袭击珍珠港杀死的美国人还要多。在“维基解密”案中，阿桑奇一个人获得和公开的美国机密，超过许多国家情报机构成就的总和。非传统的安全威胁在全球范围滋生和猖獗，中美两国有责任加强合作，并联合世界各国和各种国际组织，坚决扫荡各种形式的恐怖组织，粉碎他们的恐怖活动，使世界各地的人民都过上不受威胁的安宁生活。

我们的地球虽然很美丽，但只是茫茫宇宙中的一颗行星，太渺小，太脆弱，不仅每年都要遭受地震、海啸、飓风等等造成的灾难，而且还可能遇到小行星撞击等重大的宇宙灾难。中美两国是世界上经济力和科技力最强大的国家，中美两国人民作为同一个地球家园的兄弟姐妹，有责任真诚地团结合作，既共同应对眼前的各种自然灾害，更要研究应对各种宇宙灾难的有效途径。

从宇宙反观地球，从自然转向社会，许多现实的政治、经济和社会问题，也需要东西方智慧互相借鉴，东西方文明彼此弥补才能找到妥当的解决办法。

当今时代，人类最紧迫的任务是要制服造成全球灾难的金融资本主义这头怪兽。《美国市场观察》发表的文章说：“资本主义灵魂已经死亡”，资本主义必将崩溃。这篇文章很有见地，我们摘引以下几段：

杰克·博格尔4年前出版了《资本主义灵魂的战争》一书，如今战争已经结束，结局应该加到标题上，改为《资本主义作为一个迷失的灵魂死去》。而香港经济学家马克·费伯警告说，资本主义整个体系将会倒塌。

资本主义失去它的灵魂了吗？像博格尔和费伯这样的人感觉到了。

费伯预计，资本主义的倒塌将引发全球性的“战争、庞大的政府财政赤字和西方社会大范围的贫困”。费伯知道，资本主义现在不起作用了，资本主义已到达顶峰。他说：“最后的瓦解是不可避免的。但我不知道这会发生在明天，还是5年或10年之后。”不过结局是无法避免的，这是历史发展的必然趋势。

时间也许不确定，但导火索是肯定的，2008年的灾难会再来的，它会是一场更大的危机。

看看迈克尔·摩尔的纪录片《资本主义：一个爱情故事》。《资本主义灾难》的作者纳奥米·克莱因最近采访了摩尔。摩尔说：“资本主义是贪婪的合法化。”

是的，灵魂可以围绕着贪婪茁壮成长，前提是防止其不受控制。但摩尔警告说：“资本主义做的恰恰相反。它鼓励、奖励贪婪，创造出更大，更频繁的泡沫周期。”是的，贪婪在美国是合法化的。

费伯看到了历史趋势的必然性。今天，资本主义的“生命周期”正在走向衰竭，简单来讲，美国现在是一个动脉硬化、性情乖戾的老人。我们的资本主义已经接近顶点，没有对灾难做好准备，面临瓦解和迅速衰退。

以下是更多的证据：华尔街财富现在操纵国会和白宫，美国1%的人拥有超过90%的财富；在这30年里，工人平均收入在下降，公司高管的薪水却是原来的10倍；美联储随心所欲地印钱。[①]

《美国市场观察》提出的问题是严肃的，确实值得西方国家和东方国家共同深思。美国次贷隐含着这样的逻辑：财富的积累无需艰苦奋斗，也不取决于公平的竞争，而是看你怎样去参与金钱

①《美国市场观察》网站，2009年10月20日。

的游戏。在次贷游戏中，你瞬间就可以获得别人一生也无法得到的财富，而且，真正需要你付出的几乎为零。次贷改变的，不仅仅是财富的分配，而是整个社会获取财富的方式：你什么都不做，却可以拿到比别人更多的钱。

一个盛行如此逻辑的资本主义社会，怎么还能有前途呢？

1989年柏林墙倒塌，曾经被视为自由市场资本主义大获全胜的象征。

柏林墙倒塌20年之后，世界上大多数人表示对自由市场资本主义不满意。

2009年，英国广播公司（BBC）进行了一次广泛的社会调查，有27个国家的2.8万人参加了调查。其中有43%的人认为，自由市场资本主义存在致命缺陷。持这种观点的人在法国、墨西哥和巴西的比例分别为43%、38%和35%。在27个参与调查的国家中，有22个国家的多数受访者认为政府应当更公平地分配财富，而且要更积极地监管商业。

总体来看，认为资本主义运行良好的认同率只有11%，这个比例最高的是美国，也仅占20%。[①]

资本主义的经济体制如此令人丧气，社会政治体制又怎样呢？

在美国，金融资本与产业资本早已融合在一起。以产业资本起家的洛克菲勒和摩根家族，通过联姻进入银行业，现今洛克菲勒一家独大，通过金融资本控制产业资本，甚至控制着美国政府。奥巴马政府中的几乎所有高官，都可以找到与洛克菲勒家族直接或间接的关联。

由金融寡头操控一切的国家，民主也早已变质了。

在西方民主中，看似每个公民都手握一张选票，但他们拿着

①英国广播公司网站，2009年11月19日。

选票去行使民主时，能改变他们不满意的现实吗？美国前劳工部长罗伯特·赖克曾发文写道，“说得明白一点吧，民主的目的是要实现我们以个人之力所无法实现的目标。但是，假如公司利用政治来加强或维护它们的竞争地位，或者貌似肩负起它们实际上没有能力或权力去履行的社会责任，那么民主就不可能完成这一任务。这样一来，社会就无法兼顾促进经济增长和消除社会难题这两者”。真实情况是，“资本主义扼杀了民主。”①

美国出兵伊拉克之前，引导民意的美国媒体异口同声地喊打，完全没有不同的声音。民主选举出来的议员们怎样表现呢？不是喊打，就是沉默。美国《时代》周刊文章说：“美国入侵伊拉克前不久，任职时间最长的参议员，来自西弗吉尼亚州的罗伯特·伯德在议员席上说，‘这个议院大多数时候都沉默着，这是一种不祥的、可怕的沉默。没有争辩，没有讨论，没有人打算为这个国家列出这场特殊战争的利弊。什么也没有。我们的参议员保持着被动的沉默。’”②

最老参议员提出的这个问题值得人们深思。美国前副总统戈尔就此在《戈尔的诱惑》一书中写道，“伯德提出的问题背后是我们无数人一直在问的大问题——今天，在美国人要作出重要决定的时候，理智、逻辑和真相所起的作用为什么会急剧减少？”戈尔感叹道，“美国民主正处于危险之中。……我知道，不只我一个人觉得什么东西从根子上出了毛病。”

我们现在知道，美国议员们当时多数也是喊打的，沉默的只是一部分人。为什么多数人喊打，为什么不喊打的只是沉默而不敢反对？因为强大的新保守主义集团早已决定要打伊拉克。不管萨达姆是否有大杀伤性武器，不管他与“基地”组织有没有联系，伊拉克之战都要开打。因为这是美国统治集团既定的大战略：控

①美国《外交政策》2007年9月、10月合刊。

②美国《时代》周刊，2007年5月28日。

制中东，独霸世界。

金钱可以操纵政治，这是西方议会民主的癌症。

为了测试议员们怎样为金钱所控制，2010 年，英国几位媒体记者假装企业高管去拜访议员们，要求他们帮企业疏通政府，使政府制定的政策对企业有利。工党前内阁大臣、议员斯蒂芬·拜尔斯满口答应，并称自己像“一辆出租车”一样为人帮忙，不过车费可不低，要每天 5000 英镑，这相当于一般人 3 个月的收入。还有一位前内阁大臣暗示，只要肯掏钱，他就有机会见到前首相托尼·布莱尔。

美国前总统卡特 2007 年 5 月接受记者采访时感叹道：“乔治·华盛顿和托马斯·杰斐逊要是活到今天，还能当上美国总统吗？我们永远也不知道，有多少具备优秀总统潜质的人，就因为不愿意或者不能够采取一种能够募集到大量竞选经费的政策，而永远与总统宝座无缘。”

美国从建国开始，就形成了一种美式政治文化，这种政治文化在强调法治、权力的定期民主轮替以及保护人权的同时，非常重视权力的相互制衡，特别是包含着给权力过度集中的政府制造障碍的明确意图。

现在，美国权力制衡的政治文化已严重阻碍着美国社会的发展。

美国《纽约时报》发表该报专栏作家托马斯·L 弗里德曼的文章说，美国正从一个防止权力过度集中的民主政体演变成一个权力过于分散而无法做出重要决定的“否决政体”，特殊利益集团的游说和贿赂，像章鱼缠身一样，让政治制度丧失活力，令美式民主彻底瘫痪。

许多有识之士已经看到了美国政治力丧失的严重性。著名学者弗兰西斯·福山就认为：“要摆脱我们当前的瘫痪状态，我们不仅需要强有力的领导，而且需要改革体制规则。”

西班牙《起义报》发表文章认为，西方政治体制运转失灵的同时，西方式政党也正在走向衰亡。在西方国家，政党是代议制民主的权威标志。通过代议制民主，国内不同利益集团都在一定程度上获得了利益，它的最突出的成就是福利国家。从20世纪70年代起，随着金融全球化的推进和民族国家重要性被削弱，任何想治理国家的政党都只有一个功能：听从外部指令。公民们已经无法区分这些政党了，表面上是把票投给了另外一批人，实际上他们是同一批人。

代议制民主或资产阶级民主是在一项行动中开始和结束的，这就是投票。

从经济到政治，从次贷到选举，西方社会对资本主义制度的怀疑已漫延扩散。

怀疑之声首先从美国发出。

最近几年，美国人都在思考两个沉重的问题：一是为什么会发动大伤元气的阿富汗和伊拉克战争？二是经济危机为什么会如此严重？

由这两大问题出发，人们立刻会追寻到更为根本的问题：一向认为十分美好的西方民主制和自由市场经济制为什么不能防止如此严重的灾难发生？为什么西方国家的政府对如此严重的灾难无能为力？

很显然，资本主义的社会管理效能很可能将丧失殆尽。

放眼全球，从索马里海盗的横行、艾滋病的流行到恐怖活动的猖獗，都是由于有关政府无法对其领土和人民实施正确而权威的管理。

塞缪尔·亨廷顿提出的“文明冲突论”似是而非，但他关于建构稳定的社会秩序的见解是有价值的。美国陷在越南战争泥坑时，约翰逊政府曾请亨廷顿去评估美国的越南战略。亨廷顿于1967年和1968年走访了越南南部。他直截了当地说，美国的南越战略存在致命的缺陷。美国政府企图用金钱援助赢得当地人的支持。但金钱援助解决不了问题，因为当地人认为以家族关系为纽带建立起来的社会才会使他们有安稳感。而美国拒绝巩固这种“落后”的权威结构，要通过外力为他们创造一个“现代化”的越南。

亨廷顿的学生、曾任美国《外交》杂志总编的扎卡里亚认为，美国在同世界其他国家打交道时，一直在重复他们在南越犯过的那个重大的错误，总是认为可以按自己的方式实现政治稳定，伊拉克是这样，阿富汗也是这样。总以为美国帮助建立的新政府比以前的政府强得多，实际结果完全相反。由此让人记起一位智者的话："各国间最重要的差别不是政府的形式，而是管理的程度。"美国在世界各地都想改变别人的"政府的形式"，结果是到处破坏了管理，使许多地方陷于战乱之中，人民的苦难无比深重。

德国《南德意志报》2010年4月6日的文章说："人们曾经这样认为，自由的民主政权与市场经济制度相结合是西方工业国的成功模式。这种结合当时不仅比计划经济和专制更有贯彻力，而且是唯一选项。"

这是唯一成功的模式，是全世界都应当学习和效仿的模式。西方国家的人士是这样说的，非西方国家的很多人也曾经是这样认为的。

但现在情况发生了重大变化，严酷的事实教训人们：西方民主和自由市场经济都存在着与生俱来的严重问题。

西班牙《起义报》发表文章认为，世界迫切需要寻找新的发展模式。文章说，20年前，苏联的共产主义体制被正式宣布死亡。"就像当年的苏联一样。今天我们看到的是一个处于穷途末路的体制，存在着明显荒谬的经济漏洞。即使是体制的运营者也无法理解这个体制的弊病所在。……我们还看到了与苏联似曾相识的重要一点，即人们不再信任这个体制。"

资本主义的体制危机"推动所有人去寻找不同于资本主义的新的生活和经济模式。……这种寻求呼唤的是一个适合所有人的模式，也就是曾经被欧洲和北美宣判了死刑、现在受现实推动再次出现、当然也是总结了之前的经验和失败教训而变得更加成熟和纯粹的社会主义思想"。[①]

①西班牙《起义报》，2011年12月27日，拉斐尔·波奇文章。

《起义报》的立论是对的，当资本主义的发展模式走进死胡同时，亮光却在社会主义模式里。

法国学者皮埃尔·皮卡尔说，我认为从中国的人口规模、发展速度、经济方向等方面看，中国在2020年将成为世界第一经济大国。经济总量成为世界第一名，中国将在金融和政治方面也逐渐成为世界强国。中国将成为全球的领袖。我认为中国将给世界带来一种全新的发展模式，更加和谐，更加和平。中国的哲学思想能够让世界各国关系更加平衡，中国文化还能给世界提供一种不同的视觉，这和西方认为的一个超级强权将通过军事力量来进行统治不同。我认为中国将创建一种合作的模式，即使她成为世界第一大国。①

英国《金融时报》也指出，说到政治制度，西方舆论领袖仍然固执于二分法：不是民主就是独裁。实际上，21世纪的竞争是优质管理和劣质管理之间的竞争。中国政府形成了挑选政治领导人的正确模式，与中国的文化和历史相一致，符合现代形势。“中国政治体系经过不断的改革和发展，已接近于管理大国的最佳模式：上层是精英管理，基层实行民主，中间留有实验的空间”。“事实上，大多数中国人参与了地方的选举。然而，在一个大国，一人一票是有其弊端的。”西方社会已经表明，“一个富有的选民群体经过经济学的比较，发现他们可以轻而易举地让这种制度朝着对自己有利的方向倾斜。而且民主还有更深层次的问题。在欧洲和美国，公众屡屡投票支持低税收和高福利，轻率地押上了国家的未来”。②

英国《卫报》一篇评论这样写道：“19世纪，英国教会世界如何生产。20世纪，美国教会世界如何消费。如果中国引领21世纪，它必须教会世界如何可持续发展。”这样的可持续发展，不

①《参考消息》2012年10月19日。

②英国《金融时报》2012年11月11日。

仅是经济方面的，而且是政治方面和社会方面的。

法国学者高大伟（David Gosset）认为，中国复兴不仅扩大中国人在世界的存在，而且可以扩大世界体系。西方必须理解，中国复兴不仅关乎自身未来，而且将塑造21世纪地球村的面貌。在未来几十年，如果西方明智对待中国崛起，中西合作可以完美地将全球体系提升到新的水平；但如果西方精英未能拥抱中国变革，西方将失去动力，一个合作的世界将变得更加不可能。

中国的开放令地球村变得丰富多彩，如果西方接受中国复兴带来的机会，中西结合不仅可以互惠互利，而且可以互相改变，产生无穷无尽的利益和价值。[①]

东西方文明的交流互动有着久远的历史。最近一两百年，中国的先进分子从未停止学习西方的科学技术和思想制度，从洪秀全到孙中山，从毛泽东到邓小平，都是求教于西方的先行者。今天仍在指导中国的马克思主义是西方送给我们的，在中华大地上尽显神威的社会主义市场经济体制，很多方面得益于欧美国家的实践经验。而在21世纪，将会出现一个西方学习东方的热潮，将会出现一个东西方文明大沟通、大融和的时期。

中国有这样一句古语："三十年河东，三十年河西。"这句古语是对人类文明不平衡发展的一种形象描述。西方文明超越东方文明300年之后，东方崛起了，世界重心东移了，这使世界从不平衡走向平衡，使世界大格局从畸形走向和谐。此时，有中美两大国带着东方文明和西方文明进行空前规模的交流互动,和平共处，平等合作，必然推使人类文明发展到前所未有的高度。

本书是从天空惊现两个太阳开篇的。这只是一个比喻。东方文明是太阳，西方文明也是太阳；社会主义文明是太阳，资本主义文明也是太阳。本书作者历来认为，真正的文明，不管它有什

①《环球时报》2011年5月13日。

么形式，本质是相通、相融、相同的。在天文学家眼中，茫茫宇宙间存在着无数个太阳和无数个地球。但是真正与人类生活直接相关的，却只有一个太阳，只有一个地球。在社会学家眼中，大千世界有无数种文明。但是，归根到底，天地间只有一种文明，那就是反映人类本质的文明。历史发展到今天，中国人和美国人，以及世界各国的人，无论是在生产中还是在生活中，都是互联互通的，相互依存的程度超乎想象。在这样的时代，中国人民，美国人民，世界各国人民，完全应该超越历史的和现实的狭隘性，以无限宽广的视野和胸怀，在同一个地球家园中携起手来，共同托起人类和谐文明的伟大太阳。

编后记

本书作者王天玺对编者们非常信任，出人意料地让编者们来写这篇“编后记”。对编者们来说，作者的这种信任，既是一份荣誉，但更是一种责任。为了写好“编后记”，我们阅读了王天玺近年出版的几本重要著作，以便对作者的思想脉络有所把握。

我们在做这个功课时，发现王天玺学术活动的一个聚焦点：构建一个宏大的社会主义文明理论体系。

社会主义文明理论是研究人类文明历史的科学，是研究人类从对抗的文明向和谐的文明演进的科学，是研究社会主义文明的实践形态和理论形态辩证发展的科学。

我们发现马克思主义中国化和中国经验马克思主义化，是王天玺研究社会主义文明的基本理念和方法。

我们还发现由宇宙辩证法、社会辩证法和生命辩证法融会贯通的社会主义文明论，是王天玺的学术理想。天地人和谐合一，自然规律、社会规律和生命规律和谐合一，是王天玺社会主义文明论追求的最高境界。

人类已经步入从对抗的文明向和谐的文明变革和转化的历史关节点。在这个历史关节点上，近代以来主导世界话语权的西方文明论呈现弱势，代表人类前进方向的社会主义文明话语体系正在生机勃发地兴起和发展。

和谐的理念，是中华文化的核心理念，也是社会主义文明论的核心理念。

从空想社会主义到马克思的科学社会主义，再到中国特色社会主义，这是人类精神文明和物质文明的理论和实践辩证的历史发展过程， 也是人类不断地探索、选择和创造最适宜于每个人生存和发展的和谐文明的历史发展过程，也是人类的创造精神、创造智慧、创造能力无限升华的历史发展过程。

和谐中国，和谐世界，就是中国社会主义文明论的最高智慧，就是人类智慧的最高抽象和最新发展。

马克思主义文明论的精髓，说到底，就是《共产党宣言》的一条科学结论：资本主义的灭亡和社会主义的胜利同样是不可避免的。马克思指出："当文明一开始的时候，生产就开始建立在级别、等级和阶级的对抗上，最后建立在积累的劳动和直接的劳动的对抗上。没有对抗就没有进步，这是文明直到今天所遵循的规律。"建立在对抗基础之上的文明很不稳固，必然要被新的、更高的文明形态所代替。

人类文明的历史已经迈入一个新时代，这是一个文化主导人类前进方向的新时代。这个时代的突出特点是建立在对抗基础之上的资本主义文明正在衰落，建立在和谐基础上的社会主义文明正在兴起。前者衰落后者兴起的必然性将怎样在相互激荡碰撞中具体地展开，把人类推向更高的和谐文明的历史佳境，是王天玺研究的重点。研究的初步成果分别集中反映在此前的两部著作中：一是2010年8月云南人民出版社出版的《文化经济学》，二是2012年10月红旗出版社出版的《中国模式论》。

《文化经济学》研究了人类生产生活方式正在发生的深刻而广泛的变化，研究了以物为本、以金钱为主导的商品经济向以人为本、以文化为主导的文化经济演进的历史大趋势，构建了文化经济学的理论体系框架，揭示了社会主义文明替代资本主义文明的必然性。

《中国模式论》研究了中国五千年文明从兴盛到沉沦再到复兴的历史，指出中国模式不但使中华民族伟大复兴的百年梦想接近成真，而且推动世界重心东移，打开了人类文明的前进之门。同时，作出了人类正从对抗的文明走向和谐文明的科学判断。

在人类从资本主义文明走向社会主义文明的历史时期，代表东西方两大文明的中国和美国必定要发挥重大的历史作用。作者因此撰写了《中美关系论》。

王天玺与编者们谈话时说，在中华传统文化的语境中，两个人相遇、相交，有时会演化出复杂的恩怨情仇，这样的人生故事，究竟是化为悲剧还是化为喜剧，这就要讲一个缘，讲一个命。这种缘分和命运之论，包含着偶然性和必然性的巧妙契合，是一种很有趣的学问。人和人是这样，国家和国家也是这样。在现代文明的历史发展进程中，中国和美国所代表的东西方两大文明的邂逅、碰撞、对抗，以及它们相通、相融过程中出现的恩怨情仇的故事，都是历史的缘分，都是天地命运的安排，注定是绕不过、避不开的。他们的故事的意义，不限于中美两个国家和人民，还总是影响着世界和人类的命运和前途。可以说，中美关系是研究人类文明历史发展时不能绕过和不可缺失的重大课题，对于文明历史研究的彻底性具有决定性的意义。在人类从对抗的文明向和谐的文明大转折、大变革、大发展的历史过程中，建立在对抗基础之上的资本主义文明，不可避免地会走向衰落；建立在和谐基础之上的社会主义文明，不可抗拒地将走向强盛。中国文明和美国文明此次的历史相遇，将怎样重塑人类文明的大格局，这是考验人类智慧的绝大挑战。

王天玺在本书中指出，在新的大国易位即将来临的历史转折关头，代表东方文明的中国和代表西方文明的美国，应当有智慧、勇气和力量创造前无古人后无来者的新型大国关系，理应和平合作，互利共赢，共同谱写一部建设和谐世界的伟大史诗，以造福于中美两国人民和世界人民。这是中美两国人民崇高的历史责任，也是中美关系发展的最高境界。这是中美两国人民的理想、意志、智慧和祈盼，也是人类的理想、意志、智慧和祈盼。描述和表达这种理想、意志、智慧和祈盼，表达了本书作者作为思想者关注人类前途和命运的深深情怀。我们相信，这样的深切情怀将会使读者们受到感动。

实际上，这样的感动已经发生。云南省委宣传部的理论工作者们一看到初稿就立即确定为重大社科规划选题，云南出版集团公司和云南人民出版社也将选题列入重点出版计划，专门召集了书稿研讨会。研讨会由集团公司董事长李维主持，出版社社长刘大伟和总编辑赵石定，以及集团公司和出版社相关编审吴垠、张维和责任编辑海惠、特邀责任编辑程志方出席会议，大家对书稿从主题到篇章结构，展开了认真而详尽的讨论，提出了许多中肯的修改意见和建议，还对编辑审稿、装帧，以及印刷出版、宣传发行等事项进行研究，制定了一套细密的工作方案，力求把本书打造成精品图书。所有这些，为我们做好本书编辑工作创造了有利的条件。

在我们的编辑过程中，云南科技情报研究院赖于民院长、高建博士，云南工业投资公司副总经理阚有刚等为本书使用的数据进行订正作了很细致的工作，熊正刚在装帧设计上费了心，盛清、李从越、娜啊、郭印蓉等为作者手稿打字，也很辛苦。他们为本书编辑成功都作出了贡献，深表谢意。

特邀编辑　程志方

责任编辑　海　惠

2013年4月